이 시대의 징비록

이 나라를 어찌할 것인가

책 머리에

　우리나라 대한민국은 지금 번영의 정점을 더위잡는 중이다. 세계 10위 경제 대국이고, 문화도 융성기에 들었다. 세계인들이 우리를 주목하는 이유다. '피크 코리아'라는 설익은 유행어가 낯설지 않은 오늘이다. 정점에서는 내려갈 일만 남지 않았느냐는 경고인가.

　예로부터 창업創業보다 이를 이어 나가는 수성守成이 더 어렵다는 말이 있다. 일제가 남긴 남루한 잔재를 청산하고 새 나라 세우기, 6.25전쟁으로 인한 나라 지키기, 세계 최빈국의 모욕적 빈곤을 벗어나야 하는 절체절명의 민족사적 소명 수행, 전쟁과 방불한 이념 싸움, 그로 인한 사회 혼란, 민주화와 반민주화로 요약되는 양대 세력 간의 정치 투쟁 등 이 땅의 현대사는 고난의 핏길을 헤쳐 와야 했던 분투의 기록이다.

　이 과정에서 우리는 다양한 유형의 인간상이 있다는 것을 알게 되었다. 지도자적 자질과 보좌역적 자질, 창조적·미래 지향적 성향과 복고적·과거 지향적 성향이 있다. 낙관적·진취적 자질과 비관적·퇴영적 자질이 있다. 통합 지향적이며 칭찬에 익숙한 자질과 분열 지향적이고 누군가를 끊임없이 헐뜯는 성향이 있다. 이론을 체계화하는 학자가 있는가 하면, 좋은 이론을 현실에 적용하여 새 역사를 창조하는 실천적 지도자가 있다.

　이 나라를 오늘같이 부강하게 만든 주역主役들은 어떤 유형의 사람들이었던가? 또 이에 도전하고 방해하는 쪽에는 어떤 유형의 사람들이 있었던가? 이 책은 진취적·긍정적·창조적인 선도자들이 그 숱한 도전과 방해 책동에도 굴하지 않고, 오늘날 번영된 우리 조국의 역사를 쌓아 온 기적적 분전奮戰에 관한 기록이다.

| 책 머리에 |

　필자는 일제 강점 말기에 태어나서 광복의 환희와 이념 싸움의 혼란기를 거쳐 대한민국 건국기에 초등 교육을 받은 한글과 우리말 세대다. 6.25전쟁의 포연 속에서 성장하여 초근목피草根木皮로 끼니를 때워야 했던 세계 최빈국 소년 시절에, 오직 몽당 연필과 유엔한국재건단UNKRA이 지원한 교과서로 배움의 심짓불을 밝혔다. 초등학교 때는 짚신을 신었고, 중학교 때에는 검정 고무신을 끌고 왕복 16㎞ 산길을 통학하였으며, 고등학교 때에야 운동화를 신고 마음껏 뛰놀 수 있었다. 지난 세대 우리들 대다수의 서러운 초상이다.

　북한 김일성의 느닷없는 남침으로 삼천리 강토가 초토화하고, 어제까지도 '형님, 아우님.' 하던 사람들이 돌변하여 서로 죽이고 죽는 동물적 투쟁 상태epithumia의 6.25전쟁, 그 피밭에서 우리 세대는 용케 살아남았다. 그 전쟁놀음 속에서 필자는 장티푸스에 걸려 사경을 헤매었고, 폐결핵 등 숱한 중병으로 인한 생사의 경계선borderline에서 마침내 절대자의 음성을 들을 수 있었다. 690만 명이 목숨을 잃은 이번 코로나 팬데믹 소동에서도 살아남았다. 치료제 팍스로비드 덕이다. 감사한 인생이다.

　대학 시절 4.19혁명 대열 빗발치는 총탄 속에서 살아남은 우리는 각자 나라를 위해 무엇인가에 헌신해야겠다고 주먹을 부르쥐었다. 나름 사회 봉사를 앞세우며 교육과 학문 연구에 헌신하느라 동분서주하였으나, 인생 황혼녘에 추수한 알곡은 초라하기 짝이 없다. 좋으신 부모님과 출천의 스승님들을 만나는 큰 복을 누렸으나 부모님께 불효했고, 은사님 모시는 일에도 턱없이 소홀하였던 지난날이 아프다.

　가까운 벗들은 필자더러 하고한 중환에도 살아남은 '기적의 주인공'

이라고들 말한다. 이제 하늘이 주신 이 기적에 보답하는 일이 4.19혁명 때 다짐했던 '나라를 위한 구체적 증언'을 남기는 일임을 각성하기에 이르렀다.

나라가 어렵다. 1,000번의 전란에 280회나 외침을 받고서도 국가 정체성을 사수死守해 온 우리 역사 속의 대한민국. 정치·사회적 위기가 심상치 않다. 경제는 1차 피크에서 다시금 가속 페달을 밟아야 할 계제에 정치가 발목을 잡는 형국이다. 낡은 종북 이념에 목을 맨 반체제 전체주의 세력이 준동하고, 포스트모더니즘 문화에 젖은 신세대는 가치 있는 것과 인기 있는 것을 혼동하는 '쇼맨십'에 열광한다. 정직한 지도자가 설 자리를 못 찾는 배리背理는 어찌할 것인가. '사슴을 말이라 우기는' 어처구니없는 편집증paranoia 환자 정치인들과 그 팬덤은 또 어찌해야 옳은가.

외교 지평은 사면초가다. 김정은·김여정 남매의 정신 병리학적 피해의식과 광기狂氣, 도무지 미소조차 없는 의뭉한 시진핑과 음흉·잔혹한 푸틴, 천방지축 광인 정치의 트럼프 등의 삿된 에너지가 활화산인 양 분출할 기세다. 도무지 회개할 줄 모르는 일본인들과 지경학적地經學的 가치 동맹을 명분으로 상처는 잠정 봉합하였어도, 양쪽에서 수상한 세력이 집권하는 날 이는 다시 덧나고 말 것이다.

윤리적으로나 실력으로나 함량 미달이거나 이념 편향적인 인사들이 정계, 행정계, 학계, 교육계, 법조계, 문화·예술계 등에 침투하여 나랏말을 천박하게 훼손하고, 사람의 건강한 상식으로는 도저히 이해할 수 없는 행태로 가정 교육, 학교 교육, 사회 교육의 순기능을 압도적 영향력으로 무력화한다.

책 머리에

　이상한 학생과 학부모 들의 폭행과 고소·고발·모욕에 교사가 스스로 목숨을 버리는 일이 잇따르고, 그들의 살해 위협이 무서운 선생님이 칼을 피할 방검복을 입고 출근하는 세태. 패륜의 극치다. 국민 의식을 정화하는 유신維新이 요청된다.
　우리는 이제 우리 지난 역사의 영예와 치욕, 성공과 실패의 궤적을 조명하여 그 빛과 어둠의 속살을 숨김없이 드러내 되짚어 봄으로써, 우리 역사 대전환의 발판을 다시 한번 다져야 한다. 살아 있는 자에게 주어진 역사적 소명이다. 특히 우리의 집단 무의식이 분출하는 창조적 응집력의 긍정적 에너지, 광기와 극한 대결의 부정적 에너지가 끊임없이 충돌하는 우리 역사의 현장에서 우리는 방관자가 되어서 안 된다. 이 에너지를 통합하여 조국 근대화, '한강의 기적' 성취를 견인한 지도자가 있었다. 우리를 화들짝 깨워 일으키는 카랑카랑한 그 음성이 되살아나는 오늘이다.

　이 책은 《이 역사를 어찌할 것인가》(2020.11.)의 후속판이다. 20세기 최고의 스승이셨던 서울대 이응백 교수님, 인간미 넘치셨던 대철학자 정의채 몬시뇰님, 서양 철학사에 해박하셨던 창조적 지성 강기철 교수님, 정신적 아버지 구상 시인 그리운 마음, 하늘 끝에 사무친다.
　학교에서 우리 현대사를 혹 잘못 배웠을 젊은이 등 후손들에게 이 책을 널리 읽히고 싶다. 뜻있는 어르신들이 새 세대에게 이 책을 읽혀 역사의 객관적 진실을 알게 해 주시기 바란다.
　필자는 대학에서 문학·교육학·법학을 공부한 인문학자다. 이 책은 역사적 진실에 대한 인문학적 관점을 제시한 융합 인문학서다. 지난 역사에서 있었던 잘못과 비리를 살펴 이를 경계하고 삼감으로써 앞날에 거울로 삼으려는 이 시대의 작은 징비록懲毖錄이다. 이 책을 읽으신 모든 분들이 우리 현대사의 진실을 널리 알려 계도하는 일에 나서 주시기 바란다.

  끝으로 일생의 후원자였던 아내 정경임 님의 노고를 기린다. 참 좋으셨던 부모님 영전에 이 책을 바친다.

2024년 2월
서울 삼성동 우석서실隅石書室에서
김봉군

| 차 례 |

책 머리에 / 03
프롤로그 / 14

제1장 우리는 누구인가

세계 국가 한국과 동아시아 문화 공동체 / 24
실증주의 세계관과 자연·세계·우주의 신비 체계 / 29
왜 우리는 자주 극단으로 치닫는가 / 35
우리 민족의 집단 무의식 / 39
부강한 나라와 가난한 나라의 조건 / 46
기업가 정신에 대하여 / 54
한민족은 소멸할 것인가 / 61
이 문명 사회의 주인은 누구인가 / 66

제2장 나라 세우기

어둡고 괴로워라 밤이 깊더니 / 광복 / 72
분열과 각축의 소용돌이 / 좌·우익 싸움 / 86
　(1) 계급 투쟁 노선의 조선공산당 / 86
　(2) 여운형의 건국준비위원회와 박헌영의 조선인민공화국 / 88
　(3) 조선인민공화국의 신전술 / 지폐 위조·폭동·파업 / 91
　　① 9월 총파업 / 92
　　② 10월 폭동 / 94
　　③ 남조선노동당 결성과 지하 공작 / 95
　　④ 국대안國大案 반대 투쟁 / 96
　　⑤ 좌·우로 갈린 3.1절 기념식 / 97
　　⑥ 남로당의 계급·정치 투쟁 / 97
　　⑦ 제주4.3사건 / 99
　　⑧ 제3지대의 군소 정당들 / 100
　　　인민공화당 / 사회민주당 / 독립노동당 / 민주독립당 / 민주주의독립전선

(4) 우파의 결집과 반격　　/ 103
　　① 국민대회준비회　/ 106
　　② 한국민주당　/ 107

(5) 임의 환국과 정파 분열　　/ 108
　　① 김구의 환국과 정파 분열　　/ 109
　　② 신탁 통치 찬·반 운동　/ 110
　　③ 좌·우 합작 시도　　/ 113
　　④ 미국 국무성 진보파들의 오산 / 남조선과도정부 설립　　/ 116
　　⑤ 국방경비대 창설　　/ 117
　　⑥ 반공 학생 조직과 우익 인사들　　/ 118
　　⑦ 이승만 박사와 김구 선생의 결별　　/ 119
　　⑧ 좌익의 합당과 폭력 노선　　/ 120

(6) 남북 분단의 단초　　/ 122
(7) 유엔한국임시위원회와 5.10총선거　　/ 123
(8) 김일성이 이용한 평양 남북 협상　　/ 124

동해의 푸른 물결 빛나는 아침 / 건국　　/ 128

제3장　3.1 운동 비사

3.1 운동 비사 (1)　　/ 144
3.1 운동 비사 (2)　　/ 149
3.1 운동 비사 (3)　　/ 162
3.1 운동 비사 (4)　　/ 175

제4장　이승만 리더십

이승만 리더십　　/ 184
파란만장한 생애　　/ 185
건국 종지　　/ 187
이승만 대통령의 업적　　/ 189
부정적 리더십　　/ 193
이승만 리더십 평가　　/ 205

| 차 례 |

미국은 우리의 '원쑤'인가 (1)　/ 215
미국은 우리의 '원쑤'인가 (2)　/ 219
미국은 우리의 '원쑤'인가 (3)　/ 223
미국은 우리의 '원쑤'인가 (4)　/ 228

쉬어 가기 1　/ 236

전우야 잘 자라 / 승리의 노래 / 통일 행진곡 / 진짜 사나이 / 바다로 가자 /
해군가 / 나가자 해병대 / 달려라 사자같이 / 공군가 / 빨간 마후라

남북 분단의 원흉은 누구인가　/ 245

제5장　무엇이 나라를 흥하게 하는가

피어린 민주주의　/ 254
　의회 민주주의를 위한 분투　/ 254
　한국 민주주의 정립과 파괴 세력　/ 258
　북한의 도발 약사　/ 262
　반민주 세력의 잔재　/ 264

산업화 세력과 민주화 세력　/ 267

무엇이 나라를 흥하게 하는가　/ 278

제6장　박정희 리더십

박정희 리더십 (1)　/ 298
　(1) 식민지 청소년기, 방황과 시행착오　/ 298
　(2) 결정적 위기　/ 300
　(3) 5.16군사 정변　/ 302

박정희 리더십 (2)　/ 310
　(1) 조국 근대화와 민주화의 평행선　/ 310
　(2) 불세출의 지도자　/ 313

(3) 피폐한 민생과 용장의 출현　/ 316
　　(4) 근면 · 자조 · 협동의 새마을 정신　/ 319
　　(5) 교육 입국 정신과 과학 · 기술 육성 정책　/ 324
　　(6) 대중경제론에 맞선 수출 주도형 산업화 전략　/ 329
　　(7) 비탄의 국민감정을 밝고 진취적인 창조 정신으로　/ 332
　　(8) 경이로운 산림 녹화 사업　/ 339
　　(9) 자주 국방 개념의 정립과 실현　/ 339
　　(10) 우리의 다짐　/ 349

박정희 리더십 (3)　/ 354
　　정치 어록이다.　/ 354
　　국방 어록이다.　/ 355
　　외교 어록이다.　/ 356
　　북한 · 통일 관련 어록이다.　/ 356
　　이제 경제 어록이다.　/ 357
　　교육 · 문화 · 의식 기타 어록이다.　/ 359
　　박정희 대통령 어록　/ 362

쉬어 가기 2　/ 364
　　이산가족을 찾습니다

제7장 이 나라 살리는 교육

한국 교육의 시대적 과제　/ 368
　(1) 창의성 교육　/ 369
　(2) 소프트웨어와 컴퓨터 식 사고력 교육　/ 369
　(3) 국가 정체성 교육　/ 370
　(4) 산학 연계 교육과 학문 연구　/ 371
　(5) 독서 · 토론 · 논술과 논리 교육　/ 372
　(6) 정직성 교육　/ 373
　(7) 문화 전통의 계승과 문화 창조 교육　/ 373
　(8) 평화 교육 또는 전쟁 예방 교육　/ 374
　(9) 생태 · 환경 교육　/ 375

| 차례 |

    (10) 우주 문명사 대비 교육　/ 376

    (11) 권력자·부자 되기에 앞서 봉사자가 되게 하는 교육　/ 377

    (12) 보건·체육 교육　/ 377

    (13) 디지털·인공 지능 시대의 윤리 교육　/ 378

    (14) 고전적 인문학 교육　/ 384

무너진 교권, 어찌할 것인가 / 교사론　/ 386

학부모 교육, 어찌할 것인가　/ 395

고독한 스승의 길　/ 404

대학 교육, 이대로 방치할 것인가　/ 416

의과 대학 블랙홀, 어찌할 것인가　/ 423

호연지기와 리더십을 기르는 교육　/ 431

우리 현대 교육 약사　/ 435

제8장　저 이상한 사람들의 나라

촛불 집회에 대하여　/ 440

국회 의원의 거짓말 시리즈와 특권　/ 446
    탈진실posttruth의 시대.　/ 449

저 이상한 사람들의 나라　/ 453
    북한 바라기　/ 453
    거짓말과 선전·선동　/ 456
        ① 광우병 광풍　/ 456
        ② 사드 설치 반대 시위　/ 458
        ③ 지율 스님의 단식과 천성산 터널　/ 461

④ 강정 마을 항만 건설 저지 시위　/ 461
⑤ 설악산 오색약수터 케이블카 설치 반대　/ 462
⑥ 후쿠시마 폐발전소 오염 처리수 해양 방류 반대 시위　/ 462

구세주를 참칭하는 사람들　/ 464

죽음과 결별치 못하게 하는 정치 세력　/ 467

통계 조작과 선전·선동　/ 470

저 거대한 거짓의 감옥　/ 478

그 대통령은 왜 그랬을까　/ 484

　약속　/ 484
　굴욕 외교　/ 485
　비정규직의 정규직화의 형평성 문제　/ 487
　내로남불과 아집　/ 487
　북한 주민 인권 외면·김정은 미화　/ 488
　윤이상·신영복·김원봉 찬양　/ 490
　이상한 대법원장 임명　/491
　적폐 청산의 끝판　/ 492
　소득 주도 성장과 최저 임금 제도　/ 492
　재정 건전성 훼손　/ 493
　원자력 발전 체계 해체　/ 494
　잊히지 못하는 사람　/ 495
　갈무리　/ 495

쉬어 가기 3　/ 497

에필로그　/ 500
쉬어가기 4 : 역사적 증언　/ 514

프롤로그

　속도가 돈인 시대다. 초음속 기차가 경부선을 20분 만에 주파할 기세다. 디지털 문명, 데이터 과학 시대의 21세기 인류는 가속 열차를 탄 여객이다. 컴퓨터 알고리즘에 지배되는 신인류는 이제 '멈춤'의 자유를 잃은 우주 문명 시대의 첨단 부품들이다. 이 시대의 인류는 지금 어디로 이리 황망히들 가고 있는가? 최대 10개 문명 세대가 뒤섞여 살 멀티제너레이션 세대가 오고 있는 대전환의 시대임을 아는가? 대전환의 이 시대에 정쟁으로 날이 저무는 대한민국이 아닌가. 이 나라를 어찌할 것인가.

　의과 대학 블랙홀을 두고 온 나라가 몸살을 앓고 있는 이 땅에서, "왜 이렇게 살아야 하느냐?"고 느닷없이 질문을 던지는 인문학자의 도발쯤은 한갓 소음noise으로서 하릴없이 무산된다. 그럼에도 사람들은 "세상이 왜 이런가?", "국회 의원이 왜 저 모양이냐?"고 열기를 뿜는다. 다 우리가 뽑은 사람들이다.

　1933년 미국 과학 소설 작가 버너 빈지가 전율 충만한 어조로 전망했던 기술적 특이점technological singularity이 임박한 21세기 초반이다. 인공 지능AI이 사람의 지능을 넘어서는 파천황의 문명사가 펼쳐질 변곡점 말이다. 이 첨단 기술 문명의 현란한 향연에, 사람을 '생각하는 갈대'라 한 파스칼의 정의는 무한히 왜소해질 위기에 처하였다.

　사람이 만든 전자 기기가 사람 할 일을 대신할 때 그것은 이기利器다. 하지만 그것이 사람의 지능 수준을 능가하고, 이른바 '로봇 전쟁'을 일으켜 인명을 살상하는 단계에 이른다면, 그것은 과학의 속성인 가치 중립Wertfreiheit의 경계를 넘어서는 대이변이다. 인공 지능의 윤리 문제가 볼

률을 높일 수밖에 없는 시점이다. 인공 지능도 사람이 통제해야 한다는 결론에 이른다.

필경 사람이 문제다. 윤리 문제 이야기다. 인도의 성자 마하트마 간디(1869~1948)가 100년 전에 말하였던 윤리 문제는 지금도 해소될 기미가 없다. ①원칙 없는 정치politics without principle, ②도덕 없는 상업commerce without morality, ③인격 없는 교육education without personality, ④인간성 없는 과학science without humanity, ⑤근로 없는 재산property without labor, ⑥양심 없는 쾌락pleasure without conscience, ⑦희생 없는 신앙worship without sacrifice을 어찌할 것인가?

최우선 과제는 본질 탐구다. 사람·한국인·대한민국의 본질과 존립 근거부터 밝히자는 것이다. ①사람은 어떤 존재인가, ②우리 민족의 특성은 어떠한가, ③역사란 무엇인가, ④우리 역사의 빛과 어둠은 어떠했는가, ⑤대한민국과 조선민주주의인민공화국의 정체성이 무엇이며, 이 둘은 통합할 수 있는가, ⑥한국인, 우리의 정체성은 무엇인가, ⑦대한민국의 '빛'과 '어둠'은 무엇인가, ⑧세계 문명사는 어떻게 펼쳐질 것인가 등이다.

요즈음 '피크 코리아'란 말이 떠돈다. 한국은 융성의 정점에 이르렀고, 앞으로는 내리막길만 남았다는 불길한 예견이다. 특히 합계 출산율 0.72명인 나라, 한민족 소멸을 예견한 옥스퍼드대 데이비드 콜먼 교수의 경고가 가슴을 때린다. 2021년 7월 2일 유엔 무역개발협의회에서 대한민국이 선진국임을 선포했다. GDP 3만 3천~5천 달러 경제 선진국이고, 군사력 6대 강국으로 G8에 오르는 나라가 대한민국이다. 5.16정변이 나던 1961년에 GDP 82달러로, 아프리카 가나 등과 함께 세계에서 제일 가난했던 대한민국이 이같이 기적적인 발전을 이룬 것은 우리 국민과 탁월한 지도자들이 바친 피땀과 눈물의 결정結晶이 아니었던가.

삼성 · LG · 현대 · SK 등 세계적인 대기업이 세계 시장을 누비고, 문화계와 스포츠계 인재들이 대한민국의 명성을 드높인다. 고속 도로, 국도, 철도, 전철 등 교통 인프라는 세계인들의 부러움을 사고, 우리 토목 · 건설 기술과 신용도는 온 누리에서 으뜸이다. 한국은 의료 선진국이기도 하다. 아랍에미레이트 무함마드 하얀 대통령은 한국을 '어떤 상황에서도 약속을 지키는 나라'라 칭하며 한국이 건설한 바라카원전을 보라고 했다. 어두운 소식도 많다. 음주 운전자 교통사고 사망률, 청소년 자살률, 노사 분규로 인한 산업 생산률 감소율 등도 세계적이다.

제일 큰 문제가 정치적 극한 대결과 도덕성 추락이다. 1993년 6월 7일 삼성의 이건희 회장이 프랑크푸르트선언에서 토로한 바 그대로다. 그는 우리 정치를 4류라 했다. 그때에 비하여 지금 정치 상황은 오히려 5~6류라 해야 옳을 것이다. 표현의 자유를 빙자하여 자행하는 얼치기 국회 의원들의 경박성, 천박성, 생떼쓰기, 거짓말, 폭언, 무례 막심, 우기기, 적반하장은 정치 혐오감을 증폭시키며 국민들의 분노 지수를 극한으로 치솟게 한다. 묵묵히 정당한 의정 활동에 헌신하는 국회 의원들의 업적마저 치명적으로 훼손하는 무뢰배들의 행패다.

거짓말 시리즈, 거짓 뉴스가 제일 큰 문제다. 거짓말 명수인 정치인들과 소셜 미디어가 결탁하여, 다수 대중으로 하여금 믿고 싶은 것만 믿게 하는 여론전이 민주주의를 훼손한다. 대중 매체를 악용한 그릇된 선전 · 선동에 현혹당한 대중들이 다수가 될 때, 우리는 참된 것과 매력적인 것을 혼동하기 쉽다. 이런 상황에서 다수결 민주주의는 붕괴한다. 세기의 대학살자 히틀러 · 무솔리니 · 도조 히데키東條英機 · 스탈린은 그들의 충천하는 매력과 인기에 힘입어 나치즘, 파시즘, 군국주의, 공산주의의 독기를 내뿜는 독재자가 되었다. 그때를 소환할 정도로, 지금 종잡을 수 없는 흉기가 된 소셜 미디어를 방치할 것인가? 사회적 합의가 시급하다.

철 지난 이념 싸움이 물 밑에서 치열하게 진행되는 곳이 대한민국이다. 사회주의 평등론과 자본주의 자유론의 갈등이 아직도 청산되지 않은 한반도 특유의 이념 전쟁이다. 남쪽 사회의 모순인 소유의 양극화는 가까이 있는 원인이고, 그 뿌리는 남쪽 사람들 의식의 심층에 자리한 지주·소작인의 묵은 적대 관계에 있지 않은가. 광복 직후 해방기의 제주4.3사건과 여수·순천 육군 제14단의 좌익 반란 사건에 접맥되며, 6.25전쟁을 일으킨 김일성의 통일 전쟁 실패와 관련된 것이 아닌가. 김일성의 통일 전쟁 승리를 좌절시킨 미국은 김일성 후손과 남쪽 종북 세력의 '원쑤'가 아닌가. 끊임없이 미국을 저주하며 자나깨나 미군 철수를 외치는 걸 보라.

강도 일제에서 벗어난 후 우리 민족은 선택의 갈림길에 섰다. 공산주의와 자유민주주의의 길이었다. 두 길을 두고 싸움은 치열했다. 그 과정에서 민족 지도자 우파의 송진우·장덕수, 중도 좌파 여운형, 좌우 합작형 우파 김구는 암살되었다. 철저한 반공주의자 이승만 박사는 암살을 모면했고, 철저한 공산주의자 박헌영·이강국·홍명희·이극로·김원봉 등은 김일성이 웅거하는 평양으로 갔다가, 홍명희만 번영하고 나머지는 숙청당했다.

1945년 9월부터 1948년 8월까지 하지 중장이 임시 통치한 미 군정은 미숙했다. 좌우 합작을 시도하는 등 시행착오를 거쳐 자유민주주의의 방향성을 제시하고 물러갔다. 사실, 이 시기에 우리 민족은 70%가 사회주의·공산주의를 지지하는 무산 계급, 못 가진 자 the unhaver였다. 이런 암울한 시기에 걸출한 지도자 이승만 박사가 초대 대통령이 되었다.

하버드대와 프린스턴대에서 석·박사 학위 과정을 이수하며 자유민주주의를 공부한 이승만 대통령은 이념의 두 갈랫길 중에서 자유민주주의의 길을 선택했다. 미심쩍어하던 행정가·정치인·국민 들도 이 길에 동참했다. 절묘한 선택이었다. 75년 전의 저 현명한 선택 덕분에 남북한 국력 차이가 54 대 1이라는 경이로운 결과를 낳지 않았는가.

장기 집권과 부정 선거의 허물이 있으나, 이승만 박사를 대통령으로 뽑은 우리의 선택은 옳지 않았는가.

한국 민주주의가 위기인 것은 너무 많은 국회 의원의 천박한 품격뿐만이 아니다. 광적인 시위 문화와 정치인들의 표퓰리즘은 고질병이 되었다. 한때 민주화 운동을 이끌었던 최장집 교수의 탄식 소리가 심상치 않다. "한국 민주주의의 위기는 촛불 시위부터 시작되었다."는 것이다. 자기 희생(순교)·평화·성결한 기도의 표상인 촛불 이미지를, 우리나라 촛불 시위대가 망쳐 놓았다.

국회 의원들과 정부의 표퓰리즘은 도를 넘었다. 김해 공항을 확장하는 것으로 결정되었던 정책을 뒤집어 가덕도 신공항을 건설하게 된 것은 여·야가 합세한 표퓰리즘 정책이다. 이런 식으로 건설된 양양공항, 무안 공항 등 전국 공항 15개 중에 10여 곳이 적자다. 야당은 걸핏하면 돈 뿌리는 정책을 들고 나온다. 아르헨티나식 파멸로 가는 길이다.

정치인 재교육이 긴요하다. 지식과 기술은 급속도로 변화하는데, 목소리 높은 국회 의원들은 1980년대 수준에 머물러 있다.

소위 진보 좌파는 원수 찾기와 복수하기가 존립의 목표인가? 원시적 응보주의에 사로잡혀 치를 떠는 그들은 생산적, 창조적인 담론과는 담을 쌓고 산다. 길 닦고, 공장 세우고, 학교 짓고, 농토 정비하고, 마을 가꾸고, 세계 무역 항로를 트고, 국가 안보의 울타리를 제대로 친 쪽은 보수 우파다. 이른바 진보 좌파는 그걸 목숨 걸어 비방하고 허무는 일에 전심전력했다. 진보 좌파가 건설한 것은 찾기 어렵다. 우리나라 좌파에게 '진보'라는 '표찰'을 붙이기가 망설여지는 것은 이 때문이다.

기간 산업의 파업도 문제다. 파업으로 인한 손실이 일본의 200배라니, 말문이 막힌다. 노조가 파업 때 다른 인력이 일하는 대체 근로를 허락하지 않음으로써 생기는 영업 손실은 막대하다. 2010년부터 2019년까지 10년간 연 평균 근로일 수 손실은 39.2일이었다. 일본(0.2일)의 196배, 독일(4.5일)의 8.7배, 미국(8.3일)의 4.7배다. 기업과 근로자 중 어느 쪽의 책임이 더 큰가?

　21세기 국제 정세는 심상치 않다. 러시아·우크라이나와 이스라엘·하마스 전쟁에서 보듯이, 세계는 다발성 전쟁 징후를 드러내며 불안을 조성한다. 음흉한 푸틴과 의뭉한 시진핑의 머릿속에 무슨 음모가 칼을 가는지, 공포감이 치솟는다.
　푸틴의 침공으로 시작된 러시아·우크라이나 전쟁은 유럽뿐 아니라 전 세계에 전운을 드리울지 모른다는 인류적 불안감을 증폭시킨다. 특히 자유 세계 시민들은 비상한 시선으로 이를 지켜보고 있다. 타이완을 꿀꺽하려는 시진핑의 눈꼬리가 수상하고, 이에 한 술 더 뜨고도 남을 포악한 김정은과 김여정의 이글거리는 광기가 문제다. 우리에게 돈과 물자를 실컷 받아 가곤 되레 큰소리치던 김정일보다 더 사악한 김정은 남매의 무기놀음은 자칫 상상 외의 광기로 돌변할지 모른다.
　한·미·일 3국을 가치 동맹으로 묶은 우리 외교 정책은 현명하다. 한일 관계는 과거에 대한 책임 문제로 인해 현재와 미래의 동북 아시아 국제 역학 관계를 깨뜨리는 것이 옳은가? 지난해 미국 캠프 데이비드에서 한·미·일 3국 정상이 가치 동맹으로 뭉친 것은 불가피하다. 토라진 중국과의 지경학地經學적 관계 정립도 중요하다. 중국은 우리와 산업적으로 상호 보완, 연계할 수밖에 없는 관계다. 우리와 쉽게 결별을 선언할 관계는 아니다.
　하지만 시진핑 권위주의 정권의 공포 정치에 놀란 자산가들은 차이나 엑소더스, 중국 탈출 러시에 돌입했다. 특히 홍콩에서 영국, 싱가포르, 타이완 등지로 옮겨 가고 있다. 서방의 세계 표준Global Standard과 중국의 기준이 충돌하는 현상이다. 우리의 주요 무역국인 중국의 오늘이다. 우리 젊은 층의 반중 정서가 특히 걱정스럽다. 주변 3국에 대한 호감도는 중국 23.9점, 일본 29.0점, 북한 29.4점이다. 전 연령대 반중 정서 비율은 81%에 달한다.

한반도는 한·미·일과 북·중·러가 충돌할지 모를 지경학적地經學的 위험 지역이다.

남북 관계는 지금 격하게 냉각되어 있다. 2000년 6월 15일 김대중 대통령과 북한 김정일 국방 위원장은 6.15남북공동선언을 했다. 이 선언으로 김 대통령은 노벨 평화상을 받는 영예를 누렸다. 이른바 '햇볕 정책'의 성과였다. 2003년에는 개성공업지구를 건설, 운영했다. 2018년 문재인 대통령과 김정은 국무위원장은 9.19군사분야합의를 하고 군사 분계선 초소를 각각 10개씩 철거했다. 이후 북한은 3천 6백 회나 합의를 위반하며 도발을 계속했다.

속았다.

어떤 햇볕 정책에도 북한은 증오의 갑옷을 벗지 않고 우리에게서 천문학적인 현금과 금강산 관광 수입을 챙겼고, 개성 공단에서 번 돈까지 합쳐서 원자탄과 미사일 개발에 광분했다.

나치즘·파시즘·군국주의·공산주의 등 전체주의 세력과의 어떤 협약도 믿어서 안 된다는 것. 우리 남북 협정 역시 예외가 아니었다. 북한의 원자탄 개발에 대하여, 김대중 대통령은 북한에서 우라늄 농축 프로그램이 있은 적은 없다고 했다(프랑스 언론 인터뷰, 2007). 노무현 대통령은 핵이 자위용이라는 북한의 주장에 일리가 있다고 말했다(미국 로스앤젤레스 연설, 2004). 문재인 대통령은 "김정은 위원장의 비핵화에 대한 의지는 분명히 있다고 생각한다."고 했다(신년 회견, 2021).

우리 좌파 쪽은 북한의 호의에 대한 낭만적 환상이 있었다. 속고, 속고, 속았다. 결국 북한의 핵·미사일 무장을 방조한 이적 행위가 되었다.

반대파를 증오·저주하는 사람들의 분노가 하늘을 찌른다. 한 많은 사람들이 많다는 뜻이다. 사랑하고 살아도 턱없이 짧은 인생이거늘, 사랑의 사도使徒여야 할 가톨릭 신부마저 우리 대통령 내외분이 탑승한 비행기가 추락하기를 비는 나라. 이 어찌 '하늘 복'을 기대하겠는가.

  창조적 응집력으로 환호하는가 하면, 광기狂氣와 극한 대결로 살기를 풍기는 샤머니즘적 집단 무의식. 이를 긍정적으로 백분 활용하여 '조국 근대화, 한강의 기적'을 성취한 탁월한 지도자가 있었다. 지금 우리 지도자에게도 시사示唆하는 바가 크다.

제1장
우리는 누구인가

세계 국가 한국과 동아시아 문화 공동체

　세계 국가 이론을 처음 제시한 사람은 문명사학자 아널드 토인비 (1889~1975)였다. 한나라·로마·당나라·송나라·대영제국·아메리카 합중국 등이 그 예가 된다. 세계 국가란 자기 혈연에 집착하는 민족 국가의 영역을 넘어, 세계 인류를 보편적 가치관으로 포용하는 가치론적 개념이다. 토인비 이론의 재해석이다.

　우리나라는 21세기에 새로이 떠오르는 세계 국가다. 우리나라는 유라시아 대륙의 맨 동쪽(극동 far east)에 자리잡았기에 문명사적으로 유리하기도 불리하기도 했다. 약점과 강점이 있다는 뜻이다. 강점은 세계 문화를 고르게 수용하여 세계적 보편성을 띤 우리 문화를 창조할 수 있었던 데 있다. 약점은 뼈저리다. 고조선 건국(BC 2333년) 이후 4,300여 년을 살아 온 우리 민족이 어찌하여 세계인의 정신사를 이끌 고유의 철학을 창조하지 못하였는가? 우리는 인도(네팔)에서 발원한 불교와 중국에서 정립된 유교와 도교 사상을 수용하기에 그치고 말았는가?

　19세기까지 우리 선조들의 의식은 대륙 지향성 continent orientation에 고착되어 있었다. 20세기 이후 세대는 해양 지향성 ocean orientation에로 타율적, 자율적으로 방향 전환을 했다. 대륙에서 온 사상과 문화를 굴절 수용한 우리 선대를 답습하려던 전통 지향성 tradition orientation의 에너지는 20세기, 특히 20세기 후반 이후 서구적 근대 지향성 modernity orientation에로 급격히 방향 전환을 했다. 모방을 거쳐 창조를 꿈꾸는 한국인이 된 것이다.

요컨대, 우리는 동·서양 외래 문화를 굴절, 수용하여 우리 것으로 변용하는 놀라운 재기를 발휘해 온 민족이다. 다시 말하면, 우리나라는 동·서양 문명과 문화가 전파되는 종착지였다. 물론, 불교나 기독교 사상이 처음 전래되었을 때, 이를 거부하는 에너지와 예각적으로 충돌하기도 했다. 순교자의 피까지 요구했던 이들 사상은 우여곡절 끝에 우리 의식에 자리잡았을 뿐 아니라, 우리의 기층基層에 집단 무의식으로 자리해 있는 무속 사상과 습합하여 혼합주의syncretism의 양상으로 우리 것이 되었다. 또 상층의식인 유교 사상과도 습합하여 우리다운 문화 양식으로 변용되었다. 우리의 민족적 특수성과 세계 인류적 보편성이 만나서 우리다운 개성이 곧 세계적 보편성으로 확산된 것이다.

근래에 방탄소년단BTS과 블랙핑크 등 K팝이 전 세계적 명성을 얻고, 비빔밥·곰탕·김치 등 K푸드가 세계인의 입맛을 사로잡게 된 것은 우연이 아니다. 세계 10위의 경제 대국으로 떠오른 우리나라의 위상에 주목하면서 세계인들이 한국 문화에 눈뜨게 된 것이다. 방탄소년단과 블랙핑크 등은 노래와 춤을 좋아했던 우리 옛 조상의 전통을 이었고, 탈춤의 역동성을 우리 특유의 부드러운 곡선형 춤사위에 녹여 실었으며, 그것이 세계적 주류 음악·무용을 만나 인류의 보편성에 호소하게 된 것이다. 일찍이 우리 음악가 윤이상이 오페라 〈심청〉을 만들어 유럽 무대에서 환호를 받았던 것은 그 실마리였다.

수용과 모방에서 창조로 나아가는 큰 길을 열었던 세종대왕의 창조 정신이 격세 유전되어, 21세기 오늘에야 그 중흥기를 맞이한 것이다. 15세기 세종대왕 때에 21개의 발명품이 있었다. 중국에는 19개, 유럽에는 4개가 있었던 때였다. 그 경이로운 창조의 역량이 이제야 발휘되는 르네상스기가 열리고 있는 것이다. 한글과 한국어의 세계화는 이미 진행되고 있으며, 한국 문화 전반의 세계화도, 우리의 노력이 어떠하냐에 따라 뒤를 이을 것이다. 2021년에는 영국 옥스퍼드 사전에 '오빠', '언니', '누나' 등 우리말 26개가 등재되었다. 우리 영화와 드라마, 문학이 외국에서 큰 상을 받아 오는 등 영상·언어 예술 분야의 세계화도 그 지평이 확대되고 있다. 과학과 기술, 산업 분야의 세계화도 착착 진행되고 있다.

   대한민국은 G8의 세계 주요 국가로 급격히 떠올라 있다. 우리의 개성과 인류적 보편성, 특히 자유민주주의라는 보편적 가치 동맹을 이루며 이제 세계 국가로 나서게 되었다. 세계에서 가장 가난하였던 대한민국은 반 세기 남짓한 단기간에 산업화와 민주화를 함께 이룩한 '기적 실현'의 나라가 되어 세계 신흥국 사람들의 롤 모델이 되었다.

   그럼에도 우리에게는 풀지 못한 아킬레스건이 있다. 남북 분단과 극한 대립이다. 김정은·김여정 남매 시대에 들어서 북한은 광포한 언사와 핵폭탄·미사일로 우리의 안보를 위협하고 있다. 민족사적 위기다. 조부 김일성과 아버지 김정일보다 더한 천둥벌거숭이 싸움쟁이 기질로 패악을 부리는 북쪽 남매의 경거망동이야말로 심히 불길하다. 또 전체주의자 시진핑이 등장한 이래 중국은 오만한 고립주의를 자처하며 동아시아의 패권 장악에 혈안이 되어 있다. 우크라이나·이스라엘과 함께 한반도와 중국·타이완은 다발 전쟁 시대의 위기 지역으로 주목받고 있다. 동아시아가 화약고가 되는지 모를 위기다. 이 위기가 전쟁으로 폭발하지 않게 할 최우선 과제 수행의 책임은 국방부를 중심으로 한 정부에 있다. 또 이를 뒷받침할 온 국민의 철통같은 안보 의식의 정립이 중요하다.

   또 한 방도가 있다. 문화 교류를 통한 공공 외교public diplomacy다. 이를 위해 동아시아 문화 공동체를 만드는 일이 중요하다. 그 선편을 잡아야 할 선두 주자는 한국인일 수밖에 없다. 일본인은 자유 민주 가치 동맹국 사람들이기는 하나, 제2차 세계 대전 때 동아시아를 침범하여 주민들을 학살한 원죄가 있다. 또 그 엄청난 전쟁 범죄에 대하여 진심 어린 사죄를 한 적이 없다. 인류 보편적 양심의 명령에 순종하지 않는 죄성罪性이 있다. 중화인민공화국 사람들은 제2차 세계 대전 피해국이면서 6.25전쟁 시기의 가

해국 국민이다. 우리는 다르다.

　우리는 남의 땅을 침략한 적이 없는 국민이다. 우리 헌법 제5조 1항에는 "대한민국은 국제 평화의 유지에 노력하고 침략적 전쟁을 부인한다."는 평화 제1주의 사상이 명시되어 있다. 우리는 동아시아인을 비롯한 세계인을 침략 전쟁으로 괴롭힌 원죄가 없다. 우리는 중국이 종주국인 한자 문화를 우리 것으로 변용해 써 왔고, 유교 사상을 본질 탐구와 실천 윤리로 심화시킨 민족이다. 중국이 중심 문화core culture의 나라였다면, 한국의 경우는 중간 주변 문화mid-marginal culture를 누렸다. 일본은 말단 주변 문화marginal culture의 나라였다. 시진핑이 미국 대통령 앞에서 "한국은 중국의 일부였다."는 엉터리 호기를 부린 것은 문화적 우월감 콤플렉스 superiority complex의 분출이었다.

　오늘날 실상은 그렇지 않다. 중국 공산당 지도자 마오쩌둥이 문화 혁명기(1956~1966)에 자기네 전통 문화를 무참히 파괴했고, 시진핑 또한 다르지 않다. 아이러니컬하게도 동아시아 전통 문화의 정체성identity을 비교적 두껍게 계승, 발전시켜 온 사람들이 한국인이다. 한국이 동아시아 문화 공동체를 이끌 중심 국가인 셈이다.

　우리는 21세기 세계 국가 국민으로서 중국·타이완·일본·북한의 사상·문화계 관련 인사 1천 인씩을 서울에 초청하여 '동아시아문화공동체 선언'을 함으로써 동아시아 평화를 견인하는 주역이 되어야 한다. 문화 공동체 회의를 2년마다 순회 개최하며 공공 외교의 길을 다지는 것은 동아시아 평화 유지에 중요한 방책이다. 북한이 엉버틸 심산이겠으나, 우리와 중국이 다독이면 필경 동참할 것이다.

　동아시아문화공동체 중앙 사무국은 서울에 두고, 중국·일본·북한·타이완 수도나 주요 문화 도시에 각국 사무국을 두어 여러 교류 방안을 마련, 실천하면 될 것이다. 학자·예술가 등 문화인 중심으로 세미나를 열고, 광범위한 토론회를 여는 것을 필두로 음악·문학·미술·영화·연극

등 여러 장르의 명인·대표자 들이 작품 발표회를 크게 열어 국가 행사, 동아시아 행사가 되게 하면, 문화 융성의 평화 공동체로서 동아시아는 세계인의 주목을 끌게 될 것이다. 우리 대통령과 문화계 대표가 공동 회장이 되어 이 공동체를 이끌 때, 세계인의 주목도가 더욱 상승할 것이다.

  이것은 고조선의 건국 이념인, 세상을 널리 이롭게 하자는 홍익인간弘益人間의 정신을 널리 펴는 증표가 될 것이다.

실증주의 세계관과
자연·세계·우주의 신비 체계

　서구식 근대화는 빛과 그림자를 이끌며 전개되어 왔다. 특히 19세기 중엽 유럽에서는 자연 과학적 실증주의實證主義, positivism 사상이 팽배해 있었다. 오귀스트 콩트의 실증주의 사회학(1838~1842), 카를 마르크스·프리드리히 엥겔스의 공산당 선언(1848), 찰스 다윈의 ≪종의 기원≫(1859)과 그 진화론이 그 현저한 증거다. 다윈의 진화론이 핵심에 있고, 이에 고무된 마르크스는 ≪자본론≫(1867)을 썼다. 실증주의란 관찰과 실험으로 검증할 수 있는 지식만을 인정하려는 태도를 가리킨다. 따라서 실증주의에서는 검증이 안 되는 형이상학적 사고가 배척된다.

　진화론의 두 가지 명제는 종의 변이variation of species와 자연 선택natural selection이다. 자연 선택론은 가장 강한 자만 자연에 적응하여 살아남는다는 적자 생존survival of fittest 이론을 낳는다. 진화론자에게 정의正義란 물리적인 힘이다(Power is justice).

　진화론은 유일신의 창조론을 전면 부정하는 무신론이다. 이 사상은 기독교를 절대 진리로 믿었던 유럽인들에게는 청천벽력이었다. 또 허버트 스펜서는 이를 사회 진화론으로 발전시켰다.

　진화론은 자연 과학의 발전과 산업 혁명의 기폭제가 된 한편, 전 세계를 전쟁의 불구덩이로 몰아넣는 세기의 악마들을 출현케 하였다. 진화론 우파의 히틀러, 무솔리니, 도조 히데키東條英機, 진화론 좌파의 포이어바흐, 마르크스, 엥겔스, 레닌, 스탈린, 마오쩌둥, 김일성, 크메르 루즈 등이 그 현저한 예다. 베트남의 호찌민도 그 아류다. 이 문제는 뒤에서 자세히 다

룰 것이다.

21세기 인류는 극한적 실증주의 문명에 종속되어 있다. 인공 위성으로 우주 공간에 올랐으나, 그곳에 신은 없다는 맹랑한 고백에 대다수가 동조한다. 그런데 세상은 왜 이렇게 불안한가?

우리 한국인은 종교성 쪽에서 세계인의 추종을 불허하는 사람들이었다. 이제는 '등 따습고 배 부르며' 디지털 기기가 도깨비 방망이 구실을 하는 이 편리한 세상인데, 신비니 초월이니 영적 구원이니 하는 말은 다 객쩍은 소음noise일 뿐인가. 그런 실증주의의 관성에 우리도 무심히 붙좇아가다가 스러질 것인가. 마음을 채워 새삼 신비한 자연과 우주의 속살에 눈을 돌려 보는 것은 어떨까?

자연과 세계와 우주는 과연 실재實在하는가? 인간의 실재에 대한 접근은 객관적이어야 하는데, 인간에게 허용된 객관성의 도출 방법은 주관적일 수밖에 없다. 이때의 주관은 인류가 함께 합의할 수 있는 집단 주관이다. 집단 주관은 공관적共觀的 합의 방법synoptic consensus method에 의해 도출된다.

가령, 숫자의 경우를 보자. 자연수 1 2 3 4 5 6 7 8 9와 정확히 부합되는 상응相應의 실체는 우주 속에 없다. 그럼에도 우리는 1에서 ∞의 수와 상응하는 실체를 경험의 세계에서 확인하며, 상식적 판단이나 실용적 수준에서 그렇게 믿는다. 마음의 세계를 현실 세계와 상응시키면서 현실 세계의 수와 수리를 발견하게 된다. 우주 만물에서 수와 수리를 보는 수학자는 합의된 집단 주관으로 수와 수리를 거론하고 있다.

1에서 ∞까지 그 어느 일정한 수에 해당하는 대상을 찾아보면, 그 대상은 끝없이 발견된다. 2를 기준으로 하면 흑과 백, 남과 북처럼 대립이나 대칭 현상에서 찾을 수 있다. 3의 경우는 천·지·인, 군君·사師·부父, 상·중·하, 정·반·합, 성부·성자·성령 등이 있다. 그런데 경험 우주의 실체, 그 생성과 구조와 위계가 7이라는 숫자와 크게 관련되어 있다는 것은 우주론적 신비라고 아니 할 수가 없다. 이는 우리의 공관적 합의에 따른 집단 주관이 내린 결론이다.

우주의 물질 세계, 생명 세계, 인간 세계, 문화 세계, 고등 종교, 경전 등이 모두 7이라는 숫자와 관계된다. 신비다.

물질 세계의 물질은 물체 · 분자 · 원자 · 원자핵 · 하드론 · 렙튼 · 쿼크의 7계층으로 되어 있다. 물질 세계의 우주는 소립자 · 원자 · 분자 · 물체 · 천체 · 섬우주 · 대우주의 위계 질서를 이루고 있다. 은하는 타원 은하 2, 렌즈형 은하 1, 와상 은하 3에 불규칙 은하를 더한 7개로 구성되어 있다. 천체의 계층 구조는 항성 · 구상 성단球狀星團, 산개 성단散開星團, 은하, 은하단, 초은하단, 대우주로 되어 있다. 우주 대폭발의 물질 천체 역사는 수소 중력에 의한 수소 덩어리 형성 단계, 핵 융합 폭발과 항성 생성 단계, 핵 융합 지속 단계, 적색 거성巨星 단계, 백색 왜성矮星 단계, 중성자별 단계, 초신성超新星 폭발 단계의 7단계를 거친다(우주를 채우고 있는 원소는 수소 75%, 헬륨 25%가 주종임).

희소한 기체를 제외하면 대기大氣는 질소 · 산소 · 이산화탄소 · 수증기 · 헬륨 · 네온 · 아르곤으로 구성되어 있다. 에너지는 위치 에너지 · 운동 에너지 · 화학 에너지 · 전기 에너지 · 전자 에너지 · 빛 에너지 · 열 에너지로 구성되어 있다. 음악의 음계는 동아시아의 궁 · 상 · 각 · 치 · 우의 5음계가 있으나, 가장 자연스러운 음계는 반음 2개와 전음 5개로 된 서양의 도 · 레 · 미 · 파 · 솔 · 라 · 시의 7음계다. 생명 세계는 무기 분자 · 단순 유기 분자 · 복잡 유기 분자 · 사슬 유기 분자 · 복제 단세포 생물 · 복제 다세포 생물 · 고등 동물의 7가지 위계로 되어 있다.

오늘날에도 유효한 18세기 칼 폰 린네의 동식물 분류 체계도 7개 위계다. 계 · 문 · 강 · 목 · 과 · 속 · 종이 그것이다. 척추 동물의 하위강下位綱은 원구류圓口類 · 경린류硬鱗類 · 어류 · 양서류 · 파충류 · 조류 · 포유류로 분류된다.

  생물체 구성의 7위계는 뉴클레오티드·아미노산·단백질·세포·세포조직·기관·성체成體다. 인체는 머리·목·팔·가슴·배·생식기·다리의 일곱 부분으로 구성되어 있다. 인간의 생애도 태아기胎芽期·태아기胎兒期·유아기·소년기·청년기·장년기·노년기가 있다. 인체의 해부학적 구성도 골격계·근육계·맥관계脈關係·내장계·내분비계·신경계·경락계로 되어 있다. 사람의 뇌는 대뇌반구·간뇌間腦·중뇌·능뇌협菱腦峽·교橋·연수延髓·소뇌小腦로 구성되어 있다. 사람의 음식 섭취·소화·배설 기관은 입·식도·위·12지장·소장·대장·항문이다. 사람의 머리에서 우주를 향해 열린 창은 귓구멍 2, 눈구멍 2, 콧구멍 2, 입 1, 합쳐서 7이다.

  시간 측정 단위는 초·분·시·일·주·달·해의 7단계다. 세계의 종교는 유교·불교·힌두교·기독교·이슬람교·유태교·준고등 종교(신흥 종교 중 역사적 시련을 견디고 살아남은 종교)의 7개다. 고등 종교 경전마다 7과 관계된 것이 많다. 불교의 7보 극락, 모하메드의 제7의 천국, 인도 경전 우바니샤드·바가바드키타에 나오는 7이 대표격이다. 유태계 경전을 보자. 창세기에서 천지 창조일은 휴일을 합쳐 7일이다. 성서 66권의 마지막 경전인 요한계시록 1장에는 교회 7개와 7개 영이 언급된다. 7개 교회는 에베소교회·서머나교회·버가모교회·두아디라교회·사데교회·빌라델비아교회·라오디게아교회다. 요한계시록 1장 20절은 "네가 본 것은 내 오른손의 일곱 별의 비밀과 또 일곱 금 촛대라 일곱 별은 일곱 교회의 사자요 일곱 촛대는 일곱 교회니라."고 기록되어 있다. 5장 1절의 일곱 인, 6절의 일곱 뿔과 일곱 눈, 6장의 일곱째 인, 8장 7절의 일곱 천사와 일곱 나팔, 10장 3절의 일곱 뇌우雷雨, 15장 1절의 7천사와 7재앙, 16장 1절의 7대접, 17장 3절의 7머리와 10개 뿔 등이 그 예다. 신비가 아닐 수 없다.

문명론자 강기철 교수는 이 신비를 두고, "종교적 천재나 신비가는 직관적으로 전일적 우주의 7을 읽었다."고 말한 바 있다(≪새 지평≫). 자연과 인간 세계와 우주의 이 같은 신비를 우리들 일상인의 눈과 마음으로는 풀기 어렵다. 다수의 ≪요한계시록≫ 강론자들이 낭패를 맛보았던 것은 우연이 아니다. 이것이 영적 인간인 영인靈人의 출현이 요청되는 이유다.

창조의 신비다.

이런 일도 있었다.

1968년 6월 1일 한밤중에 일어난 일이다. 고급 승용차 두 대가 아르헨티나 수도 부에노스 아이레스 교외를 달리고 있었다. 수도 남쪽에 사는 친지를 방문하러 가는 길이었다. 뒤차에는 변호사 부부가 타고, 앞차에는 그 친구 내외가 탔다. 해안길에 안개가 자욱이 끼었고, 앞차는 목적지 입구에 멈추어 섰다. 아무리 기다려도 뒤차는 오지 않은 채 실종되었다. 이 어찌 된 일인가. 이튿날 머나먼 멕시코 시티의 아르헨티나 영사관에서 전화가 왔다. 변호사 내외는 6,000마일 떨어진 멕시코 시티에 가 있었다. 밤 12시 30분에 안개 사이로 강렬한 흰빛이 나타나자 변호사 내외는 기절하고 말았다. 잠시 후 정신을 차려 보니, 때는 낮이고 차는 멕시코 도로를 달리고 있었다.

시베리아의 신기한 개 이야기도 있다. 러시아의 한 개 주인이 시베리아 우수리스크에서 모스크바로 이주하였다. 그런데 우수리스크에 홀로 남겨졌던 개가 모스크바까지 찾아왔다. 무려 2,000km를 혼자서 달려온 것이다. 보신탕 애호가들이여, 이 이야기에도 심드렁히, 무심히 반려견을 바라보는가.

식물 이야기도 있다.

한 성직자가 꽃나무를 위해 열심히 기도했더니, 그 나무에는 꽃이 풍성했고, 다른 나무는 그렇지 않았다. 이를 전자 공학자, 물리학자 들은 한갓

'파동 이론'으로 해명할 것인가?

21세기 '탁월한' 무신론자인 유발 노아 하라리 히브리대 교수는 우리가 접하는 모든 현상을 알고리즘의 작용으로 설명한다. 생명 과학의 정설도 다르지 않다. 인간의 의식이란 뇌의 전기 화학적 반응에 의하여 생기고, 마음에 작용하는 경험도 어떤 필수적 데이터 처리 기능 수행의 메카니즘으로 설명한다. 하지만 뇌에서 일어나는 일련의 생화학적 반응과 전류가 어떻게 고통이나 분노, 사랑 같은 주관적 경험을 가능케 하는가에 대하여 밝혀 낸 사람은 아직 없다. ≪사피엔스≫ 등의 저자 하라리는 21세기 초의 탁월한 융합 인문학자임에 틀림없다. 하지만 그의 주장이 모두 진리일 수는 없다.

데이터 과학data science의 시대.

호모 사피엔스인 사람은 영적 존재인가, 아닌가?

세계에서 영성靈性, spirituality이 풍부하기로 이름난 한국인, 우리는 누구인가?

왜 우리는 자주 극단으로 치닫는가

연세대 의대 황세희 교수가 극약 처방의 부작용을 지적하는 글을 썼다. 단기간에 극적 효과를 기대하는 의사의 극약 처방은 생사를 가를 응급 환자에게만 사용하되, 치명적인 부작용 상황에도 대비해야 한다는 것이다.

세상살이나 인류 역사에서 심각한 재앙을 부르는 것은 극단적 선택과 이로 인한 감정 싸움이다. 극단적 충돌이 불꽃 튀듯 하는 상황에서 사람은 이미 '이성적 존재'일 수가 없다. "나는 생각한다. 까닭에 존재한다(Cogito, ergo sum)."는 데카르트의 명제는 이상 더 유효하지 않다.

지금 우리 사회는 광복 직후처럼 극단적 분열 현상을 보이며 마음의 전투 상황에 처해 있다. 서로 불공대천의 원수처럼 '슬픔의 무덤'을 파헤치며 이를 갈아 대는 '분노의 자식들'이 되어 있다. 해방기 현상의 데자뷔다. 그때에도 좌우익이 극한 대립하여 피다툼으로 날을 지새우다가 6.25전쟁의 비극을 겪었다. 소름 끼치는 민족적 트라우마, 그 비극의 전야 같은 상황이다. 21세기 디지털 문명 최선진국 대한민국이 처한 기막힌 상황이다.

이 같은 극한 대결이 첨예하게 이루어지는 곳이 이 나라 국회다. 언론인들은 극성 팬덤 정치 탓이라며, 미국 트럼프 지지자들을 보라는 것이다. 이 시대 정치의 보편적 현상임을 지적하려는 의도가 읽히는 대목이다. 나라의 여론을 주도하는 국회 의원들의 어조에는 적개심이 가득 실려 있고, 그들의 발언은 매우 자주 경멸·증오·저주·빈정거림의 독기를 뿜어 낸다. 위장된 광기狂氣다.

21세기 들어 정치적 광기가 극단에 이르렀던 것이 광우병 시위 사태였다.

한·미자유무역협정FTA(South Korea-United States Free Trade Agreement)에 따라 미국산 쇠고기를 수입하게 되자, 이상한 선동꾼이 등장하여 반대 시위가 들불처럼 타올랐다.

본디 한·미자유무역협정은 노무현 정부(2003~2008) 시기인 2006년 6월 5일에 협상을 시작하여 이듬해 3월에 공식 종료되었다. 이명박 정부 때(2008~2013)인 2010년 12월 3일에 추가 협상이 이루어졌고, 2012년 11월 22일 국회에서 인준되었으며, 그해 3월 15일에 발효되었다.

그런데 이명박 대통령 취임 첫 해인 2008년 5월 2일부터 미국산 쇠고기 수입 반대 시위가 대규모로 일어났다. 김장훈·윤도현 등 연예인을 내세운, 이른바 '촛불 문화제'를 표방한 시위가 광화문 광장을 중심으로 하여 열렸다. 이명박 대통령은 국민 건강을 해치지 않는 만전의 조치를 취할 것을 국민 앞에 약속했다. 시위대의 난동은 이성을 잃었다. 대통령은 취임 초부터 국정 동력을 잃고, 청와대 뒷산에 올라가 운동 가요 〈아침이슬〉을 흥얼거리며 탄식했다.

그때 촛불 시위대의 주장은 미국산 쇠고기를 먹은 우리 국민은 속절없이 광우병에 걸려 죽게 된다는 선동이었다. 하지만 이 선동이 거짓말이었음은 이내 판명되었다. 미국 전문가들이 밝혔다. 미국 인구 3억 명 중 미국산 쇠고기를 먹은 사람이 광우병에 걸린 예는 전혀 없다는 것이었다. 광우병CJD로 인한 사망자 3인이 있긴 했다. 그 중 2명은 영국에 장기 체류했었고, 1명은 일생의 대부분을 사우디아라비아에서 보낸 경우였다. 이는 촛불 시위를 지지했던 수의학과 교수도 시인한 사항이다.

진실이 이런데도, 시위 주동자는 병약하여 주저앉은 소를 광우병 걸린 소의 표본으로 제시하고, 가상의 미국인 이름까지 날조하여 사실인 양 왜곡하였다. 이상한 언론들이 이를 확대 재생산하여 유포하면서 온 국민이 광우병 공포에 사로잡혔다. 시위대의 거짓말은 극단으로 치달았다. 여성의 생리대조차 안전치 않다고 선동함으로써 어린 여학생들까지 발을 구르며 정부를 규탄했다. TV가 주도하는 영상 매체들은 이 거짓 선동을 경쟁적으로 보도하여 국민 불안을 극한적으로 부추겼다.

그 결과는 어땠는가.

촛불 시위대의 광우병 선동은 새빨간 거짓말이었음이 밝혀졌다. 우리 국민은 지금 미산산 쇠고기를 탈없이 잘 먹으며 살고 있다.

저들 거짓 선동가들은 정신에 병이 든 환자들이었는가? 아니다. 단지 정치꾼politician일 뿐이다. 그들 거짓 선동의 정치적 효과는 컸다. 이명박 정부의 국정 동력을 꺾어 놓는 데 성공했다. 그뿐이 아니다. 이로써 국민들 눈에 이명박은 국민을 해롭게 만들는지 모를 미심쩍은 인물로 비치게 만들고 말았다. 이미지 훼손을 노린 사악한 음모가 탁월한 성과를 낸 장면이 광우병 촛불 시위였다.

이명박이라는 인물이 대통령에 출마했을 때 그의 인기는 충천해 있었다. 현대건설을 중흥시킨 신화적 인물이었고, 썩어 문드러진 청계천을 개발하여 물고기와 왜가리의 서식지로 만든 신뢰 충만한 큰 일꾼이었기 때문이다. 청계천 언저리의 영세 주택가와 상가는 이해 관계가 얽히고설켜 애시당초 그들과 무슨 타결을 본다는 것은 불가능해 보였다. 서울 시장에 당선된 이명박은 2003년 7월 1일에 청계천복원사업에 착수하여 2005년 10월 1일에 완공했다. 서울 시민뿐 아니라 전 국민이 깜짝 놀랐다.

이명박 시장은 청계 고가 일대에서 영업 중이던 노점상 등 상인들을 동대문운동장 주경기장으로 옮기는 등, 무려 4천 명을 헤아리는 이해 관계자들을 일일이 설득해 가며 이 놀라운 사업에 성공했다. 이 여세에 실려 대통령 후보가 되었고, 상대 후보에 5백만 표 앞서는 압도적 지지로 당선되었다. 광우병 촛불 시위 정치꾼들은 이런 이명박의 기세를 단박에 꺾어 놓는 데 성공했다. 그가 재임 중에 4대강 사업 등 현저한 업적을 쌓았음에도 그 공적은 빛이 바랠 수밖에 없었다. 세상 인심, 염량세태가 본디 그런 것이라 해도, 이명박 대통령이 문재인 정부의 '적폐 청산' 대상으로 영어의 몸이 되었을 때에도 그를 옹호하러 나서는 이가 없었고, 청계천 맑은 물가에서 안식을 누리는 시민들 중에도 그의 공적을 기억하려는 사람은 심히 가물지 않았던가. 반대파 정치꾼들의 이미지 유린 전술이 빚은 슬픈 역사의 일단이다.

역사의 격동기에 종종 있는 일이기는 하다. 1789년 프랑스대혁명과 1917년 러시아 볼셰비키혁명은 반대파를 악마화하고 말살한 전형적인 대사건이다. 우리나라에서는 1970년대의 근대화 세력과 민주화 세력 간의 극한 대치로 목숨까지 파괴하는 국가 폭력이 있었다. 그런데 21세기에 들어와서 1980년대 학생 운동권 출신 생계형 정치인들이 정치의 주도권을 잡으면서 '상식'과 '양심'이 실종된 집단 광기가 하늘을 찌른다.

가령, 자녀 입시 비리의 피의자인 법학 교수 출신을 두고 찬·반 양쪽으로 나뉜 편가르기 집회와 극단적 대립 양상을 빚는 것도 집단 광기의 분출 현상이다. 그 원인은 우리 민족의 집단 무의식인 샤머니즘의 부정적 에너지에 있다. '전부 아니면 전무all or nothing'라는 흑백 논리 때문이다. 이는 우리 민족의 집단 무의식을 이야기하는 자리에서 다시 논의될 것이다.

우리 민족의 집단 무의식

우리 역사에서 민족 의식이 크게 대두된 것은 1919년 3.1운동 때라 할 수 있다. 우리 4천여 년 역사에서 이민족에게 나라를 잃고 주권을 강탈당한 유일한 시기였던 까닭이다. 독립 선언서를 발표한 주체가 '민족 대표' 33인이었다. 우리 역사에서 민족 의식이 형성되기 시작한 것은 통일 신라 시대(통일 신라·발해의 남북국 시대)다. 우리의 종족성ethnicity 민족 형성 초기는 4천 년을 거슬러 올라간다.

학자들의 연구에 따르면, 현대인과 직접 연결되는 선대 인류는 4만 년 전 후기 구석기 시대 사람들이다. 아프리카·유럽·아시아에 그 고고학적 흔적들이 남아 있다. 세계의 인종은 몽골종, 코카서스종, 니그로종의 셋으로 분류된다. 우리가 속하는 몽골종은 제4빙하기, 후기 구석기 시베리아에서 기원을 이룬다. 몽골종의 한 갈래는 베링해(당시는 육지)를 건너가 아메리카 인디언의 조상이 되었고, 다른 한 갈래는 사할린과 홋카이도로 이동하여 아이누족이 되었다.

시베리아에 남은 새시베리아족 중의 터키족·몽골족·퉁구스족은 언어 구조에 공통점이 있어 알타이어족으로 불린다. 사모예드족, 위구르족, 핀족의 우랄어족 우랄어와는 유사성이 있다. 한국어는 알타이어에 속한다. 그런데 우리 민족은 알타이족과 일찍 헤어져 몽골을 거쳐 만주 서남부에 정착했다. 시베리아 청동기 문화는 알타이족이 발전시킨 것이며, 만주 서남 요령 지방의 문화는 우리 조상들의 것이었다.

근래의 유전학적 기원 연구 성과는 우리 민족의 혈연적 특징에 대한 유력한 논거를 제공한다. ①옛 고구려와 동부여 지역 '악마 문 동굴'에서 발견된 여성 뼈의 게놈 분석 결과가 있다. 이 유골의 유전 형질이 지금 우리 한국인 그것과 일치한다는 것이다(울산과학기술원, 박종화 연구팀, 2017). "한국인의 유전적 뿌리는 북방계와 남방계 아시아인의 융합이며, 이는 수천년 간 유전적으로 섞이면서 형성되었다."는 결론이었다. ②4만 년 전 동아시아인은 선남방계가 각지에 정착하였고, 4~5천 년 후에 북부로 확산했으며, 다시 이들이 혼합하여 우리 민족이 형성되었다는 후속 연구가 있었다. 오늘날 북중국·한국·일본인에게서 유사 유전 인자가 나타난다. 한국인의 경우 선남방계인 북시베리아계 유전자와 후남방계 유전자가 2:8 정도의 비율로 나타나는 동북아시아인의 형질을 품었다. 요컨대, 한민족의 정체성nation identity은 4만 년간 종족적 이합 과정을 거쳐 온 인류 가운데, 4천 년 전에 고대 다른 인종과 섞이면서 형성된 인종 집단인 것이다. 북방계 기마 민족과 동아시아 해안 지방 남방 민족의 혼혈로 이루어졌다는 구체적인 이론도 제시된다.

아무튼 한민족이 한 민족으로서의 민족 의식을 형성한 시기는 통일 신라(또는 통일 신라와 발해의 남북국) 시대(676년 이후)라 하겠다. '덕업을 새롭히고 사방을 망라하겠다는, 덕업일신德業一新 망라사방網羅四方'의 꿈을 실현한 것이 통일 신라였다. 물론, 영토상으로 고구려 땅 대부분을 통합하지 못한 불완전 통일이었으나, 유전적·정신적 민족 의식 형성은 통일 신라의 결정적 공로였다. 그런 민족 의식이 3.1운동 기에 극적으로 재점화된 것이다.

이로써 보면, 우리가 단일 민족이라고 주장하게 된 민족 정체성의 근거는 통일 신라 시대에 있었다. 물론, 이에 대한 이영훈 교수의 반론도 있다. 그는 '한민족'의 정체성 자체에 회의적이다(≪해방 전후사의 재인식≫). 그 사이 여진족, 일본족, 한족 등의 유입이 있었고, 근래에는 서구와 중앙

아시아인과의 혼혈이 있었다. 그럼에도 지금은 한민족 혈통의 국민이 95.7%를 차지하는 한국인은 아직 단일 민족이다.

이러한 우리 민족의 정신사적 특성은 무엇인가? 무의식층이라 할 수 있는 기층 의식이 중요하다. 이 문제를 해명하는 데는 두 가지 이론이 충돌한다. 이성론자 르네 데카르트는, 사람은 누구나 일정한 본유 관념idée innates을 품고 태어난다는 유전 결정론자다. 이와 달리 사람은 본디 백지 상태tabula rasa로 태어난다는 환경 결정론을 내세운 사람은 경험론자 존 로크다. 스위스 심리학자 카를 융의 집단 무의식 이론은 유전 결정론이다.

한 철학자의 분석적 논거에 따르면, 우리 민족의 집단 무의식은 신바람 의식이다. 샤머니즘적 신바람 의식의 두 갈래 양태는 풀려는 의식과 미치려는 의식이다. 전자는 한풀이·신명 풀이로 나타나며, 후자는 격정적 환희와 광기狂氣의 두 극단을 지향한다.

이 신바람 의식이 긍정적으로 작용할 때에 우리 민족은 창조적 응집력을 발휘한다. 3.1운동, 4.19혁명, 새마을운동, '한강의 기적'을 일군 압축적 근대화, 극적인 민주화, 1988년 서울 올림픽 개최, 1997년 외환 위기와 금 모으기 운동, 2002년 한·일 월드컵 축구 4강 진출 등이 그 예다. 이 모두는 민족의 창조력이 극대화하여 환희의 절정을 구가한 긍정적 사건들이다. 반면에, 해방기 좌·우익의 살육전, 6.25전쟁, 광우병을 과장한 광화문 촛불 시위, 대통령 탄핵 촛불 시위, 조국 교수 수호 집회 등은 그 부정적 양상인 광기狂氣의 분출 양상들이다.

'뇌 숭숭, 구멍 탁.'

이것은 광우병 관련 촛불 시위 때 등장한 괴기한 선동 구호다. 미국산 쇠고기를 먹으면 뇌에 구멍이 숭숭 뚫려 탁하고 쓰러져 죽는다는 섬뜩한 모국어다. 이 새빨간 거짓말 구호를 외치며 광분했던 선동가들은 그 후에 한 마디 반성문조차 쓴 일 없이 태연히들 살고 있다. 아연실색할 노릇이다. 박근혜 대통령 탄핵 시위 때도 그랬다. 탄핵은 직무와 관련하여 헌법과 법률을 위반할 때에 국회 의원이 결의하고, 헌법재판소가 판결하는 절차에 따르면 된다. 국회가 미적대거나 헌법재판소가 결정을 과도히 지연시킬 때, 국민은 이를 촉구하는 집단 의사를 표현할 수 있다.

촛불 시위대의 감정 분출에는 저주와 살기에 치를 떠는 '복수의 칼춤'이 난무했다. 대통령 참수를 뜻하는 작두가 등장하고, 여성 대통령과 남성의 민망한 신체가 합성된 사진까지 난무하는 등 광기가 극에 달하였다. 대통령이 국정을 돌보지 않고 남성과 방탕을 일삼았다는 모욕적인 공격은 천박하기가 극에 달한 예다.

필자도 2002년 월드컵 경기 때 우리 붉은 응원단의 집단 응원에 갈채를 보내었다. 동시에 그 일사불란한 통일성 속에 잠복한 섬뜩한 광기에 몸을 떨었다. 샤머니즘적 신바람 의식은 격정적 환희와 광기라는 야누스의 얼굴을 하고 있다.

촛불 시위의 광기는 우리 시위 문화에 엄청난 부작용을 낳았다. 동·서양을 막론하고 촛불의 원형 상징은 신령의 빛, 정화淨化, 천상과 지상의 다리, 불멸의 순교 정신, 근원적 외로움과 그리움 등이다. 그럼에도 당시의 촛불 시위는 저주와 살기를 내뿜는 광란의 소용돌이였다. 일찍이 김지하 시인이 따끔히 깨우친 '저주의 굿판'이었다. 성스러운 촛불이 살기 띤 칼날이 되어 춤을 춘 것이다.

신바람 의식의 부정적 양상은 극한 대립의 국면을 만들고 타협하려는 의지를 원천적으로 봉쇄한다. 우리는 지금 세계에 유례없는 극한적 대결의 분단 상황에서 살고 있다. 특히 북한의 수령 우상화와 그를 신격화하는 샤머니즘적 광기는 민족 이산과 국토 분단의 결정적 요인이다. 수령의 동상을 3만 5천 개나 세워 그를 경배하며, 그의 이름만 나와도 울부짖으며 열광하는 인간 우상화의 사교邪敎가 해체되는 날 비로소 통일의 실마리가 잡힐 것이다. 거대한 지상 감옥 북한, 그것을 지상 낙원이라 속여온 '수령, 위대한 지도자'는 현대의 샤먼일 뿐이다. 미국 종교학 교수가 북한을 유사 종교 체제에 넣고 연구한 지도 오래되었다.

중간자와 중용, 타협을 일절 허용하지 않는 흑백 논리와 비이성적 격정과 광기에 휘둘리기 쉬운 우리 민족은 사태 판단을 할 때 일면적 단순성에 곧잘 빠져든다. 자유민주주의·자본주의·개인주의 사회는 개인을 살린다는 명분으로 자칫 공동체 내지 국가의 완전성을 훼손하기 쉽다. 나치즘·파시즘·군국주의·공산주의·집단주의 사회는 집단의 안전을 위한다는 구실로 개인을 말살하기 쉽다. 비유컨대, 개인주의는 세포에만 집중하다 유기체를 훼손하고, 집단주의는 유기체의 안전에 편향되어 세포를 희생시키는 오류에 빠지기 쉽다. 일면적 단순성의 위험성이다. 1960년에 발표된 최인훈의 장편 소설 〈광장〉은 남·북한 양쪽의 약점을 간파하고 탈출로를 모색한 희귀한 작품으로, 일면적 단순성의 함정을 피할 수 있었던 한 예다. 남도 북도 아닌 제3국 인도를 향해 가던 배에서 이탈하여 바다에 뛰어든 주인공 이명준이 그리던 세계는 무엇이었을까에 대한 과제는 남았다.

지금 우리나라 여당과 야당은 의제마다 건건이 대립하며 타협하려는 자세를 보이지 않는다. 168~181석의 야당은 아무 법이나 뚝딱 만들어 일방적으로 의결하는 독선으로 치닫고 있다.

샤머니즘에는 긍정적인 백샤면white shaman과 부정적인 흑샤면black shaman이 있다. 지금 이 땅에는 흑샤면이 전성기를 뽐내고 있다. 불행한 시대다.

한민족 의식의 기층에는 샤머니즘(무속 신앙)이 깊이 자리해 있다. 중층에는 유교·불교·도선道仙 사상, 상층에는 서구적 자연 과학 사상과 각종 서양 사상 및 기독교 사상 등이 자리해 있다. 우리 민족 정체성의 텃밭인 샤머니즘은 중층과 상층의 여러 사상과 습합褶合하여 혼합주의syncretism의 양상을 빚는다. 이를 이른바 '비빔밥 문화'에 빗대어 설명하는 문화 인식이 설득력을 얻기도 한다. 우리나라 기독교에 이단과 사교, 광신도가 자주 출몰하는 것은 샤머니즘이 기독교를 지배하는 의식의 역전 현상, 그 심각한 부작용이다.

샤머니즘은 몰윤리성, 무교리성을 특질로 한다. 우리 한국인이 매우 자주 삶과 역사의 옳거나 사악함, 곧 정사正邪와 아름다움과 추함, 곧 미추美醜에 대한 논리적 분석과 판단에 서투른 것은 이 때문이다. 이러한 몰윤리성·무교리성이 우리의 의식을 지배할 때, 우리 한국인은 개인적·집단적으로 원색적 이기주의자가 되기 쉽다.

우리의 이 같은 샤머니즘적 성향은 그 주술성呪術性과 무교리성, 몰윤리성과 기복성祈福性으로 인해, 다른 윤리·종교·이념과 습합하여 역사 발전에 부정적으로 작용하기 쉽다. 무속적 주술성, 기복성(자기만 복 받으려는 성질), 몰윤리성, 과도한 비합리성은 역사 발전 과정에서 일어나는 모순·대립을 지양·통합할 계기를 잃고, 광기의 극단으로 치닫게 하는 불상사로 비화飛火한다. 우리는 논리(로고스)보다 감정(파토스)에 휘둘리기 쉬운 민족이다. 숙의熟議보다 감정 분출로 치닫기 쉬운 것이 우리의 자화상이다.

우리 야당 사람들 중에는 한이 많아 풀려는 의식을 유난히 크게 분출하려는 이들이 있다. 한은 분출, 발산discharge되어야 그 주인공이 안정을 얻는다. 이것이 파괴적이 아닌 긍정적 발산이어야 하는데, 이를 위해 치유가 필요할 것이다. 생업이 정치인 사람들이 계속 집권당이 되면 치유될 법하지만, 사람의 욕망은 무한하므로 그것으로 마음의 병이 완치되기는 어렵다. 전문가나 고등 종교의 도움으로 치유받기 바란다.

또 우리 역사의 리더는 우리 민족의 이러한 집단 무의식의 긍정적 역동성을 살려, 국민 개인과 작고 큰 집단들과 숙의하여 국가적 거대 지표를 설정하고, 이를 향해 우리 특유의 창조적 응집력을 발휘하도록 선도先導하여야 한다. 박정희 대통령은 온 국민에게 '신바람'을 일으키게 하여 산업화와 새마을 운동을 이끌었다. 우리 민족의 창조적 응집력을 최대한 발휘하도록 선도한 희귀한 지도자였다(그 과정에서 빚어진 치명적인 부작용은 다른 곳에서 이야기할 것이다). 흑샤먼의 광기에 휘둘리는 지도자는 '파괴와 혼란'의 원흉이 되어 나라와 함께 공멸한다.

지금 21세기 세계사에 불안한 계절풍이 일고 있다. 극우 종족적 민족주의ethnic nationalism, 자국 우선주의 등 글로벌리즘globalism에 역행하는 세력들이 바람몰이에들 나서기 시작했다. 문명사 전개의 진운進運을 가로막는 고약한 바람이다. 러시아와 하마스가 시작한 다중 전쟁 시대의 공포마저 엄습하는 불안의 시기다.

세계 문명사는 이제 순혈주의純血主義 시대에서 혼혈주의 시대로 변화하고 있다. '우리 민족끼리'의 고립주의로 우리는 새 문명사의 주역이 될 수 없다.

한민족에게 다가온 묵중한 과제다.

부강한 나라와 가난한 나라의 조건

자유민주주의·자본주의·개신교 나라들은 부유하고, 공산주의·사회주의·가톨릭 나라들은 대체로 가난하거나 문제가 많다. 1999년에 필자가 객원 교수 자격으로 미국엘 간 것도 이 문제에 대한 답을 얻기 위해서였다. 1989년 유럽에 가서 유럽 혁명사 연구를 하였던 일의 연장선상에 있었다.

나라가 부유하냐 가난하냐를 판가름하는 요인에 대한 견해에는 3가지 결정론determinism이 있다. 인종, 자연 환경, 문화 결정론이다.

인종 결정론의 주창자는 백인들이었다. 지능 수준으로 백인, 흑인, 황인종으로 순위를 매긴 백인들의 인종 결정론은 한동안 꽤 설득력 있는 이론이었다. 또 자연 환경 결정론도 오래도록 영향력을 발휘했던 이론이다. 《법의 정신》의 저자인 프랑스 사상가 몽테스키외의 주장에 탄력을 받은 것이 자연 환경 결정론이다. 그는 "심한 더위는 사람의 용기를 위축시키고, 추운 풍토는 사람들로 하여금 어렵고 위대하고 대담한 행동을 가능케 하는 육체적, 정신적 힘을 기르게 한다."고 《법의 정신》에다 썼다.

하지만 인종 결정론이나 환경 결정론은 많은 예외적 현상이 나타나면서 설득력이 약화했다. 백인들 나라인 동유럽 제국은 왜 가난한가? 황인종 나라인 일본과 한국 등이 왜 부유한가? 싱가포르, 타이완, 홍콩은 왜 부유하게 되었는가? 이에 새로 대두된 것이 문화 결정론이다.

1999년 하버드대 정책대학원 국제지역연구학회 심포지엄에서 공론화한 것이 문화 결정론이다. 이 심포지엄에 논의된 내용을 새뮤얼 P. 헌팅턴과 로렌스 E. 해리슨이 2000년도에 엮어 낸 책이 《문화가 중요하다 Culture Matters》이다. 이 책에는 세계적 석학 22인의 글이 실려 있다. 그중에서 아르헨티나 부에노스아이레스대학교 법과 대학 행정학 교수인 마리아노 그론도나 교수의 견해가 돋보인다.

마리아노 그론도나 교수는 한 나라의 빈부 격차를 빚는 제일 큰 요인을 문화로 본다. 개발 지향적인 문화를 섬기는 개신교 나라는 부유하고, 개발 저항적 문화에 기대는 공산주의나 가톨릭 나라는 가난하다는 관점이다. 미국을 비롯한 유럽의 개신교 나라들은 다 부유하고, 중·남미 가톨릭 나라들의 경제는 침체되어 있으며, 남유럽의 스페인·포르투갈·이탈리아 등 가톨릭 국가들도 부침浮沈을 거듭하며 경제난을 겪고 있다. 가톨릭 나라 프랑스가 비교적 부유하나 일찍이 유럽 주도권을 영국에 넘겨 준 것도 가톨릭 때문이라고 그는 주장한다. 그리스는 오래도록 유럽의 병자 신세였다. 툭 하면 국가 부도 사태에 직면하여 국제통화기금IMF의 구제 금융을 받아 연명해 왔다. 최근에 우파 지도자 덕분에 나라 형편이 정상을 되찾고 있다. 키리아코스 미초타키스 총리 이야기다. 동유럽 공산 국가들과 중국은 공산주의 체제에 신음해 오다가 73년 만에 실패를 선언했다. 러시아와 중국은 개혁과 개방으로 빈곤의 굴레에서 벗어났다. 북한만 생고집으로 왕조 체제를 고수하며 굶주리거나 죽고 있다.

굶주리거나 경제 파탄이 난 공산주의나 가톨릭 나라들의 공통점은 개인주의를 죄악시하고 집단주의를 신봉한다. 최대한의 생산 지향성보다 분배 지향성에 사회적 정의正義를 세우려 한다. 개인의 창의성보다 집단 토론과 집단 지성을 숭앙한다.

오펜바흐는 "프로테스탄트는 잘 먹기를 바라며, 가톨릭은 편히 잠자기를 바란다."고 했다. 공산주의와 손을 잡은 중·남미의 가톨릭 나라들은 무엇을 생산할 것인가보다는 얼마나 많이 분배받고 편히 쉴 것인가에 몰두했다. 아르헨티나가 그 대표적인 예다. 20세기 전반에 아르헨티나는 세계 5~6위의 부자 나라였다. 그렇던 나라에 후안 도밍고 페론이라는 이상한 인물이 대통령이 되었다.

1946~1955년과 1973~1974년 페론과 그 아내가 집권하여 펼친 정책은 창조적 국가 개발이 아닌 분배 우선주의로 민심을 사는 인기몰이 일색이었다. 그가 대통령이 되어 내세운 이념은 민족주의 기반 위에 사회 정의와 공공 복지의 이상 실현을 위한 정의주의Justicialismo였다. 그는 사회 계층을 기업가, 농부, 노동자로 나누고 정부가 집단 간 갈등을 중재하는 국가 주도형 통치 체제를 구축하려 했다.

후안 도밍고와 에바 두아테르가 펼친 가장 현저한 시책은 무상 복지 정책이었다. 노동자 계급의 지지로 당선된 페론 대통령은 1947~1948년 두 해에 노동자 임금을 무려 49%를 올렸다. 그들의 환호성에 도취된 페론 대통령은 국민들의 소유욕을 충족시켜 인기를 얻는 포퓰리즘에 몰두하다가 국가 경제를 나락으로 주저앉히고, 군부 쿠데타로 권좌에서 쫓겨났다. 그는 조국 아르헨티나를 몰락시킨 페로니즘(인기 영합주의)의 창시자로 역사에 남았다.

인기몰이에만 취하였던 페론의 실정으로 아르헨티나는 지금도 중환자 신세로 전락해 있다. 성인 43%만 취업해 있고, 인구 절반 이상이 국가 보조금에 의존해 살아간다. 국가 부채 450억 달러에 인플레이션이 75%다. 소득 주도 성장론과 무상 복지를 자랑하던 아르헨티나는 인구의 절반이 일하지 않으려 하고, 나머지 절반은 다른 사람을 위해 세금을 내지 않겠다고 한다. 그런데도 시민들은 보조금을 더 달라는 시위로 부에노스아이레스 교통은 마비 상태다.

포퓰리즘은 마약이다. 이 마약을 뿌린 이는 페론 대통령이고, 마약 환자가 절반이 넘는 아르헨티나 국민이다. 이 나라가 국제통화기금 구제를 받은 횟수는 헤아리기도 어렵다. 지금도 500억 달러(53조 4천7백50억 원)의 구제 금융으로 위기에 대처하는 중이다. 페론은 아르헨티나를 마약 판매점으로 추락시켰다. 최근에 정상적인 우파 하브에르 밀레이가 대통령에 당선되었다. 전 세계인이 주시 중이다.

우리나라에서도 한때 북미의 해방 신학과 남미의 가톨릭 사회주의의 영향으로 홍역을 치른 바 있다. 도시산업선교회 이야기다. 1957년에 미국 장로 교회 H.존스 목사가 이 땅에 와서 산업 전도에 대한 강연을 했고, 같은 해에 미국인 성공회 주교 J.P.셀 테일러가 영등포도시산업선교회를 세웠다. 1963년 감리교와 장로회 통합파 교역자들이 한국도시산업선교회를 결성했고, 이후에 가톨릭과 연합하여 한국교회사회선교협의회를 세워 본격화한 해는 1976년이다. 이 단체는 개인 구원보다 사회 구원에 역점을 두고 도시 근로자를 의식화하고 생활을 개선하며, 민주노조의 투쟁을 지원했다. 소위 해방 신학의 실천이었다.

개신교계가 사회적 의식화와 집단 투쟁 노선에 나선 것은 예외적 현상이다. 개신교의 본령은 대사회 투쟁보다 영적 구원에 있기에, 도시산업선교회 활동의 영향력은 한때의 충격파로 자취를 남겼다. 개신교는 개발 지향적, 창조적 문화를 섬기는 종교다.

마리아노 그론도나의 이론은 막스 베버(1864~1920)의 《프로테스탄티즘의 윤리와 자본주의 정신》(1904~1905)의 내용을 발전시킨 것이다. 유럽의 많은 부자 도시들은 16세기에 이미 프로테스탄트(개신교도)로 개종하였으며, 그 결과 유럽 북부 프로테스탄트 나라들은 오늘날에도 생존 경쟁에서 유리한 자리에 있다는 것이 베버의 관점이다. 우리나라 개신교도 근대화 과정에 현저한 공헌을 했다. 우리나라 성공한 기업가들 가운데 개신교 신자가 많은 것이 우연은 아니리라. 개신교 신자였던 이승만 대통령은 자유민주주의 국가를 세워 부강의 기초를 닦았다.

사실, 우리나라 근대화 과정에서 개발 지향적 문화와 개발 저항적 문화의 충돌 현상은 심각했다. 경부 고속 도로 공사, 인천 공항 신설 공사, 천성산 터널 공사, 제주 강정마을 항만 공사 당시에 야당과 운동권에서는 전투적으로 반대했다.

박정희 대통령 주도로 경부 고속 도로 건설이 현실화하자, 야권은 일제히 반대 시위에 나섰다. "박정희가 부산에 가서 기생놀음을 하려고 그런다.", "고속 도로 건설했다가는 나라가 망할 것이다."고 규탄하며, 김대중 야당 대표는 불도저 앞에 드러눕기도 했다. 인천 공항 공사도 무섭게 반대했다. "펄밭에 무슨 공항이냐, 우리나라에 그런 큰 공항을 지을 필요가 있느냐, 철새 도래지를 파괴하는 것은 죄악이다." 등등 비난이 봇물을 이루었다.

여기서 의문이 핀다. ①김대중 전 대통령이 가톨릭 신자인 까닭에 개발 저항적 문화를 섬겼는가, ②박정희 '독재 정권'이 벌이는 일은 모두 싫어서 그랬는가? 생전에 묻고 싶었다. 군인 출신 노태우 대통령이 벌이는 인천 공항 공사도 비슷한 이유로 반대했던가?

경부 고속 도로는 세계가 부러워하는 '한강의 기적'을 일구게 한 경이로운 산업 동맥이다. 인천 공항은 과감히 '북방 정책'을 폄으로써 우리 외교 지평을 획기적으로 넓힌 노태우 정부의 '회심의 역작力作'이 아닌가. 이제 인천 공항은 세계 1위에 드는 동아시아의 주요 허브 공항이 되었다. 천성산 터널이 뚫린 지 오래되었으나, 그곳 도롱뇽은 별일 없이 안녕을 누리고 있다. 가톨릭 사제와 수도자 들이 한사코 반대하던 제주 강정항은 민·군 복합용으로 건설되었어도, 그곳에 사는 희귀 동식물 역시 건재를 알린다.

사실이 이런데도 그때에 세상이 망하기나 할 듯이 절규하던 반대론자들 중의 그 누구도 사과 한마디 한 적이 없다.

불교도가 개발 저항적인 것은 더 말할 것도 없다.

요사이 우리나라에도 페론 같은 인기 영합주의자가 고개를 들고 있다. 개발 저항적인, 게으른 사회주의가 크게 대두될 조짐이다. 지난 문재인 정부 5년간 여러 선심 정책으로 국가 부채가 가파르게 올랐다. 다른 선진국보다 2.5배 증가 속도가 빨랐다. 지금 야당은 보편적 복지 개념으로 빈부를 가리지 않고 누구에게나 선심성 현금 뿌리기에 나섰다. 여당은 빈부 또는 소득 수준에 따라 차등 지원하는 것이 옳다고 본다. 아리스토텔레스 용어를 빌려 말하면, 전자는 평균적 정의, 후자는 배분적 정의正義 개념에 해당한다. 사회 복지의 역사는 배분적 정의에 따른 분배가 옳았음을 가르친다.

앞에서 살폈던 아르헨티나와 그리스는 정부의 인기 영합주의, 포퓰리즘 정책이 국민의 근로 의욕을 감퇴시켜 국가가 빈곤과 몰락의 길을 걷게 한 생생한 증거다. 엄청난 석유 매장량을 자랑하던 베네수엘라 정부도 산업 정책을 개발하는 대신, 석유 판 돈을 전 국민에게 배분하기에 바빴기에 국가 부도 사태에 빠졌다. 국민들에게 표를 얻기 위해 무상 복지에만 열을 올렸기 때문이다.

정치 명언이 있다. "정치꾼politician은 다음 선거만 생각하고, 참된 정치인statesman은 다음 세대를 생각한다." 이 점에서, 2019년 5월 10일부터 5년간 지난 정부는 수없이 추가경정예산을 편성하여 국가 채무를 400조 원 늘렸다. 대한민국 건국 이후 600조 원이던 국가 채무가 1,074조 4천억 원으로 급격히 증가했다. 재정 건전성 기준이 40%라는 정직한 관료의 말에, 대통령은 '40%라는 근거가 무엇이냐'고 타박했다. 엄청난 나랏빚은 코로나19 대응에도 쓰였지만, 선심성 현금 뿌리기에 넋을 놓은 탓이 크다. 문재인 정부 사람들은 정치꾼인가, 참된 정치인인가?

표를 돈으로 사려는 인기 영합주의, 포퓰리즘은 나라를 망친다. 국민은 근로 의식을 잃고 정부 보조금에 의지하는 삶에 길들여진다. 인기 영합주의 정치인들은 놀고 싶어 하는 인간의 그늘진 본성을 교묘히 악용하여 선량한 국민들을 노예화한다. 보조금의 노예가 된 국민들은 자존감과 창의성을 잃은 무기력·무능한, 조건 반사적 기계로 전락한다. 국민을, 러시아 공산주의 전략인 '파블로프의 개'로 전락시키는 악정이다. 러시아 심리학자 이반 파블로프(1849~1936)는 개를 대상으로 한 조건 반사 실험을 한 것으로 유명하다. 종을 울림과 동시에 쇠고기를 보여 주었을 때에 개는 침을 흘렸다. 실험 후에는 종소리만 울려도 개는 침을 흘렸다. 조건 반사였다. 이는 공산주의 지도자들이 '인민'을 길들이는 데 이용되었다.

세계에서 교육 수준 높기로 이름난 우리 국민이 정치꾼들의 인기 영합주의에 부화뇌동하는 것은 역사적 수치다.

세계 10위의 부자 나라를 야금야금 좀먹고 있는 포퓰리스트들을, 이 땅에 발 붙이지 못하게 하는 우리 국민들의 이성적 결단이 긴요한 때가 바로 지금이다. 반만 년의 가난에서 벗어나 세계에 우뚝 선 대한민국 국민인 우리는 산업화 세대가 피땀 흘려 쌓아 올린 국부國富를 지키고 더 늘릴 사명감을 역사의 신으로부터 요구받고 있다.

이명박 대통령의 4대강 사업을 복기해 보자.

현대건설 사장을 지낸 이명박 대통령은 토목·건설 공사의 달인이다. 그가 목숨을 걸다시피 분투하며 해외에서 벌어들인 돈은 대한민국이 부자 나라가 되는 데 현저히 기여했다. 서울 시장에 당선된 후 만난을 헤치고 청계천을 살려낸 업적은 아무리 칭송해도 지나침이 없으리라. 청계천변의 이해 당사자 4천여 명을 일일이 만나서 설득했다는 일화는 전설로 남아 있다. 오염으로 썩어 있던 청계천에 물고기와 왜가리가 찾아드는 오늘날의 청계천을 만든 거인이 이명박 대통령이다.

이 대통령이 서울과 부산 간 국토를 운하로 연결하자는 파천황의 계획을 밝히자, 야권과 환경 단체는 극력 반발했다. 그 대안으로 추진한 것이 4대강 개발이다. 수십, 수백 년 토사가 쌓인 강바닥을 긁어내어 강의 용적을 획기적으로 키웠다. 강 군데군데 보를 건설하여 우기에는 홍수를 방지하고, 가뭄에는 물의 공급원이 되게 했다.

우리나라는 강수량이 여름 우기에 폭발적으로 증가하다가 긴 갈수기에는 물 부족에 허덕여 온 대표적인 국가다. 세계 기후 단체에서 우리나라가 장차 대표적인 물 부족 국가가 되리라고 예견했다. 그에 대한 선제 조치가 4대강 개발 사업이었다.

환경 단체가 이를 반대한 것은 환경 근본주의 원칙상 그르다고 할 수는 없다. 자연自然이란 '스스로 그러함'이니, 거기에 인공을 가하는 순간 파괴가 불가피하다. 그럼에도 오염된 강물은 정화되어야 하고, 흘러버려 없어질 빗물은 가뭄에 대비하여 저장해 두어야 한다. 그래야 먹을 물과 농사지을 물을 확보할 수 있다. 이 지점에서 개발 저항적 문화와 개발 지향적 문화는 충돌한다.

환경 단체와 좌파들의 지지로 들어선 문재인 정부는 4대강 보 안의 수질 검사를 왜곡하는 등 온갖 이유를 대며 보 해체에 돌입했다. 하지만 보 주변 농업인들의 격렬한 반대에 부딪혔다. 또 제대로 된 전문가들의 측정치는 보 건설 후에 수질이 더 개선되었음을 입증했다. 아무리 개발 저항적인 좌파 정부라도 여론과 과학적 상식을 이길 수는 없었다.

무분별한 개발은 자연을 파괴하고 오염시킨다. 모든 개발은 오염과 파괴를 최소화하는 수준에서 이루어져야 한다. 무조건적 개발 저항적 문화는 나라를 가난하게 하며, 마약과 같은 현금과 물자 뿌리기의 인기 영합주의는 나라와 국민을 병들게 한다.

국민은 늘 깨어 있어야 한다.

설악산 오색 약수터 케이블카 건설 허가가 41년 만에 났다. 신중히 지켜볼 개발 작업이다. 그곳에 서식하는 산양들의 안녕을 빈다.

기업가 정신에 대하여

얼마전 경남 진주시 지수면 승산 마을에서 세계 기업인 포럼이 열렸다. 이곳 지수 초등학교는 우리나라 손꼽는 기업인들을 많이 배출한 곳으로 이름났다. 1980년대 한 언론 보도에 따르면, 당시 우리나라 100대 기업인 가운데 30명이 지수초등학교 출신이었다.

삼성 이병철 회장, LG 구인회 회장, 효성 조홍제 회장이 모두 지수초등학교 출신 창업자다. 이 거인들이 세계적 대기업을 일으킨 연유를 단지 '악착같은 장사꾼 기질'에서만 찾는 것은 하수下手다. 조선 중기 유학자 남명南冥 조식曺植 선생의 경의敬義 사상을 뿌리로 한 기업보국企業報國과 애린愛隣 정신에서 찾아야 옳을 것이다.

남명 조식 선생은 퇴계 이황 선생과 함께 조선 유학의 거두였다. 경상 좌도에 퇴계 선생, 우도에 남명 선생이 있었다. 퇴계 선생은 한때 벼슬살이에 나아갔으나, 남명 선생은 벼슬에 손사래치며 오직 학문 연구와 제자 양성에만 전념한 산림학파였다. 명종은 남명 선생에게 영의정 벼슬까지 제수하였으나, 선생은 이를 사양했다. 산청군 단성 현감 직을 제수했을 때 이를 사양하며 쓴 상소문인 〈단성소〉는 임금의 간담을 서늘케 한 명문으로 길이 사람들의 입에 회자된 바 있다.

또 전하의 나랏일이 그릇되었고, 나라의 근본이 이미 망했으며, 하늘의 뜻은 이미 떠나버렸고, 민심도 이미 이반되었습니다. 비유하면, 백 년 동안 열매가 그 속을 갉아먹어 진액이 이미 말라버린 큰 나무가 있는데, 회오리바람과 사나운 비가 어느 때에 닥쳐올지 전혀 알지 못하는 것과 같으니, 이 지경에 이른 지가 오랩니다. (중략) 낮은 벼슬아치는 아래서 히히덕거리면서 주색만을 즐기고, 높은 벼슬아치는 위에서 어름어름하면서 오로지 재물만을 늘리며, 물고기 배가 썩어 들어가는 것 같은데, 그것을 바로잡으려고 하지 않습니다.

게다가 궁궐 안의 신하는 후원하는 세력 심기를 용이 못에서 (무엇을) 끌어들이는 듯하고, 궁궐 밖의 신하는 백성 벗기기를 이리가 들판에서 날뛰는 듯합니다. 그들은 가죽이 다 헤어지면 털도 붙어 있을 데가 없다는 것을 알지 못합니다.

(중략)

자전慈殿께서는 생각이 깊으시기는 하나 궁중의 한 과부에 지나지 않고, 전하께서는 어리시어 다만 선왕의 한 외로운 아드님이실 뿐이니, 천 가지 만 가지의 천재天災와 억만 갈래의 민심을 어떻게 감당해 내며, 무엇으로 수습하시겠습니까.

〈단성소〉로 유명한 〈을묘사직소〉다. 서양식으로 말하면 세례 요한 같은 '예언자적 지성'의 양심 울림 소리를 담은 글이다. 대비 문정 왕후와 그 아들 명종을 향하여 공경의 어조를 취하면서도 간곡한 호소와 경고를 보내는 재야 학자의 우국충정이 절절하다. 선비의 금도襟度를 잃지 않으면서도 이른바 찬 서리와 뜨거운 햇볕의 추상열일秋霜烈日과도 같은 의기가 분출하는 글이다. 절대 군주제인 조선 왕조 시대에, 목숨을 건 용기가 아니고서는 이런 상소문을 쓸 수가 없었을 것이다. 그의 의기는 여기에 그치지 않는다.

신이 엎드려 보니, 나라의 근본은 쪼개어지고 무너져서 물이 끓듯 불이 타듯 하고, 여러 신하들은 거칠고 게을러서 제사 때의 시동尸童이나 허수아비 같습니다. 기강은 씻어버린 듯 말끔히 없어졌고, 원기가 완전히 위축되었으며, 예의가 온통 쓸어버린 듯 없어졌고, 형정刑政이 온통 어지러워졌습니다. 선비의 습속이 온통 허물어졌고, 공정한 도리가 온통 없어졌으며, 사람을 쓰고 버리는 것이 온통 혼란스럽고, 기근이 되풀이되고 있습니다.

(중략)

뇌물을 주고받음이 극도에 달하였고, 백성을 착취하는 풍조도 극도에 달했고, 백성들의 원통함이 극도에 달했고, 사치도 극도에 달했고, 음식을 호사스럽게 먹고 있습니다.

남명 조식 선생은 연산군 7년(1501)부터 선조 5년(1572)까지 난세를 살았다. 갑자사화·기묘사화·을사사화의 피비린내 속에서 정쟁이 끊일 사이가 없는 시대에 이 같은 상소문을 쓴 것은 경이로운 일이다. 같은 시대를 산 퇴계 이황 선생이 벼슬길에도 나아간 '사제적司祭的 지성'의 전형이라면, 남명 조식 선생은 일생껏 재야에서 비판의 예봉銳鋒으로 조정의 실정失政을 질타한 '예언자적 지성'의 사표師表라 할 것이다. 임진왜란 때 충성과 의기를 뿜은 곽재우, 정인홍 등 10인의 의병장이 남명 선생의 제자였던 것은 우연이 아니다.

산청과 진주를 중심으로 한 서부 경남에는 남명 사상이 남강의 물줄기처럼 연면히 이어이어 흐른다. 선생이 만년을 보낸 경남 산청군 덕산에는 산천재山天齋와 덕천서원이 있다.

승산 마을 기업가들은 남명 사상의 원류에서 창업한 거인들이다. 임진왜란 때 700명 의병을 모아 진주성 1차 전투에서 공을 세운 허국주 선생이 노년을 보낸 관란정도 이 마을에 있다. 이 마을 만석꾼이던 허준 선생은 77세 때에 재산을 4등분하여 나라, 이웃, 친족, 조상에게 분배했다. 진주 일신학당(현 진주여고)을 세우는 데도 농토 600마지기를 기증했다. 가난한 이웃들의 세금을 대신 내어 주고, 아들 허만정은 안희제 등과 백산 상회를 세워 독립 운동 자금을 대었다.

LG의 구자경 회장은 목욕탕·예식장·경로당이 있는 사회복지관을 건립했고, 학교 체육관을 세워 기업가 정신 전문 도서관과 체험 센터가 되게 했다. 이곳에서 18개 창업사관학교 교육생들이 창업 연수를 받을 예정이다. 2018년에 한국경영학회에서 '대한민국 기업가 정신 수도 진주'를 선포한 것은 우연이 아니다. 삼성에서 이병철·이건희 회장이 모은 엄청난 국내외 문화재를 우리 국민 앞으로 기증한 것도 예사로 볼 일이 아니다. 또 LG 구본무 회장은 인화人和 경영을 실천하여 노사 갈등이 없는 기업으로 성장시켰다. LG에서 의인상義人賞을 제정하여 1억 원씩 포상하는 것은 남명 선생의 경의敬義 사상의 실천 사례라 할 것이다. 아깝게 일찍 고인이 된 구본무 회장의 호는 화담話談이다.

2023년 진주시는 기업가정신수도 선포 5주년을 기념하여 7월 9일부터 3일간 K기업가정신 국제 포럼 행사를 했다. 세계중소기업협의회와 한국경영학회가 공동으로 진행한 포럼이었다. 이 모임에는 세계 47개국에서 150여 명이 참석해 한국 기업들의 창업과 경영 철학을 살폈다. 현대 경영학을 창시한 미국 학자 피터 드러커는 그의 저서 《넥스트 소사이어티》에서 한국을 기업가 정신이 가장 고양된 나라로 보았다.

세계가 부러워하는 우리의 기업가 정신을, 이 땅의 민주화 세력은 줄기차게 폄훼해 왔다. 초·중·고등학교 교사와 대학 교수 들로 이루어진 교과서 집필진은 우리의 이 같은 기업가들의 기업가 정신과 그 업적을 서술하는 데 극도로 인색하다. 이는 우리 산업화 초기에 있었던 기업과 정부 간의 부조리에 대한 교과서 집필자들의 분노와 깊이 관련된 것으로 보인다.

우리나라 산업화는 정부 주도로 추진되었기에, 정치와 경제의 유착 관계에 대한 걱정이 컸다. 권력형 부패가 특히 큰 문제였다. 기업 윤리가 정립되기 이전이었기에, 기업 설립과 확장 과정에서 부정이 싹텄고, 탈세·밀수·부동산 투기 등 부조리가 있었다. 이런 풍조 속에서 일확천금하는 '깜짝부자'(졸부)들이 생겨나 사회의 지탄과 시기의 대상이 되었다. 자유당 때부터 문제가 되었던 백(빽)이 이 시기에 들어 위력을 발휘하니, 이에서 소외된 국민 대다수의 위화감은 하늘을 찔렀다. 오죽하면 "억울하면 출세하라."는 유행어에 날개가 돋았겠는가.

 이 때문에 민주화 운동권 세력과 지식인 들은 그 당시는 물론 지금도 기업, 특히 대기업에 대한 적대감을 삭이지 못하고 산다. 그런 지식인들이 쓴 교과서에는 기업가들의 피어린 분투나 경이로운 기업가 정신이 서술되어 있지 않다. 그저 경제가 비약적으로 발전했다는 언급은 있어도 기업을 일으키고 발전시킨 주체가 생략되어 있다. 이에 비해 기업의 사회적 책임, 나눔 정신의 실천만을 강조한다. 생산의 주체와 그의 노고는 외면한 채 분배 문제에만 목을 매다가 망해버린 사회주의, 공산주의적 사고 체계와 닮지 않았는가.

 우리나라 초기 산업화 과정에 분비된 부조리는 우리만의 '압축 성장'이 빚은 부작용이다. 그 부작용은 그것대로 척결해 나가면 될 일이지, 그로 인해 기업 활동 전반을 죄악시하는 것은 옳지 않다. 논리학상 일반화의 오류다. 꼬리가 몸통을 흔드는 식의 잘못이다. 작은 부작용 때문에 우리 기업가나 기업 전반의 기적적 성과를 폄훼하는 것이야말로 부조리다.

 우리 역사에는 위인이 드물다. 일부 잘못을 침소봉대하여 그의 전 인격을 매장하기에 이골이 난 우리의 잘못된 습벽 때문이다. 삼성·현대·LG·GS·포항제철·SK·효성·유한양행을 세우고 발전시킨 이병철·정주영·구인회·허만정·박태준·최종현·조홍제·유일한 등 우리 기업 창업자들은 위인이다. 이들 위인 이야기를 교과서에 실어 자라나는 세대의 귀감이 되게 해야 할 것이다. 이 거인들 덕분에 지금 우리는 '등 따습고 배부르며 예술을 즐기는 문화인'으로 살 수 있게 되었다.

 예로부터 우리에게는 '음수사원飮水思源'과 '승기자염勝己者厭'이란 말이 전해져 온다. 앞의 것은 물을 마시면서 그 원천을 생각하라는 말이고, 뒤의 것은 자기보다 나은 사람을 미워한다는 말이다. 지금 우리는 우리를 잘 살게 만드는 데 제일 공이 큰 산업화 1세대 창업자들과 그때 '새벽별을 보고 집을 나섰다가 저녁별을 보며 집으로 돌아오던' 부모님 세대의 공덕을 생각하며 감사드리는 마음으로 살아야 사람다운 사람이 될 것이다. "뛰면서 생각했다."던 장기영 경제기획원 장관(한국일보 창업자)의 숨찬 격려가 지금도 귓가에 맴돈다.

승기자염. 자기보다 나은 사람을 미워하는 시기심은 자기 영혼을 병들게 한다. 자나깨나 덫을 쳐 놓고 성공 가도를 달리는 똑똑한 사람이 자칫 걸려들거나 허방다리에 빠지기를 바라는 사람들이 사는 곳은 그 사람뿐 아니라 나라 전체가 불행해진다.

열심히 뛰는 기업가들에게 갈채를 보내는 국민들에게 복이 있을 것이다. 기업가들도 사회적 부조리에 연루되어 지탄받는 일이 없도록 정도를 걷기 바란다. 각 기업 총수들은 거느리는 기업 임원들의 윤리 경영에 각별히 부심해야 하며, 비윤리적 사생활로 지탄받는 일이 없도록 근신해야 할 것이다. 온갖 음성·영상 매체가 다 듣고 보는 무서운 세상이다. 자고로 "군자는 반드시 그 홀로를 삼간다."고 했다. 군자필신기독君子必愼其獨. 명심할 일이다.

나누기를 서슴지 않는 부영그룹 이중근 회장의 거침없는 기부 행적은 주목할 '좋은 사건'이다.

덧붙인다.

최근에 국회 의원 입후보로 나선 HD현대로보틱스 강철호 대표가 우리 정치가들을 성토했다. "우리나라 잠재 소득 절반을 정치에 빼앗겼다."고 했다. 그에 따르면, 우리 경제 수준, 세수, 국민 잠재력 등으로 보아 우리나라 GDP는 지금의 2배 수준이어야 한다는 것이다. 세계 최고의 상속세율과 법인세율, 겹겹의 산업 규제, '억강부약' 등의 잠꼬대 같은 정치 선동이 성장 잠재력을 억압하고 있는 것이 사실이다. 어느 기업이 반도체 송전선을 연결하는 데 피 같은 시간을 5년이나 허비하게 하는 나라가 '선진국'

대한민국이다.

  운동권 정치꾼들은 대오각성해야 한다. 18세기 산업 혁명 초기에나 유효했을지 모를 낡디낡은 이념으로 기업가 정신을 말살하려는 것은 정상이 아니다. 기업가들의 앰비션 덕에 '등 따습고 배부른' 운동권 정치인들의 행태는 목불인견이다. 오만과 위선을 버리고 대오각성할지라. 능력이 뛰어난 사람을 억누르면, 온 국민이 다 망한다는 것을 모르는가.

한민족은 소멸할 것인가

영국 옥스퍼드대의 데이비드 콜먼 교수가 2750년경 한민족은 소멸할 것을 예견했다. 인구 전문 학자의 말이니 우리에게는 섬뜩하게 들리는 불길한 예견이다. 콜먼 교수가 그런 예언을 하던 때만 해도 우리는 그의 말을 심드렁히 받아들였다. 하지만 인구가 급속도로 줄어드는 최근에 와서야 이를 실감하게 되었다. 합계 출산율이 0.72를 기록한 현재 우리가 펼칠 수 있는 대책은 있는가? 가능성은 있다. 지금은 사회 현상과 사람들의 의식 구조가 사뭇 달라지기는 하였으나, 20세기 후반기에 우리가 추진했던 인구 축소 정책이 상당한 시사점을 준다.

우리나라 인구 변화 추이는 이랬다. 조선 전기 550만 명, 중기 700만 명, 1900년에 1,300만 명이었다. 광복이 된 1945년 8월 15일에 2,480만(남한 1,600만, 북한 880만) 명, 1960년에는 2,500만(남한) 명이었다. 1975년에 3,500만이었고, 1997년에는 4,570만으로 늘어 세계 187개국 중 26위였다. 2021년에는 5,165만 2,704명으로 28위가 되었다.

1961년 GDP 82달러로 세계 최빈곤국 그룹에 속하였던 우리나라 인구는 그해의 군사 정변을 기점으로 인구 감소화 정책으로 변화하기 시작했다. 1962년에 5.74명이었던 합계 출산율이 1982년에 2.39명, 1983년에는 2.06명으로 급감했다. 이 과정에서 위력을 발휘한 것이 "덮어놓고 낳다 보면 거지꼴을 못 면한다."(1960년대)와 "아들·딸 구별 말고 둘만 낳아 잘 기르자."(1971년)는 구호였다. 예비군 훈련장에까지 뻗친 정관 수술은 인구 정책에 대한 국가적 의지가 어느 정도였던가를 가늠케 한다.

이제는 이 같은 인구 감소 현상이 재앙 수준으로 추락했다. 2022년에 0.78명까지 떨어졌다. 2018년에 0.98명이던 것이 2020년에 들어 30만 명 출생아 수가 붕괴하여, 우리나라 인구 자연 감소 현상이 현실화하였다. 2023년에는 대체 출산율 0.72를 기록한 것이다.

이 기간 동안 고질적인 남아 선호 사상도 획기적으로 변화했다. 1970년 여아와 남아 성비는 100 대 109.5명이었다. 자연 성비인 105보다 4.5가 높은 수치였다. 1990년에는 무려 116.5에 달했다. 임신부의 성별 검사와 낙태가 대중화한 영향이었다.

1990년대 말부터 정부는 거국적인 인구 정책 컨트롤타워를 설치했다. 데이터를 광범위하게 수집하고, 남아 선호 문화 대응 방안을 모색했다. 중구난방식 인구 정책을 정비하여 세금 낭비를 개선했다. ①전통 수호론을 이기고 남성 중심의 호주제를 폐지했다. ②여성의 경제 활동을 돕기 위해 제7차 경제사회발전 5개년 계획 속에 여성 개발 항목을 설정했다. ③언론에서는 이 정책을 옹호하는 맞춤형 콘텐트를 제작했다. 인공 중절의 위험성을 알리는 드라마의 제작, 방영과 공익 광고 캠페인 전개 등이 그 현저한 예다. 1997년 남아 수의 압도적 우위 현상의 심각성을 알리는 광고를 강력하게 유포하고, 언론인 심포지엄도 열었다.

이런 노력은 강력하고 집요하게 전개되었다. ④여러 매체에서 양성 차별적 내용이 표출되지 않도록 했다. ⑤신문과 잡지 기사, TV 오락과 연예 프로그램에서 남아 선호나 여성 비하 발언을 삼갔다.

효과는 놀라웠다. '딸바보 신드롬'이 일어났다. 2000년 이후 인터넷에는 딸을 선호하는 사진과 동영상이 넘쳐나게 되었다. 남아를 선호하는 문화가 사라졌다. 기적 같은 변화였다. 2013년에 실시된 '한국인의 의식, 가치관 조사'에서 자녀를 한 명만 두어야 한다면 딸을 낳겠다는 의견이 절대다수였다. 2016년 성비가 105로 정상화했고, 이후 하향 추세가 계속되었다.

아무튼 20세기 후반기 이후 우리 한국인은 기적 성취의 주인공이었다. '한강의 기적'으로 불리는 '깜짝부자' 나라를 이루었고, 폭발 직전이던 인구 증가 문제를 정상 궤도에 올려 놓은 국민이 되었다. 미국 텍사스대학교 밸러리 허드슨 교수는 우리 한국을 가리켜 '비정상의 성비를 정상으로 만든 세계 유일한 나라'라 했다.

합계 출산율 0.72명인 우리나라의 인구 소멸 지향적 위기에 대처할 방안은 무엇인가? 서울대학교 경영학부 윤계섭 명예 교수가 말했듯이, '전방위적 출산·육아 대책과 함께 친출산 문화 정책'을 펼쳐야 할 것이다. 다만, 문화는 '긴 세월 동안 축적된 규범의 총체'이므로, 정부와 국민은 긴 호흡으로, 이를 위한 장·단기 정책을 면밀히 수립, 실행해야 할 것이다.

만만치 않은 이 과제는 지난날 다분히 감성적인 구호와 홍보 수단으로 성취했던 정책이나 노력과는 다른, 비상한 철학과 방법론으로 접근해야 풀릴 문제다. 출산 장려금으로 접근하는 것도 필요하나, 보다 근본적인 것은 제도와 문화 의식 개혁이다. 이것은 '인생이란 무엇인가' 하는 철학적, 신앙적 사유思惟, 남녀 간 사랑의 아름다움, 가족의 소중함, 출산의 고통과 기쁨 등의 형이상학적 물음에 대한 지침을 제시하는 것에서 시작되어야 한다. 이를 위해 우선 왜 혼인을 기피하며, 혼인은 하되 자녀는 낳지 않으려는 까닭에 대한 젊은이들의 솔직한 견해를 취합하는 작업이 선행되어야 할 것이다.

현실적 요구에 부응할 제도 마련이 더 긴요하다. 거처와 비용 등 혼인에 필요한 물질적 토대 마련, 국·공·사립 어린이집과 돌봄 제도 확충, 실효성 있는 임신·육아 휴가 제도의 정립, 출산 장려금의 획기적 확충, 2자녀 이상 학비 지원, 대학 입시 제도의 파격적 개선 등 실질적인 정책이 펼쳐져야겠다.

사립 어린이집, 유치원 운영 법인에게는 국가가 특별 인센티브를 주는 것이 필요하다. 조심스러운 제언이다. 대기업을 중심으로 기업체가 출연하여 사원용 어린이집과 유치원을 운영하는 방안이 있다. 유능한 남녀 인재들이 그런 기업에 구름같이 몰려들 것이다. 기업 이윤의 사회 기여 업적 가운데 이보다 더 큰 것이 어디 있겠는가.

대학 입시도 이제는 한 줄 세우기 선발 방식을 탈피한 획기적인 선발 제도를 운영해야 할 때다. 국립 서울대·강원대·경북대·부산대·경상대·충북대·충남대·전북대·전남대·제주대 공동 커리큘럼과 지역 특성화 커리큘럼 운영 같은 획기적인 운영에 따른 대학 교육 격차 해소도 한 방법이 될 것이다. 사립 대학들도 협의에 따라 공통 커리큘럼과 지역 특성화 커리큘럼을 운영할 수 있을 것이다. 입시도 전공별 특기자 우선 선발, 인문·사회·자연·교육·공학·농학 영역으로 선발하되, 의학은 자연계열 2년을 수료한 후 지원하는 방법 등이 있을 것이다.

이 모든 과정에서 2자녀 이상 가정에는 대학 졸업 시까지 국가가 학비를 전액 지원할 필요가 있다. 이를 위하여 많은 국가 예산이 소요될 것이다. 그래도 이에 투입될 예산은 아껴서 안 된다. 국방과 교육 예산은 국가의 존망이 걸린 최우선 순위에 있어야 한다. 국민이 소멸한 자리에 국가가 어찌 존립하겠는가? 다양한 계층의 이민을 수용하기에 앞서 우리 자체의 인구 늘리기 정책이 바로 서야 한다. 대기업 LG는 남·여 사원 출산 휴가를 넉넉히 주고, 여성 직원의 경력 단절이 없게 한 결과 출산율을 2.1로 높였다. 청신호다.

데이비드 콜먼 교수의 예견이 실현되는 것은 대한민국의 대재앙이다. 경각심이 필요한 시기다.

인구 소멸 위협에 대처할 방안을 두고 연세대 정치학과 박명림 교수는 몽테스키외의 '작은 공화국론'을, AI경제연구소 안현실 소장은 인적 자원론을 소환한다. 몽테스키외는 말했다. 그에 따르면, 두 사람이 편안히 생활할 장소가 있는 곳에서는 어디서 건 결혼이 이루어진다는 것이다. 생존의 어려움에 의해 저지되지 않는 한, 자연은 인간을 혼인으로 이끈다. 안전한 생활 공간이 제공된다면, 인간은 기본적으로 혼인 친화적이라는 말이다. 혼인을 거부하는 것은 인간의 본성과 자연을 넘어서는 인위적 장애 요인 때문이라는 견해다. '작은 공화국'이 답이라는 것이다. 마을 내지 지방이 자율과 자치로 이루어지는 상황에서 인구는 증가할 수 있다는 뜻이다. 대도시화가 인구 소멸의 위기를 불러왔다는 말이니, 우리나라의 당면 과제와 다르지 않다.

우리 정도의 경제 규모로 보아 앞으로 우리가 당면할 최대 난제는 인구 확보다. 인공 지능AI발 생산성 물결에 선도자로 나서야 하고, 이민으로 인력을 확보하며, 혼인과 출산율을 획기적으로 높일 방책을 시급히 강구하여야 한다. 그에 앞서 다른 나라로 떠난 사람들이 돌아올 수 있게 하고, 해외 우수 유학생이 이 땅으로 회귀할 유인誘因을 제공해야 한다.

한민족 소멸, 끔찍한 예견이다. 나라와 기업과 교육 기관과 사회 단체가 합심하여 파천황의 인구 증대 정책을 펴야 한다. 한 대기업이 그 가능성의 문을 열지 않았는가.

다만, 1968년에 있은 존 칼훈의 실험을 토대로 한 전영민 대표(롯데 벤처스)의 충고도 경청할 필요가 있다. 그 실험인즉 이랬다. 천적이 없고 먹이가 풍부한 최적의 환경에 쥐 4쌍을 투입했다. 쥐의 수효는 급격히 늘어났고, 600일 만에 2,200마리로 정점을 이룬 다음 점차 감소했다. 힘센 쥐들이 먹이 공간을 독점하자 빈부 격차가 심해졌고, 약한 쥐들은 코너에 몰려 공격적으로 변했다. 새끼까지 물어 죽였다. 자기 방어에 급급한 수컷들은 스트레스에 시달리며 짝짓기에 관심을 두지 않고 몸치장에 열심이었다. 쥐의 수효는 감소했다.

이 동물 실험을 사람에게도 적용할 수 있을까?

전영민 대표는 인구 감소는 환경 정화 등 긍정적인 효과가 막대하니, 이에 순응하자는 주장을 편다.

이 문명 사회의 주인은 누구인가

　인류 역사는 자주 모순과 충돌을 빚으며 전개되어 왔다. 증기 기관차가 출현했을 때 사람들의 반응도 그랬다. 증기 기관차가 처음 출현한 것은 프랑스대혁명이 터지기 20년 전인 1769년이었다. 영국인 제임스 와트가 발명한 증기 기관을 이용하여 처음으로 증기 기관차 운행에 성공한 사람은 프랑스인 N.J. 퀴뇬이었다. 퀴뇬의 증기 기관차는 철로를 시속 3.6km의 속도로 15분간 달렸다. 나폴레옹이 황제가 된 1804년 R.트레비식이 마차 철도를 달릴 증기 기관차 제작에 몰두했다가 실패했다. 이후 1825년 영국의 G. 스티븐슨은 90t 되는 기관차를 몸소 시속 16~26km로 운전하여 증기 기관차 실용화의 문을 열었다.

　증기 기관차에 대한 영국인들의 반응은 둘로 갈렸고, 반대자가 압도적으로 많았다.

- 기관차 연통에서 나오는 독가스가 주변의 가축과 숲속의 새들을 죽일 것이다.
- 암소의 우유 생산과 암탉의 달걀 낳기도 중단될 것이다.
- 말들은 쓸모가 없어질 것이고, 우편 마차의 마부와 인적이 드문 길가 음식점 주인들은 거지가 될 것이다.
- 기관차 연통에서 나온 불꽃이 길가 집들을 태울 것이며, 승객들은 화상을 입을 것이다.
- 사람들은 기차의 빠른 속력을 견디지 못하고 이성을 잃을 것이다.

지금 생각하면 실소가 나지만, 그 시기 사람들에게 증기 기관차는 괴물이었다.

우리나라에 경인 철도와 경부선 철도가 개설되었을 때에 공주 양반층은 기관차와 철도를 흉물로 여겼다. 반면에 일본에 유학 가서 신문물에 접하고 온 최남선은 〈경부철도가〉를 길게 써서 그를 한껏 찬미했다.

마차꾼들의 시위에 혼이 난 영국 교통 당국도 한동안 기관차의 운행 속도를 마차 속도 이내가 되게 제한했다. 이 규제가 빌미가 되어 영국이 자동차 제조 후진국으로 전락했다.

이제 증기 기관차는 사라졌다. 요란한 기적 소리조차 사라진 철로 위를 이제는 전기 기관차가 호쾌하게 달린다. 그런데 자동차가 문제다. 우리나라 자동차 사고 건수는 2021년 기준 20만 3,130건이고, 부상자 수 209,608명이며, 사망자 수가 2,916명이다. 자동차 없이 마차에 희생되는 것은 지렁이, 버마재비(사마귀) 따위의 1개 미물에 지나지 않았다. 자동차가 생겨난 후로 상상 이상으로 많은 사람들이 이렇게 희생을 당한다. 음주 운전은 심각한 문제다. 술에 취한 채로 자동차 핸들을 잡다니, 실로 끔찍한 일이다. 더욱이 눈에 넣어도 아프지 않을 초등학교 아이들이 술 취한 자동차에 목숨을 잃으니, 하늘 보기가 부끄럽다. 그럼에도 TV 드라마 남녀 주인공들의 언행은 술 마시기 경연을 방불케 한다. 음주와 가무를 즐겼다는 우리 민족(동이족)에 관한 옛 기록 따위를 굳이 이렇게 연출할 필요가 있단 말인가.

다음 동요는 어떤가?

찌르릉찌르릉 비켜나세요
자전거가 나갑니다 찌르르르릉
저기 가는 저 영감 꼬부랑 영감
우물쭈물하다가는 큰일 납니다

오래된 노래다. 초등학교 학생들은 뜻을 깊이 캐지 않고 신명나게들 불렀다.

잠깐. 이 노래의 내용이 심상치 않다. 자전거나 자전거 탄 문명인이 우대되고 보행자는 모멸의 대상이 되어 있다. 신문명의 이기利器인 자전거 앞에 사람이 종속, 모멸당하는 장면이 태연히 제시되어 있다. 더욱이 꼬부랑 영감이라니, 더 말하여 무엇하겠는가?

우리는 근대화를 목표로 '압축 성장'의 길을 쉬지 않고 내달아 오면서 물질적 풍요와 기계 문명의 편익에 심취하여 사람이란 무엇이며, 왜 살아야 하며, 어떻게 살아야 하는가에 대한 철학적 문제를 숙고할 겨를이 없었다. 이 노래는 우리의 이 '빈틈'을 예각적으로 노출했다.

자전거가 사람을 비켜나라는 것은 주인과 객체가 뒤바뀐 주객전도 현상을 노골화하며, 특별히 허약한 노인을 지칭하여 인간 모멸의 태도를 보인다.

오늘날 인류는 자신이 만든 온갖 과학 문명의 이기를 자랑한다. '인간의 무한한 가능성'이니 '찬란한 기계 문명'이니 하면서, 개척 · 모험 · 투쟁 · 발전을 호기롭게 외치며 전진하고 있다. 좀 거창하게 말하여, 인류는 중세 시대의 유일신이나 신비한 금기 체계taboo에서 벗어나 인본주의 문명을 일구며 경이로운 역사를 창조해 왔다. 소유가 극대화하면서 풍요 속에 살게 된 현대인은, 가붓한 사회주의자인 에리히 프롬의 "소유냐, 존재냐(To have or To be)." 하는 따가운 질문에 당혹해 한다.

르네상스 시대 이후 중세적 유일신에게서 해방을 선언했던 인류는 지금 자신이 만든 물신物神인 기계 문명과 물질에 예속될 위기에 처하였다. 사람이 사물화하고, 사물이 사람 자리에 앉는 비인간화dehumanization 현상의 모순에 처하게 된 것이다.

자전거는 사람을 비켜 가야 한다. 자동차는 더욱더 철저히 사람을 비켜 가야 한다. 아무리 속도가 중요한 시대라 하더라도, 문명의 이기가 사람을 모멸하는 의식 전도 현상은 하루빨리 시정되어야 옳다.

다음 노래는 어떤가?

앞에서 끌어 주고 뒤에서 밀며
우리나라 짊어지고 나갈 우리들
냇물이 바다에서 서로 만나듯
우리들도 이 다음에 다시 만나세

〈졸업식 노래〉일부다. 사회 윤리 · 국가 윤리, 곧 공동체 윤리를 내포한 좋은 가사다. 또한 분리detachment의 비극을 극복할 '만남'의 윤리를 제시하였다는 점에서 윤석중 선생의 이 노랫말 내용은 감동적이다.

우리나라 온 국민이 초등학교를 졸업하며 함께 불렀던 이 노랫말 내용대로 산다면, 이 땅은 복지 낙원이 될 것이다. 늘 긍정적이고 낙관적인 노랫말로 이 나라 어린이들에게 밝은 꿈을 길러 주셨던 윤석중 선생의 정신이기에, 우리는 이를 소중한 지침으로 삼아야 할 것이다.

이 현란한 문명 사회의 주인은 서로 사랑하며 더불어 살아가야 할 사람이다.

제2장

나라 세우기

어둡고 괴로워라 밤이 깊더니 / 광복

1945년 8월 15일 정오에 일본 124대 천황 히로히토裕仁(1901~1989)는 라디오 방송으로 알아듣기 어려운 긴 성명을 발표했다. 침략 전쟁 종결 선언이었다. 당시에 우리나라에 보급된 라디오는 극소수였기에 일왕의 목소리를 청취한 사람도 극소수였다. 더욱이 그처럼 난삽하고 완곡한 추상어로 연속된 일본어 성명 내용을 완벽하게 이해한 사람도 드물었다.

히로히토가 발표한 조서詔書의 요지는 포츠담 선언의 수락과 전쟁을 종결한다는 것이었다. 포츠담은 독일 브란덴부르크의 주도다. 1945년 5월 8일 나치 독일이 항복한 후에도 일본이 항전 의지를 꺾지 않자, 미국 대통령 해리 S. 트루먼, 영국 총리 윈스턴 처칠, 중화민국 총통 장제스는 그해 7월 26일 이곳에서 선언문을 발표했다. 이곳에 참석한 소련의 스탈린은 서명하지 않았고, 장제스는 전신을 통해 참가 의사를 밝혔다.

포츠담 선언의 요지는 이랬다. ①우리 연합국의 엄청난 육·해·공군은 일본을 향한 최후의 일격을 가할 태세를 갖추었다. ②우리 모든 군사력은 일본군의 완벽하고 필연적인 전멸과 일본인 고향의 철저한 파멸을 초래할 것이다. ③일본이 일본 제국 절멸의 문턱까지 끌고 온 우둔하고 아집에 찬 군국주의자 조언자들에게 계속 지배당할 것인지, 아니면 이성으로 향하는 길을 따를 것인지를 결정할 시간이 되었다. ④일본 국민들을 잘못 인도한 자들의 권력과 영향력을 완전히 제거해야 한다. 새로운 평화의 질서, 안전과 정의는 무책임한 군국주의를 지구상에서 몰아내지 않는 한 실현 불가능하기 때문이다. ⑤이러한 새 질서가 확립될 때까지, 또한 일본이 전쟁을 일으킬 힘이 남아 있지 않다는 설득력 있는 증거가 생길 때까지, 필수적인 목표 달성을 위해, 연합군은 일본 내의 특정 지역을 점령할 것이다. ⑥카이로 선언의 요구 조건들이 이행될 것이며, 일본의 주권은 혼슈, 규슈, 시코쿠와 우리가 결정하는 부속 도서로 제한될 것이다. ⑦일본군은 완전히 무장 해제된 후, 평화롭고 생산적인 삶을 살 수 있도록 귀가할 수 있을 것이다. ⑧일본인 중에 포로들을 학대한 자들을 포함한 모든 전범들은 엄격하게 재판받을 것이다. ⑨일본 정부는 일본 국민들의 민주주의적 성향의 부활과 강화를 가로막는 모든 장애물을 제거해야 한다. ⑩아울러 기본 인권의 존중은 물론 언론, 종교, 사상의 자유가 확립되어야 한다. ⑪일본 정부는 일본군의 무조건적 항복을 선언하라. 일본의 다른 대안은 즉각적이고 완전한 파멸이다.

총 13개 항으로 된 선언의 내용을 의역, 축약한 것이다.

카이로 선언은 1943년 11월 22일부터 26일까지 연합국 대표인 루스벨트 대통령, 처칠 총리, 장제스 위원장이 협정, 발표했다. 이 회의에서 세 나라 정상들은 그해 12월 1일에 '한국인의 노예 상태에 유의하여 적당한 시기에 한국을 자유 독립케 할 것'을 선언했다. 이는 우리 민족이 거족적으로 궐기한 3.1운동과 대한민국 임시 정부를 중심으로 한 우리 독립 운동가들의 피어린 분투가 이루어낸 위대한 성과였다.

히로히토의 발표 내용은 우선 포츠담 선언의 내용을 수락한다는 선언이었다. 포츠담 선언은 카이로 선언을 계승한 것이므로, 우리나라의 독립은 이로써 보장되었다.

위의 두 선언을 알지 못하는 우리 백성들은 8월 15일 당일에는 의혹 속에 보내었다. 손에 손에 태극기를 들고 함성을 지르며 남녀노소가 거리로 쏟아져 나온 것은 8월 16일이었다.

사실 일본은 연합국의 준엄한 경고에 아랑곳없이 침략 전쟁을 멈추지 않았다. 1931년 만주 사변, 1937년 중일 전쟁, 1941년 12월 7일 일본 공군의 하와이 공습으로 촉발된 태평양전쟁은 아시아·태평양 지역을 전쟁의 포화 속에 몰아넣었다. 중국뿐 아니라 인도네시아와 인도차이나 반도까지 손아귀에 넣은 군국주의militarism 일제는 승리에 광분하여 길길이 날뛰었다. 연합국의 경고 따위는 우수마발牛溲馬勃이었다.

인내심이 임계치에 달한 미국 지도부는 격분했다. 마침내 1945년 8월 6일 오전 8시 15분 미 공군 B29는 히로시마에 원자탄 '리틀 보이'를 투하했다. 상공 580m에서 폭발한 이 무시무시한 폭탄은 25만 5천여 명이 사는 이 도시를 초토화焦土化했다. 7만 명이 초기 폭발로 사망하였고, 그해 말까지 방사능 피폭자들이 무수히 목숨을 잃었다. 총 사망자는 20만여 명으로 추정된다.

이런 비극을 당하고도 일제는 결사 항전을 선언하고 분전하였다. 미군은 8월 9일 나가사키長崎에 두 번째 원자탄 '패트 맨'을 투하했다. 이로써 일본인들은 원자탄 공격을 받은 세계 최초의 국민이 되었다.

일왕 히로히토의 항복 조서는 이같이 두 방의 원자 폭탄 세례를 받고서야 발표되었다.

다음은 1945년 8월 14일에 서명한 일본 왕 히로히토裕仁의 항복 선언이다.

대동아전쟁 종결의 조서

짐은 깊이 세계의 대세와 제국의 현상에 감하여 비상 조치로써 시국을 수습코자 여기 충량한 그대들 신민에게 고하노라.

짐은 제국 정부로 하여금 미·영·소·중 4국에 대하여 그 공동 선언을 수락할 뜻을 통고케 하였다. (중략) 제국의 자존과 동아의 안전을 서기(열망)함에 불과하고, 타국의 주권을 배하고 영토를 범함은 짐의 뜻이 아니었다. (중략) 짐의 1억 중서(뭇 백성)의 봉공이 각각 최선을 다하였음에도 불구하고 전국은 필경 호전되지 않으며, 세계의 대세가 또한 우리에게 불리하다. 뿐만 아니라 적은 새로이 잔혹한 폭탄을 사용하여 빈번히 무고한 백성을 살상하여, 참해에 미치는 바 참으로 측량할 수 없이 되었다. 이 이상 교전을 계속하게 된다면, 종래에 우리 민족의 멸망을 초래할뿐더러 인류의 문명까지도 파각하게 될 것이다. 짐은 제국과 함께 종시 동아 해방에 노력한 제 맹방에 대하여 유감의 뜻을 표하지 않을 수 없다.

(중략)

모름지기 거국일치 자손상전하여 굳게 신국神國의 불멸을 믿고, 각자 책임이 중하고 갈 길이 먼 것을 생각하여 총력을 장래의 건설에 쏟을 것이며, 도의를 두텁게 하고 지조를 튼튼히 하여 국체의 정화를 발양하고, 세계의 진운에 뒤지지 않도록 노력할지어다. 그대들 신민은 짐의 뜻을 받들라.

일본 왕은 포츠담 선언을 따라 전쟁을 그치게 한다고 말하였을 뿐 항복한다는 말은 입에 담지 않았다. 이 말을 들은 조선 백성들이 그것이 구체적으로 무엇을 뜻하는지 처음에는 알지 못했다. 하지만 이것은 '무조건 항복' 선언이었다. 일본군은 완전 무장 해제되며, 일본 정부는 일본군의 무조건 항복을 선언해야 한다는 것, 그렇지 않으면 일본은 절멸할 것이라는 포츠담 선언의 내용을 일본 왕은 알고 있었다. 전범 재판에서 전쟁의 원흉인 자기도 처형될 수 있다는 두려움에 떨었을 것이다.

그럼에도 일본 왕 히로히토는 한국과 태평양, 동남 아시아, 중국의 무고한 사람들을 억압하고 학살한 악행을 참회하지 않았다. 통탄할 일이다.

2023년 5월 21일에는 우리 윤석열 대통령과 일본 기시다 후미오岸田文雄 수상이 함께 히로시마 참배를 했다. 그때에 희생된 한국인 위령비 앞에 머리를 숙였다. 대한제국 의친왕(고종의 다섯째 아들) 이강李堈의 차남 이우李鍝도 히로시마에서 희생되었다. 그는 우리 독립군의 후원자였다(심층 연구가 필요함). 그는 일본 육군사관학교와 육군대학교를 졸업한 일본 육군 중좌였으나, 조국애만은 버리지 않았다. 내심 일본에 저항적이었던 그는 34세 아까운 나이에 아주 갔다. 철종의 사위 박영효의 서손녀와 혼인했었다.

대한민국 임시 정부 김구 주석은 일본이 항복하자 "하늘이 무너지는 듯했다."고 한다. 왜일까?

1945년 8월 7일에 김구 주석은 광복군 총사령관 이청천李靑天 등 19명을 대동하고 중국 시안西安에 도착하여, 미국 특수 부대 OSS 측과 광복군 대원들을 국내에 진입시키기 위한 한미공동작전을 세웠다. 이 계획은 일왕의 항복 선언으로 아깝게 무산되었다. 김구 주석은 이 진공 작전을 감행함으로써 대한민국이 참전국 자격을 얻고자 했다.

아무튼 광복의 날은 왔다. 늦게야 이 사실을 알게 된 이 땅 사람들은 16일에야 길거리로 쏟아져나와 "대한 독립 만세!"를 목놓아 외쳤다. 1910년 8월 29일에 일제의 식민지가 되었던 나라가 12,768일 만에 광복을 맞이한 것이다.

함석헌 선생이 말씀하셨듯이 광복은 '도둑같이' 왔다(함석헌, ≪뜻으로 본 한국 역사≫, 1966., 356면). 신약 성서의 말씀을 인용한 것이다.

만일 일깨지 아니하면 내가 도적같이 이르리니, 어느 시에 네게 임할는지 네가 알지 못하리라. (≪요한계시록≫, 3:3)

함석헌 선생 말씀의 근거는 ≪요한계시록≫이다. "이 해방에서 우리가 첫째 밝혀야 할 것은, 이것이 도둑같이 뜻밖에 왔다는 것이다." 우리는 함 선생 말씀을 정중히 경청해야 한다.

그만두어라. 솔직해지자. 너와 내가 다 몰랐느니라. 다 자고 있었느니라. 신사 참배하려면 허리가 부러지게 하고, 성 고치라면 서로 다퉈가며 하고, 시국 강연하라면 있는 재주를 다 부려서 하고, 영英·미美를 욕하고, 전향하라면 참 '앗싸리' 전향을 하고, 곱게만 뵐 수 있다면 성경도 고치고, 교회당도 팔아먹고, 신용을 얻을 수 있다면 네 발로 기어도 뵈고, 개 소리로 짖어도 뵈 준, 이 나라의 지사, 사상가, 종교가, 교육자, 지식인, 문인에, 또 해외에 유랑 몇 십 년, 이름은 좋아도 서로서로 박사파, 선생파, 무슨 계, 무슨 단, 하와이나 샌프란시스코에서는 미국인 심부름꾼 노릇을 하면서 세력 다툼을 하고, 중경(충칭)·남경(난징)에선 중국인의 강낭죽을 얻어먹으며 자리 싸움을 하던 사람들이 알기는 무엇을 알았단 말인가? 사상은 무슨 사상, 정치는 무슨 정치 운동을 했단 말인가? 이 나라가 해방될 줄 안 사람 하나 없다(함석헌, 앞의 책, 356면).

다소 과격한 평가다. 하지만 안창호, 이승만, 유일한, 안중근, 김구, 이봉창, 윤봉길, 이회영, 이상룡, 김좌진, 홍범도, 강우규 등 소수의 예외적 개인이나 단체를 제외하면, 대다수 우리 민족은 이같이 순응적인 삶을 살았던 것이 사실이다. 더욱이 국내적 생존 방식을 택할 수밖에 없었던 절대 다수의 사람들은 저런 예속적 생존에 목매어야 했다. 광복 후에, 해방이 될 것을 예견했다는 거짓 선각자들이 얼굴을 쳐들자, 함 선생은 죽비를 들었다.

기독교 유일신을 믿는 함석헌 선생은 조국 광복은 하늘 뜻이었음을 우리에게 깨우치려 했다. '하늘이 준 떡'이 광복이라는 것이다. 그리고 조국의 광복은 '대중'이 주인이 되는 나라를 세우라는 계시로 보았다.

함석헌 선생은 광복된 이 땅 현실을 아프게 진단했다. 특히 우리 민족의 3대 결핍을 지적했다. 기술, 국가 이념, 사상의 결핍이 그것이다.

선생은 이 결핍을 채워야 하고, 자유를 한껏 누려야 하며, 믿음 있는 국민이 되어야 한다고 했다. 선생은 광복을 주신 임을 마음 안에 모신 연시조를 남겼다.

이렇게 오시는 임 내 되레 버렸으니
날 다시 찾으신 들 내 무슨 낯을 들리
임이여 종으로 보고 문간에다 두소서

임 떠나가신 뒤에 밤 어이 길고길고
비바람 무슨 일로 그리도 둘러친지
기다려 참을 보잔 걸 내 모르고 저버려

울고 또 운단들 내 설움 다 하오리
깨물고 깨문단들 내 분이 풀리오리
임이여 내 아픈 마음 그 줄이나 아소서

울지 말고 돌아오라 이제라도 아니 늦어
지난 허물 아니 보고 새 살림 차려주마
마음 곧 바친다면야 묶어둘 죄 있으랴

네 어미 갈보거니 넌들 깨끗할 것이냐
수정 같은 살을 찾아 하늘 아래 만날 거냐
썩어질 살을 안 보고 마음 찾아왔노라

임(하나님)과의 대화체로 쓴 시조 〈뉘우침〉이다. 빼앗긴 조국은 윤락녀, 그 백성인 우리(나)도 훼절毁節한 죄인이다. 하늘 임은 유린당한 육신이 아닌 회개하는 마음을 소중히 여기고 구원救援코자 하신다. 신약 성서 ≪요한복음≫의 한 모티프다.

서기관과 바리새인 들이 간음 중에 잡힌 여자를 끌고 와서 가운데 세우고 예수께 말하되, "선생이여, 이 여자가 간음하다가 현장에서 잡혔나이다. 모세는 율법에 이러한 여자를 돌로 치라 명하였거니와, 선생은 어떻게 말하겠나이까?"

저희가 이렇게 말함은 고소할 조건을 얻고자 하여 예수를 시험함이러라. 예수께서 몸을 굽히사 손가락으로 땅에 쓰시니 저희가 묻기를 마지아니하는지라. 이에 일어나 가라사대, "너희 중에 죄 없는 자가 먼저 돌로 치라." 하시고 다시 몸을 굽히사 손가락으로 땅에 쓰시니, 저희가 이 말씀을 듣고 양심의 가책을 받아 어른으로 시작하여 젊은이까지 하나씩 하나씩 나가고, 오직 예수와 그 가운데 섰는 여자만 남았더라.

예수께서 일어나사 여자 외에 아무도 없는 것을 보시고 이르시되, "여자여, 너를 고소하던 그들이 어디 있느냐? 너를 정죄한 자가 없느냐?"

대답하여, "주여, 없나이다." 예수께서 가라사대, "나도 너를 정죄하지 아니하노니 가서 다시는 죄를 범치 말라." 하시니라.

예수께서 또 일러 가라사대, "나는 세상의 빛이니, 나를 따르는 자는 어두움에 다니지 아니하고 생명의 빛을 얻으리라."(≪요한복음≫, 8:3~12)

일제 35년 암흑기에 우리 민족은 만신창이가 되었다. 늙은 윤락녀와 다름없이 지조도 잃었다. 단군 신화가 제시한 홍익인간弘益人間, 세상을 널리 이롭게 하겠다는 인류사적 거대 담론은커녕 개인의 실존 의식은 물론 민족적 자존감마저 상실했다. 일제가 우리를 교육하였다 하나, 그것은 한민족의 존재 근거와 자존감을 피폐케 하는 민족 정체성nation identity 말살 교육에 지나지 않았다. 기술로 일본인의 식민화에 종속되는 노예 기술이었고, 산업도 일본 군국주의 팽창을 위한 수탈 경제의 수단이었다. 광복된 이 땅 사람들의 국가 이념 결핍, 사상의 결핍은 당연한 결과였다.

함석헌 선생은 만신창이가 된 이 나라를 구하는 길은 회개하고 하나가 된 마음으로 하늘의 용서를 받고 그 힘에 기대는 신심信心에 있음을 밝힌다. 광복 직후 이 땅은 좌파와 우파의 격렬한 피다툼의 소용돌이에 휘말렸다. 모두가 돌멩이 든 자들이었다. 이 난국을 헤쳐나가는 길은 이 땅에 '도둑같이' 광복을 선사한 임, 절대 진리를 따르는 데 있다는 것이 함 선생의 주장이다. 그래야 구원받는다는 말씀이다. 구속사관救贖史觀이다.

하지만 이 땅 사람들은 '도둑같이 온 광복'의 뜻을 두고 묵상하는 백성이 아니었다. 저마다 내뿜는 감정 분출에 여념이 없었다. 이런 가운데 우리 민족의 격정을 가라앉히고 추스르는 좋은 노래가 나왔다.

어둡고 괴로워라 밤이 깊더니
삼천리 이 강산에 먼동이 텄네
동무야 자리 차고 일어나거라
산 넘어 바다 건너 태평양까지
아아 자유의 자유의 종이 울린다

어둠아 물러가라 현해탄 건너
눈물아 한숨아 너희도 함께
동포여 두 손 모아 만세 부르자
광막한 시베리아 벌판을 넘어
아 해방의 해방의 깃발 날린다

무궁한 오천년 우리의 역사
앞으로도 억만년은 더욱 빛내리
동포여 어깨 겯고 함께 나가자
억눌린 우리 민족 해방을 위해
아 투쟁에 투쟁에 이 몸 바치리

박태원이 가사를 쓰고 김성태가 곡을 붙여 1946년에 발표한 〈독립 행진곡〉이다. 이후 박태원은 월북하여 우리 기억에서 사라진 인물이다. 낙관적 비전이 물결치는 경쾌한 노래다.

노고지리 앞서 가자 해가 뜨는 이 벌판
황소 굴레 풍경 소리 자고 깨는 아이야
새 나라 새 천지에 어서 가자 어서 가자

대한민국 정부 수립 전인 1947년에 나온 노래로 기억된다. 이 가사를 쓴 여상현 역시 월북했다. 작사가가 월북한 탓에 이 좋은 노래도 잠시 불리다가 잊혀졌다. 〈농부가〉다. 이 노래는 숙종 때 영의정이었던 남구만이 쓴 다음 시조의 시상詩想에 접맥된다.

동창이 밝았느냐 노고지리 우지진다
소 칠 아이는 상기 아니 일었느냐
재 너머 사래 긴 밭을 언제 갈려 하느니

세 작품이 다 여명 내지 아침을 표상화했다. 우리 서정 시가詩歌의 전통은 경계선 이미지 borderline image에 기울어 있다. 어렴풋한 밝음, 곧 박명薄明의 이미지, 그 중에서도 황혼, 으스름녘의 색조에 친근한 것이 우리 전통 시가의 이미지다. 그런데 앞의 세 노래는 해뜰녘 박명의 색조다. 독립의 기쁨이 이 같은 낙관적 비전으로 표출되었다. 슬픔에 가득찼던 우리 노래가 소망의 지평을 열었다.

흙 다시 만져보자 바닷물도 춤을 춘다
기어이 보시려던 어른님 벗님 어찌하리
이날이 사십 년 뜨거운 피 엉긴 자취니
길이길이 지키세 길이길이 지키세

꿈엔들 잊을 건가 지난 일을 잊을 건가
다 같이 복을 심어 잘 가꿔 길러 하늘 닿게
세계에 보람될 거룩한 빛 예서 나리니
힘써 힘써 나가세 힘써 힘써 나가세

국학의 태두泰斗 정인보 선생이 가사를 쓰고 윤용하 선생이 곡을 붙인 〈광복절 노래〉다. 광복의 기쁨과 이를 못 보고 세상을 뜬 이들의 처지를 안타까워하고, 이 소중한 역사의 의의를 영원히 살리며 지켜나가기를 다짐하자는 결의가 충천하는 노래다. 세상의 거룩한 빛이 이 땅에서 날 것도 예견했다. 위당爲堂 정인보鄭寅普 선생은 6.25전쟁 때 북한으로 끌려가다가 1950년 11월 폭격에 희생되었다고 전한다.

1945년 12월 20일에는 광복의 감격을 표출한 ≪해방 기념 시집≫이 나왔다. 중앙문화협회에서 펴낸 이 책에는 정인보, 홍명희, 김기림, 정지용 등 24인의 시가 실렸다. 수록 시인은 다음과 같다.

정인보 홍명희 안재홍 이극로 김기림 김광균
김광섭 김달진 양주동 여상현 이병기 이희승
이용악 이헌구 이 흡 임 화 박종화 오시영
오장환 윤곤강 이하윤 정지용 조벽암 조지훈

좌 · 우익 문인들이 함께 광복의 감격과 미래를 향한 밝은 소망을 피력하고 다짐한 시를 썼다. 홍명희는 〈홍길동전〉 계열의 베스트셀러 장편 소설 〈임꺽정〉을 조선일보에 연재하여 '우리 토박이말 재현의 귀재鬼才'라는 명성을 얻었고, 월북하여 김일성 아래 부수상을 지냈다. 아들 홍기문도 북한 문화상을 지내는 등 그의 집안은 북한에서 숙청되지 않은 예외적 지위를 누렸다. 1927년 이극로는 유라시아 대륙을 걸어가서 독일 베를린대학 박사 학위를 취득한 거인이다. 한때 조선어학회를 이끄는 국학의 거두였으나, 아깝게도 월북했다. 시인이요 문학 평론가였던 임화(임인식)도 월북하여 북한 문단의 중심부에서 활약하였으나 숙청되었다. 격한 반미 시를 썼던 그는 김일성에게 '미제국주의의 앞잡이'라는 죄명으로 비참하게 처형되었다. 6.25전쟁 실패를 책임질 희생양을 찾던 김일성은 부수상까지 지낸 남로당 당수 박헌영과 시인 · 평론가 임화를 그 본보기로 숙청했다. 가톨릭 신자요 탁월한 모더니즘 시인이었던 정지용도 월북하였으나, 1950년 9월 25일에 숨진 것으로 알려졌다. 이극로는 1948년 4월 '남북제정당사회단체대표자연석회의' 참석차 평양에 갔다가 돌아오지 않았다. 북한정부 제1차 내각 무임소상, 최고인민회의 상임위원회 부위원장, 과학원 조선어 및 조선 문학 연구소장, 양강도 인민위원회 부위원장 등을 지냈고, 1978년에 숨졌다. 아까운 인물들이다.

　광복 직후에 상기된 마음으로 〈독립 행진곡〉과 〈농부가〉와 〈광복절 노래〉를 불렀던 이 땅 사람들은 우익과 좌익으로 나뉘어 살벌한 피다툼을 했다. 그야말로 적개심으로 이를 갈며 불구대천의 원수인 양 서로 물어뜯었다. 사랑이 절멸한 원시적 피다툼epithumia이었다.

　35년간 나라 잃은 암흑기의 통고 체험痛苦體驗을 하고서도 정신을 못 차리고 분열하고 싸움질하는 한민족, 마침내 남북으로 분단되어 전쟁까지 일으킨 비극의 주인공들. 이 민족을 어찌할 것인가.

　함석헌 선생은 우리 민족사를 고난의 역사로 규정하고, 각 시대 주역들의 배리背理를 아프게 해부했다. 함 선생은 특유의 '칼날 정신'으로 이 땅 역사를 망친 이들을 향하여 사정없이, 전방위로 난사했다. 늘 극단적이고 부정적인 시각으로 현실 비판의 에너지를 단 한 번도 늦여본 적이 없었던 함석헌 선생을, 극단론자라고 매도하는 이들이 많았다.

　그렇게만 볼 일이 아니다. 시대의 모순에 경종을 울리는 선지자는 있어야 한다. "회개하라."고 광야에서 홀로 외치다가 불의한 헤롯왕에게 목숨을 잃은 세례자 요한 같은 선도자가 있어야 세상에 살맛이 나는 법이다. 함석헌 선생은 예언자적 지성인이었다. 세상을 이끌고 가는 지성인에는 사제적 지성인과 예언자적 지성인이 있다. 전자는 시대의 제도권 안에서 긍정적 혁신을 이끄는 사람이고, 후자는 제도권의 생각과 행위 일체를 부정하고 혁명으로 이를 뒤집으려는 사람이다. 사제적 지성과 예언자적 지성은 공생 관계에 있어야 하고, 더욱이 역사의 부조리가 극한적인 경우에는 예언자적 지성인의 목소리가 우렁차게 울려 퍼져야 한다.

시대의 경종警鐘이었던 예언자적 지성인 함석헌(1901~1989) 선생은 월간지 ≪사상계≫ 발행인 장준하(1918~1975)와 함께 오래 기림받아야 할 대한민국 건국기의 거인이었다.

이 땅의 역사는 1,000번의 전란에 280회나 외침을 당한 고난사였다. 허다한 고난의 파란을 헤쳐서 이제 경제 선진국 자리에 올라선 대한민국. 그런데 북·중·러의 위협 아래 제3차 대전의 검은 구름이 동아시아를 향해 몰려들고 있다. 우리 정치인들, 특히 야당의 행태는 가위 목불인견이다. 우리 역사는 왜 이런가?

함석헌 선생은 섭리 사관으로 이를 풀고자 했다.

역사적 현상을 파악하고 이를 해석하는 사관史觀에는 여럿이 있다.

동·서양 사관에는 대략 6갈래가 있다.

동양 사관은 감계주의鑑戒主義와 상고주의尙古主義와 순환 사관이 있다. 역사 속에서 가치 있는 규범을 찾아, 그것을 거울로 삼아 인간의 행동을 규율하려는 태도가 감계주의다. 옛것을 표준으로 하여 현재의 가치 규범으로 삼으려는 태도가 상고주의다. 순환 사관은 역사의 흐름 속에서 이상 사회와 혼돈 사회가 반복된다는 관점이다. 중국이나 고대 인도 사람들의 세계관에서 찾아볼 수 있는 것이 순환 사관이다. 현대 중화인민공화국의 사관은 마르크스의 유물 변증 사관의 변종이다.

서양 사관인 마르크스주의 유물 변증 사관과 아널드 토인비와 오스발트 슈펭글러의 문명사관은 역사를 꿰뚫는 일정한 법칙을 찾으려 한다. 문명사관은 역사의 흐름을 유기체의 경우와 같이 생성·성장·난숙·소멸의 과정으로 파악하려는 태도다.

토인비는 역사 전개의 원리를 도전challenge과 응전response, 은퇴

retirement와 복귀reversion의 관점으로 풀었다. 그는 인류 문명사를 23개 문명권으로 나누어 해명하려 했다. 처음에 한국과 일본 문명을 중국 문명권으로 보아 21개 문명사를 고찰했으나, 후일 이 둘을 독자 문명권으로 분리하여 23개 문명권으로 확장했다. 토인비는 역사의 전개 양상을 나선형 순환론으로 파악했다. ≪서구의 몰락Der Untergang des Abendlandes≫을 쓴 비합리주의 사상가 슈펭글러의 사관은 심각하다. '몰락'이란 용어가 서구인들에게는 끔찍한 까닭이다. 또 역사학을 과학의 한 분야로 보려 한 레오폴트 폰 랑케Leopold von Ranke의 태도는 실증주의實證主義 사관이다. 이와 달리 역사학을 자연 과학과는 다른 학문으로 보려 한 베네데토 크로체Benedetto Croce, 로빈 조지 콜링우드Robin George Collingwood, 에드워드 H. 카E. H. Carr 등의 태도는 상대주의 사관이다. 1980년대 이후 우리 학계에는 랑케의 실증주의와 카의 상대주의 사관이 풍미했다.

　함석헌 선생이 의지한 것은 섭리 사관이다. 역사는 하늘의 섭리에 따라 전개된다는 믿음이다. 섭리 사관은 달리 말하여 구속 사관救贖史觀이다. 구속 사관과 대척점에 자리하는 것이 세속 사관이다. 구속 사관이란 인간의 죄성罪性으로 인하여 타락, 훼손된 세속사를 하늘의 섭리에 따라 구원하리라는 태도다.

　한恨과 고난의 역정이었던 이 땅 역사. 우리는 어찌 보아야 할 것인가.

분열과 각축의 소용돌이 / 좌·우익 싸움

(1) 계급 투쟁 노선의 조선공산당

광복 후에 정당과 사회 단체는 우후죽순인 양 생겨났다.

남·북한을 통틀어 맨 처음 결성된 정당은 장안파 공산당이었다. 일본이 항복한 1945년 8월 15일 저녁부터 이튿날 새벽에 걸쳐 장안파 주동자들은 종로 2가 장안빌딩에서 전광석화같이 조선공산당을 결성했다. 1925년에 결성하여 1928년에 해체된 조선공산당의 복원이었다. 18일에는 조선공산주의청년동맹, 23일에 조선학도병을 조직하여 외곽 세력을 형성했다. 8월 17일부터 지방 조직 결성에 착수하였으나, 정통파 공산주의 운동의 기수 박헌영이 은신해 있던 광주 벽돌 공장에서 상경하면서 조선공산당은 동요하게 되었다.

1939년 경성코뮤니스트그룹과 합세하여 조선공산당을 재건하려던 박헌영의 계획은 일제의 탄압으로 무산되었고, 이후 약 3년간 김성삼이라는 가명으로 숨어 지낸 인물이다. 상경하자마자 박헌영은 대대적인 환영을 받았고, 장안파 공산당원들이 대거 이탈하여 박헌영 계열에 합류했다. 이때 모인 박헌영 무리 18명 중에 김삼룡과 이현상의 이름이 등장한다. 8월 18일 그날 이들은 조선공산당 재건위원회를 결성한다.

18일에 박헌영은 서울의 소련 총영사관을 찾아가 부영사 A. I. 샤브신을 만나 그의 신임을 얻었다. 3차례에 걸쳐 10년간 수감되었던 박헌영의 투쟁 경력과 탁월한 마르크스·레닌주의 이론이 높이 평가받았던 것이다.

샤브신은 박헌영의 신실한 후견인으로서, 박헌영이 평양으로 가서 김일성과 만나고 그와 함께 모스크바를 방문하여 스탈린과 면담하게 한 인물이다. 이로써 장안파는 패배의 길로 들어섰다.

8월 20일 보성전문학교 교수 김해균의 명륜동 집에서 종전의 경성콤그룹을 개편한 조선공산당 재건준비위원회를 결성했다. 1925년에 지하당으로 조직된 조선공산당은 일제에 의해 네 차례 해체와 재건을 거듭했고, 1928년에 국제공산당 코민테른Communist International의 지령으로 해산하자, 이를 재건하려고 노력해 온 조직이 경성콤그룹이다.

조선공산당 재건준비위원회는 '8월 테제These'를 발표하며 장안파 공산당을 전면 부인했다. 나흘 후인 8월 24일 장안파 공산당은 해체를 의결했고, 9월 8일에 열성자 대회를 열었다. 당 해체와 통합의 일은 박헌영이 일임받았으며, 9월 11일 조선공산당이 출범했다. 장안파의 전면적 패배였다. 극렬 공산당원들의 집요한 투쟁 정신은 이같이 철저했다.

조선공산당은 박헌영과 김일성 등 28명의 중앙 위원을 선출했고, 11월 23일에 경향신문사 건물이었던 근택빌딩에 중앙 당사 간판을 달았다. 창당 대회 다음날인 9월 12일에는 조선인민공화국 수립 경축 시가 행진을 했다. 9월 14일 선언문을 통하여 4개항의 '조선공산당 주장'을 발표했다. 그 요지는 ①노동자, 농민, 도시 빈민, 병사, 인텔리겐치아(지식 계급) 등 일반 노동 인민의 정치·경제·사회적 이익 옹호와 급진적 개선, ②민족의 완전 해방, 봉건 잔재 일소, 자유 발전의 길에서 끝까지 투쟁함, ③혁명적, 민주적 인민 정부 확립을 위한 투쟁, ④프롤레타리아트(무산 계급) 독재를 통한 노동 계급 완전 해방, 착취와 압박, 계급이 없는 공산주의 건설을 최후 목적으로 하는 인류사적 임무 주장이었다. 박헌영이 이미 발표한 '8월 테제' 그대로였다.

(2) 여운형의 건국준비위원회와 박헌영의 조선인민공화국

1945년 8월 15일 저녁에 온건 좌익 계열의 여운형과 장안파 공산당 세력이 정치 활동을 개시했다. 조직과 선전·선동에 좌익 계열은 본디 민첩하고 폭발적이다. 여운형은 건국준비위원회를 전격적으로 결성하고 17일에는 집행부를 조직했다.

8월 15일 아침에 조선총독부 정무 총감 엔도 야나기샤쿠遠藤柳作는 여운형을 불렀다. 엔도는 여운형에게 부탁했다. 그날 정오에 천황의 항복 방송이 있을 것이니, 치안 유지에 협력하여 일본 거류민을 보호해 달라는 것이었다. 또 늦어도 17일 오후 2시까지 소련군이 서울에 진격해 올 것이라고도 했다. 오보였다.

이에 따라 여운형은 건국준비위원회 위원장, 민족주의 좌파 지도자 안재홍이 부위원장을 맡았다. 이어 우파 지도자 송진우에게 합작을 제의했으나 거절당했다. 충칭重慶 임시 정부 요인들의 귀국을 기다리라는 것이었다. 여운형은 건국치안대를 조직했고, 이강국 등을 대동하고 서대문 형무소와 마포 형무소를 찾아가 정치·경제·사상범 수천 명을 석방시켰다. 일제 강점기 건국 동맹의 재정부장이었던 이임수 등이 반대하는데도 공산주의자와 함께하려 했다. 하지만 공산주의자들은 건국준비위원회를 장악하기 위해 그 핵심 조직을 그들 손아귀에 넣었다. 핵심 공산주의자들의 생리를 제대로 파악하지 못한 여운형의 패착이었다. 좌우 합작이란 순진무구한 꿈일 뿐, 공산주의자들은 늘 동상이몽이다. 73년간 국제 공산당이 입증한 바다.

여운형의 건국준비위원회를 장악한 공산주의자들은 9월 6일에 전국인민대표자회의를 소집했다. 조선인민공화국 수립을 선포하고, 서울의 중앙인민위원회와 지방인민위원회를 설치했다. 여기 모인 대표들은 인민들이 뽑은 대표들이 아니었다. 건국준비위원회 구성원, 공산당 당원, 김삼룡이 동원한 노조원 들 300여 명이었고, 3분의 2가 공산주의자였다. 여운형은 허수아비 임시 의장 역할만 했다. 조직 기반이 미약했던 여운형이 공산당 조직을 이용하려 했고, 박헌영은 통일민족전선 구축을 위해 여운형의 명망을 등에 업고자 한 것이었다.

본디 여운형 쪽에서는 회의에서 '조선인민공화국'은 과격하니 '조선민주공화국'으로 명명하자고 주장했으나, 노조 대표들의 격렬한 반대로 좌절되었다. 이런 경로로 미군이 인천에 상륙하기 이틀 전에 조선인민공화국이 선포되었다. 10월 7일에 여운형의 건국준비위원회는 완전 해체되었다.

조선인민공화국은 본부를 옥인동의 윤덕영 별장 송석원松石園에 두었다. 대한제국 마지막 황후인 윤비의 백부(일제의 자작)가 엄청난 자금으로 지은 서구식 대저택이었다. 이곳에서 중앙인민위원과 후보 위원 명단이 발표되었다. 중앙인민위원은 이승만, 김일성, 허헌, 김규식, 김구, 김성수, 김원봉, 김병로, 신익희 등 55명이었고, 후보 위원은 20명이었다. 좌우익 계열이 망라된 모양새였다. 하지만 내막은 79.3%가 공산 계열이었다.

여운형은 중앙인민위원회 부서 책임자 인선을 미루면서 조선인민공화국 출범을 지연시켰다. 그는 테러를 당해 가평에서 요양을 하게 되었다. 이 틈을 타서 허헌 등 박헌영 쪽 인사들은 여운형의 승낙이 있었다는 거짓말을 하고 각료 명단을 독단으로 발표했다.

주석 이승만, 부주석 여운형, 국무총리 허헌, 내무부장 김구, 외무부장 김규식, 군사부장 김원봉, 재무부장 조만식, 보안부장 최용달, 사법부장 김병로, 문교부장 김성수, 선전부장 이관술, 경제부장 하필원, 농림부장 강기덕, 보건부장 이만규, 체신부장 신익희, 노동부장 이주상, 서기장 이강국, 법제부장 최익한, 기획부장 정백이 그 명단이다. 좌·우익, 남·북한 인사를 망라하듯 구색은 갖추었으나, 이 52명 가운데 38명은 공산주의자였다. 그들은 임시 정부를 폄하하여 김구 선생을 홀대했고, 이승만과 김규식은 미국서 귀국하지 않았으며, 김성수의 허락도 받지 않았다. 북한에 있는 조만식 선생과도 접촉이 없었다. 일방독주였다.

이렇게 급조된 조선인민공화국은 이틀 뒤 인천에 상륙한 미군 당국에게 승인을 거부당했다. 미군정 사령관 J.R. 하지Hodge 중장은 서울 도착 사흘 후인 9월 12일 경성 부민관에서 각 정파 대표 1,200명을 초청한 자리에서 연설했다. 그 내용은 앞으로 어떤 정당이나 단체도 정부로 승인할 의사가 없다는 내용이었다.

1945년 10월 16일 미국에서 이승만 박사가 거족적인 환영을 받으며 환국했다. 기회 포착에 귀신같은 박헌영은 이승만을 공산주의 통일전선전술의 포섭 대상으로 보고 그를 한껏 치켜세웠다. "그는 3천만 민중의 경앙의 적的이었던 만큼 전국은 환호에 넘치고 있다. 위대한 지도자에게 충심의 감사와 만강의 환영을 바친다.", 이것은 이승만 박사에 대한 박헌영의 찬사였다. 그는 이강국 등과 환영준비위원회를 꾸렸다. 환국 다음날 허헌이 이강국 등을 대동하고 조선호텔에 머무는 이승만 박사를 찾아갔으나 만나지 못했다. 공산주의자들은 이 박사를 조선인민공화국 주석으로 극진히 대하였다.

이승만 박사는 여운형과 박헌영을 포용하려는 기색을 내비쳤고, 10월 21일 하지 장군 주선으로 서울 중앙방송국 라디오를 통해 공산주의에 대한 관심까지 표명했다. 하지만 공화국 주석으로 취임해 달라는 박헌영의 집요한 간청을 이 박사는 수용하지 않았다. 11월 16일 박헌영은 돈암동 거처로 이 박사를 찾아갔으나 허사였다. 이 박사는 임시 정부의 김구 주석을 지지하므로, 다른 정부나 정당에 이름을 올릴 수 없다며 박헌영의 간청을 거절했다. 박헌영은 '민족통일전선 구축 실패의 책임' 운운하며 이 박사를 '미 제국주의의 앞잡이'라고 규탄하며 이 박사의 독립촉성중앙협의회를 탈퇴했다. 하지만 박헌영은 미 군정청과 협력 관계를 유지하려 하며, 군정청의 친일파와 민족 반역자 기용을 비판했다. 그는 1946년 1월 11일 하지를 찾아가 신탁 통치 반대 집회를 중지시켜 줄 것을 요구했다.

박헌영이 지방 조직을 확대해 가며 '독촉'에 대립하자, 1945년 12월 20일 이승만은 '공산당에 대한 나의 입장'이라는 성명을 발표했다. "온 세계를 파괴하는 자도 공산당이요, 조선을 파괴하는 자도 공산주의자입니다.", 그 요지였다.

이로부터 이 땅에는 조직적인 좌·우익 투쟁의 피비린내가 진동하기 시작했다. 박헌영을 필두로 한 남한의 좌파는 1946년 1월 31일 민주주의민족전선 결성 준비위원회를 구성했고, 1946년 2월 9일 북한 좌파는 북조선임시인민위원회를 구성했다. 위원장은 김일성(본명은 김성주)이었다. 그 이튿날 남한의 조선공산당 중앙위원회가 이를 찬양하는 성명을 내었다.

(3) 조선인민공화국의 신전술 / 지폐 위조 · 폭동 · 파업

미 군정청이 박헌영을 멀리하고 조선공산당에 대한 단속을 강화하자, 박헌영은 이에 맞서 파업과 시위의 '신전술'을 구사하기로 했다. 1946년 7월의 일이다. 이 전술은 스탈린이 김일성과 박헌영을 모스크바로 불러들여 지시한 것으로 추정된다. 미소공동위원회 소련측 대표 시티코프가 중재했다. 서울의 소련 총영사관도 전격 폐쇄되었다.

1946년 5월 조선공산당 본부 건물(소공동 소재)에 있던 기관지 ≪해방일보≫ 인쇄소에서 '정판사精版社 위조 지폐 사건'이 터졌다. 3백만 원 위조 지폐가 유포되었고, ≪해방일보≫ 제작에 50만 원이 지불되었다. 장택상 수도경찰청장이 사건 전모를 발표했고, 관련자들은 무기 징역 등 중형에 처해졌다. 조선공산당 측은 사건이 조작되었다고 생떼를 썼다. 생떼 쓰기, 뒤집어씌우기, 시치미떼기, 되치기는 공산주의자들의 상투적 수법이다. 위조 지폐 발행과 유통은 남한 경제 질서를 교란하기 위한 책동이었다.

조선공산당은 7월 26일 "테러는 테러로써, 피는 피로써 갚자."고 역공세를 선언했다. 박헌영은 레닌의 혁명 이론을 답습하여 정치 투쟁, 경제 투쟁, 사상 투쟁을 전개했다. 그는 미 군정에 맞서 유혈 폭력 투쟁을 감행했다.

① 9월 총파업

조선공산당 산하 노동조합전국평의회는 당에서 '신전술'을 실행에 옮겼다. 9월 23일 부산 철도 노조원 7천여 명의 파업을 시작으로 전신·전화·전기·운수·섬유·금속·화학·출판·신문 등 40여 개 노동 단체 노동자 25만 1천여 명이 파업했다. 광복 후 최대 규모였다.

이에 앞서 북조선임시인민위원회 평양보안국 특찰과는 프락치(어떤 조직체 등에 잠입하여 본디의 신분을 속이고 몰래 활동하는 자)를 서울에 파견하여 이승만, 장택상, 김성수, 장덕수 등을 암살하려 했다. 시한은 8월 30일이었다. 이들이 38선을 넘는 데 매수당한 자는 포천경찰서 순경이었다. 이 프락치들이 검거된 것은 26일이었다. 9월 6일 미 군정청은 박헌영, 이주하, 이강국 등 조선공산당 간부들에게 사회 교란 폭동 혐의로 체포 영장을 발부했으나 이주하만 붙잡히고, 박헌영은 지하에 잠복했다가 10월에 가짜 상여에 숨어 월북했다. 이강국은 다른 경로로 월북했다.

박헌영과 이강국은 대체 어떤 인물인가?

박헌영은 1919년 경성고등보통학교(현 경기고)를 졸업하고 상하이로 건너가 이르쿠츠크파 고려공산당에 입당했다. 1922년 모스크바에서 열린 극동인민대표자대회에 참석한 후 국내로 침투하다가 신의주에서 체포되어 1년 6개월간 옥살이를 했다. 이후 동아일보와 조선일보 기자 생활을 했고, 1925년 4월에는 조선공산당을 창단했으나, 7개월 만에 간부 대부분이 체포되어 당은 와해되었다. 박헌영은 미치광이 행세를 하여 병보석으로 옥을 나와 소련으로 탈출했다. 아시아 공산주의자들과 함께 모스크바 공산대학에서 교육받고 1933년에 국내로 잠입하려다가 체포되어 대구형무소에서 복역했다. 출옥 후에 전라도 광주 백운동 벽돌 공장 인부로 은신해 있던 중에 광복을 맞이했다. 조선공산당을 재건하고, 여운형의 건국준비위원회와 연합하여 조선인민공화국을 수립한 이후의 일은 위에서 밝힌 바 있다.

신출귀몰하고 기상천외하며 '고래 심줄같이' 집요했던 공산주의 정계의 거물 박헌영도 세기의 책략가 김일성의 마수에서는 벗어날 수 없었다. 김일성과 6.25 전략·전술을 획책하면서, 북한군이 남침하면 지하의 남로당원 20만과 노동자·농민이 봉기·합세할 것을 장담했다. 하지만 우리가 알다시피 그런 봉기는 일어나지 않았다. 6.25전쟁 발발 한 해 전에 이승만 대통령은 농지 개혁을 하여 지주 소유 농토는 9,100평으로 제한하고, 나머지는 국가가 몰수하여 장기 분납형 유상 분배하였다. 소작농도 농지를 소유하게 된 것이다. 북한이 농지를 무상 몰수하여 집단 농장화한 정책과 대비된다.

6.25전쟁이 실패로 귀결되자 김일성에게는 이를 책임질 희생양이 필요했다. 남로당의 박헌영·이강국·임화 등이 김일성 손에 처형된 이유다.

이강국(1906~1956)은 경기도 양주 출신으로 1925년 보성고등보통학교를 나와 경성제국대학 예과에 입학했다. 그곳에서 유진오 등의 경제연구회에 가입하여 마르크스의 ≪자본론≫, 부하린의 ≪유물사관≫ 등에 접하였다. 1927년 법문학부에 진학하여 재정학 교수 미야케 시카노스케三宅鹿之助에게 마르크스주의 경제학을 배웠다. 1932년 미야케 교수의 추천과 처남의 재정 지원으로 독일 유학길에 올라 베를린 법과대학(동독 지역 소재. 서독의 베를린자유대학은 제2차 세계 대전 이후에 설립됨.)에서 헌법과 행정법을 공부했고, 1932년 10월 독일공산당에 가입했다. 1935년 11월에 귀국하여 원산적색노조 등 좌익 활동을 펼쳤고, 여운형·박헌영 수하에서 주요 직책을 수행하다가 월북하였다. 미 군정에서 타자수로 근무하면서 미 군정의 기밀 정보를 제공한 김수임과의 안타까운 염문의 주인공이기도 하다. 김수임은 이화여자전문학교 영문과 출신으로 이강국과 연인 관계였으나, 간첩 혐의로 처형되었다. 6.25전쟁 때 이강국이 인민군을 이끌고 서울로 내려왔으나 때는 늦었다. '원수 같은 정치 이념'이 빚어 놓은 비련悲戀의 애사哀史다.

② 10월 폭동

10월 폭동은 1946년 10월 1일에 대구에서 일어났다. 원인은 미 군정의 식량 분배 정책 실패에 있었다. 광복 이후 이 땅의 경제 사정은 참혹했다. 일제 강점기의 경제를 지탱하던 일본 자본과 기술자들이 철수하고, 남북이 분단되어 생산 체계의 단절과 붕괴, 해외 동포들의 귀환과 북에서 월남한 사람들로 인해 인구는 급증하고 식량은 태부족이었다. 실업자가 넘쳐 나고, 범죄가 급증하며, 노동자와 농민의 생활은 일제 강점기보다 더 궁핍해져 사회 불안이 팽배했다.

이에 조선공산당 경북도위원회 경북평의회 등 좌익 단체들은 부녀자와 어린이를 포함한 2~3백 명의 시민들이 식량 배급을 요구하는 시위를 하도록 선동했다. 이들을 해산하기 위해 투입된 경찰들이 시위대에 폭행당하자 경찰이 위협 발포를 하고, 그 과정에 시위대 1명이 유탄에 맞아 사망했다. 이튿날 시위대원들이 시신을 메고 대구 시가지를 행진하면서 폭동 사태로 발전했다.

시위대는 대구 경찰서를 비롯한 경찰서를 습격, 무기를 탈취하여 경찰서장, 지서장 등 경찰과 군수, 면장 등 행정 관리와 그 가족들을 닥치는 대로 살해했다. 대구 경찰만 38명이 살해되었다. 이 폭동은 경북 일원을 비롯해 전국 73개 시·군으로 확산되었다. 미 군정이 대구 지역에 계엄령을 선포하고 사태를 수습하는 과정에서 경찰관 2백여 명을 포함하여 1천여 명이 사망하고, 2만 6천여 명이 부상하였으며, 3만여 명이 체포되었다. 이 과정에서 무고한 시민들도 목숨을 잃었다. 조선공산당원 7천여 명이 검거되었고, 폭동 주동자(인민위원회와 조선공산당 간부) 5명은 사형 선고를 받았다.

이 폭동은 조선공산당이 조직적으로 선동·지휘한 것이었고, 배후에는 김일성의 지원과 개입이 있었다. 이 총파업 단계부터 소련의 자금 지원이 있었음은 소련 해체 후 공개된 비밀 문서에서 밝혀진 바 있다. 구체적인 증거가 있다. 소련 군정 최고 책임자로 연해주 군관구 정치 사령관 T. F. 시티코프 상장은 한반도 공산당에 구체적 투쟁 방향을 지시했으며, 박헌영에게 혁명 자금 39만 엔과 122만 루블을 지급한 일기를 남기기도 했다.

조선공산당은 10월 대구폭동사건을 '10월인민항쟁'이라고 했으며, 오늘날 대한민국 좌파 학자들도 이를 답습한다.

③ 남조선노동당 결성과 지하 공작

남조선노동당(약칭 남로당)은 소련의 지령에 따라 조선공산당과 조선인민당, 남조선신민당이 통합하여 생겨난 정당이다. 1946년 11월 23일의 일이다. 북한에서는 그해 8월에 북조선공산당과 조선신민당이 통합된 북조선노동당이 창당되어 있었다. 위원장은 김두봉, 부위원장은 김일성과 주영하였다. 남로당은 1949년 6월 북로당과 합당하여 조선노동당으로 확대되었다.

이후 박헌영의 활약상이 중요하다.

남한에서 10.1대구폭동을 지시한 박헌영이 관 속에 누워 트럭편으로 철원 부근 38선을 넘은 날은 10월 10일이었고, 11일에는 평양에 도착했다. 박헌영의 월북을 돕기 위해 김일성이 남한에 밀사를 내려보낸 것은 10월

8일이었다(중앙일보 특별 취재, 1990).

　평양에 도착한 박헌영은 대남 사업 중앙연락소를 설치하고 남로당에 비밀 지령을 내려보내었다. 10월 15일에는 김일성·김두봉·김책·허가이 등 북조선노동당 간부들과 10월 폭동을 협의했다. 10월 하순에는 38선 이남인 개성에 잠입하여 1주일간 머무르면서 이승엽·김삼룡 등 조선공산당 간부들을 만났다. 그는 서울에서 발행하는 ≪독립신문≫(10.26~27일)에 〈좌우 합작 7원칙 비판〉을 발표하며 김규식과 여운형의 좌우 합작 논의를 미 군정의 연장 기도를 돕는 우경 기회주의라고 비판했다(남시욱, ≪한국진보세력연구≫, 2018. 참조).

　부위원장 박헌영은 1949년 6월 북로당에 흡수되어 조선노동당이 될 때까지 남로당의 실질적 최고 지도자였다. 남로당의 지하 조직도 조선노동당 서울 지도부(남한 총책)의 김삼룡과 군사부의 이주하가 경찰에 체포된 1950년 3월까지 비밀 공작 활동을 했다.

④ 국대안國大案 반대 투쟁

　국대안은 미군정청 문교부가 새로 설립하는 국립서울대학교에 경성공업전문학교·수원농림전문학교 등 여러 전문학교와 경성 사범 등을 흡수하여, 문리대·상대·치대·법대·의대·공대·농대·사대 등 단과 대학을 만들고, 미국인을 총장에 앉힌다는 국립 종합 대학안이었다.

　이에 대해 조선공산당 책임 비서 박헌영은 1946년 9월 4일 국대안을 격렬히 비판하는 기자 회견을 했다. 교육 민주화와 학원의 자유를 억압하고 식민지 교육 제도 수립을 목적으로 하므로 반대한다는 것이었다. 하지만 내막은 그것이 아니었다. 각 전문 학교가 서울대학교로 통합되어 미군정청이 인사권을 행사함으로써 그때까지 독서회 등의 이름으로 활동하던 좌익 학생·교수의 세포 조직이 약화될 것을 우려한 까닭이었다.

　남로당은 각 사립 대학 좌익 학생들을 후암동 비밀 아지트에 모아 동맹

휴학 지령을 내렸다. 미군정청은 주요 단과 대학에 휴교령을 내렸다. 남로당의 사주로 16개 대학과 40개 중학교가 투쟁의 소용돌이에 휩쓸렸고, 교수 380명과 학생 4,956명이 학교를 떠나야 했다.

1947년 3월 15일 미군정청이 서울대학교 총장과 이사진에 한국인을 임명키로 함에 따라 시위는 수습 국면에 들었다. 남로당의 학원 침투 작전이 실패한 장면이다.

⑤ 좌 · 우로 갈린 3.1절 기념식

1947년 3.1절 기념식은 좌 · 우익 세력이 각기 다른 데서 열었다. 좌익은 남산, 우익은 서울운동장에서 기념식을 마친 뒤에 시가 행진을 했다. 일부 좌 · 우익 시위대는 남대문 앞에서 충돌했다. 투석전이 벌어지는 가운데 총소리가 났고, 우익 측 청소년과 중학생 각 1명이 죽고 다수가 부상했다. 같은 날 부산에서도 사달이 났다. 한 좌익 인사가 이승만 박사를 이완용이라고 맹공하자 광복청년단 3명이 연단에 올라 그를 구타했고, 경찰이 이들을 체포했다. 경찰이 이들을 돌려 달라는 군중의 요구를 거부함으로써 투석전이 벌어졌고, 경찰의 발포로 7명이 사망하고 10여 명이 부상했다. 제주도에서는 군정 당국이 도민 대회 개최를 거부하자, 남로당은 군중을 동원해서 경찰서를 습격함으로써 6명이 사망하고, 8명이 부상했다.

⑥ 남로당의 계급 · 정치 투쟁

남로당 3.22 파업 투쟁으로 좌익계 노동자 135명과 중앙상임위원 이현상 등 51명이 체포되어 군사 재판에 회부되었다. 결국 2,076명이 체포되어 남로당 등 좌익 세력은 기세가 크게 꺾였다.

1947년 남로당은 7.27 투쟁과 8.15 기념대회를 열어 미소공동위원회 성공을 촉구했다. 우리 민족 문제에 대한 미 · 소 간의 의견이 대립했기 때문이다. 이 위원회 공동 대표는 미국 측 브라운 소장과 소련 측 시티코프 장군이었다. 남산공원에서 열린 서울 인민 대회에서 스탈린·트루먼·하지·시티코프·브라운에게 보내는 메시지를 채택했다. 그 주요 내용은 임시 정부 수립을 위한 미소공동위원회의 성공적 개최, 한민당·한독당·독촉 계열과의 협상 배제와 그 해산, 토지 개혁, 산업의 국유화, 이승만과 김구 해외 추방, 남녀 평등권 실시, 박헌영 체포령 취소 등이다. 이 인민 대회는 지방 중소 도시에서도 일제히 열렸다.

남로당은 8.15 제2주년 기념 대회를 열어 세를 과시하려 했으나, 민정 장관 안재홍은 이를 불허했다. 군정은 3.1절 충돌 사건, 3.22 총파업, 5.1 메이데이 파행, 7.27 투쟁, 8.3 여운형 인민장 등 잇달은 좌익 시위에 질린 결과였다.

남로당의 본격적 폭력 투쟁 방식이 처음 드러난 것은 2.7 구국 투쟁이다. 이는 1948년 5월 10일 총선거 방해를 목적으로 한 과격한 폭력혁명전술의 발로였다. 1947년 10월 미국의 제안으로 유엔에서 한국에서 총선거를 실시한다는 결의가 있었다. 이에 따라 선거 실시를 위해 유엔한국위원단이 1948년 1월 서울에 도착했다.

이에 남로당은 1948년 2월 7일 전국 생산 공장을 멈추게 하고, 전화 통신과 교통 수송을 마비시키고, 기상 관측도 중단시켰다. 경찰서 습격, 동맹 휴학 등의 혼란이 빚어졌다. 밀양에서는 경찰서 습격으로 경찰 1명과 우익 청년 2명 등 7명이 사망하고, 10여 명이 중상을 입었다.

남로당의 구호는 과격했다. 유엔한국위원단 반대, 남조선 단독 정부 수립 반대, 미·소 양군의 동시 철퇴, 조선 인민에 의한 통일 민주주의 정부 수립, 조선민주주의인민공화국 헌법 지지, 이승만·김성수 타도 등이었다. 남로당의 속셈은 북한 정권 수립을 지지하는 여론 조성에 있었음이 드러난 장면이다. 이는 남로당의 노선이 무장 투쟁으로 질주하는 계기가 되었다. 각 지방에 남로당 '야산대野山隊'라는 무장대가 생겨난 것도 이때다. 이즈음 남한 총선거를 방해하기 위한 공작으로 북로당은 42명으로 '인민

혁명군'을 조직했으나 사전 검거되어 실패했다.

⑦ 제주4.3사건

남로당은 제주도에도 5.10총선거 저지 투쟁 지령을 내렸다. 1948년 4월 3일 새벽 2시에 한라산을 비롯한 제주 전역 산봉우리에 올린 봉화를 신호로 좌익 행동 대원들이 일제히 경찰서와 지서를 습격함으로써 투쟁은 시작되었다. 이 투쟁은 남로당 제주도당부의 김달삼과 이덕구의 지휘 아래, '자위대'(유격대)를 비롯하여 여맹원 등 외곽 단체가 합세하여 3,000여 명이 가담한 한 '사변'이었다.

이 사태로 경찰관서 35개가 피습당하고, 그 중 4곳과 경찰관 사택 9개, 일반 관공서 4곳이 불탔다. 경찰관 22명, 경찰 가족 13명, 일반 공무원 3명이 피살되고, 경찰관 300여 명이 납치되었다.

군인과 경찰이 대대적으로 소탕 작전에 나서자, 좌익 무장대원들은 한라산으로 들어가 이듬해 5월까지 항전했다. 이 과정에서 사살된 자 7,895명, 생포된 자 7,061명, 귀순자 2,004명의 기록을 남겼다. 군인 186명, 경찰 140명이 전사했고, 우익 단체원 639명이 목숨을 잃었다. 가슴 아픈 사실은 이 피어린 좌·우익 싸움 과정에서 수많은 양민이 희생된 일이다. 총 25,000~30,000명이 희생된 것으로 추산되나, 2017년 7월까지 정부가 인정한 피해자는 14,232명이다. 사망자 10,245명, 행방불명자 3,775명, 후유장애자 164명, 수형자 248명이다.

이 사태의 책임자는 박헌영이었다. 그는 남로당에 총선거를 저지하기 위한 대중 봉기, '인민 항쟁'을 지시했다. 기관차 탈취, 우체국 방화, 경찰서 습격 등 좌익의 집요하고 격렬한 투쟁은 그의 작품이었고, 제주4.3사건은 그 클라이맥스였다.

이런 혼란 속에서도 북제주군 2개구를 제외한 제주 대부분의 지역에서 무사히 선거가 치러지고, 1948년 8월 15일 대한민국이 섰다.

제주4.3사건(1947.3.1.~1954.9.21.)을 다룬 소설에는 현기영(1941~)의 〈순이 삼촌〉(1978)과 현길언(1940~2020)의 〈닳아지는 세월〉(1987)이 있다. 전자는 좌파의 시각에서 쓴 사회주의 리얼리즘 계열의 단편 소설이고, 후자는 기독교적 인도주의적 시각에서 쓴 치유 소설이다. 현기영은 이 작품으로 인해 보안사에 끌려가서 심한 고문을 당했다. 그가 한국작가회의 이사장을 지낸 이력은 주목할 점이다. 현길언의 작품은 우파 성향 독자들에게 많이 읽힌 작품이다. 인간의 증오심과 사랑이 현저히 대비되는 두 작품으로, 인문학적 토론거리다. 최근에 한강은 제주4.3사건과 관련된 장편 소설 〈작별하지 않는다〉로 김만중문학상과 프랑스 메디치 외국 문학상을 받았다(2023).

⑧ 제3지대의 군소 정당들

광복 직후에 대두된 좌파 온건 세력에는 조선민족혁명당, 인민공화당, 사회민주당, 독립노동당, 민주독립당, 민주주의독립전선 등이 있다.

인민공화당

임시 정부 요인 김원봉의 조선민족혁명당은 1935년 7월 5일 신한독립당·한국독립당·대한독립당·조선혁명당·의열단을 통합하여 만든 정당이다. 한국독립당을 이끌던 조소앙의 3균주의(개인, 민족, 국가 간 완전 평등)를 이념으로 삼았다. 1947년 6월 1일 미소공동위원회의 성공과 이를 통한 임시 정부 수립에 협력하는 뜻에서 인민공화당으로 개칭했다.

이후 김원봉은 1948년 4월 평양에서 있는 남북정당사회단체대표자회의에 김구·김규식과 함께 참석하고 돌아오지 않았다. 그는 북한에서 국가검열상, 노동상, 최고인민회의 상임위원회 부위원장 등을 역임했다. 1958년 김일성과 대립하다가 국제 간첩으로 몰리자 음독 자살했다.

사회민주당

여운형의 아우 여운홍은 1946년 5월 형이 세운 조선인민당을 탈당하여 급진적인 사회민주당을 창당했다. 그는 그와 함께 탈당한 20명과 8월 3일 YMCA에서 창당 대회를 했고, 그 자리에 이승만·엄항섭과 미군정청 정치 고문이며 좌우 합작 실무 책임자인 L. 비치 중위 등이 하객으로 함께했다.

여운홍은 창당하는 자리에서 소련식 무산 계급 독재도 미국식 자본 독재인 자유민주주의도 아닌 조선을 위한 조선 민주주의를 실현해야 한다고 역설했다. 그는 좌우합작위원회와 김규식의 민족자주연맹에 참여했으며, 대한민국 2대 국회 의원에 당선되었다.

여운홍은 1918년 오하이오 주의 우스터 대학을 졸업하고 상해 임시 정부에서 독립 운동을 했으며, 1920년대에 귀국하여 보성전문학교 영문학 교수를 지낸 엘리트였다.

독립노동당

독립노동당은 충칭 임시 정부 국무 위원을 지낸 유림이 1946년 7월 7일에 창당했다. 이는 이에 앞선 4월에 경남 안의에서 열린 전국아나키스트 대표자대회에서 만장일치로 유림을 당수로 뽑고, 세계 최초의 합법적 아나키스트 정당을 결성키로 한 데 따른 것이다.

그는 아나키즘은 '일본인들이 잘못 번역한 무정부주의'가 아니라, 강제 권력·전제 정치를 배격하는 것임을 강조했다. 타율 정부가 아닌 자율 정부를 추구한다는 뜻이라 했다. 일본 '천황'과 '태자'를 살해하려다가 실패하고 22년 옥고를 치른 박렬朴烈이 후일 부위원장으로 뽑혔다.

유림은 좌익이 찬성하는 신탁 통치안은 반대하고, 평양의 연석 회의에 참석하려는 김구 선생을 극구 말렸다. 김일성의 속셈을 그는 알고 있었던 것이다. 그는 세 차례나 국회 의원 선거에 입후보했으나 뜻을 이루지 못하고 1961년 4월 1일 심장 마비로 세상을 떴다.

민주독립당

홍명희(1888~1968)는 본디 사회주의 리얼리즘 계열 장편 역사 소설 〈임꺽정〉을 써서 장안의 종잇값을 크게 올린 문인이다. 1945년 12월 13일 결성된 조선문학가동맹(1946년 2월 전국문학가동맹으로 개칭) 위원장을 맡았으나, 1946년 12월 정치 단체들이 좌우 합작에 실패하는 것을 계기로, 여운형·안재홍과 함께 중간파 정당 통합 운동에 투신했다. 1947년 7월 19일 여운형이 한지근에게 암살된 후인 그해 9월 신당 발기 위원회를 결성했다. 민중동맹, 신진당 일부, 신한국민당, 건민회 일부, 민주통일당을 규합하여 민주독립당을 세웠다. 이에 참여한 대표적인 인물은 김병로, 안재홍, 이극로, 홍명희, 김호, 김원용 등이다.

홍명희는 평양을 네 차례나 방문하여 김일성·김두봉 등과 만났고, 김구·김규식 등에게 남북정당사회단체대표자회의 참석을 권유하여 이를 성사시켰다. 그는 이 대회에 참석하고 남한으로 돌아오지 않은 채 가족을 비밀리에 입북시켰다. 그해 9월 북한 정권이 처음 설 때 박헌영, 김책과 함께 부수상에 임명되었다. 그는 죽을 때까지 김일성의 비호를 받으며 과학원장, 북조선올림픽위원회 위원장, 조국평화통일위원회 위원장, 최고인민회의 상임위원회 부위원장 등으로 영예를 누렸고, 아들인 국어학자 홍기문도 문화상을 지냈다. 1968년 병사하여 평양 교외 애국열사릉에 묻혔다.

민주주의독립전선

민주주의독립전선은 조봉암(1899~1959)이 조선공산당에서 탈퇴하여 만든 온건 좌파 통일 전선 조직이다. 박헌영에게 냉대를 받던 조봉암은 국어학자 이극로의 건민회 등 32개 단체 대표들을 규합하여 이 조직을 결성했다. 1947년 2월 1일에 밝힌 발족 취지는 '좌우익에 편향되지 않은 민족의 자주 독립을 전취하는' 데 있다는 것이었다.

이 밖에도 미소공위대책각정당사회단체, 시국대책협의회, 민족자주연맹 등이 결성되어 제3 세력을 형성하는 등 광복 후의 이 땅 정국은 혼란의 소용돌이 그 자체였다.

(4) 우파의 결집과 반격

전광석화 같은 좌파의 기민성에 비하여 보수 우파의 움직임은 본디 굼뜨다. 광복 정국의 보수 세력 역시 다르지 않았다. 광복된 1945년 8월 15일 저녁부터 좌익 계열 여운형은 건국준비위원회를 결성했고, 거의 동시에 장안파 공산당도 출범했다.

보수의 민족주의자들 쪽에서는 18일에 첫발을 뗀 원세훈의 고려민주당을 필두로 하여 김병로·백관수의 조선민족당(28일), 백남훈·윤보선의 한국국민당(9월 7일), 송진우의 한국민주당(9월 16일)이 결성되었다. 좌익이 기선을 제압한 양상이었다.

사실, 일본이 항복하기 닷새 전인 1945년 8월 10일 조선총독부는 민족주의 우파 지도자 송진우에게 도움을 요청했다. 일부 행정권을 이양할 터이니, 일본 항복 후의 치안을 맡아 달라는 것이었다. 당시 동북아시아 정세는 급박하게 전개되고 있었다. 8월 6일에 미국은 일본 히로시마에 원자탄 공격을 했고, 8일에는 대일 선전 포고를 하며 만주의 일본 관동군에 대한 공격에 나섰다. 게다가 9일에는 나가사키도 원자탄 공격을 받았다.

조선 총독은 좌불안석이었다. 일본 항복 소식이 전해진 이후 한반도에 거주하는 일본인 71만 2,000여 명의 운명은 어찌될 것인가. 조선인의 일본인에 대한 누적된 반감은 유혈 폭동을 불러오기에 충분했다. 송진우는 총독부의 요청을 거부했다. 충칭 임시 정부 요인들의 귀국을 기다려야 한다는 주장이었다. 10일부터 14일까지 총독부가 사람을 보내었고, 마지막 날 경기도 지사 아쿠타기요자부로生田淸三郎가 일본의 항복 방침을 알려 주며 협조를 간청했다. 총독부 권한의 4분의 3, 곧 헌병·경찰·사법·통신·방송·신문에 관한 권한을 남겨 주겠노라 했다. 송진우는 단호히 거절했다.

이에 총독부 정무 총감 엔도류샤쿠는 좌파 여운형에게 만남을 제안했다. 엔도는 울먹이는 목소리로 15일 정오에 일본 천황이 항복 방송을 할 것을 알리며, 여운형에게 치안 유지에 협조해 달라고 간곡히 요청했다. 여운형은 조건부 수락을 했다. 그 조건은 ①정치범과 경제범의 즉시 석방, ②경성의 3개월치 식량 확보, ③치안 유지와 건설 사업 보장, ④조선 학생의 훈련과 청년대 조직에 대한 불간섭, ⑤조선 노동자들의 건국 사업 참여 보장이었다.

여운형이 서대문형무소와 마포형무소 수감자들을 즉시 석방시킨 일은 이미 말한 바와 같다.

광복 정국의 이 땅은 좌익의 온상이었다. 일제가 주도하던 산업 시설은 열악했고, 국민 대다수가 빈농의 처지에 놓여 있었다. 카를 마르크스가 ≪자본론≫(1867)에서 제시한 문법과 달리, 프롤레타리아 혁명은 재개발 농업국인 러시아에서 터졌다. 광복된 조선도 공산주의가 발호하기 매우 알맞은 환경이었다.

이때에 이 땅 지식인 다수는 공산주의의 슬로건인 인간 중심주의와 평등 사상에 열광했다.

부르주아는 자신이 지배를 확립한 것에서는 어디서나 모든 봉건적·가부장적, 전원적 관계를 종식시켜 왔다. 부르주아는 인간을 '타고난 상하 관계'에 묶어 놓는 잡다한 봉건적 끈을 가차없이 끊어버렸으며, 그 외의 모든 인간관계를 적나라한 이기심, 냉혹한 '현금 지불 관계'로 만들어 놓았다. 또한 가장 신성한 종교적 정열의 환희, 기사도적 열정과 환희, 세속적 감상주의의 환희를 자기중심적 타산이라는 얼음같이 차디찬 물속에 빠뜨려버렸다. 또 개인의 존엄성을 교환 가치로 용해시켜버렸으며, 결코 무상화할 수 없이 공인된 무수한 자유 대신 저 자유 무역이라는 단 하나의 파렴치한 자유를 세워 놓았다. 한마디로 부르주아는 종교적, 정치적 환상으로 가려진 착취를, 적나라하고 후안무치하고 노골적이고 야수 같은 착취로 대체한 것이다.

부르주아는 가족에게서 그 감정의 장막을 걷어내고, 가족 관계를 단순한 돈의 관계로 만들었다.

(중략)

공산주의자는 자신의 견해와 목적을 감추는 것을 경멸한다. 공산주의자는 자신의 목적이 오직 기존의 모든 사회적 조건을 힘으로 타도함으로써만 달성될 수 있다는 것을 공공연히 선포한다. 모든 지배 계급을 공산주의 혁명 앞에 떨게 하라. 프롤레타리아가 잃는 것은 쇠사슬밖에 없으며, 얻는 것은 온 세상이다.

전 세계 노동자여, 단결하라.

1848년 2월 21일 영국 런던의 2층 다락방에서 30세 칼 마르크스와 28세 프리드리히 엥겔스가 선포한 〈공산당 선언Manifest der Kommunistischen Partei, The Communist Manifesto〉이다. 그들은 그때까지 역사학자들은 역사를 해석하는 데에 머물렀으나, 이제는 역사를 혁명적으로 변화시켜야 한다고 선언했다.

이들의 주장은 형식 논리상 옳다. 하지만 논리에는 형식 논리, 인식 논리, 변증법적 논리가 있다. 이들은 깊은 인식 논리에 도달하지 못했으며, 변증법적 논리도 형식 논리로 왜곡했다. 그럼에도 그들의 주장은 역사의 구조적 모순을 지적하는 데는 성공했다.

광복된 시공의 이 땅의 지식인, 정치인 다수가 마르크스류의 역사·현실 분석력과 혁명론에 열광한 것은 무리가 아니었다. 그때에는 그들의 사상이 헤겔 좌파의 변증법적 유물론이며, 인간의 영성靈性, spirituality을 부인하는 동물적 인간론이라는 심층적 의미를 천착할 겨를이 없었다. 공산주의 자체의 내재적 모순은 물론 프롤레타리아 독재의 무시무시한 공포정치를 예상하기에는 긴 연륜이 필요했다.

언론도 좌익 쪽이 강세였다. 그때에 서울에서 제일 먼저 나온 신문 《조선인민보》(9월 8일 창간)는 인민공화국 기관지임을 자처했다. 이후에 나온 좌익 계열 신문은 하나같이 김일성이 주장한 '진보적 민주주의'를 표방하였다. 《서울신문》은 북한의 '김일성·무정 장군 환영회'에 다녀온 황병곤 기자의 김일성 칭송 기사를 실었다(1946.10.10.).

우익 신문들은 한참 늦은 11월 23일에 《조선일보》가, 12월 1일에 《동아일보》가 복간되어 목소리를 내기 시작했다. 미국 좌파 학자 브루스 커밍스 Bruce Commings는 "외국의 간섭이 없었다면, 조선인민공화국과 그 산하 조직들이 불과 수개월 사이에 반도 전역에 걸쳐 승리를 거두었을 것이다."고 할 정도로 이 땅 우익의 기반은 취약했다.

① 국민대회준비회

우파 진영은 1945년 9월 4일 송진우 지도 아래 이인, 조병옥 등이 대한민국 임시정부 및 연합군준비위원회를 조직하고, 위원장에 권동진, 부위원장에 김성수와 허헌을 위촉했다. 이어 민족·진보 진영 인사를 망라한 국민대회준비회의 발기인을 규합했다. 3.1운동 민족 대표 권동진·오세창을 고문, 조만식·서상일·김창숙 등을 발기인으로 했다. 이승만·김구·이시영·김규식 등은 귀국하는 대로 교섭하기로 했다.

좌익의 조선인민공화국 선포 하루 뒤인 1945년 9월 7일 동아일보 3층 강당에서 열린 국민대회준비회의 강령은 충칭 임시 정부의 법통을 지지한다는 것이었다. 강령의 구체적 요목은 ①연합군에 대한 감사, ②해내·해외의 민족 역량 집결, ③충칭 대한민국 임시 정부(3.1운동) 법통 지지, ④보수·진보 양당을 만들어 민주주의 방식의 정당 정치 실현이었다. 또한 민심 안정과 치안 유지에 협조하기로 했다.

구성 임원은 위원장 송진우, 부위원장 서상일, 고문 권동진·오세창, 총무 김준연, 외교 장택상, 조사 윤치영, 조직 송필만, 정보 설의식, 경호 한남수, 위원 김동원·고재욱 등 8인, 실행 책임자 서상일·김준연·장택상·윤치영·김창숙 등 7인이었다.

② 한국민주당

1945년 9월 8일 미군은 인천을 통해 서울로 왔다. 주한 미군 사령관인 하지 중장은 남한에 당분간 군정을 실시한다는 맥아더 장군 포고 제1호를 선포했다. 또 그는 미군정만이 유일한 정부임을 밝히면서 정당과 사회 단체 대표들과의 면담을 시작했다. 이 시기 삽시간에 수많은 정당과 사회 단체가 생겨났다. 그 중에서 대표적인 것이 8월 18일에 발기된 원세훈의 고려민주당, 28일에 김병로·백관수 등이 발기한 조선민족당, 9월 7일 백남훈·윤보선 등이 발기한 한국국민당이다.

좌·우파 양측에서 여운형의 건국준비위원회를 개편하려 했으나, 좌파 쪽의 주장이 강하여 타협에 실패했다. 마침내 우익 세력을 통합한 민족주의 진영의 단일 정당을 만들자는 움직임이 일어났다. 김병로는 이 움직임을 주도하여 한국민주당을 탄생시켰다. 9월 6일에 있은 한국민주당 발기인 대회는 600여 명의 이름으로 조선인민공화국 타도와 임시 정부 지지를 표명하는 결의문을 채택했다. 9월 16일에는 천도교기념관에서 한국민주당 창당 대회가 열렸다. 자유민주주의 노선을 천명한 대회였다.

정강 정책의 요지는 ①민주주의 국가 건설, ②경자유전耕者有田 원칙의 토지 제도 개혁, ③국민 경제 생활의 균등화, ④국가의 특수한 요청이 없는 한도 내의 자유주의 경제 정책 채택, ⑤언론·집회·결사·종교 자유 보장, ⑥중소 기업 육성, ⑦의무 교육 제도 확립 등이다. 중앙당 간부는 고문 권동진·오세창·김창숙, 총무 김도연(경기)·서상일(경북)·허정(경남) · 백관수(전북) · 백남훈(황해) · 김동원(평안) · 조병옥(충청) · 원세훈(함경), 감찰위원장 김병로, 14개 분과 위원장 장덕수 · 이인 · 김약수 · 조헌영 등, 기타 간부 윤치영 · 윤보선 등 11명이었다.

  미 군정은 10월부터 좌익 견제 정책을 폈다. 대신 한국민주당이 미 군정의 파트너가 되었다. 하지 장군의 행정 고문은 송진우 · 김성수 · 김동원 · 여운형 · 조만식 등 11명이고, 고문회의 위원장 권동진, 부위원장 김성수, 본부장 조병옥이 지명되었다. 이에 대해 미국 좌파 브루스 커밍스는 조롱하듯 비꼬았다. 당시에 신문계를 지배하던 좌익계 신문들은 거의 다 인민공화국을 지지했다. 10월 10일 군정 장관이 된 A.V. 아널드 소장은 언론의 친인민공화국적 보도 태도에 단호한 입장을 발표하며 조선인민공화국과의 관계 단절을 선언했다. 여운형과 박헌영의 수차례 협상 제안을 거절했고, 조병옥을 미 군정청 경무부장에 임명했다. 여운형은 11월 12일 조선인민당을 창당하고, 박헌영 중심의 좌익의 투쟁에 분개한 하지는 12월 12일 조선인민공화국을 아예 불법 단체로 규정했다. 이듬해 1월 16일에는 장택상을 수도경찰청장에 임명했다. 미 군정은 한국민주당 쪽 인사들을 군정청 요직에 중용했다. 미 군정청의 여당 역할을 했던 한국민주당은 대한민국 건국에 주동 역할을 하게 되었다. 대한민국 초기의 주요 인사는 조병옥(경무부장), 장택상(수도경찰청장), 이인(검찰총장), 윤보선(농림부장), 백낙준(경성대 총장 대리), 정일형(인사처장), 김준연(중앙노동조정위원), 김도연(중앙노동조정위원), 서민호(광주시장) 등 25명이다.

(5) 임의 환국과 정파 분열

  집요하고 강경 일변도인 좌익을 견제하는 데 한국민주당만으로는 역부족임을 통감한 미 군정청은 임시 정부의 이승만 박사와 김구 선생 환국 조치를 단행했다. 이에 이승만 박사는 10월 16일에 미국에서 환국했다. 이 박사는 도쿄에 4일간 머물며 더글러스 맥아더 장군 및 하지 장군과 면담한 다음 맥아더 장군 전용기로 귀국하여 조선호텔에 짐을 풀었다. 미 군정청의 배려였다.

　이승만 박사는 우익 한국민주당과 좌익 조선인민공화국 양측의 열렬한 환영을 받았다. '무조건 단결'을 외친 이 박사는 여운형과 박헌영의 희망 사항을 받아들여 23일 좌우익을 망라한 50여 개 정당 및 시민 단체 대표 200여 명이 모인 가운데 '독립촉성중앙협의회'를 결성했다.

　좌익 쪽에서는, 우익이 결집하고 좌우 합작 시도가 무산되자 조선인민공화국 산하에 전국적 지방 인민위원회를 만들어 독립촉성회 쪽과 대립상을 보이며 이승만 박사를 사사건건 비난하기 시작했고, 이 박사는 한국민주당과 긴밀히 협력하게 되었다. 후일 이 박사 중심의 독립촉성국민회의 설립의 계기가 되었다. 이 숨가쁜 역사 변동기인 1945년 12월 30일 아침 6시 15분경 우파 지도자 송진우가 서울 원서동 자택에서 암살되었다. 아까운 일이다.

　고하古下 송진우(1887~1945)는 전남 담양 출신으로 메이지대학 법학과를 졸업하고 3.1만세 운동을 주도한 48인 중의 1인으로 옥고를 치렀다. 중앙학교 교장, 동아일보 사장, 한국민주당 초대 당수를 지낸 큰 인물이다. 그는 물산장려운동, 브나로드운동을 지원했으며, 창씨개명을 거부하다가 광복을 맞았다.

① 김구의 환국과 정파 분열

　1945년 11월 23일 충칭重慶 임시 정부 김구 주석이 이시영, 엄항섭 등 14명과 함께 귀국했다. 미국의 요청에 따른 개인 자격 입국이었다. 미국은 임시 정부를 여러 독립 단체 중의 하나로 간주했다. 부주석 조소앙과 김규식, 김원봉 등 제2진은 12월 2일에 왔다. 12월 1일 이승만, 김구 등 임정 요인들이 참석한 가운데 임시 정부 환국 봉영식, 19일에는 개선 환영

대회가 서울운동장에서 열렸다.

임시 정부 측은 12월 3일 김구 주석의 처소인 경교장에서 '과도 정부'로서 임시 국무 회의를 열었다. 김구 주석은 환영 대회에서 '친일파 민족 반역도'를 제외한 모두가 단결하면 38선도 없앨 수 있다고 연설한 바 있다. '민족 세력의 총집결체'로서의 특별정치위원회 구성 준비에 착수했다.

이로써 이 땅의 정치 세력은 대한민국 임시 정부, 조선인민공화국, 이승만 박사의 독립촉성중앙협의회로 3분되었다. 임시 정부 쪽 주도로 39개 정당·사회 단체가 구체적 통합안을 마련하였으나, 조선공산당의 방해로 이 계획은 실패로 귀결되었다. 임시 정부와 조선인민공화국의 타협안도 무산되었다. 결국 이승만 박사 쪽과 한국민주당의 결속력만 강화되었다.

② 신탁 통치 찬·반 운동

1945년 12월 16일부터 27일까지 모스크바에서 미·영·소 3개국 외상회의가 열렸다. 이를 '모스크바3상회의'라고 한다. 제2차 세계 대전 이후의 처리 문제 협의를 위한 연합국 대표자 모임이었다. 여기서 한반도 신탁 통치안이 합의되었다. 이 땅에서는 좌우익 모두 이를 격렬하게 반대했다. 그런데 이듬해 1월 좌익 세력은 돌연 신탁 통치 찬성 쪽으로 전환했다. 이로 인해 좌우익은 물론 우익에서도 갈등이 심했다. 한국민주당의 송진우가 임시 정부 쪽과 격론을 벌인 결과 총격에 피살되는 비극까지 빚어졌다. 각 정당과 미 군정청과의 갈등도 심각했다.

이승만 박사는 모스크바 3상 회의에서 한반도 신탁 통치안을 논의하기 전인 12월 17일 방송 연설을 통해 이를 비난했다. "한국과 한국인을 노예로 만들고자 한다."고 신탁 통치를 반대했다. "한국의 공산주의자들은 소련을 모국이라고 부르면서 한국을 소련의 일부로 만들려 하고 있다."고 맹비난했다. 또 이 박사는 "만약 우리가 이 문제를 우리 스스로의 노력으로 당장 해결하지 않으면, 우리나라는 둘로 쪼개어져 내전을 피할 수 없을 것이다."고 했다. 6.25전쟁을 이때에 이미 예견했다. 김구 선생은 임시 정부 명의로 신탁 통치 반대 성명을 내었다.

신탁 통치 문제로 정계를 혼란스럽게 한 데는 부정확한 언론 보도가 크게 영향을 끼쳤다. 모스크바3상회의에서 한국의 신탁 통치를 협의했다는 기사가 국내 신문에 머릿기사로 대서특필된 것은 1945년 12월 27일이었다. 《동아일보》는 《합동통신》의 〈워싱턴발 합동 지급보〉 기사를 받아, '소련은 신탁 통치 주장-소련의 구실은 38선 분할 점령, 미국은 즉시 독립' 기사였다. 《조선일보》 보도도 마찬가지였다. '자주 독립은 어디로-독립·신탁론 대립?-미국은 즉시 독립 주장'이란 타이틀로 《합동통신》 기사를 실었다. 이는 실상 사실 보도가 아닌 워싱턴 쪽의 추측 기사일 뿐이었다.

사실, 신탁 통치안을 주도한 쪽은 미국이었다. 4대 강국이 직접 신탁 통치를 하자는 안이었다. 이와 달리 소련은 임시 정부와 한국 정당·사회 단체의 참여를 보장하고, 4개국의 신탁 통치도 임시 정부를 도와주는 수준에 머물러야 하며, 그 기간도 5년을 초과해서는 안 된다고 했다. 왜 그랬을까? 두 나라의 관점이 상반되었기 때문이다.

미국은 한반도에 대한 소련의 영향력을 약화시키려 했다. 4대국이 신탁 통치를 하면, 소련의 영향력은 4분의 1이 된다는 계산이었다. 소련은 한반도에 당장 정부를 세우면 자기네에 우호적인 공산 정권이 들어설 가능성이 크다고 보았다. 소련의 예측은 들어맞을 수 있었다. 미 군정청의 여론 조사에 따르면, 당시에 이 땅 사람들 중 70%가 사회주의 내지 공산주의를 지지했다.

마침내 미·소 양국은 절충안을 도출했다. 한국을 독립 국가로 세우며, 민주 국가로 발전시키기 위해 임시 정부를 세우는 안이었다. 미소공동위원회가 4대국 정부 승인을 받아 5년간 신탁 통치를 하기로 했다.

29일에야 정확한 내용이 국내에 제대로 알려졌다. 《조선일보》와 《동아일보》는 〈모스크바발 AP합동〉과 〈워싱턴발 UP조선통신〉 기사로 보도했으나, 신탁 통치 문제는 언급되지 않았다. 정작 임시 정부 수립안을 보도한 곳은 좌익계의 《조선통신》이었다.

언론의 이 같은 부정확한 보도로 좌·우익이 극심한 대립상을 보였으며, 김구의 임시 정부 측과 반탁 운동을 협의하다가 '찬탁' 인사로 몰린 송진우가 암살되는 참극까지 일어났다. 이는 장덕수, 여운형, 김구로 이어지는 암살 테러의 서막이었다.

김구 선생은 신탁 통치를 격렬하게 반대하며 미 군정에 맞섰다. 이는 1942년 한반도 국제공동관리설이 나올 때부터 반대하였기에 일관성 있는 조처였다. 선생은 비상대책회의를 열고 신탁 통치 반대를 '새로운 독립 운동'으로 전개한다고 선언했다. 선생은 선두에서 반탁시민대회를 서울운동장에서 열고 대대적인 거리 시위를 했다. 임시 정부 내무부장 신익희 명의로 전국 행정 및 경찰 기구를 접수한다는 국자國字(포고령) 제1호를 발표했다. 전국 행정청 소속의 한국인 직원은 전부 대한민국 임시 정부 지휘에 예속됨을 선포하며 미 군정청에 맞섰다. 김구 선생의 반탁 운동에 호응하여 군정청 한국인 직원 3,000여 명 가운데 900여 명 외의 직원들이 업무를 중단했다. 서울서는 3일간 철시 사태가 일어나고, 전국적으로 총파업 사태가 터졌다.

미 군정청은 임시 정부의 격한 반탁 운동을 쿠데타로 보고, 관련자들을 인천에 있는 전 일본군 포로 수용소에 감금했다가 중국으로 추방 조처할 것을 경무부장 조병옥에게 지시했다. 조병옥의 주선으로 김구·하지 회담으로 타협하게 되었다. 회담 중에 양측이 한때 격하게 충돌했음을 브루스 커밍스는 전한다. 이후 임시 정부는 국민들에게 평화적인 방법으로 반탁 운동을 할 것을 호소했다. 이후 길거리 시위가 잠잠해진 이유는 미국 J.F. 번즈 국무부 장관의 발언이 계기가 되었다. "신탁 통치는 필요할 수도 그렇지 않을 수도 있는 절차에 지나지 않는다."는 내용이었다.

김구 선생의 활동상은 좌익을 당황하게 했다. 조선공산당은 2일 평양의 지령에 따라 신탁 통치 지지 성명을 내고 시위에 나서며 김구 선생 측을 공격했다.

김구 선생은 1월 4일 좌익과 함께 과도 정부인 임시 정부를 만드는 '전선 통일안'을 제안했으나, 좌익은 이를 거부했다. 1월 5일에 있은 박헌영의 외신 기자 회견 내용이 큰 파문을 일으켰다. 소련은 한국을 장기간 신탁 통치할 것이며, 한국을 소비에트연방에 가입시킬 것이라고 했다는 내용을 《뉴욕타임스》가 보도했다. 이에 격분한 한국민주당은 "박헌영을 타도하라."는 전단을 뿌렸다.

③ 좌·우 합작 시도

미 군정청은 좌·우 합작을 시도했다. 우선 남조선대한국민대표민주의원Representative Democratic Council of South Korea을 구성하고 자문 기구로 삼았다. 조선공산당만 배제된 주요 정당 대표가 망라된 기구였다. 의원 28명 중 우익이 24명이고, 4명은 온건 좌파였다. 좌파 4명 가운데 미국 브라운대학 출신인 백상규만 수락하고 다른 3명은 거부했다. 의장에는 이승만, 부의장에 김구와 김규식이 선출되었다. 의원에는 원세훈·김도연·김준연·백관수·백남훈(한민당), 조소앙 등 4인(임시 정부), 안재홍 등 4인(국민당), 권동진·오세창 등 4인(신한민족당), 여운형 등 4인(인민당), 그 밖에 장면(천주교), 김창숙(유교), 김법린(불교), 함태영(개신교), 정인보(학계), 김선(여), 황현숙(여) 등이 그 명단이다.

이 모임은 3월 1일을 공휴일로 정하고, 차량을 좌측에서 우측으로 통행하게 한 것 외에는 업적이 없었다. 미 군정청이 우익으로 기울자, 좌익도 전열을 정비했다. 김원봉을 비롯한 임시 정부 좌파, 연안파 좌익, 좌익계 노동 운동 단체 전평과 농민 운동 단체 전농이 합류하고, 국내 중간파 이극로, 천도교의 오지영 등이 함께했다. 2월 15일부터 16일까지 YMCA에서 있은 민주주의민족전선 총회의 결과였다.

이에 앞선 1946년 2월 9일 북한에서는 소련의 지령에 따라 김일성을 위원장으로 하는 북조선임시인민위원회가 설립되었다. 남한에서 좌익의 민주주의민족전선은 북한처럼 미 군정청이 남조선임시인민위원회를 세우게 하여 통일을 앞당기자고 했다.

북조선인민위원회는 실질적인 정부였다.

3월 20일부터 덕수궁에서 미소공동위원회가 열렸으나 아무런 합의를 못 하고, 5월 6일 무기 휴회했다. 이 사이에 미 군정청은 남한의 좌우 합작을 계획했다. 미 국무성이 승인한 방침이었다. 이 계획에 반탁 운동으로 미 군정청 권위에 정면 도전한 이승만 박사와 김구 선생·조선공산당은 배제하고, 여운형과 김규식 등 온건파와 합작을 진행하기로 했다.

이승만 박사는 2월 8일 결성한 대한독립촉성국민회의를 배경으로 전국적인 신탁 통치 반대 운동을 전개했다. 6월 3일에는 전북 정읍에서 우리 역사상 기념비적 발언을 했다. 이 박사는 이 연설에서 "한반도의 적화를 막기 위해 남쪽만이라도 임시 정부나 위원회 같은 것을 조직해 38선 이북에서 소련이 철퇴하도록 세계 공론에 호소해야 한다."고 역설했다. 이른바 '정읍 발언'이다.

북한과 북한에 동조하는 대한민국 상당수 인사들은 이 발언을 트집잡아 이승만 박사를 '분단의 원흉'으로 지목하여 과도히 비난한다. 잘못이다. 이미 말하였듯이, 북한은 이보다 앞선 2월 9일에 북조선임시인민위원회를 결성하여 실질적 정부 역할을 하고 있었다. 이 연설이 있기 전인 5월 12일 반공 시위대가 소련 영사관 앞에서 소련을 비난하고, 좌익 신문인 조선인민보·중앙일보·자유신문 등의 사무실을 습격했다.

미국은 이승만과 김구를 제거하고, 오히려 여운형을 포섭하려 했다. 임시 정부가 중국 국민당 장제스와 관계가 깊은 것으로 의심했기 때문이다. 진보 세력을 수용하려는 것이 미국 측의 복안이었다.

다음 인용문은 하지 장군이 군정청 파견 근무를 끝내고 1946년 6월 23일 귀국한 미 국방성 M.P. 굿펠로우에게 보낸 편지의 일부다.

그 늙은이가 불행한 성명을 내어 놓았다. (중략) 그는 당장 분단 정부를 수립하고 소련을 몰아내기를 원했다. (중략) 나는 그 늙은 망나니를 빗나가지 않게 하느라고 그와 요란한 회합을 두어 번 했다. 그것은 성서에 나오는 하나님과 천사가 밤새도록 벌인 씨름을 연상시켰다(고하선생전기편찬위원회, 《거인의 숨결: 고하송진우관계자료문집》, 동아일보사, 1990, 451~453면).

이로 보아 이승만 박사를 '미국의 앞잡이'로 매도하는 일부 좌파 인사들의 인식이 오류임이 확인된다.

6월 14일 우익 쪽의 원세훈(한국민주당 총무)과 좌익 쪽의 민족주의민주전선 허헌(의장단)은 좌·우 합작을 위한 준비 회담을 했다. 6월 30일 미 군정청은 이 계획을 공식 승인했다. 7월 22일 좌우합작위원회가 첫 회의를 했다. 김규식·원세훈·안재홍·최동오·김붕준이 우익 대표, 여운형·허헌·김원봉·이강국·정노식이 좌익 대표였다. 양쪽에서 제기한 합작 조건을 두고 대립하는 가운데 10.1대구 폭동으로, 이 조직은 석 달 만에 해체되었다.

④ 미국 국무성 진보파들의 오산 / 남조선과도정부 설립

미 군정은 1년 동안 고문회의, 민주의원, 좌우합작위원회, 입법 의원 선거에서 실패했다. 이승만 박사와 김구 선생을 필두로 한 보수 우파를 배제하려던 미 국무성 진보 계열 보좌관들의 의도가 좌절된 것이다. 결정적인 것은 남조선과도입법의원 선거였다.

이 선거에 미 군정청은 입법 의원 90명 가운데 절반은 군정청에서 지명하게 했다. 선거 결과에 따라 미 군정청이 정당별 판도를 조절하기 위함이었다. 이승만 박사와 김구 선생은 이 선거를 보이콧했다.

선거 결과, 당선 의원 45명 가운데 이승만계의 독립촉성회와 한국민주당 등 우익 31명이 당선되어 의석 수의 3분의 2를 차지했다. 서울에서 유일한 좌익 후보였던 여운형은 낙선하고, 한국민주당 후보 김성수, 장덕수, 김도연 등이 당선되어 우익이 절대 우세를 보였다. 제주에서 당선되어 서울에 온 좌익계 2명은 실종되었다. 부정 선거 혐의로 김성수·김도연·장덕수 등은 당선이 무효화했다. 관선으로 뽑힌 좌익계 사회노동당의 여운형, 장건상 등은 수락을 거부했다.

미 군정청의 좌·우 합작 계획은 실패하고, 이승만 박사는 날개를 달았다. 우익계의 완승이었다.

남조선과도입법의원은 의장에 김규식, 부의장에 최동오·윤기섭을 뽑으며 임무를 개시했으나, 민선과 관선 의원 간의 갈등이 극심하여 파행에 직면했다. 결국 유엔 한국위원단에 보내는 안건, '가능 지역의 총선거 실시를 요청하는 긴급 결의안'을 두고 치열하게 대립했다. 다수인 우파의 결의로 이 안이 통과되자, 김규식 의장과 최동오 부의장을 비롯한 14명이 사임하고 19명이 제명되었다. 재적 의원이 47명으로 축소되고, 1948년 5월 나머지 간선 의원들이 일제히 사퇴함으로써 이 모임은 종언을 고했다.

1946년 9월 11일 제2대 미 군정 장관 A. 러치 소장은 특별 담화를 통해

군정청의 부장 자리를 모두 한국인에게 이양하고, 미국인은 고문으로 남아 거부권만 행사하겠다고 했다. 1947년 2월 군정청 민정 장관Civil Administrator에 중도적 우익 계열의 안재홍을 임명했다. 이후 6월 3일에는 안재홍을 수반으로 하는 군정청 산하의 남조선과도정부South Korean Interim Government를 공식 출범시켰다. 모두 13부 6처로 구성되었다. 이는 대한민국 내각의 기초가 되었다.

⑤ 국방경비대 창설

1945년 11월 13일 미 군정청은 국방사령부를 설립하고 육상 병력 25,000명, 해안 경비대 5,000명 규모의 경찰 예비대 성격의 국방 경비대 창설 작업에 착수했다. 이어 부대원 양성을 위해 12월 5일 냉천동 감리교 신학교 안에 군사영어학교를 세웠다. 교육 대상은 만주 등 중국에서 귀국한 일본군·만주군·중국군의 준사관급 이상의 군인 출신 중 선발된 이들이었다. 이에 대하여 혹자는 일본군 출신을 왜 기용하느냐고 목청을 높일 수 있다. 그런데 당시 일본군 대좌급 이상의 원로들은 자숙하는 뜻에서 지원하지 않았고, 광복군 출신들은 친일파와 같이할 수 없다며 입교하지 않았다. 신탁 통치 반대파는 찬성파 지원자를 축출했다.

미 군정은 이듬해 1월 15일 군사영어학교 졸업생 중 110명을 장교로 임명하고, 이들을 중심으로 남조선국방경비대 제1연대를 창설했다. 지금의 육군사관학교 자리인 경기도 양주군 노해면 공덕리(태릉) 자리에서였다. 군번 1번을 부여받은 대위 이형근은 일본 육군사관학교 출신이었고, 그 49기의 채병덕 대위(6.25전쟁 때 육군참모총장)는 군번 2번이었다. 이어 2월 1일에는 각 도에 9개 연대를 창설함으로써 국방경비대 편성이 완료되었다.

5월 1일에는 군사영어학교를 접고 태릉에 국방경비사관학교를 세워 1기 사관 후보생 88명을 뽑았다. 만주군 중위 출신 박정희는 2기였다. 후일 대한민국 군국의 간성이 된 이들은 바로 이 군사영어학교와 국방경비사관학교 출신이었다. 일본군, 만주군, 중국군 출신이 혼재하게 될 수밖에 없었던 것은 '나라 세우기'의 절박성 때문이었다. 이승만 박사의 "뭉치면 살고 흩어지면 죽습니다."라는 구호도 이런 절박성의 표출이라 하겠다.

이때 양성된 이들 중에서 대표적인 인물은 채병덕, 장도영, 정일권, 송요찬, 김재규, 김백일, 백선엽, 박정희, 이종찬, 이주일, 이한림, 윤태일, 김정렬 등이다.

이들은 대한민국 반공 보수 세력의 중추가 된 현저한 지도자로 성장했다.

⑥ 반공 학생 조직과 우익 인사들

광복 후 첫 학생 단체는 1945년 8월 16일에 결성된 경성대학의 조선학도대였으나, 좌익의 침투로 이내 해체되었다. 첫 우익 학생 단체는 9월 1일 결성된 조선유학생동맹이다. 12월에는 우익계 학병 출신들이 조선학병단을 결성했고, 그 중심 인물은 김수환, 박동진, 구태회, 이원경, 최영희, 장도영, 강영훈 등이다.

주목할 단체는 1946년 1월 7일에 서울운동장(동대문운동장)에서 열린 반탁학생궐기대회다. 이 대회는 16개 전문학교와 15개 남녀 중학생 등 1만여 명이 모인 대규모 집회였다. 학생들은 시가지를 행진한 후에 정동교회에 모여 반탁전국학생총동맹을 결성했다. 보성전문학교 이철승, 경성대학 채문식, 유학생동맹의 박용만이 의장단을 구성했고, 이철승이 위원장에 선출되었다. 이들은 건국 때까지 좌익 학생들과 치열하게 투쟁하였고, 정부 수립 후인 1949년 11월 정부가 이끈 학도호국단 발족으로 해체되었다.

이 밖의 유력한 우익 학생 단체로 서울대학교 건설학생회를 모체로 한 전국건설학생총연맹이 있다. 1947년 2월에 결성된 이 단체의 주요 인물에는 박용만, 박준규, 장하구, 임원택, 윤천주, 계훈제, 양호민, 김재순 등이 있다. 계훈제의 이북학생총연맹과 최서면(최중하), 김철 등의 대한학생총연맹도 반공 운동에 나섰던 우익 단체들이다.

⑦ 이승만 박사와 김구 선생의 결별

1946년 6월 3일 정읍 발언의 연장선상에서 이승만 박사는 29일 발족한 '민족통일총본부'의 전국 조직을 기반으로 자율정부운동을 펼쳤다. 모스크바3상회의의 신탁 통치안을 반대하고 즉시 과도 정부를 세우자는 것이었다. 이 박사는 이를 위해 12월에 미국을 방문하여 각계 인사들을 만나 이를 설득했다. 이즈음 미 국무부도 남한 단독 정부 수립 계획을 시사했다.

미국을 다녀온 이승만 박사는 1947년 7월 10일 한국민족대표자회의를 열어 우리 민족 스스로 임시 정부를 세울 것을 촉구했다. 비상국민회의의 김구 선생은 단독 정부 수립에 반대한다는 단호한 입장을 천명했다. 세간에서는 자연히 두 지도자 간의 분열에 대한 논란이 일었다.

이에 6월 11일 이승만 박사는 자율 정부 수립을 위한 '민족총사령부'를 출범시키면서, 남한만이라도 정부나 위원회 같은 것을 만들고, 그것을 기반으로 자율적 통일 정부를 만들자는 것이 근본 취지라고 하며 김구와의 갈등설을 일축했다. 김구 선생 역시 '삼각산이 무너지면 무너졌지 우리 세 사람(김구·이승만·김규식)의 단결은 절대 무너지지 않을' 것이라 했다.

하지만 얼마 지나지 않아 이승만 박사는 독립촉성국민회의를 민족통일총본부로 개편하여 자율 정부 수립에 박차를 가하고, 김구 선생의 한국독립당이 노선을 달리함으로써 두 세력은 분열의 길을 걷게 된다. 유엔 총회에서 유엔 감시하의 남북한 총선거 실시를 결의한 뒤인 1947년 2월 이승만 박사 쪽의 한민족대표회의와 김구 선생 쪽의 국민의회 간의 최종 통합 교섭이 실패하면서 분열의 길로 치달았다. 3월 1일에 김구 선생은 전국국민대표자회의를 열어 임시 정부 주석에 이승만, 부위원장에 김구를 추대하고, 국무 위원에 조소앙·이시영·이청천·김창숙·박렬·김성수·조만식 등을 선출했다. 이에 앞선 1월 24일 반탁독립투쟁위원회를 만들어 하지의 수상한 움직임에 대응했다. 이런 노력에도 불구하고 이승만 박사가 국민회의 주석 취임을 거부함으로써 두 지도자는 다른 길을 걷게 되었다.

또 중도 우파 김규식과 중도 좌파 여운형의 합작 노력도 여운형의 피살(1947.7.19.)로 무산되었다.

⑧ 좌익의 합당과 폭력 노선

소련과 북한 지령에 따라 박헌영의 조선공산당, 여운형의 조선인민당, 백남운의 남조선신민당은 1946년 합당하여 남조선노동당(남로당)으로 재탄생했다. 이는 1946년 7월 비밀리에 평양과 모스크바를 방문하고 온 박헌영의 공작에 따른 합당이었다. 이 일로 여운형과 백남운은 북한으로 불려가서 엄청난 압박을 받았다. 그에 앞선 8월 30일에 북조선공산당과 조선신민당이 합당하여 북조선노동당이 창립되었다. 명예위원장 스탈린, 위원장 김두봉, 부위원장 김일성이었다. 실권은 김일성에게 있었다.

좌익 계열의 비합법적 폭력 노선의 선두에는 박헌영의 조선공산당이 있었다. 앞에서 언급한 바 있는 1946년 5월 15일 정판사 위조 지폐 사건으로 당국이 대대적인 수사에 나서자 7월 26일 이후 '신선전술'을 감행했다. "정당방위의 역공세로, 테러는 테러로써, 피는 피로써 갚자."고 선동했다. 9월 24일 40여 개 노동 단체, 노동자 25만 1,000여 명이 가담한 파업을 벌였다. 이는 10.1대구 폭동으로 발전했다. 이 역시 앞에서 살펴본 대로 피비린내나는 참극이었다. 이를 두고 미국 좌익 브루스 커밍스는 '자연 발생적 농민 전쟁의 모자크적 집합체'의 투쟁으로 사실을 왜곡했다(Bruce

Cummings, The Origin of the Korean War, Vol. 1, Seoul, Yuksabipyungsa, 2002, P.380).

소비에트연방공화국(소련)이 붕괴된 후에 공개된 비밀 문서들은 커밍스의 주장이 거짓이었음을 입증한다. 9월 총파업과 10월 폭동이 소련의 지령을 받은 김일성과 소련군의 지원에 따른 조선공산당의 조직적인 주도로 일어났던 것이다. 9월 28일 평양의 소련군 민정 사령관 A.A. 로마넨코 소장은 서울 주재 소련 영사 A.I. 샤브신·김일성·여운형 연석회의에 파업을 지시했다. 미소공동위원회 소련 측 대표였고, 후일 평양 주재 대사를 지낸 T.F. 시티코프의 일기에 적힌 내용이다.

좌·우익이 격하게 대립하는 정국에서 정치 테러가 잇달아 일어났다. 1945년 12월 한국민주당(후일 민주국민당) 2인자 송진우, 1947년 7월 19일 근로인민당 대표 여운형, 12월 2일 한국민주당 2인자 장덕수, 1949년 6월 26일에 김구 선생이 총격에 잇달아 숨졌다.

극우파 무직 청년 한현우 등 5인은 '민족을 배신한' 송진우, 여운형, 박헌영을 차례로 죽일 것을 모의하고, 1차로 새벽에 송진우의 침소를 급습하여 살해했다. 암살범 한지근은 극우 단체 '건국단' 회원인 19세 소년이었다. 장덕수는 초저녁에 손님과 한담 중에 종로경찰서 경사이며 대한혁명단 단원인 박광옥 등 3명에게 피격당했다. 좌익인 박헌영과 김원봉은 경찰이 합법적으로 처단할 것이므로, 자기들은 우익을 처단한 것임을 실토했다. 이들이 정계를 혼란시키는 민족 반역자이기 때문이라 했다.

이들 암살범들이 임시 정부 정치공작대 중앙 본부 산하 테러 조직 '백의사白衣社' 회원들이었다. 1948년 12월까지 남한 주둔 미군 CIA 파견대 G.E. 실리 소령이 미 육군 정보국에 제출한 보고서에 기록된 내용이다.

이같이 피비린내나는 좌우익 싸움은 10.1폭동사건, 제주4.3사건, 여수·순천육군제14연대반란사건, 지리산 공비 토벌 사건으로 이어졌고,

마침내 6.25전쟁의 동족 상잔으로 확산되었다. 이 피다툼은 남북한 극한 대결, 대한민국의 보수·진보 싸움이 되어 으르렁거리는 부끄러운 역사로 연출되고 있다.

남시욱 교수가 말하였듯이, 1946년은 광복의 빛나는 아침을 '야만의 시대'로 전락케 한 배리背理의 연대였다(남시욱,《한국보수세력연구》, 2021, P.290 참조).

(6) 남북 분단의 단초

남북 분단의 단초를 제공한 원흉은 소련이었다.

제2차 세계 대전 끝물, 대일 선전 포고 전인 1945년 6월 29일에 마련한 소련 외무성의 대한對韓정책보고서가 문제였다. 내용인즉 한반도가 일본이 소련을 공격하는 전초 기지가 되는 것을 저지하기 위하여, 소련에 우호적인 정부가 한반도에 세워져야 한다는 것이었다. 이 방침에 따라 북한에 진주한 소련군 사령부는 9월 14일에 '독립 조선의 인민 정부 수립 요강'을 작성했다. 내용은 '노동자와 농민 대표들의 소비에트', 노농勞農 정권 수립이 목표였다. 하지만 9월 20일 스탈린은 북한에 소비에트 정권을 세우거나 소비에트 제도를 도입하지 말 것을 북한 주재 소련군 사령부에 지시했다. 대신에 부르주아 민주주의 정권, 즉 사회주의 정권으로 발전시키기 위한 과도적 연립 정권을 세우라는 지시였다. 소련은 당시 북한에서 존경받던 민족주의자 조만식을 포함한 정부를 원했다. 조만식은 소련 군정 당국의 요구에 따라 1945년 11월 조선민주당을 창당해 있었다.

스탈린이 북한에 단독 정부를 세운 이 시기야말로 남북 분단의 단초端初였다. 1946년 2월 8일 사실상의 북한 통치 기구(정부)인 북조선임시인민위원회가 설립되었다. 남쪽의 이승만 박사가 단독 정부 수립으로 통일의 기반을 우선 마련하자는 6월 3일의 정읍 발언보다 넉 달 가량 앞서 북한은 이미 단독 정부를 세웠다.

이승만 대통령을 남북 분단의 원흉으로 기록한 현행《한국현대사》교과서나 일부 정치인들의 주장은 의도적인 좌익 편향의 왜곡이나 무지에서 나온 오류다.

(7) 유엔한국임시위원회와 5.10총선거

1947년 5월 21일부터 18일까지 미소공동위원회가 서울과 평양을 오가며 2차 회의를 열었다. 한반도에 우익 정부가 들어서는 것을 반대하는 소련의 주장으로 난항을 겪었다. 미국과의 얄타협정으로 동유럽을 위성 국가화하는 데 성공한 소련은 극동, 한반도에도 위성 국가를 세우려는 것이 기본 정책이었다. 결국 2차 회의는 7월 10일로 결렬되었다.

마침내 한국 문제는 유엔으로 이관되었다. 1947년 9월 17일 미국은 한국 독립 결의안을 유엔에 제출했고, 23일 의제로 상정되었다. 소련의 반대에도 불구하고 결의안은 유엔정치위원회를 거쳐 11월 14일 총회에서 통과되었다. 결의안은 9개국으로 구성되는 유엔한국임시위원단을 구성하고, 그 감시하에 1948년 3월 말까지 남북한에서 인구 비례에 따른 자유 선거를 통해 국회와 정부를 수립하고 미·소 군대는 철수한다는 내용이었다. 이 위원단은 호주, 캐나다, 중국, 엘살바도르, 프랑스, 인도, 필리핀, 시리아, 우크라이나의 9개국으로 이루어졌으나, 우크라이나는 참여를 거부했다.

유엔한국임시위원단 8개국 대표는 1948년 1월 8일 한국에 왔다. 북조선임시인민위원회 위원장 김일성은 이들의 38도선 이북 진입을 거부했다. 유엔 총회는 미국이 제출한 '입국 가능한 지역만의 선거 실시' 권한을 유엔한국임시위원단에 부여하는 결의안을 의결했다. 찬성 31, 반대 2, 기권 11표였다. 위원회는 3월 12일, 5월 첫 주 안에 총선을 실시할 것을 요청하고, 하지는 5월 10일을 총선일로 정했다.

(8) 김일성이 이용한 평양 남북 협상

5.10총선거 방침에 각 정파 간의 갈등이 격화하였다.

김구 선생은 이승만 박사와 한국민주당의 남한 단독 수립 방침을 비판하며 자주적 통일 정부 수립 방안을 발표했다. 한편 김규식은 14개 정당과 51개 사회 단체 중도파 세력을 묶어 12월 20일 천도교 강당에서 민족자주연맹을 결성하고 통일 정부 수립 운동의 당위성을 역설했다. 김구 선생과 김규식은 서울의 소련군대표부를 통해 김일성·김두봉에게 남북 협상 요청 서한을 보내었다. 김일성은 이에 흔쾌히 동의하는 서한을 보내었다.

협상일이 19일로 정해지자 김구 선생은 즉시 북한으로 떠났고, 김규식은 민족자주연맹 대표 16인과 함께 22일에야 북행길에 올랐다. 그는 연맹 간부 회의를 통해 김일성에게 5개항의 조건을 요구했다. ①독재 정부 배격, ②자유 재산 제도 보장, ③전국 총선거를 통한 통일 중앙 정부 수립, ④외국 군사 기지 불허, ⑤미·소 양군 철퇴 조건·방법·기일 협정, 공표였다.

미 군정 쪽과 이승만 박사의 한국민주당, 우익 청년 학생, 기독교 단체, 이북 출신 인사들은 김구 선생의 평양행을 맹렬히 반대하며 시위도 했다. 반면에 문화인 108인을 비롯한 중도계 인사들은 김구, 김규식 선생의 평양행을 찬성하는 성명을 발표했다.

남·북조선제정당사회단체대표자연석회의는 1948년 4월 19일부터 5월 3일까지 열렸다. 김구, 김규식, 김일성, 김두봉의 4자 회담은 5월 3일에 있었다.

김구 선생이 도착하자마자 시작된 연석 회의는 미·소 양군의 즉시 철수, 단독 정부 수립 반대 안건을 결의했다. 김구 선생 일행은 발언권도 제대로 얻지 못한 일방적 진행이었다. 김규식은 참석하지 않았다. 남쪽 대표 11인과 북쪽 대표 4인(김일성, 김두봉, 최용건, 주영하)이 참석한 지도자 협의회는 4개항에 합의했다. ①외국군 철수, ②철수 후의 내전 불용, ③조선정치회의 구성과 그 주도하의 총선 실시와 정부 수립, ④남한 단독 정부 수립 반대였다. 북한이 일방적으로 정한 것이었다. 4김 회담 협의 내용은 ①남한에 대한 북한의 전력 공급, ②연백 수리 조합 개방, ③조만식 선생 월남 허용이었다. 김일성은 ①,②만 허용한다 했으나, 그 약속마저 지키지 않았다.

김구 선생의 이상적 민족주의는 김일성의 교활한 사회주의적 현실주의 socialist realism의 게걸스런 먹잇감에 지나지 않았다. 그 첫 번째 증거를 김구 선생 일행은 평양에서 목격했다.

남북 대표자 연석 회의가 열리고 있던 바로 그 기간에 북조선인민회의 특별회의에서는 조선민주주의인민공화국 헌법 초안을 축조, 심의하고 있었다. 남쪽 대표단이 북조선인민위원회 청사를 둘러보다가 직접 목격한 사실이다.

평양에서 돌아온 김구 · 김규식 선생은 남북 협상에 대한 공동 성명을 발표했다. 남한 단독 정부 수립을 위한 5.10총선거 참여 거부 의사도 밝혔다.

6월 29일 북한은 조선민주주의인민공화국 정부 수립을 결정하고 국기도 바꾸었다.

결국 김구 · 김규식 선생은 남 · 북 집권 세력 모두와 대립하며 고립되고 말았다.

국제 정치학을 전공한 이승만 박사는 일찍이 공산주의 유물론의 본질과 국제 공산당의 정체성identity에 정통한 전문가였고, 김구 선생은 충천하는 민족애로 뭉친 불퇴전의 민족주의자였다. 길을 달리한 이 두 애국자 누구에게 우리는 돌을 던질 수 있겠는가.

최근에 순직純直한 태영호 의원이 "김구 선생은 김일성에게 이용당했다."는 발언으로 곤욕을 치르고, 국민의 힘 최고 의원 직도 잃었다.

하지만 태 의원 발언은 역사적 진실이다. 서울대학교 정치외교학과 출신 언론이었던 남시욱 교수도 그의 역저《한국보수세력연구》에서 '김일성에 이용당한 남북 협상'(PP.304~308)이라는 소제목으로 그 역사적 진실을 밝히고 있다. "김일성에게 완전히 이용당한 김구와 김규식은 평양의 남북한 연석 회의가 소련의 지시에 의해 개최된 사실을 까맣게 몰랐을 것이다."(P.306)는 저자의 말은 충격적이다. 이는 소련 붕괴 후에 밝혀진 비밀문서에 따르면, 남북 대표자 연석 회의는 소련군 사령부가 건의해 1948년 4월 12일 소련공산당 정치국에서 승인한 바에 따른 것이었다.

결과적으로 김구 · 김규식 선생의 평양 남북 대표자 회의 참석은 소련과 김일성의 역사적 사기극에 들러리를 선 꼴이 되었다. 이로써 김일성은 '단독 정부가 아닌 통일 정부를 수립하려 분투했으나, 이승만이 단독 정부 수립을 단행하여 남북을 분단한 원흉'이라는 인식을 우리 민족과 세계에 낙인 찍는 효과를 얻는 데 성공했다.

지금 대한민국 남한에서 이승만 박사를 분단의 원흉으로 보고 저주하는 세력은 소련과 김일성의 저 교묘한 사기극에 속은 철부지들이다.

우익 진영이 이같이 분열한 가운데, 좌익 진영 남로당은 1948년 2월 2.7폭동을 일으키며 5.10총선거를 방해했다. '국제 제국주의 앞잡이 이승만, 김성수 등 친일 반동파 타도'를 외쳤다. 이 폭동은 제주4.3사건과 10월 여수 · 순천육군14연대반란사건으로 확대되었다.

남은 문제가 있다. 남북 대표자 연석 회의 시기에 김구 선생이 중국 유력 인사 유어만과 나누었다는 대화록 내용의 진위 여부다. 김구 선생이 평양에 가서 북한군의 위세를 보고 한 발언 이야기다. "북한군은 머지않아 남침할 것이고, 그리 되면 김일성의 통일 국가가 설 것인데, 왜 내가 이승만 정부를 지지하겠는가."고, 김구 선생이 발언했다는 주장은 사실인가? 김구 선생의 정체성을 의심케 하는 심각한 문제다. 심층 연구가 필요하다. 쉬이 믿을 수 없는 이야기인 까닭이다.

동해의 푸른 물결 빛나는 아침 / 건국

　대한민국호의 출범 과정은 순탄치 않았다. 미 군정청의 모호한 태도와 북한과 남조선노동당의 격렬한 방해 책동과 사상적 혼란 때문이었다.
　허다한 우여곡절 끝에 1948년 5월 10일 이 땅에서는 역사적인 총선거가 치러졌다. 우리 역사상 첫 번째 보통 · 비밀 · 직접 · 평등 선거였다. 여성이 투표권을 행사했음은 물론이다. 놀라운 일이다. 자유민주주의 선도국인 미국에서도 여성이 투표권을 행사한 것이 1920년이었다. 이 선거에는 이승만계, 이청천계, 이범석계, 한국민주당만 참여했다. 한국독립당의 김구 선생과 중도파 김규식 계열이 불참했고, 무소속으로 출마한 후보가 많았다.
　미 군정청은 이승만 박사가 무투표로 당선되는 것을 막기 위해, 그의 선거구에 군정청 수사국 부국장 최능진을 출마시켰다. 김규식이 출마해 당선된 다음 대통령이 되기를 바랐기 때문이다. 하지만 김규식의 출마 거부로 이승만 박사 외의 대안이 사라지자, 최능진은 사퇴했다.
　총선에서 당선한 주요 인사는 무소속의 이승만 · 윤치영 · 장면, 조선민주당 이윤영 등이었다. 이 밖에 이청천계의 대동청년당 12석, 이범석계의 조선민족청년당 6석, 이승만계의 대한노동총연맹 1석, 대한독립농민총연맹 2석, 기타 10석이었다. 국회 의원 정원은 북한 의석 100석을 제외한 총 200석이었다. 4.3사건으로 제주도 일부에서 투표가 이루어지지 않은 것을 제외하면 선거는 순조롭게 치러졌다.
　5.10총선거를 감시한 유엔한국임시위원단은 선거가 '전반적으로 자유

로운 분위기' 속에서 치러졌다고 유엔에 보고했다.

　5월 31일 개원식에 이어 국회는 초대 의장에 이승만, 부의장에 신익희와 김동원을 선출하고, 다음날 헌법 제정에 착수했다. 제정된 헌법은 7월 12일에 통과되었으며, 17일에 이승만 의장이 서명·공표하는 즉시 효력이 발생했다. 이어 국회법과 정부조직법도 제정·공표되었다.

　이 제헌 헌법은 자유권 보장, 권력 분립, 단원제 국회, 이원집정부식 대통령 중심제, 시장 경제를 기본으로 하는 혼합 경제 체제를 기본으로 하는 것이었다. 자유민주주의의 실현이 건국 이념으로 확정된 것이다.

　본디 유진오가 제출한 헌법 초안은 의원 내각제를 골격으로 한 것이었으나, 이승만 의장의 강력한 요구에 따라 헌법기초위원회 심의 과정에 돌연 대통령 중심제로 바뀐 것이었기에, 우리 헌법은 태생적으로 의원 내각제 요소를 띠게 되었다. ①대통령의 정책 집행에 국무 위원 과반수 찬성 필요, ②국회의 총리 인준권, ③국회의 총리, 장관 출석 요구권 등이 의원 내각제 요소다.

　이로써 개화기(1876~1910) 선각자들과 상하이 임시 정부(1919~1932) 헌법이 지향하던 민주 공화제가 비로소 완성된 것이다.

　7월 17일 제헌절은 조선 태조 이성계가 개성 수창궁에서 왕위에 오른 1392년 7월 17일과 일치한다(비록 음력이기는 하나).

　대한민국 국회는 7월 20일에 헌법 규정에 따라 거의 만장일치 득표로 대통령에 이승만 박사가 선출되었다. 한국민주당과 무소속의 절대 지지 덕분이었다. 대통령 선거 득표는 이승만 180표, 김구 13표, 안재홍 2표, 서재필 1표였으나, 국적이 미국인 서재필의 득표는 무효로 처리되었다. 부통령에는 이시영이 뽑혔다. 이시영 133표, 김구 62표였다.

　이승만 대통령은 24일 취임 즉시 조각組閣에 착수하여, 김좌진 장군과 함께 청산리 전투에서 빛나는 승리를 이끌었던 독립군 장군 출신 이범석을 국무총리에 앉혔다. 국회 의장에 신익희, 부의장에는 김약수가 선출되었고, 대법원장에는 김병로가 임명되었다. 모두가 일제 강점기의 독립 투사들이었다.

대한민국 초기 내각 명단이다.

대통령: 이승만(상하이 대한민국 임시 정부 대통령, 독립 운동가)
부통령: 이시영(임시 정부 재무부장, 독립 운동가)
국무총리: 이범석(광복군 참모장, 독립 운동가)
국방부 장관: 신성모 · 이범석 · 손원일(애국자)
상공부 장관: 임영신(독립 운동가)
문교부 장관: 안호상(독립 운동가)
법무부 장관: 이인(독립 운동가)
사회부 장관: 전진한(독립 운동가)
농림부 장관: 조봉암(독립 운동가 · 조선공산당 경력)
교통부 장관: 민희식(교통 전문가 · 애국자)
체신부 장관: 윤석구(한의사, 애국자)
무임소 장관: 지청천(광복군 사령관)
헌병 사령관 · 병무국장: 장흥(광복군)

북한은 어떠했을까?

주석: 김일성(빨치산 · 러시아군 대위 · 본명 김성주)
부주석: 김영주(일본 헌병 보조원 · 김일성의 아우)
사법부장: 장형근(일제 중추원 참의)
인민위원장: 강양욱(일제 도의원)
문화선전부장: 조일영(친일 단체 출신, 학도 지원병 권유 유세)
문화선전부 부부장: 정국은(일제 아사히신문 기자)
공군 사령관: 이활(일제 나고야항공학교 출신)
9사단장: 허민국(나고야항공학교 정예)
노동신문 창간 · 편집부장: 박팔양(일제 만선일보 편집부장)

김일성 대학 교수: 한낙규(일제 검찰총장)
산업국장: 정준택(일제 광산 지배인 · 일본군)
교통국장: 한진희(일제 함흥철도국장)
빨치산 유격 투쟁책: 이승엽(남로당 서열 2위,
 일제 식량 수탈 기관 식량 연단 이사)
(국사편찬위원회, 《조선중앙연감》, 1949. 《문화일보》, 2013. 8. 13. 참조.)

대한민국의 국력은 미약했으나, 뜻은 창대했다. 항일 독립 운동가와 순수한 애국자를 각료로 임명하고 나라의 기틀을 다졌다. 북한도 그러고 싶었을 것이나 그럴 수가 없었다. 나라를 맡길 지도급 인사가 태부족인 것은 남북이 방불했으나, 북한이 더 심각했을 것이다. 피비린내 나는 숙청으로, 쓸 만한 사람들은 처형되거나 월남했기 때문이다.

건국 당시에 동참한 임시 정부 주요 인사는 이승만 · 이시영 · 신익희 · 이범석 · 지청천 · 허정 · 임병직 · 윤보선 · 나용균 등이었으니, 대한민국은 명실공히 임시 정부의 법통을 계승하였다. 국군 지휘관도 이준식, 채원개, 유해준, 안춘생, 박영준, 김국주, 박시창, 박기성, 장호강 등 광복군 간부 출신이었다.

1948년 8월 15일 오전 11시 중앙청 광장에서 대한민국 정부 수립 선포식이 열렸다. 이 자리에는 연합군 최고 사령관 맥아더 원수 내외와 주한 미군 사령관 하지 중장, 유엔한국임시위원단 대표 R. 루나 등 외국 귀빈들도 참석했다. 이날 이승만 대통령은 대한민국 정부가 임시 정부의 정통성과 정체를 계승하였음을 내외에 선포했다. 이후 12월 12일 파리에서 개최된 제3차 유엔 총회는 유엔한국임시위원단의 총선 감시 결과 보고서를 기초로 하여, 대한민국이 '한국에서의 유일한 그러한 정부The Only Such Government'임을 승인했다.

제헌 국회 헌법의 수정자본주의적 요소

대한민국은 자유민주주의와 시장 경제를 근간으로 하는 민주 공화국이다. 그럼에도 제헌 헌법은 수정자본주의적 요소를 과감히 도입했다. 지하자원 국유화, 농민에게 농지 분배, 공공 기업의 국유화가 그 예다. 이는 사회민주주의와 공산주의의 도전에 대한 응전의 성격을 띤다. 1941년 충칭 임시 정부의 '대한민국 건국 강령'이 구체적으로 영향을 끼친 것으로 보인다. 이 강령에는 영국 페이비언 협회와 영국 노동당의 사회민주주의와 삼민주의를 주창한 쑨원孫文의 민생 사상에 영향받는 조소앙의 삼균주의三均主義 사상이 반영되어 있다. 남시욱 교수의 견해다.

요컨대, 1948년 7월 2일에 제정하여 7월 17일에 선포한 대한민국 제헌 국회 헌법 전문은 대한민국이 3.1운동으로 건립된 대한민국 임시 정부의 법통을 계승하였음을 선포했다. 이 헌법은 아홉 차례(1952 · 1954 · 1960 · 1961 · 1962 · 1969 · 1972 · 1980 · 1987) 부분 또는 전면 개정을 거쳐 오늘에 이르렀다.

1987년 6월 10일 6.10민주화운동을 계기로 제정 · 선포된 현행 헌법의 기본 정신은 제4조에 규정된 '자유민주적 기본 질서'다. 이에 따라 기본적 인권 존중, 권력 분립, 의회 제도, 복수 정당 제도, 선거 제도, 사유 재산 보장과 시장 경제를 골간으로 하는 경제 질서와 사법권 독립을 규정하고 있다. 대통령 5년 단임제도 특징이다.

대한의 노래와 개천절 노래

이만큼 안정된 헌정 질서가 정착되기까지 이 땅 사람들에게는 허다한 시행착오와 파란만장한 역사적 시련이 있었다. 특히 경제 개발의 주역들과 학교 일선의 스승님들, 민주 국민의 분투는 눈물겨웠다. 자유민주주의 정립의 '필요조건'이 경제 성장에 있다는 것을 대한민국 국민은 전 세계에 증험證驗으로 보여 주었다.

백두산 뻗어내려 반도 삼천리
무궁화 이 동산에 역사 반만 년
대대로 이에 사는 우리 삼천만
복되도다 그 이름 대한이로세

삼천리 아름다운 이내 강산에
억만년 이어나갈 배달의 자손
길러 온 힘과 재주 모두 합하니
우리들의 앞길은 탄탄하도다

보아라 이 강산에 날이 새나니
삼천만 너도나도 함께 나가세
광명한 아침해가 솟아오르니
빛나도다 그의 이름 대한이로세

이 노래의 표제는 본디 〈조선의 노래〉였다. 1931년 동아일보 신춘문예 창가 부문에 당선된 노산鷺山 이은상李殷相의 작품이다. 이듬해에 현제명 곡으로 발표되었다. 당시에는 '이천만'이었으며, 광복 후에 '삼천만'으로 개사改詞되었고, 표제도 〈대한의 노래〉로 고쳐 불렸다.

이 노래의 가사는 대한민국 건국의 역사성을 새겨 담은 명작이다. 민족의 영산靈山 백두산과 백두 대간을 기본 골격으로 하는 우리 국토 삼천리와 나라꽃 무궁화를 애국의 상징성으로 내세워 민족 정체성正體性nation identity을 밝힌 걸출한 국민 가요다.

우리 민족 정체성은 무엇인가? 〈단군 신화〉를 제대로 풀어 읽어야 이를 알 수 있다.

단군 신화 바로 읽기

나라 세우기 초기에 대한민국 국민들은 〈단군 신화〉를 소환했다. 민족 정기精氣를 바로 세우기 위하여, 최초의 우리 민족 국가 고조선과 개국 군주 단군 왕검王儉을 신성시했다. 단군 신화의 내용은 이렇다. 하늘나라 환인 천제桓因天帝는 서자庶子(맏이가 아닌 아들) 환웅 천왕桓雄天王이 인간 세상을 구하고자 함을 알고, 그 뜻이 세상을 널리 이롭게 할 '홍익인간弘益人間'의 이념에 부합하다고 여겼다. 이에 환웅에게 천부인天符印 세 개를 주었다. 환웅은 바람, 비, 구름을 관장하는 풍백風伯, 우사雨師, 운사雲師를 비롯한 3천 명을 거느리고 태백산 마루로 강림하여 신단수神檀樹 아래서 신시神市를 열고 여러 신들과 세상을 다스렸다.

이때에 곰과 호랑이가 사람이 되기를 원했다. 환웅은 쑥과 마늘만 먹으며 100일간 햇빛을 보지 않고 근신하면 사람이 되리라 하였다. 인내심이 많은 곰은 이 금기禁忌taboo를 지켜 3·7일 만에 웅녀熊女가 되었고, 성급한 호랑이는 실패했다. 환웅이 웅녀와 혼인하여 단군檀君을 낳았다. 단군이 평양에 도읍하여 국호를 조선朝鮮이라 하였고, 뒤에 아사달阿斯達에 천도하여 1,500년간 다스렸다.

옛 이야기인 설화(신화·전설·민담)는 황당무계한 거짓이 아니다. 특히 민족 신화는 한 민족의 꿈을 담은 현실의 상징이다.

첫째, 환웅이 천부인 셋을 들고 지상에 강림했다는 이야기는 무엇을 상징하는가 하는 것부터 풀어내어야 한다. 천부인이란 천자의 자리, 곧 제왕 자리의 표지로 하늘이 내려 전한 세 개의 보배로운 증표다. 권위를 상징하는 칼, 광명을 상징하는 거울, 신성을 상징하는 방울이었다. 모두 청동으로 된 것으로 추정된다.

하늘과 땅이라는 수직적 신화를 땅에서 진행되는 수평적 역사로 바꾸면, 단군 신화는 민족 이동의 상징이 된다. 고조선이 건국되던 BC 2333년 무렵에 만주 북쪽에 선진 문화가 발달한 서국徐國이 있었다. 환웅은 그곳에서 남하했고, 호랑이 토템totem 부족이 아닌 곰 토템 부족장의 딸과 혼인하여 단군을 낳은 것으로 해석된다.

단군의 뜻은 무엇인가?

단군 신화는 고려 제25대 충렬왕 7년(1281)에 승려 일연一然이 경북 군위군 인각사에서 저술한 ≪삼국유사三國遺事≫와 충렬왕 13년(1287)에 이승휴李承休가 쓴 한문 서사시 ≪제왕운기帝王韻記≫에 전한다. ≪제왕운기≫ 상권은 중국 삼황오제 시대부터 원나라에 이르기까지의 사적을 7언 264구 1,848자로 읊었다. 하권 1부는 단군 조선 시대부터 고려 시대 이전과 이후 발해 시대까지의 역사적 사실을 7언 264구 1,848자로, 2부는 고려 태조로부터 충렬왕 당시까지의 역사를 5언 152구 7,160자로 읊었다. 우리 문학사상 특기할 만한 영사시詠史詩다.

단군은 한자로 박달나무 단檀(≪제왕운기≫)과 제단 단壇(≪삼국유사≫)의 두 가지로 표기되어 전한다. 먼저 '박달(붉달)'의 뜻풀이가 중요하다. 초대 문교부 장관을 지낸 철학자 안호상 박사는 '붉달'을 '밝은 땅, 곧 광명의 땅'으로 풀었다. '붉'은 '밝다' 형용사의 어간이고, '달'은 일정한 지역을 뜻하는 우리 고유어 접미사다. '응달, 양달, 비탈' 등이 그 예다. 따라서 단군은 '광명한 땅인 동방을 다스리는 임금'을 뜻하는 명사다. 단군 신화의 단군은 BC 2,333년부터 BC 425년까지 군왕이었던 우리 역사 초대 임금이다. 박달나무 단檀자에 따른 뜻풀이다. '배달倍達'은 '붉달'이 변한 말이다.

제단 단壇자 단군의 뜻풀이는 어떤 것인가? 이 경우의 단군은 제사를 주관하는 제사장이다. 단군은 우리 고유의 무격 신앙巫覡信仰을 주재한 샤먼shaman이었고, 고조선의 정신사적 원류는 샤머니즘이었다. '샤먼'이란 말은 예니세이강가 바이칼 지방의 퉁구스족에게서 유래했다. 샤먼은 주술 종교적 소질과 능력이 있는 사람을 가리키며, 이와 관련된 주술 종교적 체계가 샤머니즘이다. 신화학자인 메르세아 엘리아드는 샤먼은 위대한 망아 체험忘我體驗, extasy, ekstase의 대가이며, 샤머니즘의 본질을 엑스타제의 기술로 보았다.

우리 민족의 기층 의식基層意識, 집단 무의식collective unconsciousness은

신바람 의식이고, 이것은 미치려는 의식과 풀려는 의식으로 표출된다. 이런 특성은 우리의 정치·경제·사회·문화 일반과 예술 등에 광범위하게 작용하는 우리 정신사의 원류源流다. 중국《삼국지》〈위서魏書〉'동이전東夷傳'에 기록된 바, 우리 민족이 가무歌舞와 음주飲酒를 즐겼다는 내용과 함께 뒤에서 자세히 논의될 것이다.

위에서 말한 '동이'는 활솜씨에 능한 우리 민족을 특칭한 용어로서, 중국 한족이 변방 이민족을 멸시하여 부른 동이, 북적北狄, 서융西戎, 남만南蠻 중의 하나다. 다 오랑캐란 뜻이다. 오랑캐는 중국 변방 민족 '우랑카이'에서 유래한 말이라 한다.

우리 〈제헌절 노래〉는 이런 단군 신화의 정신을 원류로 삼아 제정된 것이다.

> 비 구름 바람 거느리고 인간을 도우셨다는 우리 옛적
> 삼백육십 남은 일이 하늘 뜻 그대로였다
> 삼천만 한결같이 지킬 언약 이루니 새 길에 새 걸음으로 발맞추리라
> 이날은 대한민국 억만 년의 터다 대한민국 억만 년의 터

정인보 선생이 가사를 쓰고, 박태준 선생이 곡을 붙였다. 비·구름·바람은 단군 신화의 풍백·우사·운사의 권능을 가리키고, '지킬 언약'은 헌법이다. 대한민국이 법의 지배rule of law에 따른 법치 국가임을 선포한 것이다.

대한민국 헌법은 아홉 차례나 개정되었으나, 한결같이 변하지 않은 대표적인 조항이 제1조와 제3조다. 헌법 제1조 1항의 "대한민국은 민주 공화국이다."는 민주 정체와 공화국체를 선언한 것이다. 2항의 "대한민국 주권은 국민에게 있고, 모든 권력은 국민으로부터 나온다."는 이를 구체화한 것이다. 제3조 "대한민국의 영토는 한반도와 그 부속 도서로 한다."의 규정은 북한까지 대한민국 영토이며, 북한의 소위 '조선민주주의인민

공화국'은 불법 반역 조직이다. 비극의 역사다.

북한은 형식 논리상 인민 민주 체제를 표방한다. 이는 자본주의식 민주주의에서 사회주의로 진행되는 과도적인 성격을 띤다. 하지만 실제로는 공산당이 절대적 권력을 거머쥐고 일당 독재를 하는 프롤레타리아 독재의 한 형태다. 그런데 우리에게는 북한 인민민주주의 혁명론이 문제다. 이는 '남조선의 미군 철수 → 반공 정부 타도 → 용공(친공산주의) 정부 수립 → 북한 정부와의 합작'이 '우리 민족끼리 통일 전략·전술'이다. 분단 이후 지금까지 북한과 남한의 공산주의 세력이 대한민국 선량한 국민들에게 반미 의식을 고취하고 미군 철수를 주장하는 것은 이 때문이다. 이 인민민주주의 세력은 미국이 철수한 즈음에 남한에 내란 상태를 조성하여 통일된 '조선민주주의인민공화국'을 세우는 것을 지상 목표로 삼고 끊임없이 준동한다. 21세기 세계화된 이 대명천지에 북한은 간첩 활동을 하고, 원자탄과 미사일 개발에 광분해 한다.

우리는 북한 독재 정권과 남한 종북주의자들이 분탕질하는 '우리 민족끼리 통일'의 전략·전술에 속아서는 안 된다. 2,000년대에 민주당 대통령 후보가 우리 헌법 제3조의 영토 조항을 폐기할 것을 주장한 것은 위험하기 짝이 없는 일이다. 그러기에 우리 헌법 제4조는 '평화 통일 정책'으로, "대한민국은 통일을 지향하며, 자유민주적 기본 질서에 입각한 통일 정책을 수립하고 이를 추진한다."는 명확한 원칙을 천명하였다.

따라서 북한이 제안한 바 있는 '고려 연방제 통일 방안' 같은 그럴듯한 형식 논리에 속아서는 안 된다. 통일은 우리가 추구하는 자유민주주의 이념에 따라 이루어져야 한다.

최근에 김정은은 폭탄 선언을 했다. 남북은 같은 민족 관계가 아닌 '적대적 두 국가 관계'이며, '대한민국은 불변의 주적'임을 선포했다. 대한민국의 번영을 감당할 수 없는 북한의 현실에 직면하여, 북한 주민이 남한을 동족 국가적 친화 대상으로 인식할 싹을 자르려는 김정은의 폐쇄 정책, 신냉전 선언이다.

김정은은 조부 김일성과 아비 김정일이 숨겨 왔던 남침, 적화 야욕을 마침내 고백한 천둥벌거숭이, 몹쓸 사람이다.

우리가 물이라면 새암이 있고
우리가 나무라면 뿌리가 있다
이 나라 한아버님은 단군이시니
이 나라 한아버님은 단군이시니

백두산 높은 터에 부자요 부부
선인의 자취 따라 하늘이 텄다
이날이 시월 상달에 초사흘이니
이날이 시월 상달에 초사흘이니

오래다 멀다 해도 줄기는 하나
다시 필 단목 앞에 삼천리 곱다
잘 받아 빛내오리다 맹세하노니
잘 받아 빛내오리다 맹세하노니

정인보 선생이 가사를 쓰고, 김성태 선생이 곡을 붙인 〈개천절 노래〉다. 이 밖에 '열매 많은 나무도 씨앗은 하나'로 시작되는 박용진의 〈단군〉도 있다.

랑케의 사관을 신봉하는 실증주의實證主義 사학자들은 단군과 고조선의 실체를 인정하지 않으려 한다. 하지만 근래에 만주 지역, 특히 라오닝(요녕) 지역에서 많이 출토된 '비파형 동검' 등 청동기 시대 유물이 발견되면서 고조선의 실재에 대한 신뢰도가 높아졌다. 이 유물을 '고조선 동검'이라 칭하는 것이 그 유력한 증거다.

아무튼 백두산과 단군 신화에서 민족 국가의 연원과 민족 정체성을 확인하고 굳건한 민족 정기를 되살리며 대한민국호는 출범했다.

동해의 푸른 물결 빛나는 아침
찬란한 붉은 태양 새날이 밝아
지축을 울리누나 희망의 노래
유구히 이어 오는 역사 반만년

백두산 힘찬 줄기 한라산까지
그 속에 가득할 손 금은보화며
오곡은 무르익어 풍년가 높네
자랑타 아름다운 삼천리 강산

무궁화 맑은 향기 민족의 정기
선열의 순국 정신 횃불로 삼아
받들자 우리나라 단결도 굳게
힘차다 배달 겨레 삼천만이네

〈후렴〉 아아 슬기로운 무궁화 동산
　　　 억만년 길이 빛낼 우리의 나라

홍순영이 쓴 노랫말에 박태현이 곡을 붙인 〈애국의 노래〉다. 대한민국이 섰던 1948년 4월 1일(9월에 추가 입학이 있었음.) 초등학교(국민학교)에 입학하여 1954년 3월 26일에 졸업한 필자와 전국 아동·학생 들은 이 노래를 목청껏 부르며 조국의 빛나는 내일을 꿈꿀 수 있었다.

GDP 60달러로 세계에서 제일 가난했던 나라. 하지만 우리들 마음은 가난에 찌들 수 없었다.

동해의 푸른 물결 빛나는 아침.

1948년 12월 12일 유엔 총회는 대한민국 정부가 한반도의 유일한 합법 정부임을 46대 6으로 결의하고 이를 승인했다. 그 근거는 ①한국임시위원단이 감시·협의할 수 있었고, ②한국민 대다수가 거주하는 지역에 대한 지배와 관할 효력을 누리는 합법 정부이며, ③유권자의 정당한 자유 의사에 따라 수립된 정부라는 데 있었다.

하지만 만난을 무릅쓰고 출범한 대한민국호는 두 달 만에 거센 폭풍에 휘말리게 되었다.

여수·순천조선경비대제14연대반란사건

1948년 10월 15일 여수에 주둔하는 육군 제14연대에 국방경비대 사령부의 명령이 하달되었다. 제주4.3사건 진압을 위해 19일 오후 6시를 기해 1개 대대를 제주도로 파견하라는 것이었다.

이에 따라 제1대대는 식사 후 출동 준비를, 잔류할 제2대대는 출동 부대의 식사 준비를 하고 있었다. 출동 예정 시각은 21시였다. 이즈음 연대 인사계 지창수池昌洙 상사는 부대의 좌익 핵심 세포 40명에게 사전에 계획한 대로 무기고와 탄약고를 점령하고 나팔을 불게 했다. 20시경이었다. 출동대는 연병장에 집결했다. 이때 지창수는 대대 앞에 나서서 열변을 토하였다.

지금 경찰이 우리를 쳐들어온다. 경찰을 타도하자. 우리는 동족상잔의 제주도 출동을 반대한다. 우리는 조국의 염원인 남북 통일을 원한다. 지금 조선인민군이 남조선 해방을 위해 38선을 넘어 남진 중에 있다. 우리는 북상하는 인민해방군으로서 행동한다.

이 선동에 대부분이 "옳소." 하고 찬성했다. 반대한 3명은 즉석에서 사살되었다. 각자 실탄을 최대한 휴대하라면서 (지창수는) "미 제국주의 앞잡이인 장교들을 모두 죽여라."고 외쳤다. 이리하여 출동대는 반란군으로 변하여 난동에 들어갔다(국방부전사편찬위원회, 《한국전쟁사》, 제1권 '해방과 건군' 참조).

제14연대 소대장 김지회가 지휘하는 반란군은 불과 4시간 반 만에 여수 시내 경찰서와 각 파출소, 시청, 군청, 역사, 우체국, 읍사무소 등 주요 기관을 수중에 넣었다. 반란군은 관공서를 마구 파괴하고, 경찰과 우익계 인사들을 닥치는 대로 살상하느라 가가호호를 수색했다. 선량한 시민들은 공포에 떨었다.

반란군 2개 대대 병력 약 2천 명은 오전에 철도편으로 순천에 도착하여 홍순석 중위가 지휘하는 제14연대 2개 중대 병력과 합류했다. 오후에는 순천도 반란군에 장악되었다.

이어 반군은 3개 부대로 나뉘어, 주력 부대는 학구·구례·남원 쪽으로, 다른 부대는 광양 쪽으로, 또 다른 한 부대는 벌교·보성 쪽으로 점령 지역을 확대해 나갔다.

이에 10월 21일 정부는 송호성 준장을 토벌군 사령관에 임명했다. 토벌군은 총 10개 대대 병력을 동원하여 반란군을 포위하고, 여수·순천 일대에 계엄령을 선포했다. 토벌군은 미군사고문단과 협력하에 진압 작전에 나서 21일에 순천을, 22일에 여수를 탈환했다. 격렬한 전투로 많은 희생자가 났다.

반란군과 좌익 분자들은 점령 지역에서 인민재판으로 많은 경찰과 우익 인사들을 무참히 학살했다. 대표적인 희생자는 여수경찰서 고인수 서장과 사찰계 직원 10여 명, 한민당 여수지부장 김영준, 대동청년단 여수 지구 부위원장 박귀환, 경찰서후원회장 연창희, 한민당 간부 차활인과 그 가족 수십 명 등이었다. 무고한 희생자는 부지기수였다.

이 반란 사건으로 정부군 쪽 군인 사망자가 141명, 실종자가 263명이었고, 391명이 반군에 합류했다. 순천 지역 민간인 5백여 명이 사망했으며, 여수 지역 사망자 통계는 미상이다. 한편 반군 쪽은 821명이 사망하고, 2,860명이 체포되었다. 1,714명이 군사 재판에 회부되었으며, 그 중 866

명이 사형 선고를 받았다.

　반란군의 행태는 잔혹하여 억울한 희생자가 많았고, 토벌군(진압군)의 보복도 참혹했다. 순천에서 토벌군은 ①군용 팬티 착용자, 흰 고무신을 신은 자, 머리가 짧은 자(1차 분류), ②인민재판 적극 가담자(1급), 소극적 참여자(2급), 애매한 자(3급)로 분류했다. 반군이나 인민재판에 적극적으로 가담하여 우익 인사 처형을 주도한 자는 즉결 처분했다. 격분한 토벌군에게 억울하게 희생된 사람도 많았다. '백두산 호랑이'로 불리던 대대장 김종원의 참수, 즉결 처분 참상은 몸서리나는 기억으로 전해진다.

　이 과정에서 용케 도주한 좌익 세력은 지리산 빨치산으로 전락했다.

　이념 충돌이 빚은 우리 통한의 역사다. 동해의 푸른 물결 빛나던 아침.

제3장

3.1운동 비사

3.1운동 비사祕史 (1)

1919년 3월 1일 오후 2시 우리 민족 대표 33인이 독립 선언서를 발표했다. 일본 경찰 총감부에 알려 스스로 체포되었다. 학생들은 탑동공원에 모여 따로 선언서를 낭독하고 시위에 돌입했다. 이때 선언서를 읽은 사람이 정지용이었음을 이병헌 일지는 밝히고 있다. 이날 거사에 앞장섰던 청년 학생 강기덕(보성법률상업학교생)·김원벽(연희전문학교 전신 한국기독교대학생)·한위건(경성의학전문학교생) 3인 중의 김원벽이었다는 설도 있다.

3월 3일이 대한제국 고종 황제의 인산(국장) 날이어서 며칠 전부터 한양에 많은 사람이 모였다. 다음은 그날 시위 상황에 대한 기록이다.

손(병희) 선생은 이때 일경에 연행되었는데, 군중의 분노와 감격, 흥분과 울분의 만세 소리는 장안이 떠나가듯 북악산과 남산을 울렸다. 청년 학생의 의기는 충천하여 시가로 시위 행렬을 하였다.

이때 탑동공원에서는 태화관과 연락이 있었기 때문에 수만 군중 속의 팔각정에서 정지용鄭志鎔 씨가 독립 선언서를 낭독하였다. 학생과 군중은 김원벽·강기덕을 선두로 왜倭 총독부 앞, 진고개 대한문 앞, 남대문 정거장, 광화문, 서대문으로 시위 행렬을 하며 만세를 불렀다. 이날 일경에게 체포된 학생·청년은 백여 명이었다.

이병헌 일지에 기록된 3.1만세 시위의 실황이다. "시위 행렬을 하였다."는 "행렬 지어 시위하였다."의 비문非文이다.

3월 3일 고종 황제 장례 행렬이 덕수궁 대한문 앞에서 망우리까지 이어져 인산인해를 이루었고, 유해가 청량리를 지날 때쯤 통곡과 만세 소리가 하늘을 찔렀다. 이에 대한문 앞에 있던 일본 헌병은 시위 행렬에 권총을 발사했고, 기마대가 출동하여 닥치는 대로 체포했다. 안국동 별궁 앞에서는 참혹한 일이 일어났다. 헌병이 한 여학생의 목과 팔을 칼로 내리쳐서 즉사시켰던 것이다. 하숙집들을 뒤져서 학생과 청년을 체포했다. 이에 3.1운동 관련 주요 인사 48인이 체포되었다.

 3.1운동을 준비한 인사들은 누구였던가?

 그 첫 번째 거인이 의암義庵 손병희孫秉熙(1841~1922)다. 천도교 3세 교주다. 일제의 경무총감부의 검사가 작성한 조서 내용이다.

 1919년 1월 20일경 오세창 · 권동진 · 최린이 가회동 손병희 집으로 찾아왔다. 손병희는 조선에 있는 학생 등과 일본 유학생들이 조선 독립에 대해 논의하고 있다고 하니, 뜻 맞는 이들이 모여 일본 정부에 조선 독립을 건의하는 것이 어떠냐고 했다. 그들도 이에 찬성하고 돌아갔다. 3일 후에 그들이 다시 와서 기독교도들과도 함께하는 것이 어떻겠냐기에 동의했다. 이 일은 최린과 기독교계 이승훈이 추진했다. 독립 선언서, 건의서 작성 문제도 최린이 맡았다.

 거사일을 3월 1일로 정한 것은 선언서 인쇄가 완료될 날을 고려한 결과였다. 천도교 측에서는 기독교 측에 운동비로 5천 원을 대여했다. 기독교 측에서 대표 15인을 정하였다 하기에, 천도교 측에서도 15인을 정하였다. 뒤에 기독교 측에서 16인(감리교와 장로교 각 8인)을 대표로 내세웠고, 불교계에서는 승려 한용운과 백용성이 함께했다. 박희도 · 이갑성은 학생들과 연락 책임을 맡았다. 학생 수천 명이 탑골 공원에 모이기로 한 터에, 민족 대표가 그곳에서 독립 선언을 할 경우 과격해진 학생들이 일제에 대거 체포되는 불상사가 일어날 것이었다. 손병희는 학생들을 보호하기 위하여 태화관(요릿집 명월관 분관)으로 변경하여 선언서를 발표했다. 그에 앞서 태화관 주인 안순환으로 하여금 조선총독부에 거사 사실을 전화로 알리게 했다.

이날 태화관에는 민족 대표 33인 중 29인이 참석하였다. 길선주, 김병조, 유여대, 정춘수는 지방에 있었기에 불참했다. 독립 선언서를 낭독한 후 불교계 한용운의 식사를 듣고 그의 선창으로 '대한 독립 만세'를 3창한 뒤 일본 경찰에 연행되었다. 태화관은 운명적인 장소다. 매국노 이완용의 집이었고, 이토 히로부미와 을사늑약을 밀약한 곳이기도 해서다.

3.1운동 준비 과정에서 중요한 일은 독립 선언서를 비밀리에 인쇄하는 것이었다. 이 일을 책임지고 해낸 사람은 이종일이었다. 그는 천도교 산하 인쇄소인 보성사에서 2월 27일 인쇄 완료했다. 손병희는 최린이 가져온 인쇄본을 그날 오후에야 처음 보았다.

제1차 세계 대전이 끝난 후 파리강화회의에서 미국 대통령 토머스 우드로 윌슨은 '14개조 평화 원칙'을 발표했고, 그 중에 '민족 자결의 원칙'(민족자결주의)이 있었다. 이는 식민지 국민들에게 희망의 메시지였다. 하지만 윌슨의 이 원칙이 적용된 곳은 패전한 동맹국 식민지에 해당하는 것이었다. 승전국이 식민지를 내놓을 리 없었다. 일본은 영국·프랑스·미국과 함께 승전국이었으며, 영국·미국 다음가는 강국 지위를 확보하였기에 식민지 조선의 지배력을 더욱 강화했다. 1920년 국제연맹 상임 이사국 지위에 오른 일본이었다.

그럼에도 윌슨 선언에 고무된 우리 지식인들의 독립에 대한 열망은 거세었다. 민족 대표 33인 명단에는 보이지 않으나, 준비 과정에서 활약한 숨은 일꾼도 많았다. 그 중 현저한 인물이 기독교계의 이인환李寅煥이다. 이인환은 최남선의 친구이며 평북 안주군 기독교 장로회 장로로서 정주 오산학교 설립자였다. 그가 상경한 것은 2월 11일이었다. 최남선은 송진우로 하여금 그를 대신 만나게 하여 기독교 측의 동지 규합을 당부했다.

그는 평북 선천에 도착하여 장로파 목사 양전백과 김병조, 장로 이명룡과 유여대의 동의를 얻고, 14일 평양에 가서 장로파 목사 길선주와 감리파 목사 신홍식의 찬동을 이끌었다. 이내 다시 상경하여 목사 박희도와 오기선 등을 만나 기독교계 동지 규합에 나섰다. 목사 정춘수에게 원산 지역을 부탁하고, 장로회파 장로 함태영(훗날 대한민국 부통령) 집에서 세브란스병원 사무원 이갑성, 평양기독교서원 총무 안세환, 장로파 조사 오상근, 목사 현순과 회동했다.

이인환은 이갑성 거소에서 박희도·오기선·오화영·신홍식·함태영을 만났고, 수원여학교 교사 김세환·안세환·현순 등과도 회동했다. 기독교계와 천도교계가 함께하는 문제는 이인환과 함태영이 맡고, 이갑성은 경남, 김세환은 충남에 파견되었고, 현순은 상하이로 갔다. 함태영은 일제 강점기의 강골 법관이었고, 월남月南 이상재李商在의 독립 운동에 무죄를 선고하여 파면당한 인물이다.

이같이 3.1운동 준비 과정에서 기독교계 인사들의 규합에 전심전력한 이인환이 33인 민족 대표에 포함되지 않았다. 왜 그럴까? 명단에 있는 이승훈의 본명이 이인환인 까닭이다. 또한 최남선·송진우·현상윤 등 대한제국의 고위급 인사였던 윤용구·한규설·박영효·윤치호가 끝내 3.1운동에 가담하지 않은 이유도 밝혀낼 필요가 있다. 윤용구는 성품이 고결한 대신이었고, 한규설은 을사늑약 체결 당시에 참정 대신(총리 대신)으로서 5조약을 한사코 반대하였던 인물이었다. 개화당 영수였어도 일본의 침략을 반대하다가 제주도에 귀양까지 갔던 박영효(철종의 부마)와 독립협회 회장이었고, 미국인들의 신망이 두터웠던 윤치호가 끝내 3.1운동에 함께하지 않은 까닭도 궁금하다. 후일 친일 대열에 서게 된 윤치호의 행적이 더욱 그렇다.

우여곡절 끝에 3.1운동 거사는 성공했다.

뒤에 밝힐 민족 대표 33인은 1919년 3월 1일 선포한 독립 〈선언서〉에 서명한 인사들이다. 그 밖에 배후에서 이 거사를 도운 민족 대표 16인(또는 17인)이 더 있었다. 미리 확인하기로 한다.

박인호 김홍규 노현용 이경섭 (이상 천도교)
김도태 안세환 함태영 김원벽 김세환 (이상 기독교)
임규 송진우 현상윤 강기덕 정노식 김지환 한병익 (최남선)

대개 민족 대표 48인이라 하나, 실은 49인이었다. 최남선까지 포함하면 50인이다.

3.1운동 비사祕史 (2)

3.1운동 당시에 선포된 〈선언서〉의 내용이 중요하다. 우리 민족 대표들이 생각한 독립 운동의 성격이 드러나는 까닭이다. 선언서 초고는 당시 29세이던 신진 학자요 언론인·출판가 육당六堂 최남선崔南善(1890~1957)이 썼다. 아직 한글 문체가 보편화하지 아니한 때의 문장이어서 난해하기 짝이 없는 선언서였으나, 어조는 장중했다.

선언서

오등吾等은 자玆에 아我 조선朝鮮의 독립국임과 조선인의 자주민임을 선언하노라. 차此로써 세계 만방에 고告하여 인류 평등의 대의大義를 극명克明하며, 차로써 자손 만대에 고誥하여 민족 자존自存의 정권正權을 영유永有케 하노라.

아我의 고유한 자유권을 호전護全하여 생왕生旺의 낙樂을 포향飽享할 것이며, 아의 자족自足한 독창력을 발휘하여 춘만春滿한 대계大界에 민족적 정화精華를 결뉴結紐할지로다.

선언서 원문 첫 단락과 끝 단락 일부를 옮겨 보았다. 한때 정부는 이 난삽한 원문을 고등학교 3학년 국어 교과서에 실어, 학생들이 전부를 암송하게 했다. 뒤에는 쉽게 풀어 쓴 전문으로 배우게 하다가, 한자를 배우지 않는 세대에 이르러 교과서에서 사라졌다. 다음은 쉽게 풀어 쓴 선언문이다. 길어 지루할지라도 사랑하는 후대들은, 애국 애족하는 마음으로 끝까지 읽어 주기 바란다.

　우리는 이에 우리 조선이 독립국임과 조선인이 자주적인 민족임을 선언하노라. 이로써 세계 만국에 알려서 인류 평등의 마땅하고 큰 도리를 분명히 밝히며, 이로써 자손 만대에 깨우쳐 민족의 자주적 생존의 정당한 권리를 영원히 누리게 하노라.
　5천 년 역사의 권위에 의지하여 이를 선언함이며, 2천만 민중의 충성을 합하여 이를 펴서 밝힘이며, 영원히 한결같은 민족의 자유 발전을 위하여 이를 주장함이며, 인류 양심의 발로에 바탕을 둔 세계 개조의 큰 기회와 시운에 맞추어 함께 나아가기 위하여 이 문제를 내세워 일으킴이니, 이는 하늘의 지시이고 시대의 큰 추세이며, 전 인류 공동 생존권의 정당한 발동이기에, 천하의 어떤 힘이라도 이를 가로막거나 억누르지 못할 것이다.
　낡은 시대의 유물인 침략주의·강권주의에 희생되어, 역사가 있은 지 몇천 년 만에 처음으로 다른 민족의 압제에 뼈아픈 괴로움을 당한 지 이미 10년이 지났으니, 그동안 우리의 생존권을 빼앗겨 잃은 것이 그 얼마이며, 정신상 발전에 장애를 받은 것이 그 얼마이며, 민족의 존엄과 영예에 손상을 입은 것이 그 얼마이며, 새롭고 날카로운 기운과 독창력으로 세계 문화에 이바지하고 보탤 기회를 잃은 것이 그 얼마나 되겠는가.
　슬프다. 오래전부터 억울을 떨쳐 펴려면, 눈앞의 고통을 헤쳐 벗어나려면, 눌려 오그라들고 사그라져 잦아든 민족의 장대한 마음과 국가의 체모와 도리를 떨치고 뻗치려면, 각자의 인격을 정당하게 발전시키려면, 가엾은 아들딸들에게 부끄러운 현실을 물려주지 않으려면, 자자손손에게 영구하고 완전한 경사와 행복을 끌어대어 주려면, 가장 크고 급한 일이 민족의 독립을 확실케 하는 것이니, 인류 공동의 옳은 성품과 이 시대의 지배적인 양심이 정의라는 군사와 인도라는 무기로써 도와주고 있는 오늘날, 우리는 나아가 취하매 어느 강자를 꺾지 못하며, 물러가 일을 꾀함에 무슨 뜻인들 펴지 못하랴.

　병자수호조약 이후, 때때로 굳게 맺은 온갖 약속을 배반하였다 하여 일본의 신의 없음을 단죄하려는 것이 아니다. 일본 학자는 강단에서, 정치가는 실제에서 우리 옛 왕조 대대로 물려 온 업적을 식민지의 것으로 보고, 문화 민족인 우리를 야만족같이 대우하며 다만 정복자의 쾌감을 탓할 뿐이요, 우리의 오랜 사회 기초와 뛰어난 민족의 성품을 무시한다 해서 일본의 의리 없음을 꾸짖으려는 것도 아니다. 스스로를 채찍질하고 격려하기에 바쁜 우리는 남을 원망할 겨를이 없다. 오늘 우리에게 주어진 임무는 묵은 옛 일을 응징하고 잘못을 가릴 겨를이 없다. 오늘 우리에게 주어진 임무는 오직 자기 건설이 있을 뿐이요, 결코 묵은 원한과 일시적 감정으로써 남을 시새워 쫓고 물리치려는 것이 아니로다.

　낡은 사상과 묵은 세력에 얽매여 있는 일본 정치가들의 공명에 희생된, 불합리하고 부자연에 빠진 이 어그러진 상태를 바로잡아 고쳐서 자연스럽고 합리적인, 올바르고 떳떳한, 큰 근본이 되는 길로 돌아오게 하고자 함이로다.

　당초에 민족적 요구에서 나온 것이 아닌 두 나라 합병이었으므로, 그 결과가 필경 위압으로 유지하려는 일시적 방편과 민족 차별의 불평등과 거짓 꾸민 통계 숫자에 의하여, 서로 이해가 다른 두 민족 사이에 영원히 화합할 수 없는 원한의 구덩이를 더욱 깊게 만드는 오늘의 실정을 보라. 날래고 밝은 과단성으로 묵은 잘못을 고치고, 참된 이해와 동정에 그 기초를 둔 우호적인 새로운 판국을 타개하는 것이 피차간에 화를 쫓고 복을 불러들이는 빠른 길인 줄을 분명히 알아야 할 것이 아닌가.

　또 원한과 분노에 싸인 2천만 민족을 위력으로 구속하는 것은 다만 동양의 영구한 평화를 보장하는 길이 아닐 뿐 아니라, 이로 인하여 동양의 안전과 위태함을 좌우하는 굴대인 4억만 지나 민족의 일본인에 대한 두려움과 시새움을 갈수록 두텁게 하여, 그 결과로 동양의 온 판국이 함께 넘어져 망하는 비참한 운명을 초래할 것이 분명하니, 오늘날 우리 조선의 독립은 조선 사람으로 하여금 정당한 생존과 번영을 이루게 하는 동시에, 일본으로 하여금 그릇된 길에서 벗어나, 동양을 붙들어 지탱하는 자의 중대한 책임을 온전히 이루게 하는 것이며, 지나로 하여금 꿈에도 잊지 못할 일본 침략의 공포심에서 벗어나게 하는 것이며, 또 동양 평화로써 그 중요한 일부를 삼는 세계 평화와 인류 행복에 필요한 단계가 되게 하는 것이다. 이 어찌 사소한 감정상의 문제리오?

아아, 새로운 세계가 눈앞에 펼쳐졌도다. 위력의 시대는 가고, 도의의 시대가 왔도다. 지난 한 세기 안에 갈고 닦아 키우고 기른 인도적 정신이 이제 막 새 문명의 밝아 오는 빛을 인류 역사에 쏘아 비추기 시작하였도다. 새봄이 온 세계에 돌아와 만물의 소생을 재촉하는구나. 혹심한 추위가 사람의 숨을 막아 꼼짝 못 하게 한 것이 지난 한때의 형세라 하면, 화창한 봄바람과 따뜻한 햇볕에 원기와 혈맥을 떨쳐 펴는 것은 이 한때의 형세이니, 천지의 돌아온 운수에 접하고 세계의 바뀐 조류를 탄 우리는 아무 주저할 것도 없으며, 아무 거리낄 것도 없도다. 우리의 본래부터 지녀 온 권리를 지켜 온전히 하여 생명의 왕성한 번영을 실컷 누릴 것이며, 우리의 풍부한 독창력을 발휘하여 봄기운 가득 찬 천지에 순수하고 빛나는 민족 문화를 맺게 할 것이로다.

우리는 이에 떨쳐 일어나도다. 양심이 우리와 함께 있으며, 진리가 우리와 함께 나아가는도다. 남녀노소 없이 어둡고 답답한 옛 보금자리에서 활발히 일어나, 삼라만상과 함께 기쁘고 유쾌한 부활을 이루어 내게 되었도다. 먼 조상의 신령이 보이지 않는 가운데 우리를 돕고, 온 세계의 새 형세가 밖에서 우리를 보호하고 있으니, 시작이 곧 성공이다. 다만, 앞길의 광명을 향하여 힘차게 곧장 나아갈 뿐이로다.

공약 3장

1. 오늘 우리의 이번 거사는 정의, 인도와 생존과 영광을 갈망하는 민족 전체의 요구이니, 오직 자유의 정신을 발휘할 것이요, 결코 배타적 감정으로 정도에서 벗어난 잘못을 저지르지 말라.
1. 최후의 한 사람까지 최후의 일각까지 민족의 정당한 의사를 명쾌히 발표하라.
1. 모든 행동은 질서를 존중하며, 우리의 주장과 태도를 어디까지나 떳떳하고 정당하게 하라.

단기 4252년 3월 1일 조선 민족 대표

손병희 길선주 이필주 백용성 김완규 김병조 김창준 권동진 권병덕
나용환 나인협 양전백 양한묵 유여대 이갑성 이명룡 이승훈 이종훈
이종일 임예환 박준승 박희도 박동완 신홍식 신석구 오세창 오하영
정춘수 최성모 최 린 한용운 홍병기 홍기조

선언서의 어조는 장중하면서도 온건하다. 우리 조선은 독립국이며 조선인은 자주적 능력이 있는 민족임을 세계에 선포하고 자손에게 깨우치려 했다. 세계 정세도 강권주의에서 평등·평화주의로 바뀌었으니, 일본도 세계 개조의 새 기운에 순응하는 것이 옳음을 일깨운다. 이 선언을 하는 것은 우리 민족의 시급한 임무이니, 지난날 일본이 저지른 강압 통치의 죄악을 두고 시비를 가리려 하지 않는다. 우리는 오직 앞날을 새로 개척하는 길을 거침없이 열어 가려 한다. 일본도 동양 평화와 평등을 위하여 도의의 길로 돌아가는 것이 마땅함을 알고, 이를 실행하기를 촉구한다.

전투적 독립론자, 투쟁론자 들은 이 선언문의 논조를 두고 모질게 비난

한다. 단재 신채호가 단호히 지적한 바 저 '강도 일본'을 도의로써 설득하는 것이 못마땅하다는 것이다. 생각이 사뭇 다르다.

하지만 찬찬히 생각할 필요가 있다.

이 선언서는 민족 전체의 이름으로 선포한 것임에 유의해야 한다. 다시 말하면, 이 선언서는 어느 특정 독립단의 포고문이 아니다. 민족 전멸의 각오를 하지 않는 한 선언서를 선전 포고문같이 쓸 수는 없는 일이다. 투쟁론자들은 도의론 같은 관념론을 일축한다. 민족의 힘을 길러 거시적인 관점에서 독립을 준비하자는 준비론에도 침을 뱉는다. 오직 무력 투쟁만이 바른 길이라는 것이다. 독립에는 민족 절대 다수의 준비론과 예외적 소수인 독립군의 투쟁론이 다 필요한 것이다.

최남선의 〈선언서〉는 준비론이며 무저항적 독립론이다. 전 민족이 나서서 무자비한 일본 군국주의와 무장 투쟁을 벌여, 인디언 아파치족처럼 전멸을 각오하는 것은 무모하다. 우리의 독립 선언서는 수천 년 문화 민족답게 어조를 가다듬고 선비의 금도襟度를 잃지 않으며 조곤조곤, 준열히 일제를 타이르되 격조는 유지한 글이다.

강도 일본은 타일러서 깨달을 존재가 물론 아니다. 그럼에도 우리는 문화 민족의 금도를 잃어서 안 되었다.

일본 군국주의자들은 포악, 잔인했다. 그 까닭은 무엇인가? 민족성 문제가 거론될 수 있다. 오랜 전국 시대를 거친 칼잡이(무인)들의 나라라서 그럴 수 있다. 일본인의 기질을 연구한 미국 여성 학자 루스 베네딕트의 《국화와 칼》이 참고 자료가 될 만하다. 제2차 세계 대전이 막바지에 접어들던 1944년 미국 국무성은 문화 인류학자 루스 베네딕트 컬럼비아대 교수에게 일본인의 성향을 연구하게 했다. 미군은 일본군과 전투하면서 상식적으로 전혀 이해할 수 없는 일본인의 기질이 궁금했던 것이다.

루스 베네딕트는 일본에 한 번도 가 본 적 없이 문헌 자료와 재미 일본인들과의 인터뷰 등을 통하여 놀라운 성과물을 얻었다. 명저《국화와 칼 The Chrysanthemum and the Sword》(1946)이다. 그는 일본인 특유의 모순성에 주목했다. ①공격적이면서도 수동적인 것, ②무례하면서도 공손한 것, ③충성스러우면서도 간악한 것, ④용감하면서도 비겁한 것, ⑤호전적이면서도 심미적인 것은 이해하기 어려운 2중성이었다. 손에는 국화를 들고 허리에는 칼을 찬 일본인의 모순된 표상은 일본인 특유의 문화인 계층적 위계 질서 의식, 수치와 죄책감의 문화, 은혜에 대한 생각 등에서 연유하는 것이라는 결론에 도달했다. 태평양 전쟁, 대동아 전쟁으로 불리는 제2차 세계 대전 중에 보인 일본 군인들의 행태는 전혀 상식적이지 않았다.

필자는 일본인의 종족적 특성에 대하여 연구한 적이 없다. 여기서는 제1,2차 세계 대전을 이끌었던 일본 군국주의자들에 대해서만 이야기하려 한다.

세계 전쟁사에서 독일 수상 히틀러, 이탈리아 수상 무솔리니, 소련 수상 스탈린, 일본 수상 도조 히데키의 행태에는 유럽 정신사의 뿌리가 있다. 그 뿌리는 찰스 다윈의 진화론이다. 생물 진화론의 2대 기둥은 종의 변이 variation of species와 자연 선택natural selection이다. 종의 변이는 기독교 창조론을 부정한 무신론이고, 자연 선택은 강한 자만 살아남는다는 적자생존survival of the fittest 이론을 낳는다.

다윈의 생물 진화론은 허버트 스펜서(1820~1903)의 사회 진화론, 오귀스트 콩트(1798~1857)의 실증주의實證主義 사회학으로 발전한다. 스펜서는 다윈이 말한 '단세포 생물 → 복세포 생물 → 복복 세포 생물 → 다세포 생물'로의 발달 과정을 사회 발전 이론으로 원용했다. 곧 사회도 '단단위 사회 → 복단위 사회 → 복복 단위 사회 → 다단위 사회'로 발전한다는 사회적 다위니즘을 발표했다.

콩트의 실증주의 사회학은 무신론을 확산시켰고, 마르크스의 유물 변증법은 진화론의 극단이다. 진화론적 실증주의는 감각으로 인식할 수 있는 것만 진리라는 주장으로서, 이는 19세기 후반의 자연주의·사실주의, 20세기 전반기의 무신론적 실존주의로 발전한다. 근대 이후 유럽 문명사는 무신론의 소산이다.

일본 군국주의 이야기에 진화론이 대두되는 데는 까닭이 있다. 그 뿌리가 진화론에 있기 때문이다. 여기서 함께 논해야 할 것이 독일 철학자 프리드리히 헤겔(1770~1831)의 변증법이다. 헤겔의 변증법은 모순·대립하는 주관적 관념과 객관적 관념을 통합하는 철학적 사고 방법이다. 명제These와 이에 대립하는 반명제Anti-These 간의 모순·대립 상황을 지양止揚Aufheben하여 통합 명제Synthese로 발전시키는 것이다. 헤겔은 탁월한 영웅이 역사를 주도하는 듯이 보이나, 실은 그 시대를 이끄는 절대 정신이 그를 조종한다고 보았다. 후일 실존주의 철학자들은 그의 절대 정신에는 독재를 정당화하는 파시즘의 냄새를 감지하며, 인간 소외의 주범으로 헤겔을 지목한다.

헤겔의 제자들에는 우파와 좌파가 있었다. 청년 헤겔은 좌파였고, 노년의 헤겔은 우파였다. 유럽 역사에 지대한 영향을 끼친 쪽은 헤겔 좌파였다. 헤겔 우파는 헤겔을 기독교적 초월신론자로 해석하고, 예수를 신인神人으로 보며, 복음서 내용을 전체적으로 지지했다. 하지만 그들의 주장은 19세기 유럽 정신사에 영향을 주지 못했다.

헤겔 좌파의 현저한 인물은 루드비히 포이어바흐(1804~1872)였다. 그는 헤겔 철학을 비판적으로 계승하면서 유물론적 인간 중심주의 철학을 정립했다. 이를 비판적으로 계승한 인물이 카를 마르크스(1818~1883)와 프리드리히 엥겔스(1820~1895)다.

1848년 2월 21일 망명지 런던에서 30세 마르크스와 28세 엥겔스가 〈공산당선언Manifest der Kommunistischen Partei〉을 발표했다. 그들은 역사를 착취 계급과 피착취 계급의 계급 투쟁에 따른 발전사로 보았다. 독일어로 된 이 선언문의 마지막 문장은 "온 세계의 노동자(프롤레타리아)들이여 단결하라(Proletarier aller Länder, vereinigt euch)!"였다.

놀랄 일도 아니다. 헤겔 우파는 독일 수상 아돌프 히틀러(1889.4.20.~1945.4.30.)의 나치즘, 이탈리아 수상 베니토 무솔리니(1883.7.29.~1945.4.28.)의 파시즘, 일본 수상 도조 히데키東條英機(1884.12.30.~1948.12.23.)의 군국주의를 낳았다. 세계 공산당의 계보는 헤겔 좌파 포이어바흐에서 싹이 트며, 마르크스·엥겔스·블라디미르 레닌(1870~1924), 이오시프 스탈린(1879~1953)으로 이어진다.

우리의 최대 관심은 도조 히데키에 있다. 그는 쇼와昭和 124대 천황 재위기(1926.12.25.~1989.1.7.)에 활동한 군인이자 정치인이다. 1941년 10월 18일에 군인 신분으로 내각 총리 대신이 되었고, 내무 대신·육군 대신·참모 총장을 겸직하며 육군 대장이 되었다. 1943년 문부 대신, 상공 대신, 군수 대신을 겸직하며 태평양 전쟁, 대동아 전쟁을 치렀다. 헌병 정치, 공포 정치로 악명이 높았다. 1941년 12월 7일 하와이 진주만 폭격을 시초로 한 태평양 전쟁을 시작한 것은 그가 총리 대신이 된 지 두 달도 채 되지 않은 시기였다. 1948년 8월 6일과 9일 히로시마와 나가사키에 미국의 원자탄 공격을 받고 항복한 후 그는 자살을 기도했으나 미수에 그쳤다. 1948년 12월 23일 극동 국제 군사 재판에 회부되어 교수형을 당했다. 향년 63세, 불교 신도였다.

재판관에는 미국, 영국, 중화민국(자유 중국, 타이완), 소련, 캐나다 자치령, 오스트레일리아, 뉴질랜드, 프랑스, 인도 제국, 필리핀, 네덜란드 출신 12명이 임명되었고, 도조 히데키 등 28명이 재판을 받았다. 재판장은 오스트레일리아 대법원장 퀸즐랜드, 수석 검사는 미국의 조지프 베리 키넌이었다. 1945년 5월에 개정하여 1948년 11월 12일에 종결된 판결에서 7명은 사형(교수형), 16명이 종신형, 2명이 유기 금고형을 선고받았다. 2명은 판결 전에 사망했고, 1명은 매독으로 인한 정신 이상으로 소추가 면제되었다. 천황도 기소해야 한다는 의견이 있었으나, 일본 국민 여론이 악화할 것이 두려웠고, 유죄를 입증할 증거도 분명치 않았다. 대신 천황이 스스로 신격을 포기하고 '인간'임을 고백하게 했다. 극동 전범 재판은 혐의자 색출에 철저하지 못하였고, 억울한 피의자도 있었던 졸속 재판이었다. 나치 전범에 대한 뉘른베르크 재판은 이와 달리 철저했다.

이 재판은 졸속으로 진행되어 일본을 단죄하는 데 도저하지 못한 데다, 중공과 소련으로 대표되는 공산권과 미국과 그 우방이 대표하는 자유민주 그룹 간의 냉전 체제가 대립하면서 일본이 동아시아 반공의 보루로 급격히 부상했다. 더욱이 1950년 한반도에서 6.25전쟁이 터지자 일본은 미국과 연합군의 보급 기지가 되었다. 패전국 일본이 오히려 급속도로 재기하는 계기가 된 것이다.

일본은 패전 직후 피폐해진 국력 회복과 국민 정신 교육에 사활을 걸었다. 현재 일본 국민들 개개인이 친절·정직·근면하며 절약 정신이 유난히 강한 것은 이때에 받은 국민 교육의 결과다. 그럼에도 일본인들이 반성은 하되 회개(참회)할 줄 모르는 행태는 인류사적 병폐다. 제2차 세계 대전에서 전쟁을 도발한 일본은 인류 역사상 처음으로 원자탄 공격까지 받은 국민이면서, 그들이 하와이와 남태평양 제도, 필리핀, 동남아시아, 중국을 침략하여 무고한 국민을 참살한 범죄에 대하여 끝내 참회하지 않는 것은 범인류적 양심 차원에서 용납되기 어려운 죄악이다. 전쟁 후 일본에서 발간된 교과서 중에 제2차 세계 대전 범죄를 진실로 회개하는 내용을, 필자는 찾지 못했다.

루스 베네딕트 교수가 본 대로, 일본인들은 손에는 국화꽃을 들고 친절한 미소를 띠면서 허리에는 지금도 보이지 않는 마음속 일본도를 차고 있는가? 일본은 신도神道라는 고유의 신앙이 있다. 이는 고등 종교라기보다는 선조나 자연을 숭배하는 토착 신앙일 뿐이다. 일본 도처에 신사神社가 있듯이, 신도는 현세주의적 일본 민족 종교다. 거기에 인간의 실존적 구원이나 참회 의식이란 없다. 불교와는 다르다.

일본 민간에 불교가 전래된 것은 6세기 이전인 듯하나, 왕실을 통해 공식적으로 전래된 해는 522년 또는 538년이라 기록되어 있다. 백제 26대 성왕 때 달솔 노리사치계가 전했다고 한다. 일본 성덕태자 전기에는 538년이라 했다. 불교는 기독교와 함께 참회의 종교다. 그럼에도 일본 불교는 참회와는 거리가 먼 행보를 보여 왔다. 일본인들이 그 무서운 전쟁 범죄를 저지르고도 참회하지 않는 것은 동아시아인 내지 세계 인류를 위하여 불행한 일이다. 기껏해야 일본 왕은 "통석痛惜의 염念을 금하지 못한다."는 아리송한 말로 얼버무렸다. 다만 2009년부터 이듬해까지 총리였던 하토야마 유키오鳩山由紀夫가 여러 차례 우리나라에 와서 사죄하고, 서대문교도소 자리에 와서 무릎을 꿇은 것은 일본인으로서는 유례가 없는 일이다.

20세기에 식민지를 둔 강대국은 포르투갈, 스페인, 네덜란드, 영국, 프랑스, 독일, 이탈리아, 일본 등이다. 미국은 식민지를 둔 적이 없다. 필리핀을 관할하며 서태평양에 진출한 것은 맞다. 그것은 식민지 경영이 아니므로, 미국을 일반 제국주의 국가 범주에 넣는 것은 역사 왜곡이다. 미국은 1945년 8월 15일부터 3년간 한국을 임시 통치하면서부터 천문학적인 지원은 했으나 착취한 것은 없다.

일본 제국주의자들의 식민지 지배는 악랄했다. 일본 군국주의자들은 유구한 문화 민족인 우리를 천민으로 여기며 학대했다. 진화론의 적자생존 원리를 맹목적으로 붙좇아 인종주의자racist이기를 자처했다. 일본인은 우수한 종족이고, 한국인·중국인·동남아시안은 열등한 종족인 것으로 보고 침략, 학살했다. 히틀러는 유태인을 열등시하여 6백만 명을 불태워 죽였다. 슬라브족을 노예시하여 유린의 대상으로 삼았다. 진화론 우파의 괴물들이 히틀러, 무솔리니, 도조 히데키 무리다.

덧붙인다. 진화론 좌파의 거두 레닌, 스탈린, 차우세스쿠, 마오쩌둥, 김일성도 우파에 못지않게 잔인했다. 스탈린은 6천3백만 명, 마오쩌둥은 7천만 명을 굶겨 죽이거나 학살했다. 스탈린과 마오쩌둥의 지원을 받은 김일성이 6.25전쟁을 일으켜 3백만 명의 목숨을 빼앗고, 수많은 홀어머니와 고아 들이 누더기를 걸치고 길거리를 헤매게 했다.

그렇다면 진화론은 절대 악인가? 그건 아니다.

진화론은 중세 가톨릭 교회의 과도한 권위주의의 족쇄에서 풀려, 사람 개개인의 천부 인권과 민주적 창조성에 눈을 뜨게 만들었다. 그리스에서 싹이 텄던 수학과 과학이 기세를 올리면서 자연 과학이 제 궤도에 자리하게 되었다. 르네상스적 인본주의 문명이 꽃피게 된 것이다. 이탈리아 피렌체를 중심으로 하여 근대 예술이 발달하여 유럽 각지로 전파되었다.

영국 사람 아크라이트 경(1732~1792)은 1769년 수력을 이용한 방적기를, 같은 해에 제임스 와트(1736~1819)는 증기 기관차를 발명했다. 기계를 이용한 대량 생산과 기관차를 통한 물류 체계에 놀라운 혁신이 일어났고, 이는 인류 역사를 변혁시킨 제2차 산업 혁명의 신호탄이 되었다.

20세기 중반인 1968년경부터 인류는 컴퓨터, 인공위성, 인터넷을 발명하며 제3차 산업 혁명을 일으켰다. 이어서 2016년경을 기점으로 제4차 산업 혁명에 돌입하였다. 정보 통신 기술(ICT) 융합으로 초연결hypeconnectivity과 초지능superintelligence 사회를 열었다. 연결 범위scope, 속도velocity, 영향impact의 강도가 압도적으로 넓고 빠르고 큰 국면을 연 것이다. 정보 통신 기술을 기반으로 한 새로운 산업 혁명이었다. 정보 혁명에서 도약한 양상이다. 다가올 제5차 산업 혁명은 '지구의 안전성'을 확보하기 위한 기술 혁명이 될 것이다. 현대 사회에서 개인과 사회에 구조화해 있는 '결핍의 감정'을 사람이 스스로 제어할 수 있는 도움을 주는 기술 혁명이다. 뇌의 과잉 에너지 관리 기능을 보강해 주려는 것이다.

근대 이후 이 현란한 문명을 발전시켜 온 동력의 원천은 진화론이다. 그런데 이 현란한 문명의 창조자이며 향유자인 인간의 윤리적, 정신적, 영적 타락이 문제다. 사람의 비인간화와 물신화物神化, 끝 모를 오만을 제5차 산업 혁명은 제어할 수 있을까? 인류는 지금 막다른 골목에 선 비극의 주인공이 되었다. 무신론으로 치달은 결과다.

현대의 비극은 본디 전일체全一體entity였던 사람 · 자연 · 절대자 간의 분리detachment에서 온다. 사람과 자연, 사람과 사람, 사람과 절대자(절대적 가치) 간의 참된 만남이 절실히 요청되는 시대다.
중세의 극단적 신본주의神本主義와 현대의 극단적 인본주의人本主義가 낳은 이 비극을 해소하는 곳에서 미래 인류의 살 길이 열릴 것이다.

세계를 전쟁과 살육으로 몰아넣은 극단적 전쟁광들을 생산한 진화론의 밭을 파헤치다 보니, 3.1운동 이야기가 길어졌다.
드러난 현상을 똑바로 보되 그 본질을 생각해야 한다. 역사적 사건과 주역들이 행위를 지배한 사상의 뿌리를 캐어 보자는 뜻이다.

3.1운동 비사秘史 (3)

1919 기미년 3월 1일 독립 만세 운동이 터지자, 그 기세는 요원의 불길처럼 전국으로 확산되었다. 먼저 민족 대표들의 동향을 살피기로 한다. 일제 경찰·검찰·법원의 취조서 내용이 중요하다.

다음은 3백만 천도교 제3대 교주로서 민족 대표의 대표였던 손병희 선생 취조서다.

심문: 피고는 조선의 독립이 될 줄로 아는가?

손병희의 답: 그렇다. 될 줄로 생각한다.

문: 어째서 된다고 생각하는가?

답: 그것은 목하目下 파리에서 개최 중인 강화 회의에 일본은 5대국의 일원으로 동 회의에 연석하고 있다. 동 회의에는 민족 평화 등의 권리를 줄 것을 의제로 하고 있는데, 동 열석 중에 일본은 당연히 조선의 안녕 질서를 보지保持하기 위하여 조선에 독립을 승인할 것이라고 생각하였고, 또 지금 영국에서는 애란(아일랜드)을 독립시키는 것을 신문에서 보았다. 이런 것으로 보아 일본은 당연히 조선 독립을 시키는 것이 옳은 일이라고 생각하였다.

문: 피고는 장래나 또는 미래에도 독립 운동을 하려고 하는가?

답: 기회만 있으면 독립 운동을 하려는 의사를 관철할 생각을 하고 있다. 그런데 그것은 폭력으로써 수행할 생각은 조금도 없고, 평화리에 해결할 것을 생각하고 있다.

(1919.4.10.)

민족 대표의 대표답게 손병희(1861~1922) 선생의 독립 운동 의지는 이같이 확고했다. 인도의 간디가 그러했듯이, 손병희 선생도 비폭력적 저항 운동을 신조로 삼고 있었다.

다음은 이승훈 선생 취조 내용이다.

문: 피고는 독립 운동을 하는 것이 실제 조선 독립이 될 줄로 생각하고 하는 것인가?
답: 그것은 민족 자결이라고 하여 미국 대통령이 선언한 14개 조항 중에 민족 자결을 주장함으로써, 노동자들도 대표자를 강화 회의에 열석시키고 있는 현상이며, 또한 현하 대세는 민족 평등을 지향하고 있으므로, 조선 사람도 물론 힘이 없으니까 힘이 없는 자로서 자유 독립의 시대가 왔다고 생각함으로써이다. (중략) 일본 정부도 우리 요구를 방해하지 말고 조력하여 독립이 되게 한다면 다행일 것으로 생각하여, 될 줄로 믿고 있다.
문: 피고는 금후에도 어디까지든지 독립 운동을 할 것인가?
답: 그렇다. 될 수 있는 수단이 있다면 어디까지든지 하려 하고, (중략) 외국 사람의 조력을 요할 필요는 털끝만큼도 없다.

기독교 대표 이승훈(1864~1930) 선생의 독립 의지도 손병희 선생의 경우와 다르지 않다.

한용운(1879.8.29.~1944.6.29.) 선생 취조서 내용은 어떤가?

문: 피고는 금후에도 조선 독립 운동을 할 것인가?
답: 그렇다. 계속하여, 어디까지든지 할 것이다. 반드시 독립은 성취될 것이며, 일본에는 중 월조月照가 있고, 조선에는 중 한용운이 있을 것이다.

불교 대표 한용운 선생의 독립 의지는 단호하다. 한용운 선생은 기독교 쪽에 가입 의사를 스스로 밝혀 민족 대표가 되었고, 백용성 스님(대각교 창시자)과 함께했다.

덧붙인다. 3.1운동을 계획하는 과정에서 맹활약한 인물 중에 평남 강서 출신 손정도(1882~1931) 목사가 있다. 그는 3.1운동 직전에 상하이로 망명하여 임시 정부 임시의정원 의장이 되었다. 의용단을 조직하여 일제와 무장 투쟁을 하였고, 도산 안창호 선생의 흥사단 운동에도 참여했다. 만주 지린에서 독립 운동을 하다가 병사했다. 소년 김일성을 지원하여 중학교 공부를 하게 한 묘한 인연도 있다. 대한민국 해군 창설자(초대 참모 총장 · 국방부 장관) 손원일 제독이 그의 아들이다.

손원일(1909~1980) 제독은 미국에서 전투함을 구입하여 '백두산'호로 명명하였고, 이 전투함은 6.25전쟁 때 부산 해역으로 침투한 북한 특수 부대 함정(600명을 실음)을 격침시켰다. 부산이 최후까지 북한군에 점령되지 않을 공을 세웠다. 해군병학교(해군사관학교 전신)와 해병대를 창설한 이도 손원일이었다. 손원일 제독이 작사하고 그 부인 홍은혜 여사가 작곡한 해군 군가 〈바다로 가자〉다.

1
우리들은 이 바다 위에 이 몸과 마음을 다 바쳤나니
바다의 용사들아 돛 달고 나가자 오대양 저 끝까지

2
우리들은 나라 위하여 충성을 다하는 대한의 해군
험한 저 파도 몰려 천지 진동해도 지키자 우리 바다

3
석양이 아름다운 저 바다 신비론 지상의 낙원일세
사나이 한평생 바쳐 후회 없는 영원한 맘의 고향

후렴

나가자 푸른 바다로 우리의 사명은 여길세
지키자 이 바다 생명을 다하여

이 군가를 작곡한 홍은혜 여사는 근래 천안함 전몰 장병 영결식이 끝날 무렵 군악대와 장병들이 이 노래를 부를 때 목놓아 울었다고 한다. 이때부터 건강이 악화되어 '해군의 어머니' 홍 여사는 2017년 4월 19일 96세를 일기로 영면했다. 이 노래는 뒤에 다시 인용될 것이다.

오늘 대한민국의 번영은 이 같은 선구자들의 피와 눈물의 결실이다.

손병희·이승훈·한용운 선생은 모두 징역 3년형을 선고받고 옥고를 치렀다. 다른 민족 대표들은 물론 선언서를 쓴 최남선도 영어의 몸이 되어 고초를 겪었다.

그 외에도 송진우, 현상윤, 박인호, 노헌용, 이경섭, 김지환, 강기덕, 김원벽, 정노식, 김도태, 임규, 김세환, 어병제, 백남훈, 한병익, 김홍규, 박영효, 윤치호, 윤용구, 김윤식, 함태영 선생도 3.1운동 배후나 동조자 또는 참고인으로 취조를 받았다.

일제가 우리 민족 대표 등에게 적용한 죄명(구성 요건 해당성)은 내란죄, 보안법 위반 및 출판법 위반죄 등이었다.

3.1운동은 1919년 3월 1일에 반짝하고 일어났다가 잦아든 단발성 독립 투쟁이 아니었다. 3월 1일부터 이듬해까지 삼천리 우리 국토 전역에 요원의 불길처럼 타올랐던 자주 독립 운동이었다.

(1) 서울

① 3월 1일: 오후 8시 마포 전차 종점에서 수천 명, 11시 서강 동막에서 예수교 부속소학교 생도 백여 명이 수천 명 군중과 함께 태극기를 흔들며 만세를 불렀다.

② 3월 2일: 종로 4가에서 수천 명이 만세를 부르며 종로 경찰서로 달려가다 제지당했다.

③ 3월 3일: 고종 인산날이라 학교는 문을 닫고, 학생들은 각자 고향으로 돌아가 독립 정신을 고취했다. 이화 학당 유관순 열사가 천안 병천(아우내)으로 내려간 것도 이때다.

④ 3월 5일: 오전 9시 연희전문학교 학생 강기덕과 김원벽이 남대문 정거장(서울역) 앞에서 인력거를 타고 지휘하는 가운데, 중학교와 전문학교 학생 수천 명과 일반인 수천 명이 태극기를 흔들고 《독립신문》을 뿌리면서 행진했다. 두 학생은 체포되었다.

오후 11시경에 송현동 이소사 집에서 도쿄 유학생·각 전문학교·중학교 학생 대표와 천도교·기독교 청년회원이 모여 활동 계획을 논의하다가 경찰에 체포되었고, 《독립신문》·《국민보》 등을 압수당했다.

이런 가운데 경찰의 감시에도 아랑곳없이 새벽 2시에 인경이 울렸고, 북악산과 남산에 태극기가 휘날렸으며, 독립문은 단청을 새로 하였다.

경찰이 단속하는데도 시장은 철시하고 온 상점이 문을 닫았다. 시내 각 공장 직공들은 파업하고, 동아연초회사도 그랬다. 전기 회사 차장과 운전사가 파업하자 전차 운행이 중단되었다. 전기 회사 종업원도 3월 9일 동맹 파업을 했다.

한성 부윤은 시민들에게 경고의 뜻을 전하고, 총동원된 경찰이 종업원들의 가택과 여관을 수색하며 위협했다. 그럼에도 많은 전단지가 뿌려지자 분위기는 엄혹해졌다.

⑤ 3월 20일 이규갑 선생은 안상덕 등 동지 7인과 함께 정부를 조직할 것을 협의한 후에 전국 대표자를 선출하기 위해 인천 만국공원에서 국민대회를 열기로 했다. 서울 대표 이규갑·신태련·안상덕·권익채·홍명희, 경기도 대표 정한교, 강원도 대표 이종욱 등 전국 대표는 11명이었으나, 이날 다 참석하지는 못하였다. 집회를 금지당하여 뜻을 이루지 못한 이규갑 선생은 해외에서 투쟁하기 위하여 상하이로 갔다. 그 부인 이애라 여사는 국내에서 부인 활동을 하기로 약속했다. 열렬히 독립 운동을 펼

치던 이 여사는 만주 동포들을 찾아가 상하이에서 온 밀서를 소지하고 두만강 도문을 건너오다가 일본 헌병에게 체포되어 참살당했다. 절통한 일이다.

⑥ 3월 22일 오전 남대문 밖 봉래동에서 5~6백 명, 오후 10시경 종로 3가 단성사 앞에서 수백 명이 만세 행진을 하다가 저지당하고, 상점들은 문을 닫았다.

서울 시내에는 전시와 같이 계엄령이 선포되었다. 봉래동(오후 9시), 아현공립보통학교 운동장(오후 9시~10시 반), 신설동(7시), 상왕십리(7시), 동대문(9시), 마포·효창공원(10시), 종로에서 동대문까지(9시), 서대문 밖·공덕동·염리동·와우산·연화봉·당인리 뒷산 등에서 불로 신호하며 시위(9시), 노량진 사육신묘(8시), 도화동 용산역 앞(9시), 영등포 밤섬·김포 길·인천 길·당산리(8시) 등에서 수백, 수천 명이 시위하였다.

⑦ 3월 23일 서울 각처에서 시위가 일어났다(3~4일간).

⑧ 3월 24일 정동공립보통학교·인의동공립보통학교 졸업식 중 시위가 일어났다.

⑨ 3월 25일 동대문 밖 상춘원 뒷산과 낙산·인왕산·창의문에서 만세를 불렀다.

⑩ 3월 26일 동대문시장에서 태극기를 파는 사람이 있었다. 단성사·광무대·우미관·연흥사 등 영화관과 연극관이 문을 닫았다.

선린상업학교, 청파동, 경기고등보통학교, 가회동, 화동, 소격동, 팔판동, 삼청동, 옥인동 이완용 집 앞, 세검정, 동막, 사창 고개, 마포, 구용산, 남산공원, 안국동, 손병희 선생 댁 상춘원, 누하동, 죽림동 기독교회당, 금계동, 서대문 형무소 뒷산, 와룡동, 창경궁 앞, 와룡동 파출소, 재동 파출소(습격), 광화문 앞 명월관 근처, 무교동, 광화문 우체국 앞, 회기동, 동대문시장 부근, 독립문 앞, 묘동, 홍파동, 사직동, 안국동, 낙원동, 안

암동, 수송동 등 서울 시내 각처에서 수십, 수백, 수천 명이 모여서 시위했다.

⑪ 1920년 2월 16일 오후 9시 반에 남대문역 대합실에서 독립 운동에 관한 연설을 하던 사람이 경찰에 체포되었다. 황해도 사람 윤기현이었다.

⑫ 3월 27일 오후 2시에 단성사에서 불교 강연 도중 청강자(500~600명)가 돌연 독립 만세를 부르자 일제히 이에 호응함에 따라 주최자가 경찰에 연행되었다.

⑬ 8월 23일 오전 5시 반경 서대문 밖 연초 전매국 앞 파출소에 군중 수천 명이 파출소를 에워싸자, 형사는 도망가고 조선인 순사보는 그곳을 빠져나가다 주먹 세례를 받았다. 군중이 흥분한 것은 경찰이 이창회라는 목사를 소요를 선동한 혐의로 체포한 데 있었다.

⑭ 민족 대표 33인의 공판일인 8월 24일 서울 상인들이 모두 철시하였다.

(2) 경기도

인천(3.6)   개성(3.1)   수원(3.1)   오산(3.29)   화성(3.29)
동탄(3.21) 고양(3.10) 광주(3.27) 양주(3.26)   연천(3.22)
포천(3.23) 동두천(3.23) 가평(3.9) 여주(4.1)   용인(4.4)
안성(3.11) 평택(3.9)   시흥(3.7)   부천(3.13)   김포(3.12)
강화(3.12) 파주(3.26) 문산(3.27) 개성(미수복 지구, 미상)

화성군 향남면 제암리의 비극을 우리는 잊어서 안 된다. 1919년 4월 15일은 발안 장날이었다. 수원에 주재하던 수비대 순사들이 제암리 기독교 교회에 기독교인과 천도교인 들을 모이게 했다. 유익한 말을 들려 주겠다고 속인 유인계였다. 순사들은 예배당 입구에서 총 길이보다 작은 아이들을 돌려보내고 나머지는 다 들어가게 한 후 교회당에 불을 질렀다. 탈출하던 사람은 총살당했다. 김홍렬 가족 6인을 포함한 28인이 불에 타서 뼈만 남았다. 천인공노할 만행이었다.

(3) 충청북도

청주(3.23)　　영동(3.29)　　진천(3.15)　　괴산(3.15)　　음성(3.19)
충주(3.11)　　제천(3.17)　　단양(3.20)

(4) 충청남도

대전(3.27)　　연기(3.26)　　공주(4.1)　　논산(3.11)　　부여(3.6)
서천(3.29)　　보령(3.29)　　청양(4.5)　　홍성(3.18)　　예산(3.10)
서산(3.16)　　당진(3.10)　　아산(3.11)　　천안(3.27)

특기할 일이 있다. 천안 병천면(아우내) 장터 만세 시위 사건이다. 4월 1일 밤 동면 용두리 조인원·김상철은 면민을 이끌고 만세를 부른 후 장날에 장터로 모이게 하였다. 그들은 태극기 수천 개를 만들었고, '조선 독립' 큰 깃발을 들고 수만 군중과 함께 '조선 독립 만세'를 외쳤다. 이화학당 17세 유관순도 태극기를 만들어 배포하고 연설을 했다. 이내 천안 헌병이 들이닥쳐 칼을 휘두르고 총을 쏘았다. 유관순은 칼에 찔려 쓰러졌다. 헌병의 총탄에 20명이 사망하고, 수백 명이 부상했으며, 50여 명이 검거되어 공주 감옥에 수감되었다. 유관순은 서울 서대문형무소에서 가혹한 고문에도 뜻을 굽히지 않다가 옥사했다. 슬프다.

(5) 전라북도

전주(3.13)　　　군산(3.5)　　　이리(익산, 3.16)　　예안(3.25)
금산(3.29, 지금은 충남)　　　남원(3.21)　　　　순창(3.20)
고창(3.15)　　　김제(3.21)　　옥구(4.1)　　　　　익산(3.5)

(6) 전라남도

광주(3.10)	목포(4.8)	여수(3.16)	순천(3.16)
담양(3.10)	곡성(3.20)	구례(3.31)	광양(4.2)
고흥(3.15)	보성(벌교 4.9, 보성읍 4.18)		화순(3.15)
장흥(3.15)	강진(3.29)	영암(3.11)	무안(3.20)
나주(3.15)	함평(3.26)	영광(3.26)	장성(3.20)
완도(3.15)	진도(3.25)	제주읍(3.20)	

일제 강점기에 제주도는 전라남도 부속 도서였다.

(7) 경상북도

대구(3.8)	포항(3.11)	군위(3.28)	의성(3.18)
안동(3.12)	청송(3.21)	영양(3.24)	영덕(3.18)
영일(4.1)	경주(3.13)	영천(3.20)	청도(3월~4.1)
고령(3.15)	성주(3.20)	칠곡(3.18)	선산(3.19)
상주(3.23)	문경(3.20)	예천(4.3)	영주(3.10)

애절한 이야기가 있다.

김순흠 선생은 왜적에게 납세하는 곡식을 먹고 목숨을 이어 가는 것을 치욕으로 여겨 단식 투쟁 중에 절명하였다. 또 정훈모 열사는 27년간 독립 투쟁을 하다가 만주에서 일본 헌병에게 체포되어 옥고를 치르다 사망했다. 허빈 선생은 김좌진·이범석·박두열 씨와 독립 운동을 하다가 일본 헌병에게 체포되어 절명했다.

경상북도 출신들의 우국 충절이 마음을 저민다.

(8) 경상남도

부산(3.1)	마산(3.12)	진주(3.11)	의령(3.19)
창녕(3.19)	밀양(3.19)	양산(3.28)	울산(4.2)
동래(3.13)	김해(3.29)	창원(3.23)	통영(3.15)
거제(4.1)	고성(4.1)	사천(3.15)	남해(4.6)
하동(4.6)	함양(4.2)	거창(3.23)	합천(3.19)

시·군 단위로 처음 만세 시위가 일어난 날을 조사한 것이다. 북한 자료는 없으나, 그쪽도 3월 초에서 4월 초까지 격렬하게 시위했을 것이다. 교통·통신망이 열악한 시절인데도, 삼천리 방방곡곡 우리 민족은 목숨을 걸고 일제에 항거했음을 이 기록만으로도 짐작할 수 있다. (이병헌 엮음, 《3.1운동 비사》, 시사시보사 출판국, 1959. 참조.)

전국 각 지역 3.1만세 시위를 주도한 주인공은 천도교와 기독교 신자들과 각급 학교 학생들이었다. 이 대목에서 의문이 인다. 3.1운동기에 한국 가톨릭교회가 보인 태도다. 가톨릭교와 개신교는 만인 평등 사상을 펴는 같은 그리스도교인데, 왜 가톨릭 쪽에서는 3.1운동에 냉담하였을까? 그 까닭은 프랑스 출신 뮈텔 주교의 성향에서 찾을 수 있다.

파리 외방 선교회의 귀스타브 샤를 마리 뮈텔(1854~1933) 주교는 1881년 고종 때 조선에 왔다가 1885년 파리대 학장이 되어 프랑스로 돌아갔고, 1890년 다시 돌아와 제8대 조선 대목이 되었다. 용산예수성심학교와 명동성당 등을 세웠다. 경향신문을 한글로 발행하고, 1909년 독일 성 베네딕도회 수도원을 서울 백동(지금의 혜화동)에 세우게 했다. 기해 박해와 병오 박해 때의 순교자 79위를 시복되게 하는 데 결정적 기여를 했고, 그분들 모두 1984년에 시성諡聖(성인으로 추존됨)되었다. 한국 가톨릭에 불멸의 업적을 쌓았다.

뮈텔 주교의 행적 중에 비판받는 것은 우리 독립 운동가 밀고에 앞장섰던 그의 적극적 친일 행위다. ①안중근 의사에 대한 그의 태도에 문제가 있었다. 안중근은 프랑스인 니콜라 빌렘 신부에게 토마스라는 본명(세례명)으로 세례받았다. 안중근 의사가 만주 하얼빈에서 조선 침략의 원흉 이토 히로부미를 살해하여 사형당하기 전에 고해(고백) 성사를 받고자 했으나 이를 거부했다. 그럼에도 빌렘 신부가 뤼순 감옥으로 가서 고해 성사를 집전하자, 뮈텔 주교는 두 달간 성사 집전 금지를 명했다. 빌렘 신부는 파리 외방선교회를 거쳐 교황청에 그 절차의 부당성을 들어 탄원했고, 뮈텔의 결정은 교황청 직권으로 취소되었다. 뮈텔 주교는 안중근을 잔혹한 살인자로만 본 것이다. 다음은 1910년 3월 28일에 쓴 그의 일기다.

토마스의 사형 집행일이 26일에 있었다. 일본인들은 그의 시신을 유족에게 넘기려 하지 않는다. 이것은 지극히 당연한 일이다.

사제이기 이전에 한 인간으로서 비정한 일이다.

그와는 전혀 모르는 사이이며, 그런 흉악한 자가 천주교 신자일 리가 없다.

뮈텔 주교의 말이다. 그는 사제 3명을 데리고 이토 히로부미 장례식에 참례했고, 수녀들이 만든 조문 화환을 보냈다. 이후 천주교 배교자로 낙인찍혔던 안중근 의사는 김수환 추기경이 그 잘못을 사죄함으로써 신원되었다.
　②뮈텔 주교는 인종적·지역적 차별 의식이 강하여, 조선인 성직자마저 동역자로 대우하지 않았다. ③뮈텔을 비롯한 프랑스 포교사(선교사)들은 항일 의병들을 산적에 비유했고, 3.1운동에 참가한 대신학교(가톨릭신학대학) 학생들을 퇴학 처분했다.
　이것이 가톨릭 사제·수도자·평신도 들이 독립 운동에 참가하지 않은 연유다.

뮈텔 주교를 비롯한 프랑스 신부들이 친일적 태도를 보인 것이 '오직 신앙만을' 주장했던 그들의 교리 때문이었을까? 그렇지 않다는 주장이 있다. 제1차 세계 대전 때 그들이 드러낸 정치적 성향을 보라는 것이다.

유추해 본다. ①그들은 하느님께 선택받은 우월한 인종인 백인이라는 인종주의racism, ②피라밋 구조로 된 가톨릭 특유의 위계 의식, ③의식·무의식적으로 오염된 진화론적 적자생존의 신념, ④교황은 오류가 없다는 교황 무류無謬 사상에 영향받은, 가톨릭 사제 특유의 권위주의 등이 뮈텔 주교 등의 행위에 파급되었을 것이다.

그렇지 않은가? 당시 프랑스와 일본의 공통된 이념은 제국주의였다. 프랑스가 아프리카 여러 나라와 인도차이나 반도를, 일본은 한반도를 식민지로 둔 것은 그들에게 윤리적으로 정당한 것이었다. 약육강식은 진화론적인 '자연선택'의 원리에 부합하기 때문이다. 그리스도교의 본질인 사랑을 저버린 죄악이었다. 이는 당시에 서양서 온 개신교 선교사들이 압제에 신음하는 조선인들을 구제하기에 힘쓰고, 그 모두를 사랑했으며, 조선의 독립 운동에 앞장섰던 것과 대비된다. 다만, 당시에 드러난 뮈텔 주교 등의 친일 행위가 가톨릭의 보편적 죄악으로 확대 해석하는 것은 위험하다. 어느 교파든, 어느 종교든 한때의 흑역사가 있을 수 있기 때문이다. 한국 가톨릭은 지금 정의 수호에 앞장서 있다.

아무튼 3.1운동을 비롯한 조선 독립 운동을 일제에 밀고까지 해 가며 방해하였던 당시 이 땅 가톨릭교의 행적은 모든 종교인에게 한 반면교사가 될 것이다.

3.1운동은 치열했다. 무지하고 게으르고 열등한 민족이라 멸시당했던 조선 민족이 일제히 궐기하자, 일제는 화들짝 놀랐다. 사이토 마코토齋藤實 총독이 부임하여 1920년부터 이른바 '문화 정책'으로 무마하려 한

것이 이를 입증한다. 제한된 범위 안이기는 했으나 언론과 출판의 자유를 허용했다. 《조선일보》(1920.3.5.), 《동아일보》(1920.4.1.)가 창간되고, 문예지 《폐허》(1920), 《백조》(1922) 등과 천도교 종합지 《개벽》(1920) 등이 창간되었다.

   3.1운동의 피어린 투쟁에도 불구하고, 조국의 독립은 이후 25년이 되어서야 이루어졌다.

3.1운동 비사祕史 (4)

3.1운동 시기와 관련하여 다수의 비밀 결사 단체가 독립 투쟁을 하였다. 그 현저한 것만 살핀다.

(1) 애국부인회

1919년 12월 16일 대구에서 기독교 신자 여성들이 애국부인회를 조직하고 비밀리에 독립 운동 자금을 모으다가 발각되었다. 이 사실은 서울 경무국에 보고되었고, 12월 28일 서울 본부의 애국 부인 25인이 검거되었다. 다음날에는 청년외교회 18인이 체포되었다. 이 두 단체는 독립 운동을 함께 했다.

애국부인회는 1919년 9월 19일 기독교 계열의 도쿄 유학생 서울 정신여학교 교사 김마리아(1892~1944.3.13.)와 황에스더[黃愛施德]가 주관하고, 이혜경·오현주가 중심이 되어 비밀리에 조직되었다. 또 적십자사도 조직하였다. 회장은 이혜경, 총무 황에스더, 서기 이의경, 외교 오현관이었다. 적십자사 회장은 이정숙, 부회장 윤진수, 결사대장 이성완, 부단장 백신영, 재무 장선희였다. 사무실은 결성 장소인 정신여학교에 두고 활동했다.

이정숙은 혈성단부인회를 조직하고 세브란스병원 안에 사무실을 두었다. 회원은 이 병원 간호사 28인, 기독교 감리파의 배화여학교 김영순 등 15인이 회원으로 활약하였다. 대한민국 적십자회로 개칭한 적십자사는 박인덕·김태복·성경애 등을 중심으로 한 회원이 이화여학교 15인, 동대문부인병원 20인, 성서학원 18인, 동덕여학교 30인, 진명여학교 20인, 숙명여학교 15인, 이화여자전문학교 20인이 있었다.

유인경·장선희는 지방 조직 설립과 관리에 힘썼고, 유보경은 경상북도 총책임자로서 대구의 박순복·박덕실과 함께 활동했다. 이유희는 전북 옥구군 귀산리를 중심으로 애국부인회를 조직하고, 백신영과 함께 전라남북도 일을 총괄했다.

결국 일제 경찰에 회원들이 체포되고, 애국부인회가 수색당했을 때, 독립 지도자 이동녕 선생이 보낸 감사장(대표 김원경에게 온), 각 지부에서 보낸 독립 자금 후원분 영수증, 상하이 임시 정부 안창호 선생과 손정도 목사가 보낸 통신 서류 등이 발각되었다.

다음은 그때 체포된 애국부인회 회원들 명단이다.

오현주(충남 공주)   오현관(공주)   신의경(서울, 정신여학교 교사)
장선희(황해도 재령)   황에스더(평양)   유인경(대구)
김영순(서울, 정신여학교 교사)   이성선(함남)   이정숙(함북)
김마리아(서울, 정신여학교 교사) 이마리아(황해)   백신영(부산)
박순복(경남 진주)   박보자(진주)   박덕실(진주)
이유희(전북 옥구)   이금례(경북 군위)   유보경(전북 전주)
이혜경(서울)   박인덕(평남)   김태복(평남)
김희옥(서울)   성경애(충남)

이상 23인이다. 2인의 이름은 기록되어 있지 않다. 여성들의 애국 독립 운동도 이같이 치열했다. 괄호 안의 지명은 출신 지역이다.

이 갸륵한 여성들의 비밀이 탄로난 것은 1919년 12월 16일 대구에서였다. 애국부인회 대구 지부에서 비밀리에 독립 운동 자금을 모집하다가 발각되었다. 이 사실이 서울로 보고되었고, 애국 부인들 25인이 체포되었다.

(2) 청년외교단체

1919년 경찰은 청년외교회를 수색하여 주요 간부 18인을 체포했다. 총무 이병철(충북 충주 출신), 안재홍(경기 평택), 정태영(충주), 송세호(강원 평창, 대동단원), 이호승(충남 대전), 윤우영(충주), 안우준(서울), 이병호(서울) 등이었다.

이들은 이승만 박사와 상하이 임시 정부에 독립 운동 자금과 건의서 등을 보내다가 발각, 체포되었다. 이 사건으로 안재홍은 대전 감옥에서 6개월간 복역했다.

이 단체의 간부는 총재 겸 재무부장 오현관, 부총재 김희열, 부회장 김숙자, 재무 주임 오현주, 평의장 이정숙, 외무 장선희·김희옥이었고, 일곱 개 지부를 두었다. 평양은 김수옥, 진주 박보자, 대구 유인경 지부장이 있었다. 진주 박보자는 거창·통영·밀양을, 대구 유인경은 양산·마산·울산·부산·동래를 수시로 왕래, 관할하였다. 각 지방에는 유세반을 조직하고, 책임은 이길순이 지고, 기독교·천도교·불교도들을 통하여 서울과 지방 간 연락을 취하였다. 서울에서는 도쿄 유학생 출신 김마리아와 황에스더가 중심이 되어 활동했다.

일제 강점기 우리 여성들, 가만있지 않았다.

(3) 광복단

1920년 8월 23일 조선광복단 결사대는 미국 의원 관광단이 남대문 정거장(서울역)에 도착하였을 때에 폭탄을 던졌다. 조선 독립 문제에 대한 미국 여론을 환기하기 위함이었다. 김영철(평북 출신), 이탁(평남 성천), 오동진(평북 의주), 김최명(평북 선천), 김성택(평남 안주) 등의 의거였다.

(4) 독립운동단

대구서 조직된 배일단排日團이 독립군 자금을 모아서 상하이 임시 정부와 독립군에게 보내다가 체포되었다. 양한위(충북 옥천 출신), 오진문·오기수(경북 의성), 권영만(영양), 조기홍(대구), 김영우·조선규(청송), 김영호·장봉한(전주), 유창우(경북 안동) 등이 그 주인공이다.

(5) 한민회

평양 남산 현 기독교 교회에서 기독교와 천도교가 연합하여 조직된 단체로서, 회원 500인이 자금을 모아 상하이로 보내었다. 임종영·정정협·이창민(평남 대동군), 박면하·김인화·이승두·김경두(평남 강서), 김수옥(평양) 등이 그 주인공이다.

특히 천도교인들의 활약이 현저했다. 최동호·최석련·최안국(평북 의주), 박군오·한현태(평북 선천), 김경함(평남 곽산), 신숙, 신태진 등이 상하이와 연락했다.

(6) 비밀청년전도단

1920년 11월 18일 《매일신보》에 게재된 내용이다. 기독교인 청년 이용린, 박두선, 한계주를 중심으로 전국 각지에 독립 운동을 펼쳤다.

(7) 보합단

만주 군관학교를 졸업한 백운기가 주도하여 보합단普合團을 만들어, 무기로써 일본 경찰·일본군과 수십 차례 교전하다가 만주로 갔다.

(8) 대한부인회

평남 강서에서 조직, 활동한 부인 단체다. 기독교 전도 부인으로 회장 이재은과 조재생, 채시현, 최봉은 등은 상하이 임시 정부를 지원하고, 국내로 잠입한 독립군을 은밀히 도왔다. 홍준삼·이용초·최학언이 이를 지도했다. 모두 체포되어 고초를 겪었다.

(9) 광복군

의주 월화면에서 한국독립군 총단장 조맹흠의 지휘하에 압록강 국경 일대에서 일본 경찰과 교전하고, 구성으로 들어오다가 체포되었다. 최세관, 김순호, 손봉준, 임명규, 최운봉 등의 거사였다.

(10) 의열단

의열단은 1919년 11월 9일 밤 만주 지린성에서 조직되었다. 일제와 그 협력자들을 암살하고, 시설을 파괴, 폭파하는 과격한 투쟁 노선을 걸었다. 이회영 형제 등이 세운 신흥무관학교 출신이 중심이 되어 결성되었다. 고문은 김대지와 황상규가 맡았고, 단원은 김원봉·윤세주·이성우·곽경·강세우·이종암·한봉근·한봉인·김상윤·신철휴·배동선·서상락·권준의 13인이었다. 단장은 김원봉이 맡았다. 10개 항목의 맹약을 하였는데, 배반자는 죽인다는 것이 원칙이었다.

암살 대상은 조선 총독과 그 이하 고관, 군부 수뇌, 타이완 총독, 매국노, 친일파 거두, 밀정, 반민족적 토호 등이었다. 또한 파괴 대상은 조선총독부, 동양척식주식회사, 매일신보사, 각 경찰서, 기타 왜적의 중요 기관이었다.

의열단은 거침이 없었다. ①1920년 9월 14일 의열단원 박재혁이 부산 경찰서를 습격하여 서장을 폭사시켰고, ②12월 27일 밀양경찰서에 폭탄을 던졌으며, ③1921년 9월 12일 조선총독부에도 폭탄을 투척했다. ④1926년 나석주가 동양척식주식회사와 조선식산은행을 습격했다.

김원봉의 요청을 받은 역사학자 단재 신채호는 1923년 1월에 〈조선혁명선언〉(일명〈의열단선언〉)을 발표했다. 이 선언에서 신채호는 "민중은 우리 혁명의 대본영大本營이다. 폭력은 우리 혁명의 유일 무기(다)."고 천명했다. 이는 우리 독립 운동사에서 타협할 수 없이 강고한 투쟁 노선으로 부상浮上한다. 대한민국 임시정부가 지향하는 외교 우선론과 다른 행로이며, 도산 안창호의 실력 양성을 통한 준비론과 다수 지식인·문화인들이 추구하는 문화주의에 강경하게 맞선 주장이었다.

순수한 민족주의 이념으로 출발하였던 의열단은 1926년 들어 당시 독립 운동 정신의 주류로 떠오른 사회주의를 받아들였다. 이에 이어 1929년 12월에는 베이징에서 마르크스-레닌(ML)파와 함께 조선공산당 재건 동맹을 조직하며 급진 좌파 노선으로 변신했다.

경남 밀양 출신인 약산若山 김원봉金元鳳(1898~1958)은 무정부의 독립 운동 단체 의열단을 이끈 탁월한 독립 운동가였다. 1925년 황푸군관학교를 졸업했고, 1935년 조선민족혁명당을 이끌었다. 중국국민당의 동의를 얻어 군사 조직 '조선의용대'를 편성했다. 1942년 광복군 부사령관, 1944년 대한민국 임시정부 국무 위원 및 군무부장을 지냈다. 광복 후에 귀국하였고, 1948년 김구·김규식 선생과 함께 남북 대표 연석회의에 참여했다가 평양에 남았다. 그는 김일성 치하에서 북한 최고인민회의 대의원, 국가검열상, 노동상(1952.5.), 조선인민공화당 중앙위원회 중앙 위원(1956), 최고인민회의 상임위원회 부위원장(1957)을 역임하는 등 승승장구하는 듯했다. 하지만 1958년 11월 김일성을 비판한 연안파(중국 연안을 중심으로 한 공산주의자들) 숙청 때 죽었다. 아까운 인물이다.

일제 강점기의 많은 지식인, 지도자 들이 사회주의·공산주의 내지 무정부주의를 지향한 것은 시대의 대세였다. 공산당의 극악한 집단주의적 횡포를 예상치 못한 '선택의 오류'였다.

덧붙인다. 안동·진주·부산 진영을 배경으로 한 의열단원들이 무기를 운반, 소지한 단계에서 발각된 사건이다. 검거된 단원은 윤치형(밀양), 강상진(창원), 최성규(창원), 김관제(고성), 김재수(경남은행 구포지점장), 곽영조(진주), 김주현(진주) 등이 활약했다.

(11) 대한애국부인회

기독교의 장로 · 감리 양파의 장로와 교인 백여 명이 대한애국부인회를 결성하고, 상하이 임시 정부 지원 자금을 모으다가 발각, 체포되었다. 그 이름은 오신도 · 안정석 · 조익선 · 김세지 · 이성실 · 홍활란 · 이겸량 · 박현숙 · 김용복 · 주광명 · 황복리 · 최영보(평양), 최매지 · 이성리 · 안애자(진남포), 강계심(순천), 박승일 · 김성심 · 강현실 · 김명덕 · 박치은 · 이순미(강서) 등이다.

(12) 철원애국단

조선 독립을 위해 선전 전단을 돌리며 강원도 각 군에 지부를 두고 활동하다 체포되었다. 이 이름은 박연서 · 김철회(화천), 조종대 · 김영학(황해 평산), 윤홍모 · 김동훈 · 김완호 · 신순풍 · 엄성훈(철원), 김형만 · 김연수 · 이석규(양양), 신현구 · 박화진 · 나병규 · 유한익(서울), 이장옥(김화), 방기순 · 탁영재(횡성), 안경록(강릉), 조두환(평창), 문윤의 · 김영식(서울), 이기하(장성), 유희영 · 이병국(고창), 유경재 · 서승렬 · 유환방 · 정상길(청양), 신상원(수원 용주사), 김상현(동래 범어사), 이석원(원산 석왕사) 등이다.

(13) 결사대한단

경남 하동의 박제웅이 주도하여 설립한 독립 단체다. 박종봉, 최재홍, 심하봉, 박심정, 박운정 등과 함께하다가 체포되었다.

(14) 결의단

김형준(서울), 방근창(충남 아산), 이기하(충주), 이병의(파주) 등이 임시 정부 내무총장 이동녕과 연락하며 독립 운동 자금을 모으다가 검거, 처형되었다.

(15) 공성단

평안남도에서 현화원이 주도하여 공성단共成團을 조직하고 의거했다.

이 밖에도 수많은 의인들이 독립 운동을 전개하였다. 한민족은 일제에게 민족혼을 쉬이 팔아넘길 만만한 사람들이 아니었다. 여기에 의인들의 이름을 한 분 한 분 기록으로 남기는 데는 뜻이 있다. 사실로서의 역사 history as past와 기록으로서의 역사 history as historiography는 꼭 일치하는 것은 아니다. 기록된 역사는 역사가의 사관에 따라 선별된다. 역사는 상당 부분 추상화하여, 저런 구체적 사건과 행위자의 이름을 놓치는 경우가 허다하다. 여기 그들의 이름을 작게나마 남겨 그 행적을 기억에 되새기자는 것이다.

제4장
이승만 리더십

이승만 리더십

 필자는 4.19혁명 세대다. 1960년 4월 대학에 입학한 필자는 곧장 4.19혁명 대열에 앞장섰다(당시에는 4월이 1학기였음). 대통령이 집무하는 경무대(지금의 청와대) 앞까지 진출하여 "부정 선거 다시 하라. 독재 정권 물러가라."고 목청껏 절규하다가 총탄 세례를 받았다. 186명이 죽고 나머지는 새떼같이 흩어졌다. 그날까지 "이승만 대통령은 하야하라."는 말은 나오지 않았다. 학생과 시민 대표들이 대통령을 접견하고, 4월 25일에 "학생들의 피에 보답하자."는 플래카드를 든 대학 교수단이 시위에 나서자, 26일 이승만 대통령은 라디오로 국민들께 하야 성명을 내고 이화장으로 떠났다. 이 대통령과 프란체스카 여사는 하와이로 망명했다. 그곳에서 곤고한 삶을 이어 가던 이 대통령은 1965년에 서거하여 국립서울현충원에 묻혔다.
 이승만 대통령은 1948년 7월 17일에 제정된 헌법에 따라 국회 의장 직을 거쳐 대한민국 초대 대통령이 되었고, 헌법을 두 번이나 고쳐 12년간 집권했다.

파란만장한 생애

　이승만 대통령은 1875년 3월 26일 황해도 평산에서 출생하여 1965년 7월 19일 망명지 하와이에서 영면했다.

　이승만은 갑신정변을 이끌었던 김옥균보다 24세, 독립협회의 주역이요 그를 지도했던 서재필보다 13세 젊었다. 그는 미국 선교사 아펜젤러가 세운 배재학당 영어학부를 22세에 졸업했다(1895.4.~1897.7.). 그곳에서 서재필의 강의를 듣고 '정책적 자유'를 뼈저리게 느꼈다. 그는 《협성회보》·《매일신문》 창간인, 《제국신문》 주필 등 언론 활동을 했고, 서재필의 독립협회에 가입하였다. 1898년 중추원 의관에 임명되었고, 1899년에는 고종 양위와 박영효 총리 옹립 거사를 계획하다가 체포되었다. 대역죄로 사형 선고를 받았으나, 미국 공사 알렌의 비호로 5년 7월간 옥고를 치렀다. 탈옥 기도 죄만 처벌받은 것이다. 그는 옥중에서 영한사전을 편찬했고, 《독립정신》을 집필했다. 입헌 정부를 옹호하는 내용이었다.

　1904년 11월 이승만은 민영환과 한규설의 추천으로 도미하여 외교 활동을 펼쳤다. 미국 정부 헤이 국무 장관과 루스벨트 대통령을 만나 일본의 조선 침략 의도를 알리며 미국의 도움을 요청했다. 하지만 미국의 속셈은 딴판이었다. 루스벨트 대통령은 윌리엄 태프트 국무 장관을 일본 도쿄로 보내어 가쓰라 타로桂太郞 내각 총리 대신과 밀약을 맺게 한다. 미국은 필리핀, 일본은 조선에 대한 종주권을 행사한다는 고약한 협약이었다.

　6년여 만에 귀국한 이승만은 1912년 '105인 사건(일본 측이 조작한 미나미 총독 암살 미수 사건)'에 연루되어 하와이로 망명했다. 그는 그를 찾아온 여운홍(여운형의 아우)과 샤록스 선교사를 통해 민족 지도자들에게 대중 봉기를 독려하는 밀지를 보내었다. 3.1운동 발발의 자극제가 된 밀지였다.

그는 우리 독립 운동의 미국 거점인 필라델피아에서 서재필, 정한경, 유일한 등 그곳 독립 운동 지사 100인이 참가한 집회에서 영문으로 번역된 3.1 독립 선언서를 몸소 낭독했다.

이승만은 해외 독립 운동의 큰 별이었다. 그가 한성임시정부 집정관 총재, 상하이 임시 정부 국무총리·대통령, 연해주 대한국민의회정부 국무총리, 서울 조선민국임시정부 부도령副都領, 평북 신한민국정부 국방 총리, 광복 후 좌익 계열의 조선인민공화국 주석(주동자가 일방적으로 추대함)에 추대된 것 등은 독립 운동가로서 그의 위상을 입증한다.

이승만이 상하이에 도착했을 때 임시 정부 기관지 《독립신문》(1921년 신년호)의 기사는 감격 일색이다.

> 국민아, 우리 임시 대통령 이승만 각하 상해에 오시도다. (중략) 우리의 원수元首, 우리의 지도자, 우리의 대통령을 따라 광복의 대업을 완수하기에 일심一心하자. (중략) 우리가 그에게 바칠 것은 화관花冠도 아니요 송가頌歌도 아니라 오직 우리의 생명이니, (중략) 마침내 그가 "나오너라." 하고 전장戰場으로 부르실 때에 일제히 "네." 하고 나서자.

황제에 바치는 헌사처럼 어조가 격앙되어 비장하기까지 한 글이다. 이렇던 이승만은 상하이 임시 정부 대통령 6년 재임 중 6개월간 그곳에 머물렀고, 결국 의견 차이로 탄핵되었다.

건국 종지

우리가 주목할 점은 3.1운동 직후인 1919년 4월과 8월에 미국 필라델피아에서 마련한 건국 프로그램인 '건국 종지宗旨'와 '대한민국 헌법 대강'이다. 전자의 작성자는 유일한이고, 제1차 한인 회의에서 채택한 '한국인의 목표와 열망Aims and Aspiration of the Koreans' 5개 항 중의 하나다.

그 내용은 이랬다. ①민주 공화국을 건설하고, ②중앙 정부는 국회와 행정부로 구성하며, ③대통령은 국회에서 선출한다는 것이었다. 중요한 것은 "민중의 교육 수준이 낮고 자치 능력이 부족한 점을 감안해 정부 수립 후 10년간은 중앙 집권적 통제 정치를 하되, 정부가 그동안 국민 교육에 치중함으로써 민중이 미국식 공화제 정부를 운영할 수 있도록 만들어야 한다."고 했다(유영익, 〈이승만 대통령의 업적—거시적 재평가〉, 연세대학교 한국학연구소, 2004).

이승만 대통령의 제1공화국 정부는 신생 국가의 나라 세우기 과정상 '10년간의 중앙 집권적 통제 정치'를 필요로 했다. 3권 분립과 대통령 4년 임기제의 실정법적 이상주의와 현실적 실현 가능성과의 괴리 문제로 인한 갈등상을 내포하고 출발한 것이 우리 제1공화국이었다. 조선 왕조 518년과 일제 강점 35년간의 억압 체제밖에 경험하지 못한 국민들이 서구식 자유 민주주의의 '자유와 책임'이라는 기본 철학이 생소할 수밖에 없었다. 이승만 정부가 초대 대통령에 한하여 세 번 재임할 수 있게 한 4사5입 개헌(1954.11.), 3.15 정·부통령 부정 선거(1960)의 배리背理를 노골화한 연유다. 이 같은 중앙 집권적 통제 정치는 박정희 대통령의 제3공화국에 이어졌고, 마침내 경제 융성의 '기적'을 일구었다.

　이런 주장이 터무니없는 억설은 아니다. 자유 중국(중화민국, 현 타이완)의 장제스 총통과 싱가포르의 리콴유 수상은 종신 집권으로 풍요한 민주 국가를 이루었다. 신생 국가 초기에는 중앙 집권적 통제 정치가 종국에는 경제적 풍요와 자유 향유를 가능케도 한다는 것이다.

　하지만 이승만 대통령과 그의 각료들은 이 같은 통치의 필요성을 역설하며 국민의 이해를 구하는 노력에 무심했다. 초대 건국 대통령이 왜 3연임하여 나라 세우기 과업의 초석을 놓아야 하는가를, 국민 앞에 설명하며 간곡한 어조로 설득해야 옳았다. 이후 다른 대통령도 국민을 설득하는 데 노력을 기울이지 않았다. 간절히 설득하면, 종국에는 머리를 끄덕이고야 마는 것이 우리 민족, 우리 국민이다. 우리 통치자들의 치부恥部다. 숙의熟議 민주주의의 길은 아스라이 먼 거리에 있었다.

이승만 대통령의 업적

하지만 이승만 대통령은 출중했다.

첫째, 유라시아 대륙이 공산주의에 크게 물들고, 국내 좌파들이 발호하던 격동의 시기 이 작은 땅에 자유 민주 대한민국을 세워 자유를 수호한 것은 위업偉業이다. 또한 한미상호방위조약을 맺어 이 땅을 공산 세력의 침략으로부터 안전하게 한 것은 탁월한 업적이다. 대한민국이 서기까지의 국내외 정세와 이승만 리더십의 빛나는 결실 문제는 뒤에 다시 논의하기로 한다.

둘째, 이승만 정부는 우여곡절 끝에 1949년 6월 국회 의결로 유상 몰수·유산 분배 방식의 농지개혁법을 제정, 실행했다. 이로써 대지주는 몰락하고, 수많은 소작인들이 농토의 주인이 되었다.

김일성이 6.25 남침 전쟁을 시작하기 전에 남로당 우두머리였던 박헌영은 단언했다. "인민군이 서울만 점령하면, 남조선 빨치산 20만과 노동자·농민 들이 봉기하여 남조선 전역을 해방시킬 것이오."라고 장담했다. 이는 김일성과 함께 남침 전쟁을 승인 받으러 스탈린을 방문한 자리에서 한 말이다. 하지만 김일성이 남침 전쟁을 일으켜 남한 지역 90%를 점령했으나, 노동자·농민과 빨치산의 봉기는 없었다. 자기 소유의 토지가 생긴 까닭이었다. 이는 김일성이 6.25전쟁 실패 책임을 물어 박헌영을 처형한 구실이 되었다.

이승만 정부의 농지 개혁은 정부 수립 이전부터 계획되었던 신의 한 수였다. 러시아에서는 볼셰비키파의 혁명 성공 후 집단 농장화 과정에서 지

주 2천만 명과 사유지를 달라던 농민 1천만 명이 학살되었다. 중국의 농지 개혁 과정에도 농민과 지주 5천만 명이 목숨을 잃었다. 북한에서도 많은 지주가 희생되었고, 지주 23만 명 중 15만 명이 남하했다.

반면에 대한민국에서는 농사짓는 사람만 농지를 갖는 경자유전耕者有田의 원칙이 확립되고, 지주 계급이 소멸했다. 전체 농지의 92.4%가 자작自作 농지로 변했다.

셋째, 이승만 정부는 교육 혁명에 성공했다. 빛나는 정책은 초등학교 무상 의무 교육 제도였다(헌법 제16조).

광복 당시 우리나라 문맹률은 86%였는데, 1959년에는 학령 아동 96%가 취학하는 성과를 올렸고, 문맹률은 15.5%로 감소했다. 중학생 수는 10배, 고등학생은 3.1배, 대학생은 12배 늘었다. 해외 유학생도 급증했다. 1953~1956년간 정부 주관 유학생 선발 시험 합격자는 7,390명에 이르렀다.

이승만 정부는 자유민주주의 교육에 열정을 쏟았다. 아이러니컬하게도 이승만 정부의 자유민주주의 교육은 학생들이 주도한 4.19혁명의 에너지원이 되었다. 이른바 '토크빌 효과Tocquevillian Effect'였다. 사회적 여건이 개선되면, 사회적 절망도 증가한다는 역설이다.

박정희 정부가 본격적으로 추진한 경제 개발 정책을 수행할 인적 자원은 이승만 정부에서 마련한 것이었다. 1950~1960년대까지 미국에서 공부한 우수 고급 인재들이 박정희 정부의 경제 개발 정책의 브레인 역할을 했다. 교육은 국가의 장구한 과제다. 국가의 성패는 교육의 성패에 달렸다. 국가 최고 통치자들이 소홀히 하는 병폐가 교육의 절대적 중요성에 대한 무지다.

방대한 문명사 명저 《역사의 연구》에서 피력한 아널드 토인비 박사의 말대로, 역사는 도전과 응전challenge and response, 은퇴와 복귀retirement and reversion의 과정을 거쳐서 진보하지 않던가. 따라서 이승만 정부, 장면 정부, 박정희 정부, 전두환 정부, 노태우 정부, 김영삼 정부, 김대중 정부, 노무현 정부, 이명박·박근혜·문재인 정부의 역사 전개를 단절의 시각으로만 보는 것은 패착이다. 역사는 흐름 속에 있다. 긍정적 계승은 물론 부정적 계승도 역사적 존재인 우리 인류에게 역설적 의미로 현현顯現한다.

넷째, 이승만 정부는 4월 5일을 식목일로 제정하고 전 국민 산림녹화 사업을 펼쳤다. 일제 강점기를 거치면서 큰 나무는 목재로, 작은 나무는 땔감으로 쓰면서 온 나라 산들은 벌거숭이가 되었다. 이승만 정부가 산림녹화를 국정의 우선 과제로 선정하고 대대적으로 나무 심기 운동을 전개한 것은 올바른 선택이었다.

1948년 이승만 정부는 식목일을 제정하고, 이듬해에 대통령령으로 법정 공휴일로 지정했다. 이후 박정희 정부에서 산림녹화 사업을 본격적으로 펼쳐 세계인이 부러워하는 녹화 성공 사례로 남았다. 식목일은 2006년 공휴일에서 제외되었다. 공교롭게도 이때부터 산불 나는 빈도가 급감했다.

식목일을 4월 5일로 정한 데는 역사적 연유가 있다. 기원전 636년에 중국에서 청명과 한식이 생겼고, 이 무렵에 성묘를 하고 벌초, 식목하는 풍속이 있었다. 서기 676년 신라가 삼국 통일 전쟁에서 당나라를 몰아낸 2월 25일이 양력으로 환산하면 4월 5일이다. 1493년 조선 성종이 선농단(동대문구 용두동)에서 직접 밭을 일구고 농사의 본을 보인 날이 음력 3월 10일, 양력 4월 5일이다. 동학 교주 수운 최제우가 깨달음을 얻은 날이 음력 4월 5일이다.

이런 유래에 따른 나무 심는 날인데, 일제의 조선총독부는 식목 행사를 4월 3일로 옮겼다. 자기네 쇼와昭和 천황의 생일이 4월 5일이었기 때문이다. 1946년 미 군정청은 4월 5일로 환원했다.

북으로 백두 남으로 한라
　　이 묘한 경치도 나무로 돕나니

　이승만 정부 때 제정된 〈식목일 노래〉 가사의 첫머리다. 그 다음 가사는 잊었다.
　이 정부의 산림녹화 노력은 실효를 거두지 못했다. 베어 내는 나무 수효가 심는 나무 수효를 압도한 까닭이다. 이 정책이 성공하기까지 박정희 정부를 기다려야 했다. 하지만 이승만 정부가 산림녹화 운동을 국정 기본 과제로 부각한 공로는 높이 평가할 만하다.
　다섯째, 이승만 대통령 정부는 여성 참정권을 헌법에 명시했다. 자유민주주의의 전범이 되는 나라 미국에서 1920년, 영국에서 1928년, 프랑스에서 1946년, 스위스에서 1971년에야 여성이 처음 투표권을 행사하였음을 감안하면, 남녀노소 모두가 동등하게 투표권을 행사한 대한민국 첫 선거는 세계 민주주의 역사상 기념비적인 사건이다.

부정적 리더십

이승만 정부의 치명적인 과오도 있었다.

이 땅 불세출의 지적 엘리트(5년 만에 조지 워싱턴대 · 하버드대 · 프린스턴대 학사 · 석사 · 박사 학위 취득)였던 이승만 대통령은 문맹이 대다수인 유권자, 감정 분출과 파벌 싸움에 급급한, 백가쟁명의 정치인들과 함께 자유 민주 정치를 펴기에는 힘이 부쳤다. 자유 민주 의식 불모지에서 국민들과 정치인들의 자유 민주적 정치 역량이 급속히 신장할 수 없는 형편이었다. 이에 이승만 대통령은 부지불식간에, 의식적으로 권위주의자가 되어 갔다. 이승만 대통령의 실정失政은 그의 탁월한 업적에 대한 평판을 무색하게 했다.

첫째, 대통령 직을 세 번 연임하기 위한 억지 개헌은 이 땅 정치 불신의 씨앗이 되게 하였다.

1954년 11월 29일 국회에서 초대 대통령에 한하여 중임 제한을 두지 않는다는 내용을 중심으로 한 헌법 개정안이 제출되었다. 여당인 자유당과 무소속 의원의 제안이었다. 11월 27일 국회 표결에서 재적 의원 203명 중 202명이 참여했다. 결과는 찬성 135표, 반대 60표, 기권 7표였다. 찬성표가 개헌 정족 수에 1표 미달되었다. 이에 자유당은 4사5입이라는 수학적 논리로 29일에 가결되었음을 선포했다.

이는 우리나라 정치 불신을 고질병이 되게 하는 단초가 되었다.

앞에서 말하였듯이 대한민국 정부 수립, 곧 나라 세우기와 나라 지키기, 정치 체제 안정화와 경제 개발 계획 실현을 위해 잠정적으로 '중앙 집권적 통제 정치'가 필요했다. 필라델피아에서 선포된 '건국 종지'에 제시되었던 내용이다.

나라 세우기 초기에는 이승만 대통령같이 탁월한 세계적 지도자가 적어도 10여 년 동안은 일관된 정책을 펴며 나라를 안정적 궤도에 올려놓는 것이 필요했다. 4년마다 대통령 선거를 치르느라 소모할 에너지 자체가 없었던 나라였다.

그때 이승만 대통령은 국민과 국회 의원 들 앞에 나서야 했다. 제헌 헌법의 규정을 지키지 못하고 개정할 수밖에 없는 이유를 제시하며 간곡히 설득해야 했다. 하지만 그러지 않았다. 앞에서 한 말이다.

자유당 국회 의원과 정부 각료 들도 마찬가지였다. 이승만 대통령을 제왕인 양 떠받들고 우상화하며 '국부國父'로 섬기기를 국민들에게 강요하다시피 했다. 남산 공원에 이 대통령 동상을 세워 경배하라 하였다. 4.19혁명 직후에 그 동상은 파괴되고, 밧줄에 끌려다닌 것은 민주 국가의 수치요 이승만 대통령에 대한 모욕이었다.

이승만 대통령은 먼저 학생들에게 헌법을 개정해야 하는 사정을 밝히며 간곡히 호소해야 옳았다. 그때 학생들은 이상적인 자유민주주의 체제를 교과서에서 철저히 공부했고, 《사상계》같이 수준 높은 월간지를 읽어서 사상적 소양이 잘 갖추어져 있었다. 정의와 불의에 대하여 판단력이 선명했던 학생들에게 4사5입 개헌은 극약과 같은 독소였다. 대통령의 진심 어린 사과와 설득이 있었다면, 개헌 정족수에 한 표가 모자라 4사5입이라는 무리수를 두는 일은 없었을 것이다. 안타까운 일이다.

둘째, 친일파 청산에 실패했다.

1946년 3월 미 군정하의 과도입법의원은 친일파 처리 법안을 제정했다. 정식 명칭은 '부일협력자 · 민족반역자 · 전범 · 간상배에 대한 특별 조례'였다. 이를 근거로 1948년 9월 7일에 제헌 국회 소장파 의원들이 제출한 '반민족행위처벌법안'이 통과되었다. 을사5적을 비롯한 15개 유형의 반민족행위자들은 사형 및 10년 이하의 징역에 처하고, 유죄 판결이 난 자의 재산 전부 또는 절반 이상을 몰수한다는 엄한 처벌 규정이 있는 법률이었다.

이에 따라 화신백화점 등의 소유자인 재산가로 일제에 거액을 헌납하는 등 현저한 친일을 한 박흥식, 3.1운동 민족 대표였다가 변절한 최린, 일제의 작위를 받은 왕족 이지용, 독립운동가를 고문한 악성 친일 경찰 노덕술 등이 속속 체포되었다. 조사 건수 688명에 검찰에 송치된 자 599명, 특별재판부에 기소된 자는 293명이었다. 이 중 사형 1명, 무기 징역 1명 등 체형을 받은 자는 26명에 불과했다. 이마저도 흐지부지되어 친일파 처단 문제는 용두사미 격이 되었다. 일본에 조선을 1만 엔에 팔아버리겠다고 흥정하러 다녔던 초기 친일파 송병준(1857~1925)은 오래전에 흙이 되었다.

당시 나라 형편상 친일파 모두를 처단하는 것만이 능사는 아니었다. 김구 선생 뜻도 그랬다. "친일파라고 해서 가혹한 규정을 내려 배제와 처단을 주장할 수는 없는 것입니다. (중략) 극단의 악질자가 아니면, 그들을 포섭해 건국 사업에 조력하도록 하는 것이 옳다고 생각한 것입니다." 이는 김구 선생이 1948년 3월 기자 회견에서 한 말이다(백범사상연구소 엮음,《백범어록》, 사계절출판사, 1996).

대한민국 초기에는 정부를 움직일 테크노크라트를 비롯한 전문 인력이 절대적으로 부족했다. 당시 정부가 일제 강점기의 일반 행정 공무원과 경찰 조직을 전적으로 배제한 채 정책 수행을 하는 것은 불가능했다. 일제 강점기 '국내적 생존 방식'을 택하였던 이 땅 사람들의 생존 자체가 '친일'을 절대 배제하기는 불가능하지 않았던가. 그 시대 상황의 맥락으로 보지 않고 지금의 자유로운 국민의 입장에서 가혹한 잣대를 들이대는 것은 무리다. 이는 친일 인사들의 철저한 회개마저 배제하자는 말이 아니다.

대한민국 초기에는 나라의 기틀을 바로잡는 '나라 세우기' 과업 수행이 긴요했다. 온 국민의 역량을 모아야 할 시기였다. 좌파 세력과 빨치산의 준동으로 국가 안보가 위기에 처하기도 했다. 이런 상황에서 김구 선생의 저 같은 발언과 이승만 대통령의 다급한 구호가 등장하였다.

뭉치면 살고 흩어지면 죽습니다

아무리 '국민 총화'가 시급하다고 해도, 친일파 문제는 그리 두루뭉술하게 넘길 문제가 아니었다. 일벌백계로 악성 친일파 일부는 중형으로 다스려야 옳았다. 아울러 소수의 악성 친일파만 단죄할 수밖에 없는 나라 사정을 국회 의원들과 국민들에게 호소하여 이해를 구해야 했다. 이 대통령의 과오였다.

지금 이 땅 좌파들이 우파 정권을 친일파로 몰고, 일본 유학생들마저 비난하며 '토착 왜구' 운운하는 빌미를 준 것은 이승만 정부의 부정적 유산 탓이다. 물론, 좌파들이 우파 정권을 통째로 친일로 모는 것은 논리학상 일반화의 오류다.

이승만 대통령은 70 평생을 이 나라를 공화제로 개혁하는 일과 항일 독립 운동에 바친 출천의 애국자다. 그가 짠 초대 내각은 모두 항일 전선에서 분투한 독립 운동가와 애국자 들이었다. 부통령 이시영, 국무총리 이범석, 재무부 장관 김도연, 상공부 장관 임영신, 법무부 장관 이인, 사회부 장관 전진한, 농림부 장관 조봉암, 무임소 장관 지청천, 헌병 사령관 장흥은 독립운동가였다. 국방부 장관 신성모와 손원일, 교통부 장관 민희식, 체신부 장관 윤석구는 흠결 없는 애국자였다.

북한 김일성은 친일파를 기용치 않을 수 없었다. 김일성(김성주)의 아우 김영주 부주석, 홍명희 부수상, 장형근 사업부장, 강양욱 인민위원장, 정국은 문화선전부 부장, 이활 공군 사령관, 허민국 9사단장, 박팔양 노동신문 편집부장, 한낙규 김일성대 교수, 정준택 산업국장, 한진희 교통국장 등이 친일파다(제2장 나라 세우기. 각료 명단 참조).

이는 남북 당국이 친일파를 선호해서가 아니라, 인물난으로 인한 불가피한 선택이었다.

북한은 연안파와 러시아 공산당을 제거하는 등 살벌한 철권 통치로 단기간에 반대파 숙청을 단행하였으나, 자유민주 국가 대한민국 정국은 이념 싸움으로 인한 혼란이 극심했다. 1940년대 이후 현재까지 명멸한 좌익 계열 정당과 정치 단체는 무려 76개를 상회한다. 1950년대까지만 해도 21개 단체가 난립하여 목청을 높였다. 조선공산당, 남로당, 건국준비위원회, 인민공화국, 인민당, 신민당, 인민공화당, 사회민주당, 독립노동당, 민주독립당, 독전, 남조선노동당(남로당), 사로당, 조선노동당, 근민당, 사회당, 노동당, 진보당, 민혁당, 민족민사당, 민사당, 사회대중당 등이 출현하여 현기증을 불러오는 형국이었다.

자유 민주적 기본 질서를 벼리로 하는 대한민국 정부에 이 혼란상을 쾌도난마 식으로 일거에 척결할 보도寶刀란 기대할 수 없었다. 이런 상황에서 민주적 질서 정착과 경제 개발의 투 트랙 국가 전략 실행 역량이 그때 우리에게는 없었다. 이승만 정부의 통치 현상은 이런 상황 인식과 국가의 거시적 발전 논리에 따라 해석되어야 한다.

셋째, 이승만 정부의 큰 과오는 언론 탄압이다. 1952년 부산 정치 파동 때부터 시작된 언론 탄압은 1952년 야당지인 조선일보 주필 홍종인과 동아일보 주필 겸 편집국장 고재욱을 구금하는 데서 노골화하였다. 대구매일신문 주필 최석채는 국가보안법 위반 혐의로 구속 기소되어 무죄 판결을 받았다. 최악의 언론 탄압 사례는 1959년 4월 30일에 단행된 ≪경향신문≫ 폐간 조치였다. 이 신문은 4.19혁명 후에 복간되었다.

대통령 직선제를 주장하는 여당과 내각 책임제를 주장하는 야당이 극한 대립하자, 계엄령을 발동하는 등 비상 조치까지 거치는 파란 끝에 대통령 직선제로 개헌된 것이 부산 정치 파동이다.

자유 민주 국가의 3권 분립에 더해 제4부로 일컬어지는 언론을 탄압한 것은 이승만 정부의 자기모순이요 자충수였다.

넷째, 3.15부정 선거로 국민의 신망을 잃고 정권이 붕괴했다.

1960년 3월 15일 실시된 정·부통령 선거에서 자유당 정권은 고령인 이승만 대통령의 유고 사태를 우려하여 대통령 승계권이 있는 부통령에 이기붕을 당선시키기 위하여 노골적인 대규모 부정행위를 저질렀다. 유령 유권자 조작, 입후보 등록 방해, 유권자 협박, 투표권 박탈, 3~5인조 공개 투표, 야당 참관인 축출, 부정 개표 등이 저질러졌다. 개표 결과 자유당 후보 득표율이 95~99%까지 나오자, 이를 하향 조정하여 이승만 85%(963만 표), 이기붕 73%(833만 표)라 발표했다.

이에 분노한 학생과 시민 들이 자유당 정부 타도 시위에 돌입했다. 선거 이전부터 대구와 대전 등지에서 학생들의 시위가 있었고, 3월 15일 마산에서 학생과 시민 들의 대대적인 시위가 있었다. 시위 진압 과정에서 경찰의 실탄 발사로 8명이 사망하고 72명이 총상을 입었다. 4월 11일, 3월 시위에서 실종되었던 마산공고 학생 김주열 군이 눈에 최루탄이 박힌 채 바다에서 시신으로 발견되자, 마산에서 제2차 시위가 시작되었다. 4월 18일에는 고려대 학생 3천여 명이 시위에 나섰다가 괴청년들에게 습격당하여 심한 부상을 입었다. 이 소식을 접한 서울대를 비롯한 서울 학생들이 총궐기하여 186명이 사망한 4.19혁명의 깃발이 올랐다. 4월 25일 대학 교수 대표단까지 시위에 나서자, 4월 26일 이승만 대통령이 하야 성명을 발표하고 물러난 것은 이미 말한 바 있다.

이로 인해 우리 국민의 정치 불신은 고질병이 되었다. 이승만 대통령의 역사적 책임이 크다.

당시 85세였던 이승만 대통령의 판단력이 흐려져 있었다. 쓴소리를 할 측근이 없었기 때문이다. 이 대통령은 4.19혁명 직전까지 부정 선거 사태를 알지 못했다. 4.19혁명 때 부상당한 학생들 손을 잡고 이 대통령은 눈물을 흘리며, "내가 맞을 총탄을 우리 아이들이 맞았어.", "불의를 보고 일어서는 젊은이들이 있는 이 나라에는 희망이 있다."고 했고, 마침내 자진 하야했다.

윤덕영 감독의 다큐멘터리 영화〈건국 전쟁〉은 모처럼 우리 국민들에게 진실을 알리는 계기를 마련했다.

이승만 리더십에 대한 평가

우남雩南 이승만李承晩(1875~1965) 박사는 건국 대통령이다. 상하이 임시 정부 때부터 대통령이었으니, 건국 시점 논란을 넘어서는 자리매김이다.

이승만 대통령의 리더십을 평가하려면, 그의 생애에 대한 객관적 평가가 선행되어야 한다.

광복 후에 들어선 미 군정 당국은 미·영·중·러 4대 강국이 5년간 신탁 통치한 후에 러시아(소련)가 동의하는 좌우 합작 정부를 수립하려 했다. 미소공동위원회가 이를 추진하기로 한 것이다. 33년간 미국에서 불철주야 독립운동에 매진해 온 이승만 박사는 미국의 방해로, 광복된 지 두 달 후인 10월 16일 오후 5시에 김포공항에 개인 자격으로 귀국했다.

이승만 박사는 좌우 합작 정부를 세우려는 미소공동위원회의 의도를 분쇄하기 위하여, 좌우를 아우르는 독립촉성중앙회를 결성하여 미 군정청의 섣부른 좌우 합작 정부 수립 정책과 신탁 통치를 반대하는 국민 저항 운동을 이끌었다. 아울러 국외에서는, 미국 정부의 한반도 정책이 잘못되었다는 여론이 미국 내에서 일게 하여, 한반도에 소련을 배제한 미국 주도의 자유 민주 정부가 세워질 수 있도록 총력 외교전을 펼쳤다. 자기네 야욕이 관철되지 못할 것을 깨달은 소련은 결국 미소공동위원회를 결렬시켰다.

음흉한 공산주의 지도자 스탈린의 소련은, 1948년 8월 6일 히로시마, 9일 나가사키에 원자탄이 떨어지자, 일본이 항복 선언을 하기도 전인 8월 12일에 북한에 진입하여 한반도 적화를 획책했다. 스탈린은 북한은 물론 남한까지 급속히 공산화하려 했다. 북한 주둔 소련 사령관 슈티코프의 지령을 받은 남한 남로당 당수 박헌영은 테러, 폭동 등으로 사회 혼란을 일으켜 남한 정부 수립을 방해하여, 한반도를 동유럽 나라들과 같은 소련 위성 국가가 되게 하려는 소련의 계략에 휘둘리게 되었다.

일찍이 국제 공산당의 반인류적 폭력성·잔혹성과 위선을 간파하고 있었던 이승만 박사는 남한만이라도 우선 자유 민주 국가를 세운 후에 북한까지 이를 확대하는 것이 현실적임을 확신했다. 마침내 1946년 6월 3일 전북 정읍에서, 남한에서도 실효성 있는 통치 체제가 필요하다는 뜻을 밝혔다.

좌파 사학자들은 이 선언을 근거로, 이승만 박사를 남북 분단의 원흉으로 낙인찍어 맹렬히 비난한다. 하지만 이것은 사실과 다르다. 북한에서는 1946년 2월 8일에 소련 지령에 따라, 이미 북조선임시인민위원회가 조선노동당 주도로 결성되어 실질적인 통치 기구 역할을 하고 있었다. 이는 북한의 각 정당과 사회 단체, 각 행정국 및 각 도·시·군 인민위원회 대표로 구성된 국가 통치 체제였다. 위원장은 소련 육군 대위 출신 김일성이었다.

따라서 이승만 박사를 분단의 원흉으로 매도하는 것은 국제 공산당의 생리에 무지하거나, 아니면 북한에 민족사 전개의 정당성을 부여하려는 인사들의 심각한 역사 왜곡이다. 공산당은 역사적으로 그 존재의 정당성을 잃은 채 73년 만에 망하지 않았는가. 증오·저주·분열(갈라치기), 폭력 혁명의 피로 얼룩진 공산주의 운동은 필요악일 뿐이었다. 공산주의가 한 일이 있다면, 평등에 무심하거나 이를 의도적으로 유린하는 인간의 죄악에 '끔찍한 경종'을 울린 일일 것이다.

세계 대륙의 3분의 1이 공산화되었으나, 이승만 박사의 역사적 결단으로 유라시아 대륙의 끝자락 호랑이 꼬리 같은 남한이 자유 민주 국가가 된 것은 기적적인 일이었다. 이 시기 이승만 박사의 활약상은 경이롭기까지 하다. 미국의 잘못된 한반도 정책을 수정시키기 위해 이 박사는 얄타 회담의 내용을 폭로했다. 1945년 2월 흑해 연안 크림반도의 얄타에서 미국 대통령 루스벨트, 영국 수상 처칠, 소련 수상 스탈린이 모여 제2차 세계 대전 후의 문제를 협의하였다. 소련은 사할린을 차지하였고, 한반도는 북위 38도선을 중심으로 분할하여 미국과 소련이 남과 북을 잠정적으로 지배하기로 했다. 이것이 남북 분단의 단초가 되었다.

이승만 박사의 얄타 회담 내막 폭로로 미국이 난처한 지경에 처하자, 국무 장관 조지 C. 마셜은 1947년 9월 17일 한반도 문제를 유엔으로 넘겼다. 11월 14일 유엔은 유엔 감시하에 자유 선거로 남북 통일 정부를 수립할 것을 결의하고, 1948년 1월 8일 유엔한반도임시위원단 9명을 남한에 파견했다. 이 위원들은 좌우 합작론에 기울어 있었으나, 이 대목에서 이승만 박사의 외교력이 빛을 발한다. 이 박사는 모윤숙 시인의 지적 역량을 활용하여 위원장 메논(인도 독립 운동가)의 좌우 합작 의도를 바꾸게 하였다. 이로써 남로당의 선거 방해와 김구 선생 등의 반대를 무릅쓰고 1948년 2월 19일 유엔 소총회의 표결, 승인에 따라 대한민국을 세울 수 있었다.

마침내 1948년 5월 10일 자유·보통·비밀·직접 선거가 이루어졌다. 총유권자 86%가 등록하고, 그중 92.5%가 선거에 참여하여 198인의 국회 의원을 뽑았다. 문맹률이 높은 이 시기인지라 '작대기 세 개' 식으로 입후보자를 가려야 하는 '남루한 선거'였으나, 그 역사적 의의는 결코 남루하지 않았다.

1948년 5월 31일 우리 역사상 첫 국회가 열렸다. 노진설 국회 선거 위원장의 제의로 최연장자인 이승만 박사가 임시 의장이 되었다. 이승만 임시 의장은 이윤영 의원에게 축하 기도를 요청하였다.

대한민국 독립 민주국 제1차 회의를 여기서 열게 된 것을 우리가 하나님에게 감사해야 할 것입니다. 종교, 사상 무엇을 가지고 있든지, 누구나 오늘을 당해 가지고 사람의 힘으로만 된 것이라고 우리가 자랑할 수 없을 것입니다. 그러므로 하나님에게 감사를 드리지 않을 수 없습니다. 나는 먼저 우리가 성심으로 일어서서 하나님에게 감사드릴 터인데, 이윤영 의원 나오셔서 간단한 말씀으로 하나님에게 기도를 올려 주시기 바랍니다.

다음은 이윤영 의원의 기도 내용이다.

이 우주와 만물을 창조하시고 인간의 역사를 섭리하시는 하나님이시여. 이 민족을 돌아보시고 이 땅에 축복하셔서 감사에 넘치는 오늘이 있게 하심을, 주님께 저희들은 성심으로 감사하나이다.

오랜 시일 동안 이 민족의 고통과 호소를 들으시사 정의의 칼을 빼서 일제의 폭력을 굽히시사 하나님은 이제 세계만방의 양심을 움직이시고, 또한 우리 민족의 염원을 들으심으로 이 기쁜 역사적 환희의 날을 이 시간에 우리에게 오게 하심은 하나님의 섭리가 세계만방에 현시하신 것으로 믿나이다.

하나님이시여. 이로부터 남북이 둘로 갈리어진 이 민족의 어려운 고통과 수치를 신원하여 주시고, 우리 민족 동포가 손을 같이 잡고 웃으며 노래 부르는 날이 우리 앞에 속히 오기를 기도하나이다.

하나님이시여. 원치 아니한 민생의 도탄은 길면 길수록 이 땅에 악마의 권세가 확대되나, 하나님의 거룩하신 영광은 이 땅에 오지 않을 수 없을 줄을 저희들은 생각하나이다. 원컨대 우리 조선 독립과 함께 남북통일을 주시옵고, 또한 민생의 복락과 아울러 세계 평화를 허락하여 주시옵소서.

거룩하신 하나님의 뜻에 의지하여 저희들은 성스럽게 택함을 입어 가지고, 글자 그대로 민족의 대표가 되었습니다. 그러하오나 우리들의 책임이 중차대한 것을 저희들은 느끼고, 우리 자신이 진실로 무력한 것을 생각할 때에, 지와 인과 용과 모든 덕의 근원이 되시는 하나님께 이러한 요소를 저희들이 간구하나이다.

이제 이로부터 국회가 성립되어서 우리 민족의 염원이 되는 모든 세계만방이 주시하고 기다리는 우리의 모든 문제가 원만히 해결되며, 또한 이로부터 우리의 완전 자주독립이 이 땅에 오며, 자손만대에 빛나고 푸르른 역사를, 저희들이 정하는 이 사업을 완수하게 하여 주시옵소서.

하나님이 이 회의를 사회하시는 의장으로부터 모든 우리 의원 일동에게 건강을 주시옵고, 또한 여기서 양심의 정의와 위신을 가지고 이 업무를 완수하게 도와주시옵기를 기도하나이다.

역사의 첫걸음을 걷는 오늘의 우리의 환희와 우리의 감격에 넘치는 이 민족적 기쁨을, 하나님께 영광과 감사를 올리나이다.
이 모든 말씀을 주 예수 그리스도 이름 받들어 기도하나이다. 아멘.

매우 솔직하고 꾸밈이 없어 진심이 느껴지는 기도였다. 198명 국회 의원들의 신앙은 다양하였음에도, 기독교 목회자가 드리는 이 기도에 모두 순명順命한 것으로 전한다. 이처럼 대한민국은 '하늘 뜻'으로 건국되었다.

1948년 5월 31일 월요일 10시가 조금 지난 시각에 중앙청 홀 국회 의사당에서 제1차 국회가 열렸다. 국회는 이 자리에서 이승만을 초대 국회 의장으로, 신익희를 부의장으로 선출했다.
6월 초에 내각 책임제 헌법 초안이 제출되었으나, 이승만 의장이 뜻을 굽히지 않아 대통령 중심제로 수정되었다. 대통령 중심제인 제헌 헌법에 내각 책임제의 요소가 곁들인 이유다.

　5월 31일 제헌 국회는 헌법기초위원회를 구성하여 국호 명명 작업에 착수했다. 대한민국, 고려공화국, 조선공화국 중에서 투표를 거쳐 대한민국이 채택되었다. 7월 17일에는 헌법을 공표했다. 7월 17일은 1392년 이성계가 개성 수창궁에서 왕으로 즉위한 날이었다. 7월 20일 대통령 선거에서 이승만 180표, 김구 13표 득표로 이승만 박사가 대통령으로 선출되었다. 7월 24일에는 정·부통령 취임식이 있었다. 부통령은 독립 운동가 이시영 선생이었다.

　남은 문제는 9월 21일 파리에서 열리는 제3차 유엔 총회의 승인을 받는 일이었다. 정부는 8월 5일 조병옥을 특사로 미국에 보내고, 가톨릭 국가들의 지지를 받기 위하여 가톨릭 신자인 장면을 수석 대표로 정일형, 김활란, 모윤숙, 장기영 등을 파견하였다. 우리 대표단의 끈질긴 노력으로 총회 마지막 날인 12월 12일 (일) 오후 3시에 다시 총회를 소집하여 찬성 47표, 반대 6표, 기권 1표로, 유엔은 대한민국이 한반도의 유일한 합법 정부임을 선언했다. 미국이 승인한 것은 1949년 1월 1일이었다.

이승만 리더십 평가

이승만 대통령은 위대했다. 유라시아 대륙 거개가 공산화된 상황에서, 북위 38도선 아래 호랑이 꼬리 만한 이 땅에 자유민주 대한민국을 세운 것은 우리 민족에게 안겨 준 기적적인 선물이다. 6.25전쟁으로 우리가 백척간두, 풍전등화의 위기에 처했을 때, 유엔의 참전을 이끌어 내어 나라를 되살렸고, 특유의 승부수로 한미상호방위조약을 맺어 대한민국 안보를 반석 위에 올려놓았다. 당시에 이 대통령만이 할 수 있는 일이었다.

이 탄탄한 바탕 위에서 박정희 정부 이후 안정적인 경제 개발이 가능했고, 2023년 현재 세계 10위의 강국으로 부상浮上할 수 있었다. 지금은 그야말로 단군 이래 한민족의 최대 융성기를 맞이하게 하는 데에 이승만, 박정희 두 대통령의 공로는 절대적이다.

이승만 대통령의 자유 민주 공화주의 정신과 박정희 대통령이 이끈 경제적 번영 덕분에 민주화도 가능하게 된 것이다. 북한의 침략을 저지하는 철통같은 안보와 경제 발전은 민주화의 필요조건이다. 이른바 민주화 세력은 이 점을 모르거나 인정하지 않으려 한다. 왜일까?

첫째, 우리는 학생 시절 교과서에서 오로지 정치적 민주화의 중요성만 배웠기에, 그 필요조건이 경제 발전이라는 것은 도외시했다. 이는 조선 시대 이래 우리 민족의 정신사를 지배해온 주자 성리학 일변도의 인문학 전통, 선비 정신 때문이었다. 사농공상의 계급 의식에 수산업 종사자는 불가촉천민으로 폄하하는 편협한 인문 정신이 우리의 정신적 유전자에 각인되어 있었다.

이런 우리의 문민 지상주의文民至上主義는 5.16군사 정변이 도저히 용납할 수 없는, 무지막지한 폭력이었다. 군사 정부와 유착 관계에 있었던 대기업 또한 타도의 대상이 될 수밖에 없었다. 민주화 운동가들은 정경 유착이 급격한 근대화, 압축 성장의 부작용이라는 해명도 납득할 수 없었다.

둘째, 1961년부터 1987년까지 28년간의 군부 통치 과정에서 민주화 운동가들은 감내하기 어려운 탄압을 받았다. '오직 조국 근대화, 경제 개발' 세력과 '오직 민주화' 세력 간에는 예각적 충돌밖에 없었고, 경찰·검찰·국가정보부 등 권력 기관에 수많은 민주화 인사들이 핍박을 받았다. 취업이 금지되어 실업자가 되거나 직장에서 해직되고, 고문으로 심신 장애자가 되었으며, 일부는 사망하기까지 했다. 오늘날 이 땅에는 이런 고초를 겪은 당사자와 그 가족들의 원한이 유령처럼 떠돌고, 원한에 찬 절규로 분출되고 있다. 가장 성스럽고 평화로워야 할 촛불 문화제가 광기狂氣에 휩싸이곤 하는 것도 그 증거다. 이는 종북 운동가들의 위장 민주화 운동의 폭발적 양상이기도 하다.

셋째, 지역적 소외감도 이에 큰 몫을 차지하고 있다. 1963년 박정희 대통령이 윤보선 후보에게 이겨 대통령에 당선되었을 때까지만 해도 지역 분열이 심하지 않았다. 가령, 전남 광양 출신 조재천(검사)이 1954년 이후 경북 달성과 대구에서 국회 의원에 거듭 당선된 것이 그 증거다.

박정희·김대중 후보가 대결한 1971년 대통령 선거 때부터 지역 감정이 격해졌다.

한 많은 사람이 많은 대한민국은 바람 잘 날이 없다. 한 많은 사람들이 권력을 잡으면 한풀이에 넋이 팔려 다른 건 '눈에 뵈는 것'이 없다. 오직 과거의 원수를 타도하는 복수에 전심전력하여 혈투를 일삼다 보니, 나라의 미래 지평을 열 창조적 상상력은 티끌에 매몰될 수밖에 없다. 오직 복수와 파괴가 있을 뿐이다.

넷째, 이승만 대통령의 자유민주주의 사수死守 정책과 미군 및 유엔군

사령부의 한국 주둔은 일부 좌파 운동가들에게는 타도해야 할 적이다.

광복 후에 평양에서 김일성이 주재한 민족 대표자 연석 회의에서 좌우 합작 통일 정부를 이루기 위해 참석했던 김구 선생은 정의롭고, 반공 자유 민주 국가 세우기를 고집한 이승만 대통령은 민족을 분열케 한 원흉이라고, 그들은 확신한다. 잘못이다. 북한에 북조선임시인민위원회가 조직되어 사실상 통치를 하고 있었고, 그걸 알게 된 이승만 박사가 남한에 일정한 통치 기구를 설립해야 한다고 주장한 것이 이른바 '정읍 선언'이다.

좌우 합작이란 공산주의자들의 타협 없는 폭력 혁명의 위장술이며, 자유주의자 쪽에서 볼 때, 그것은 실현 불가능한 망상일 뿐이다. 그때 남북한 좌우 합작 정부 수립은 가능성이 없었고, 설령 그 계획이 성공하였다 해도 한반도는 삽시간에 공산화했을 것이다. 그랬다면, 우리는 김정은 치하에서 억압과 굶주림에 시달리고 있을 것이다.

김구 선생을 비롯한 좌우 합작 통일론자들은 공산주의자들의 속성을 알지 못한 천진한 이상주의자였다. 폴란드, 체코, 헝가리, 중국, 베트남의 좌우 합작 시도는 다 실패했다. 모두 공산화하지 않았는가.

다섯째, 좌파 민주화 운동가들에게 이승만 대통령이 원수일 수밖에 없는 것은 6.25전쟁 때 김일성의 통일 전쟁을 좌절시킨 '책임' 때문이다. 6.25전쟁 때 김일성 군대는 기습 남침하여 대구·부산·거제도·제주도를 제외한 거의 전 국토를 점령하여 통일을 목전에 두었다. 그때 이승만 대통령이 미군을 비롯한 유엔군을 불러들여 통일의 꿈을 무산시켰으니, 그가 원수라는 것이다.

1980년대 이후의 좌파 운동가들이 '우리 민족끼리'를 염불인 양 되뇌며 미군 철수를 외치고, 미국 시설을 침입하거나 그에 불을 지르는 행위를 서슴지 않고 자행했다. 또 국립서울현충원에 있는 이승만 대통령 묘소를 파내어야 한다는 주장도 이에서 파생한 것이다. 박정희 대통령 묘역에 철심을 박는 행위도 이와 유사한 한풀이다.

이들에게 민주화란 자유민주주의 실현과는 거리가 멀다. 사회주의를 민주화라 하거나 북한식 인민민주주의를 추구하는 운동가들도 있다. 이들이 쓰는 민주주의는 우리가 생각하는 자유민주주의를 위장하는 전략, 전술로 쓰여 왔다는 점에 문제의 심각성이 있다. 많은 국민들이 이들의 그럴싸한 수사에 오래도록 속아왔다.

이승만 대통령은 무리한 장기 집권과 3.15부정 선거로 국민들의 신망을 잃었다. 반이승만 세력은 이 대통령의 과오만 침소봉대하여 그의 전 생애를 질타함으로써 대한민국의 국가 정통성마저 부정한다. 잘못이다.

성군聖君 세종 대왕에게도 노비 제도를 고착화한 허물이 있고, 미국 조지 워싱턴 대통령도 부동산 투기를 했다. 중국 공산주의 선도자 마오쩌둥은 '대약진 운동'으로 국민 4000~5000만 명을 굶어 죽게 하고, '문화 혁명'이라는 슬로건 아래 전통 문화를 말살하고 지식인을 대거 학살했다. 청소년이 주축이 된 마오쩌둥 홍위병들의 강간으로 태어난 아이가 100만 명이 넘었다. 그래도 중국인들은 마오쩌둥을 공7 과3으로 호평하며 천안문(톈안먼) 광장에 초상화를 내걸고 숭배한다.

우리는 자주 극단으로 치닫는다. 샤머니즘적 광기에 사로잡힌 감정 분출에 익숙해져서 이성적 판단에 과도히 취약한 경향을 보인다. 이제는 차분한 평정심으로 우리 현대사를 정리할 때가 되었다.

서울 시청 앞 넓은 마당을 '이승만광장'이라 하고, '초대 건국 대통령 이승만 기념관'을 지어 역사의 정통성을 바로잡자.

이마저 비난, 저주하면 하늘이 노할 것이다. 덧붙인다. 거듭 말하거니와, 필자도 3.15부정 선거를 규탄하며 4.19혁명 대열의 최전방에 나섰고, 경무대(지금의 청와대) 앞까지 나아가 총탄 세례를 받았던 4.19 세대다. 그것은 옳았다. 그리고 지금 이승만 대통령을 기리는 일도 옳다.

이승만, 박정희 두 대통령에게 공통점이 있다. 과거의 허물을 묻지 않고, 모두 하나가 되어 나라 세우기와 부유한 나라 만들기에 동참케 한 것이다. 훌륭한 리더십이다.

아직도 못다 한 말이 있다. 이승만 대통령에 대한 모략 얘기다.
첫째, 6.25전쟁이 일어나자 이승만 대통령은 혼자만 살겠노라 남쪽으로 줄행랑을 쳤다는 모략이 있다.
1950년 6월 25일 새벽 4시에 북한군이 3·8선 전역에서 남침을 시작했다. 이 사실이 이승만 대통령에게 보고된 것이 오전 10시였다. 이 대통령은 ①미국 본토에서 군함을 구입해 하와이에 머물던 해군 참모총장 손원일에게 즉각 귀국을 명하였다(오전 11시). ②주한 미국 대사 무초와 면담하고(11시 35분), ③주미 대사 장면에게 미국 원조를 조속히 받아내게 했다(오후 1시). 이어 비상 국무 회의를 열었다(오후 2시).
이 대통령은 밤 10시 무초 대사를 다시 경무대(후일 청와대)로 부른 자리에서, 밤을 꼬박 새우며 미 극동군 사령관 맥아더 장군에게 전화했다. 그곳 전속 부관이 사령관이 잠들었으니 깨울 수 없다고 했다. 이 대통령은 "한국에 있는 미국 시민도 죽어 가는데, 장군을 잘 재워라." 호통을 친 때가 26일 새벽 3시였다. 숙소로 돌아가 있던 무초 대사에게 전화하여 전투기 지원을 요청한 때가 새벽 4시 30분이었다. 6.25전쟁의 시계는 이같이 급박하게 돌아갔다.
6월 26일 오전 이 대통령이 치안국에 들러 전황을 확인하고 경무대로 돌아가던 때 서울 상공에는 북한 야크 전투기가 굉음을 내며 정찰했다. 의정부가 적의 손에 들어가는 등 전황은 급격히 악화되었다.
측근은 이 대통령의 피란을 재촉하였으나, 대통령은 듣지 않았다. '국가원수에게 불행한 일이 생기면 더 큰 혼란이 생길 것'이라는 설득에 동의하기 전까지 대통령은 장면 주미 대사에게 전화하여 트루먼 대통령을 만날 것을 지시하고, 맥아더 장군과의 통화를 시도했다. 이 대통령이 서울역에서 피란 열차에 오른 때는 27일 새벽 3시 30분이었다.

27일 낮에 대구에 도착한 이 대통령은 침통한 얼굴로 탄식했다. "내 평생 처음 판단을 잘못했다."는 자탄 끝에 대전으로 올라왔다. 대전에 도착한 때는 27일 오후 4시 30분이었다. 수원으로 가서 자동차로 상경할 작정이었다. 이때 미국 대사관 참사관이 한국을 도우기로 했다는 유엔 결의 소식과 트루먼 미국 대통령의 한국 원조 명령을 알려 오면서 이 대통령은 대전에 머물게 되었다.

29일 이 대통령은 미군 조종사가 모는 경비행기를 타고 일본에서 방한한 맥아더를 만나기 위해 수원으로 갔다. 이 대통령은 소령 때부터 그와 알던 사이였다. 이 대통령이 탄 비행기는 두 차례나 북한 야크기의 추적을 당했다.

미국이 지상군 참전을 전격 결정한 것은 맥아더의 한강 방어선을 시찰한 직후였다. 대한민국 생존 여부가 판가름날 결정적 사건이었다.

이승만 대통령은 머리맡에 늘 권총을 두고 잠을 잤다. '최후의 순간 공산당 서너 놈을 쏜 뒤 우리 둘을 하나님 곁으로 데려다 줄 티켓'이라 했다 한다. 또 아군이 낙동강 방어선까지 후퇴한 7월 29일 밤 이 대통령은 프란체스카 여사에게, "적이 대구 방어선을 뚫고 가까이 오면, 먼저 당신을 쏘고 나는 싸움터로 나가야 한다."며 도쿄 맥아더 사령부로 떠나라 했다. 이 대통령은 끝까지 함께하겠다는 여사에게 "우리 아이(병사)들과 여기서 최후를 맞이하자."고 했다(프란체스카 회고록).

대한민국이 절체절명의 위기에 처한 순간에 미국은 이 대통령에게 제주도나 해외에 망명 정부를 세우자고 했으나, 이 대통령은 이를 단호히 거부했고, 6.25전쟁 기간 북진 통일 주장을 굽히지 않았다.

"이승만 대통령은 한국 현대사의 가장 위대한 사상가요 정치가요 애국자다."

이는 맥아더 원수 이후 매슈 리지웨이 장군에 이은 유엔군 총사령관 제임스 밴프리트(1892~1992) 장군이 백발이 성성한 이승만 대통령이 박격포탄이 폭발하는 전선을 단 한 주도 빠짐없이 시찰하는 모습을 보고 한 말이다(남정옥, 국방부 군사편찬연구소 책임 연구원, 강경희 논설원).

남북 분단과 6.25전쟁의 원흉인 김일성의 책임을 이승만 대통령에게 뒤집어씌우려는 이 땅 좌익들은 집요한 역사 조작의 선전·선동으로 이 대통령을 역사의 죄인으로 악마화했다. 언론·출판·교과서·학교 수업·논문 등에 출천의 독립 운동가요 건국의 아버지인 이승만 대통령은 비루한 정상배요 부정 축재자로 추락, 매장되었다.

이 대통령은 일생 동안 조국의 독립과 나라 세우기에 우국충정을 바쳤을 뿐 결코 사리사욕에 물든 적이 없었다. 4.19혁명으로 하야한 뒤 하와이 망명지에서 식생활조차 어려웠고, 병원 진료비조차 아쉬웠던 대한민국 초대 대통령 이승만. 그는 청렴한 애국자였다.

다만, 앞에서 밝힌 몇 가지 과오로 인해, 하늘 같은 업적들을, 못된 후손들이 유린하는 것은 패륜이다.

두 가지 의문이 아직 남았다.

이승만 대통령의 방송 내용 문제. 당신은 대전에 피란해 있으면서, 국군이 연전연승하고 있으니, 서울 시민은 안심하라는 라디오 방송이 있었는가? 오해다. 맥아더 유엔군 총사령관이 우리를 도울 것이니, 지나치게 두려워하지 말라는 방송은 있었다. 한강교를 폭파하고 혼자만 줄행랑을 쳤는가 하는 문제. 말이 안 되는 이야기다. 국군이 수도를 점령하게 될 경우 우리 군의 매뉴얼에 따른 것이 한강교 폭파였다.

실상은 이러했다. ①6월 27일 서울 북방 창동 방어선이 무너지고, 28일 새벽 1시경 북한군 전차(탱크)가 미아리고개를 돌파하자 서울 최후 방어선도 무너지기 시작했다. 마침내 북한군 제105탱크여단이 서울 시내에 진입했다. ②28일 새벽 2시경 육군 총참모장 채병덕은 육군 본부 작전국장 강문봉 대령에게서 북한 전차가 서울 시내로 진입했다는 보고를 받고 공병감 최창식 대령에게 전화로 명령을 내렸다. "즉시 한강으로 가서 한강교를 폭파하라. 나는 이제 시흥을 거쳐 수원으로 간다. 곧 가서 실시하라."고 했다.

이때 미아리구 전투 사령관 이응준 소장은 육군 본부 참모부장 김백일 대령에게 한강교 폭파 중지 명령을 내렸다. 명을 받은 작전 국장 장창국 대령이 노량진 남한강 파출소로 달려갔으나 차량과 인파로 인해 길이 막힌 사이에 한강교는 폭파되고 말았다. 당시 명령이 없어 후퇴하지 못한 국군 최후 방어선 병력과 시가지 방어 부대는 꼼짝없이 갇힌 신세로 전락했다. 이응준 소장이 이를 염려하여 폭파 시간을 늦추라 했던 것이다.

한강교(인도교·철교) 폭파 6월 28일 새벽 2시 40분경. 운명의 시간이었다. 민간인들은 임시로 가설한 부교로 한강을 건넜다.

한강교 폭파 책임은 누구에게 있는가? 두말할 것도 없이 최초, 최고 명령자인 채병덕 참모 총장에 책임이 있다. 그는 후퇴를 거듭한 끝에 1950년 7월 27일 경남 하동 전투에서 적의 기습을 받아 전사했다. 36세 아까운 나이었다.

이에 앞서 한강교 조기 폭파에 대한 비판 여론이 들끓자, 1950년 9월 15일 육군 고등군법회의는 폭파 실행자인 최창식 대령에게 사형을 선고하고 9월 21일 총살형에 처했다. 엉터리 정치 재판이었다.

14년 후 최 대령 아내의 재심 청구로 1964년 10월 23일 육군 본부 보통군법회의는 최 대령에게 무죄를 선고했다. 최 대령 가족에게는 절통한 일이다.

6.25전쟁 초기의 한강교 조기 폭파는 최대의 실책이었다. 그 시기 신성모 국방부 장관과 채병덕 육군 참모 총장의 행적에는 미심쩍은 것들이 없지 않다. 3.8선에서 분쟁이 끊이지 않던 그 시기에 ①왜 군인 절반을 휴가 조치했는가, ②주요 무기를 수리한다는 구실로 왜 후방(부천)으로 이송해 놓았는가? 어떤 연구자는 이들이 이적 행위를 했다고 단정하나, 필자는

그리 믿지는 않는다.

대한민국 초기 상황은 이같이 미숙하고 혼란스러웠다.

참, 한강교 조기 폭파로 수많은 시민이 다리 중간에서 추락해 희생되었다는 주장이 통설로 굳어지기도 했으나, 그것은 사실이 아니었다. 희생자는 아까운 우리 경찰 76명이었다. 하지만 그로 인해 '갇힌 신세'가 된 많은 서울 시민들은 북한군과 지역 공산주의자들에게 학살당했고, 아까운 인재들이 북한으로 끌려가는 비운을 맞이했다.

초대 대통령 이승만 박사 헐뜯기, 이제는 그만하자. 패륜이다. 허물 없는, 절대 무결점의 지도자가 세상에 어디 있는가. 그는 사람이 아닌 신이어야 했는가.

이승만 대통령은 세계 자유 진영의 걸출한 투사요 지도자로서 우리 민족의 구원자였다. 따라서 그가 우리 국민에게 자유민주주의 대한민국에서 살게 한 공로는 불멸의 업적으로 기림받아야 한다.

아무리 그렇다 해도, 이승만 대통령의 긍정적 업적만 부각하여 그분을 무조건 숭모崇慕, 우상화하는 것은 또 한 갈래의 극단이다. 이는 그동안 한 색깔 안경만 쓰고 이 대통령의 실책만 침소봉대하여 그분의 인생 자체를 시궁창에 몰아넣은 이상한 사람들의 만행에 대한 반작용이다.

이승만 대통령을 총평하면, 그분은 '인민' 6천여 만 명을 학살하거나 굶겨 죽인 마오쩌둥이나, '인민'을 속여 역사를 날조하고 자신을 신격화하며, 3대 세습 체제로 '인민'을 억압하고 굶주려 죽게 한 김일성과는 비교 대상이 되지 않을 만큼 훌륭하다.

사람의 행위 중에서 일부만 부각하여 그를 무조건 우상화하거나 극한적으로 폄훼하는 것은 모순이기에 그치지 않는 죄악이다. 전근대적인 흑백 논리는 이처럼 역사의 큰 흐름마저 망쳐 놓는, 그야말로 '적폐'다.

한쪽만으로 사람과 사물의 총체성을 왜곡하는 일면적 단순성. 하루빨리 극복해야 대한민국과 우리가 산다.

　서울 한복판에 이승만 대통령 동상을 세우고, 온 국민이 그분을 기념하는 것은 당연하다. 4.19혁명 대열의 맨 앞자리에서 부정 선거를 규탄했던 필자의 견해다.

　이승만 대통령을 부인함은 대한민국 정체성을 부정하는 행위다.

　빼앗긴 나라를 찾겠노라 동분서주했던 이승만 대통령이 '하와이 깡패 ganster'였고, 여성들과 환락에 빠져 지냈다는 이상한 사람들의 독설들. 몹쓸 사람들의 만행이다.

　다시는 속아서 안 된다.

(2023.1.25. 집필. 김광휘 · 김봉군 · 차배근 · 최래옥,
≪다시 못 올 것에 대하여≫, p.128 이하 참조.)

미국은 우리의 '원쑤'인가 (1)

20세기 우리 역사에 결정적인 영향을 끼친 나라는 일본과 미국이다. 북한 말로 하면, 20세기 전반기 35년간(1910~1945) 일본은 우리의 '원쑤'였다. 북한에서는 김일성 존칭인 '원수'와 구별하기 위해 '원쑤'란 말을 쓴다. 북한 사람들과 남한의 북한 추종자(종북 인사)들에게 미국은 '원쑤'다.

19세기 말에 미국 선교사들이 이 땅에 와서 한 일은 기독교를 전도하고 우리나라 독립을 위해 헌신하면서 우리와 아름답게 만났다. 좋은 인연, 선연善緣이었다. 그리고 미국이 한국 역사에 직접적으로 영향을 주게 된 것은 제2차 세계 대전 종전 후에 있은 미 군정기(1945.9.9.~1948.8.15.)다.

일본 오키나와에 주둔하던 미 육군 제24군단은 1945년 9월 9일 인천을 통하여 우리 땅에 상륙했다. 군단장 조 리드 하지 중장이 군정 사령관에 임명되었고, 소장급 육군 장성들이 군정 장관이 되어 북위 38도선 이남을 임시 통치했다. 하지 사령관은 일본에 주재하던 연합군 최고 사령관 더글라스 맥아더 원수의 지시를 받았다. 미 군정의 명분은 ①조선 해방이 1910년의 합병 조약 파기에 따른 것이 아니므로, 합병 이전의 조선을 되살린 것이 아니다. ②조선 해방이 조선인들의 혁명적 행위로 이루어진 것이 아니다. ③조선 해방은 승리한 연합군의 결의에 따른 것이므로 한반도는 어떤 세력의 영향도 없는, 주인 없는 땅이다. 이 세 가지였다.

북위 38도선 이북은 미·소 협정에 따라 소련이 이미 진주해 있었는데, 이를 알게 된 미군은 부랴부랴 그 이남으로 달려온 것이었다. 미 군정은 일제의 조선총독부로부터 행정권을 이양받고 본격적인 통치에 임했다. 우리 역사·사회·문화에 문외한이었던 하지 사령관을 비롯한 미 군정 수뇌부는 시행착오를 거듭했다.

미군이 이 땅을 통치하기 시작하던 시기에 남한에는 두 개의 세력이 있었다. 하나는 좌익 연합인 여운형의 조선건국준비위원회(1945.8.15.~9.7.)와 조선인민공화국(1945.9.6.~1946.12.19.)이었다. 다른 하나는 일제 강점기에 협조한 식민 관료 체제였다. 하지 사령관은 인민공화국이 국제 공산주의 세력에 의해서 조종되는 기구가 아닌가를 의심했다. 그가 선택한 것은 식민 관료 조직이었다. 미 군정이 발탁한 이 관료 조직의 고위직에 한국민주당 인사를 대거 기용했다. 이들 중에는 순수한 민족주의자와 일제에 협력한 인사가 공존했다.

미 군정은 장차 이 땅을 이끌 최고 지도자를 물색하기에 고심했다. 그 결과 미국에서 20년간 독립운동을 펼쳤던 이승만 박사를 선택했다. 미국과 국제 사회에서 얻은 그의 명성과, 아이비리그에 속하는 프린스턴대 박사학위 소지자인 그의 식견에 주목했던 것이다. 군정의 부름에 따라, 이승만 박사는 일본에 있던 맥아더 원수가 제공한 특별기로 1945년 10월 19일 미 군정의 환영리에 귀국했다. 이 박사는 미 군정이 요구하는 바 공산주의와의 싸움에는 적극 동의하였으나, 미 군정이 추구하는 중도 세력 연합에 가담하는 데는 반대했다. 그는 조선인민공화국을 주도한 좌익 세력을 격렬하게 비난하면서 한국민주당 보수 세력과 연합했다. 이 박사는 미국 정책을 깊이 불신했다. 국제 공산당의 악덕을 익히 알고 있었기 때문이다. 공산 계열과 손잡느니 차라리 다소 흠결이 있는 한국민주당 쪽과 연대하는 쪽을 택하였다.

이승만 박사와 미국 수뇌부와의 불화는 하루 이틀 사이에 이루어진 것이 아니었다. 강자의 입장에 따라 일본 제국주의와 손잡은 미국의 동아시아 정책이 이 박사에게는 우선 못마땅했다. 가쓰라·태프트 밀약(1905.7.29.)이 그 예다. 미 육군 장관 윌리엄 태프트가 일본으로 가서 일본

총리이자 외무상인 가쓰라 다로桂太郎와 만나 미국은 필리핀을, 일본은 조선을 지배하기로 한 조약이다. 조선을 일본의 식민지가 되게 한 약육강식의 진화론적 논리였다.

이 박사가 미국을 미더워하지 않은 데는 이 밖에도 많은 이유가 있었다. 이 박사는 미국 수뇌부를 비롯한 여러 인사들에게 일본의 조선 병합의 옳지 않음을 알리며 조국의 독립을 위해 동분서주하였으나, 미국은 이를 끝내 외면했다. 일본군의 미국 하와이 진주만 폭격(1941.12.7.) 전인 그해 6월에 이 박사는 일본의 미국 침략을 예견한 《일본내막기Japan Inside Out : The Challenge of Today》를 써서 미국 정부의 각성을 촉구했으나, 미국 정부는 귓전으로 흘렸다. 이승만 대통령 집권기의 애치슨 선언은 또 어떤가. 북한이 남침 전쟁 준비를 끝낸 1950년 1월 11일에 미 국무부 장관 애치슨은 미국의 태평양 방위선을 알래스카・일본 오키나와・필리핀 선(애치슨 라인)으로 정한다고 선언했다. 북한을 이를 기화로 6.25전쟁을 일으켰다.

미 군정은 1947년 9월 한반도 문제를 유엔 총회에 상정했다. 유엔 결의에 따라 1948년 5월 10일 남한 전역에서 유엔이 주도하는 총선거가 실시되었고, 국회 표결로 이승만 박사가 대통령에 당선되었다.

이 무렵 미국 일부 관료들은 이 박사의 독선적 성향과 다루기 힘든 기질을 두고 걱정했다. 미 국무부의 〈이승만에 대한 비밀 보고서〉는 "(이승만이)현실 정치가로서 갖춰야 할 역량과 자질이 턱없이 부족함에도 불구하고, 국민으로부터 열렬한 지지를 받는 것은 믿기 어렵다."고 했다. 그럼에도 미국 정부의 최종 평가는 후했다. 이승만 박사의 지도자로서의 객관적 조건, 즉 연륜과 경험, 교육 수준, 민족주의적 성향을 높이 샀다. 이 박사는 한국의 다른 정치인과 비교할 수 없을 정도로 훌륭한 자질을 갖춘 것으로 보았다. 또한 특히 이 박사는 일본 제국주의에 맞서 싸운 민족주의자로 국제적 명성이 있으며, 어떤 상황에도 공산주의의 위협에 맞서 싸울 반공주의자로 보았다.

  이 같은 미국 정부의 평가를 받으며 이승만 대통령은 대한민국 세우기에 혼신의 힘을 다하게 된다. 제1공화국의 출범이었다.

미국은 우리의 '원쑤'인가 (2)

미 군정은 농지 개혁에 착수했다. 유럽에서 300년에 걸쳐 진행된 이 문제를 군정 3년에 해결하는 것은 무리였다. 군정은 우선 일제 강점기에 50%였던 소작료를 3분의 1로 낮췄다. 일본인 지주들의 토지 약 2,780㎢를, 1948년 초에 농민에게 매각하였다. 이로써 총 58만 7,974가구, 농업 인구의 24.1%에 해당하는 농민이 토지를 갖게 되었다. 본격적인 토지 분배 문제는 신생 대한민국 정부의 과제로 남겼다.

이승만 대통령은 조선공산당원 경력이 있는 조봉암을 농림부 장관에 앉히고 농지 개혁을 단행했다. 소유주가 직접 경작하지 않는 모든 토지와 3만㎡(약 9,180평)가 넘는 모든 농지가 분배 대상이었다. 이를 위해 정부는 해당 토지의 연평균 생산량 금액의 150%를 지불하고 구매하기로 했다. 정부로부터 땅을 분배받은 농민은 향후 10년에 걸쳐 해당 농지 연간 생산량의 125%를 정부에 납부하게 되었다. 1953년에 이를 150%로 상향 조정했다. 이 대통령은 이에 반발하는 지주 출신 한국민주당 국회 의원들을 농민 단체들의 여론으로 제압했다. 이로써 이 대통령은 지주 계층을 정치적으로 소외시키기에 성공했다. 이 조치는 6.25전쟁 1년 전인 1949년 6월 23일부터 시행되었다.

1945년 말 기준으로 이 땅 농민 중 48.9%가 소작농, 34.6%가 소자작농이었고, 자작농은 13.8%였다(《조선경제연보》, 1948). 다른 기록도 있다. 1944년에 상위 3%의 지주들이 약 64%의 농지를 갖고 있었으나, 1955년에는 상위 6% 지주층의 농지가 18%로 줄었다. 반면에 이 기간에 소작농

비율은 49%에서 7%로 감소했다. 이는 6.25전쟁 때 남한 농민들이 김일성 군대에 동조하지 않은 결정적 이유였다. 북한이 지주에게서 토지를 무상으로 몰수하여 농민들에게 무상으로 분배하였다고 선전하나, 개인의 소유지는 없었다. 볼셰비키 혁명 후에 개인 농토를 달라고 봉기한 러시아 농민 1천만 명이 몰살당한 사실을 상기해 보라. 집단 농장은 개인의 욕망을 억제한 비능률로 모두를 가난하게 만든다. 인간 본성을 무시한 공산주의의 착오였다.

다음은 대한민국 안보에 대한 미국의 역할 문제가 대두된다. 1948년 8월 15일에 선 대한민국은 좌익의 반란과 그 게릴라전에 시달렸다. 1948년 4월 3일에 일어난 제주4.3사건은 심각했다. 제주도 인민위원회를 주도했던 좌익 세력이 반란을 일으켰고, 정부 수립 이후까지 계속되었다. 1948년 10월 정부는 전남 여수 지역 육군 제14연대로 하여금 이를 제압하도록 명령했으나, 군대 내의 좌익 세력이 대대적인 반란을 일으켜 여수·순천 일대 경찰서와 행정 기관을 장악했다. 한국군은 1주일 만에 이를 제압했으나, 양쪽에서 죽거나 다친 사람이 5천 명이 넘었다. 그 후에도 1949년까지 좌익 게릴라는 전라도 지역 대부분을 장악했거나 혼란을 빚었다. 제주 좌익들이 장악했던 제주도 일부 지역은 5월 10일 국회 의원 선거를 치르지 못한 그들의 '해방구'였다.

미 군정은 진주 초기부터 경비대를 조직하여 훈련시켰는데, 1946년 말에 그 규모가 4만여 명 정도였다. 1948년 대한민국 정부 수립과 함께 미국은 군사 고문단Military Advisory Group을 파견하여 경비대를 정규군으로 승격하도록 도왔다. 이어 1949년 3월에 미국 국가안전보장회의National Security Council 조치로 한국군 6만 5천 명을 양성하고, 경찰 3만 5천 명을 조직하여 치안 업무에 매진하도록 지원하기로 했다. 이 군대와 경찰을 보강, 유지하기 위하여 미국은 5,600만 달러를 썼다.

이승만 대통령은 국가 안보를 위해 더 크고 강력한 군대를 원했다. 1948년 11월 30일에 제정된 국군조직법은 육군 10만 명과 해군 1만 명을 확보하게 했다. 1949년 9월 2일 한국 치안 병력은 육군 10만여 명, 경찰 5만여 명이었다. 이를 위해 1948년 11월부터 이듬해 9월까지 이 대통령이 미국에 요청한 지원 예산은 2억 달러나 되었다. 이 과도한 요청을 미국 정부는 못마땅해 하였다.

6.25전쟁이 터졌다. 1950년 6월 25일 일요일 새벽 4시 김일성 군대는 선전 포고도 없이 불법 남침했다. 1948년 9월 15일부터 감축되기 시작하여 1949년 5월 30일부로, 군사 고문단 500명을 제외한 미군 4만 5천 명이 철수한 것이 패착이었다. 말로만 '북진 통일'을 부르짖던 한국은 속수무책으로 패퇴할 수밖에 없었다. 소련제 전차(탱크)와 중화기로 무장한 북한군에게, 겨우 장갑차 20대뿐 탱크 한 대도, 폭격할 비행기 한 대도 없는 한국군은 적수가 될 수 없었다. 북한은 소련제 탱크 242대, 소련제 전폭기 211대, 야포 726문을 보유한 막강한 군대로 남침했다. 우리 군인 절반이 휴가 중이었고, 서울 동대문운동장에서는 야구 경기가 열리고 있었다.

속절없이 밀리기 시작한 한국군은 낙동강 방어선까지 밀리게 되었다. 미국 트루먼 대통령은 유엔 안전보장이사회 결의를 이끌어 이 전쟁에 미군과 유엔군을 신속히 투입했다. 유엔군의 주축을 이루었던 미군 약 130만 명은 자유 대한민국을 되살리기 위하여 싸웠다. 1950년 9월 15일 더글러스 맥아더 장군의 지휘 아래 감행된 인천상륙작전에 성공하여, 국군과 유엔군이 압록강가에까지 북한군을 격퇴함으로써 대한민국은 통일을 목전에 두었다. 이를 어쩌랴. 10월 19일에 산발적으로 마주치던 중화인민공화국(중공) 30만 군대가 11월에는 전면전을 벌이며 쳐들어왔다. 한국군과 유엔군은 후퇴할 수밖에 없었다.

후퇴를 거듭한 국군과 유엔군은 1951년 1월 4일 수도 서울을 적군에 내어주고(1.4후퇴) 북위 37도선(평택·원주·삼척 방어선)으로 밀렸다. 맥아더 장군이 해임된 뒤 후임 매슈 리지웨이 사령관의 지휘(킬러 작전Operation Killer) 아래 아군은 다시 적군을 북쪽으로 밀어내고 1953년 7월 27일 정전 협정에 조인했다.

이승만 대통령은 미국 정부에 한국군 증강 지원을 요청한다. 이 대통령은 미군을 파견하기보다 한국군을 대대적으로 증강시키게 미국이 돕는 길이 최선임을 미국 국민들에게 호소했다. 미국 국민들 마음을 꿰뚫어 본 예리한 논점이었다. 제2차 세계 대전에 자식을 보내고 전전긍긍했던 미국인들은 전쟁에 지쳐 있었다. 미군 지휘관들이 다 한국군 증강의 필요성을 주장했고, 미 8군 사령관 제임스 A. 밴플리트 장군은 이에 가장 적극적이었다. 미국 정부는 1953년까지 한국군을 20개 사단으로 증강시키는 데 필요한 자금을 지원하기로 했다.

미국과 상의 없이, 이승만 대통령은 1953년 6월 18일 새벽 0시를 기하여 남한에 수용 중인 북한과 남한 출신 반공 포로를 전격 석방했다. 대한민국 동의 없이 북진 통일을 포기시키려는 미국에 대한 항의요 전략적 배수진이었다. 정전이 급한 미국은 이 대통령과의 타협이 필요했다. 이에 따라 체결된 것이 1953년 10월 1일에 조인되고, 그해 11월 18일에 발효된 한미상호방위조약이다. 우리 쪽 외무부 장관 변영태와 미국 쪽 덜레스 국무부 장관이 가조인하며 시작되었다.

미국은 한국군 72만 명을 육성할 군사 원조를 하게 되었고, 원조액은 매년 3억 달러에 달했다. 이는 한국 국방비 87%에 달하는 거액이었다.

미국은 우리의 '원쑤'인가 (3)

6.25전쟁으로 인해 대한민국 도시는 초토화했다. 한국이 입은 재산상의 피해는 약 30억 달러로 추산된다. 900여 개 공장이 파괴되었고, 직물업의 규모는 3분의 1로 감소되었으며, 자동차·트럭·증기 기관 등 차량의 절반 가량이 파손되었다. 목공소, 제강소, 제재소 등 소규모 산업체도 큰 타격을 입었다. 60만여 채의 가옥이 파괴되어, 국민의 4분의 1에 해당하는 500만 명이 길거리에 나앉았다. 북한에서 온 피난민으로 인한 인구 증가로 농업과 산업 부문의 실업난과 식량 부족 문제는 심각했다.

미국의 경제 원조가 절실해진 상황이었다.

미 군정기에 미국이 한국에 지원한 원조금은 약 3억 100만 달러였다. 한국 경제 개발에 필요한 원조금 4억 1,000만 달러는 미국 의회 승인을 받지 못했다. 미국 경제협조처는 1950년에 필요한 원조액 1억 8,000만 달러 중에 상원은 5,000만 달러만 승인했다. 미국 상원의 태도는 6.25전쟁 이후 급변하여 한국 관련 예산은 우선적으로 다루었다. 아이젠하워 정부는 한국에 매년 2~3억 달러씩 지원했다.

미국은 1952년에 헨리 타스카를 한국 경제 문제 특사로 임명했고, 1년 후에 그는 〈한국 경제 부흥책〉이라는 보고서를 제출했다. 한국 경제 발전을 위한 특단의 조치 중 하나로 농업, 광업, 산업 수송, 전력 등에 대한 병행 투자를 위한 통합 계획이 필요하다는 내용이었다. 1954년 미국 컨설팅 회사 로버트네이션협회도 유엔한국재건단UNKRA(United Nations Korean Reconstruction Agency)에 이와 유사한 경제 재건 프로그램을 내어 놓았다.

운크라는 필자가 초등학교 시절에 공부한 교과서 제작 비용을 대었던 기구였다. 그때 교과서에는 "이 책은 운크라의 지원으로 제작되었다."는 표시가 있었다.

미국 관료들은 위의 두 보고서 내용대로 한국은 농업 생산성과 광업 산출량을 늘려야 한다고 권유했다. 이들 생산품의 국내 소비는 절제하고, 대신 이를 일본으로 수출하라는 것이었다. 수출로 축적된 이익으로 기계 장비를 수입하여 생산성을 높이는 길을 택하라 했다. 이승만 대통령은 이에 반대했다. 이 정책은 한국의 희생으로 일본 경제를 부흥시키려는 정책이라는 이유였다.

주한 미군 경제조정관실은 한국에 발전소 세 개를 건설했고, 낡은 발전 시설 복구를 도왔다. 이 덕분에 전력 생산 80%가 증가했다. 다리 수백 개를 건설했고, 철도와 도로 체계를 업그레이드했다. 1954년 이승만 대통령 요구에 따라 충주에 요소 비료 공장을 세웠다. 이 공장은 1963년에야 가동되기 시작했다.

1950년 후반 한국 경제 성장률은 3~4%였다.

미국은 이승만 대통령이 추구하는 한국 교육 체계 개선에 착수했다.

한·미 교육 전문가로 구성된 한국교육위원회가 이 일을 수행했다. 선교사 호레이스 H. 언더우드(연세대 설립자) 등의 견해를 참고로 한 개혁 작업이었다.

미 군정 기간에 40%이던 초등학교생이 70%로, 중학교는 52개에서 250개로, 고등 교육 기관은 19개에서 29개로 늘었다. 일제 강점기의 억압적 교육 방법을 전수받은 교사들의 재교육을 실시하여 자유주의 교육을 전수했다.

1952년부터 1956년까지 한국재건단과 유엔군사령부가 합심하여, 1952년 9,000여 교실을, 1953년부터 1955년까지 매년 3,000개 교실을 증설했다. 아이젠하워 대통령의 형님 밀턴 아이젠하워가 주관하는 한미재단American Korean Foundation의 기부금으로 한국 교육 체계 개선 과업은 절차대로 시행되었다. 매년 약 3천만 권의 교과서를 발행할 수 있는 출판사 설립까지 지원했다.

서울대·연세대·이화여대 등 대학들도 지원했다. 특히 조지 피바디 Peabody 칼리지와 연계된 교사 훈련 프로그램은 현저한 것이었다. 밴더빌드 대학교와 연계하여 사회 변화에 호응하는 교육을 추구했다. 1957년부터 1962년까지 각급 학교 평교사와 교육학 교수 등 20여 인이 1년간 피바디 대학에서 연수도 했다. 미국 교육이 지향하는 바는 자유 민주 시민을 기르는 것이었고, 반공 교육 또한 당연했다.

이에 대하여 연세대학교 성내운 교수 등은 강하게 비판했다. 미국인들이 자유주의 가치를 무질서하게 도입하여 교육계의 규율이 훼손되었다고 했다. 교육자에게 더 많은 권위가 주어지는 교육 체계를 조성해야 한다는 것이 그의 주장이었다. 교권 추락을 염려한 견해였다. 사실, 성내운 교수뿐 아니라 당시 대한민국 교육 현장의 많은 교육자들이 이 같은 주장을 했다. 그들은 "피바디 출신들이 대한민국 교육을 다 망친다."고 분개해 하였다. 아울러 그 화살이 대한민국 교육의 본산인 서울대학교 사범대학 교육학과·교육심리학과·교육행정학과 교수들에게로 향했다. 학교 교육상 문제가 생길 때마다 그 비난은 서울대학교 사범대학 출신에게로 향했고, 그 원흉은 피바디 대학이라고 했다. 농업·국방과 더불어 교육은 전 국민의 첨예한 관심사였기에 그 비난은 맹렬했다.

하지만 그것은 잘못된 비난이었다. 서울대학교 사범대학 교육학 교수 중에 피바디대학에서 박사 학위를 취득한 분은 교육심리학과 정원식 교수(후일 문교부 장관, 국무총리)뿐이었다. 다른 교수들은 모두 다른 대학에 유학하여 박사 학위를 받아 온 분들이었다. 미국 유학을 한 교육학 교수들은 이 땅의 자유민주주의 이념 형성과 급진적 근대화에 크게 기여했다.

미국식 교육은 전통 지향적인 보수층과 일제 강점기 교육의 습관에 익숙해 있었던 교육자들의 반발이 만만찮았음에도 불구하고, 대한민국 아동·학생들을 민주 시민으로 성장케 하는 데 공헌했다. 부작용이 없지는 않았어도, 미국의 정치학·경제학·사회학·자연 과학·인문학이 대한민국 근대화에 긍정적 영향을 끼친 바와 다름없는 것이었다.

미국은 한국의 출판 문화 창달에도 지원을 아끼지 않았다. 1950년대부터 발간된 《역사학보》·《진단학보》·《동방학지》 등이 미국의 지원을 받았다. 지원 주체는 미국공보원USIS(US Information Service), 록펠러재단, 하버드-옌칭연구소 등이었다. 독립운동가 출신 장준하가 발행한 월간 종합지 《사상계》 출판 비용 전액도 미국공보원이 지원했다. 정권을 비판하되 반공·민주주의를 옹호하는 종합지였기 때문이다. 이승만 정부의 잘못을 격렬히 비판하는 신문 《경향신문》 기자 등을 미국에서 연수받게 지원하기도 했다. 언론 자유를 향상시키는 데 목적이 있었다.

미국 정부는 리더 프로그램을 마련하고 행정 관료와 정치인 육성에 힘썼다. 훗날 대통령이 된 야당 지도자 김영삼·김대중, 재무부 관료이며 한국은행 부총재·장관을 지낸 송인상 등에게 미국 연수 기회를 주는 등 이 땅의 리더 양성을 지원했다. 또 서울대학교 교수 11명이 미국 연수를 받았고, 이들이 서울대학교 행정대학원 교수진의 주축이 되었다. 연세대·고려대 경영대학원 설립을 돕고, 교수 25인에게 미국 연수의 기회를 제공했다.

대한민국 국군 창설과 성장에 끼친 미국 정부의 지원은 거의 절대적이었다. 대한민국 초기에 이 땅에는 일본군에 징집되었던 이가 5만여 명, 장교 수백 명이 있었다. 미 군정은 경찰 성격의 남조선 경비대를 설치했다. 또한 군사영어학교를 세웠고, 그곳에서 양성된 장교 110명이 남조선경비대원 2만 5천 명을 지휘하게 했다.

미국은 주한 미 군사고문단 500명을 한국에 파견했다. 미 군정 때 미 군사고문단이 좌익 분자를 가리지 않고 수용함으로써 1948년 10월의 여수·순천 군사 반란이 일어난 과오를 바로잡기 위함이었다. 고문단은 숙군 작업에 착수하여 한국군 8만 명의 10%를 체포·투옥하고, 장교 30~40명을 처형했다.

고문단은 200만 달러를 투입하여 포병훈련소(후일 육군포병학교), 보병학교, 통신학교, 병참학교, 공병학교를 설립했다. 한국군 지도자 이한림을 미국에 연수시키고, 이형근에게 군번 1번을 부여했다. 채병덕(6.25전쟁 때 육군 참모 총장)은 미 군사고문단에 반감을 품었고, 일본식 군대 조직을 고집했다.

6.25전쟁을 겪으면서 한국군은 대폭 증가했다. 본디 10만 명이었던 한국군이 정전이 되던 1953년 7월에는 49만 2천 명으로 불어났다. 미국은 고급 지휘관들이 미국으로 가서 미국 군사학교 교육을 받게 했다. 1950년부터 1957년까지 육군 4,729명, 해군 920명, 해병대 189명, 공군 1,503명으로, 도합 7,000여 명이 연수받았다. 송요찬 중장(1961, 후일 총리)도 미 육군 지휘참모대학에서 교육받았다. 교육 내용은 자유, 민주주의, 개인주의, 합리주의, 과학이 중심이었다.

미국은 우리의 '원쑤'인가 (4)

미국은 한국 농촌 운동에도 힘을 보태었다. 한미재단 후원으로 농촌에 4H클럽 운동을 일으켰다. 지Head, 덕Heart, 노勞Hands, 체Health 육성이 목표였다. 1966년부터 본격화했다.

통일된 조직으로서의 건설의 개척자가 되자(Let's be the pioneers of construction as united group).

이런 캐치프레이즈로 농촌의 지도적 일꾼을 기르자는 운동이었다.
또한 스카우트 운동도 지원했다. 1920년대에도 조선소년군, 조선척후단, 낭자군 등의 조직이 있긴 했다. 1950년대부터 1960년대까지 1만 명의 소년·소녀 스카우트 단원이 생겨났다. 그들에게 잼버리Jamborees 프로그램을 제공했다.

정치 문제는 심각했다.
1977년 이전에는 미국에서 한국 이슈는 낮은 순위에 머물러 있었다. 물론 제1공화국 이승만 정부의 독재를 비판하고, 4.19혁명을 지지하는 데 소홀히 하지 않았다. 제2공화국 장면 정부를 지지하였으나, 그 무능과 정국과 사회 혼란에는 불만이 컸다.
문제는 5.16군사 정변이었다. 이 정변이 일어나던 시기에 주한 미군 사령관은 이를 제압하려 했다. 최종 결단을 내려야 할 장면 총리를 찾았으나 행방이 묘연했다. 총리는 폐쇄 여자 수도원에 몸을 숨기고 있었다.

군사 정변은 성공했다. 이를 주도한 박정희 소장의 정체성에 미국 당국은 의문을 품었다. 박 소장은 조선국방경비대제14연대여수순천반란사건에 연루되어 중형을 선고받은 인물이었기 때문이다. 이한림 등 군 주요 인사들과 미국인 하우스만 등의 구명 운동으로 사면받았으나, 육군 본부에서 무보직으로 근무했고, 6.25전쟁 때 군에 복귀하여 탁월한 능력을 발휘했다.

한국에 대한 미국의 최대 관심은 공산주의로부터 자유민주주의를 지키는 국가 안보와 경제 발전이었다. 마침 군사 정변 세력의 이른바 '혁명 공약'에는 이 두 가지 목표가 명시되어 있었다. '반공 민주 정신'을 지주로 하여 '기아에 허덕이는 민생고를 시급히 해결'한다는 대목이었다. 미국은 일단 안심했다.

미국의 외교 원칙은 상대국의 내정에 개입하지 않는 것이었다. 정변의 주역인 군 지도자들이 공약대로 군에 복귀하고, 민간 정부 구성과 민주주의 발전을 이끌도록 충고했다. 민주화 운동 지도자들을 은밀히 만나고 조용히 지원했다.

미국이 한국 정부 일에 직접 개입한 것은 1973년 8월 8일 한국 중앙정보부가 벌인 김대중 납치 사건 정도였다. 야당 지도자였던 김대중은 미국의 도움으로 구제받았다.

미국의 카터 대통령(1977~1981 재임)은 박정희 대통령의 권위주의 통치에 불만이 컸다. 그는 북한을 방문하여 김일성을 만났고, 주한 미군 철수 선언을 했다. 하지만 1978년 미 육군과 CIA는 북한의 대규모 포병 부대가 남한을 향해 전진 배치한 상황을 미 정부에 보고했다. 이에 따라 당초에 주한 미군 1개 여단 6천여 명을 축소하려던 방침에서 후퇴하여 8백여 명을 감축하는 데 그쳤다.

1979년에 카터 대통령이 한국에 와서 박정희 대통령과 정상 회담을 했다. 회담 분위기는 무거웠고, 박 대통령은 인권 문제를 두고 고심했다. 180여 명의 정치범을 사면할 뜻을 밝혔다.

1978년 8월부터 전 세계적 경기 침체 현상이 나타났고, 한국의 경제 성장률도 현저히 낮아졌다. 산업계에서도 소요 사태가 일어났다. 그 상징적 사건이 YH 무역 근로자 시위 사건이었다. 이 회사는 무역 침체로 4천여 명 근로자의 75%를 해고했다가, 1987년 8월 7일 회사 폐쇄 선언을 했다. 노동조합원들이 회사 시설을 점거하고 농성에 돌입했다. 이에 경찰이 이들을 강제 해산시키려 하자 특히 여성 노조원들이 완강히 저항했고, 야당인 신민당 김영삼 총재가 이에 개입했다. 1979년 10월 4일 국회는 여당 주도로 김영삼 총재 의원직 해임을 의결했다. 이에 항의하며 신민당 의원 69명 전원이 사퇴했다.

10월 15일 1천여 명의 대학생과 중산층 시민들이 서울 시내에 모여 박 대통령 퇴진을 요구했다. 10월 18일 정부는 계엄령을 선포했고, 김영삼 총재의 정치적 고향인 경남 마산과 부산을 비롯하여 서울 등 전국 주요 도시로 시위는 걷잡을 수 없이 확산, 폭발했다.

1979년 10월 26일 만찬 도중에 평생의 동지였던, 중앙정보부장 김재규의 권총 저격으로 박정희 대통령이 서거했다. 시국 문제에 강경 일변도로 대처하려는 차지철 청와대 경호실장과의 정면충돌이 이런 비극으로 악화되었다. 1972년에 선포한 강고한 유신維新 체제도 이로써 막을 내렸다.

청렴 · 강직하며 당신과 가족의 유익을 구하지 않고, 오직 '조국 근대화'로 '잘살아 보세'를 선창했던 새마을운동의 기수 박정희 대통령의 그 카랑카랑하던 음성도 하늘 끝 저 먼 나라로 비상하고 말았다. 부강한 대한민국의 터를 닦고 당신은 빈손으로 갔다.

최규하 총리가 대통령직을 승계하여 계엄령을 선포했다. 가택에 연금 중이던 김대중 대표와 기타 민주화 인사들은 사면, 복권했다. 야당 지도자 김영삼 · 김대중 · 김종필 3인은 '서울의 봄'을 만끽하려 했다. 하지만 역사의 신은 그들의 봄을 좀처럼 허락하지 않을 기세였다.

10.26사건 총성의 여운이 사위기 전인 12월 12일 새로운 육군 장교들이 군사 정변을 일으켰다. 전두환·노태우 소장이 일으킨 무혈 정변이었다. 이들에 맞섰다가 희생된 김오랑 소령의 일은 예외적인 경우였다. 35세 참된 군인이었다.

1980년 5월 15일 이에 분개한 대학생과 시민 8만여 인이 서울에서 시위를 벌이자, 5월 17일 군은 비상계엄령을 선포했다. 모든 대학에 휴교령이 내려졌고, 이는 114일간 계속되었다. 김영삼·김대중·김종필은 체포되었다.

이 사태에 김대중 대표의 정치적 고향 전라 광주 시민들이 가만 있을 리가 있었겠는가. 1980년 5월 14일 광주 지역 7개 대학 학생들이 시위했고, 15일과 16일에는 9개 대학 학생 3만여 명이 시위하고 5.16 화형식을 했다.

본격적인 시위는 5월 18일에 시작되었다. 학생들은 전남대학교를 점거한 계엄군을 향해 돌을 던지는 등 격렬하게 저항하자, 군인들은 이를 강경 진압했다. 5월 19일에는 시위대가 광주 시민의 궐기를 호소하는 가두방송을 했고, 시위 대원 3천여 명은 사실을 보도하지 않는 광주 문화방송국 건물에 돌을 던지고 취재 차량 1대를 불태웠다. 오후 4시경에는 광주일고·중앙여고 등 고등학교 학생들도 시위에 참가했고, 4시 40분경부터 광주 시민의 참가를 호소하는 가두방송이 시작되었다.

공수부대원들은 시위대를 동물적으로 진압·체포했고, 시위대는 파출소 4곳을 파괴·점거·방화했다.

5월 20일에는 3공수여단 10개 대대가 광주에 투입되었다. 10시 30분경 7공수여단 대원들은 300여 명의 남녀 시위대를 체포하고 속옷만 입힌 채 모욕했다. 오후에 2~3만 명의 시민들, 50·100여 대의 영업용 택시 기사들이 집결하여 계엄군을 성토했고, 시위대는 버스와 트럭 5~6대를 앞세우고 전조등을 켠 채 경적을 울리며 전남 도청 앞 관광 호텔까지 진출했다.

밤 7시 30분경 1만여 명의 시위대가 차량 수십 대를 앞세우고 금남로 시위에 합류하였고, 7시 45분경 8시 뉴스 시간에 광주 상황을 제대로 보도할 것을 요구하였으나 응하지 않자 MBC 방송국 건물에 불을 질렀다.

8시 10분경 주유소를 점거한 시위대가 차량에 기름을 붓고 불을 붙인 후 이를 경찰 쪽으로 밀어붙였고, 고속버스 1대가 돌진하여 경찰관 4명이 죽고 5명이 부상하는 참사가 일어났다. 10시 30분경 공수 부대는 M760 기관총과 M16 소총으로 광주 시민들을 향해 위협 사격을 하였다.

치명적인 충돌이 빚어진 날은 5월 21일이었다. 10시경부터 전남대학교 정문에 4만 명, 후문에 1만 명의 시민과 학생 들이 집결해 있었다. 시위대의 차량이 공수 부대원을 향하여 돌진하자, 3공수여단 일부 장교들이 차량을 향하여 발사했다. 이때 3인이 사망하고, 3인이 총상을 입었다. 연행된 2인은 광주교도소에서 타박상을 입고 사망한 채 발견되었다.

시위대 수만 명이 시신 2구가 실린 손수레를 앞세운 채 공수 부대원의 만행을 규탄하며 도지사 면담, 공수 부대 철수, 연행자 석방, 과잉 진압 사과, 계엄사령관 면담 등을 요구하며 시위했다. 시위가 격화하면서 공수 부대원 1인이 사망하고, 시위대에도 사망자가 있었다.

오후 2시 50분경 공수 부대가 전남 도청 인근 건물 옥상에 병력을 배치하고 시위대를 향하여 총격을 했고, 이에 맞서 총기 사용법을 익힌 시민군이 조를 편성하여 시내 요소에 배치되었다. 오후 4시경 7공수여단과 11공수여단이 전남 도청에서 외곽으로 철수함으로써 저녁 8시경 도청은 시민군에 접수되었다. 이 과정에서 총격으로 40여 명이 사망했다.

이런 충돌은 계속되고 곳곳에서 사망자가 속출했다. 5월 27일에는 계엄군이 광주에 재진입하여 7시 25분경 작전을 완료했다. 그 과정에서도 시민·학생 17인이 총격에 사망하고, 295인이 체포되었다.

5.18 광주 항쟁 사망자 191인, 부상자 852인(행정안전부 국가기록원 자료)이었다. 엄청난 피해였다. 이 항쟁의 명칭을 '5.18광주민주화운동'으로 정하고, 피해 보상을 하게 된 것은 김영삼 정부(1993~1998) 때였다.

이 항쟁은 특별했다. 공수 부대가 진압군으로 투입되고, 시민군이 형성되어 무기고에서 무기를 탈취하였으며, 광산에서 다이너마이트까지 획득할 정도로 특별한 시위였다. 단순한 시위가 아닌 무장 투쟁이었다는 점에서 우리나라 시민 운동사에 한 획을 그은 사건이다.

진압 책임자인 전두환 장군(후일 대통령)은 그 책임 때문에 사후에 유택조차 마련하지 못한 채, 그 유해는 항아리에 담긴 채 아직 옛집에 숨어 지낼 수밖에 없이 되었다. 이와 대조적으로 사형 선고를 받는 등 극한의 핍박을 받았던 김대중 대통령은 민주화 운동가들의 존경을 받으면서 최고의 예우를 받고 있다. 기념관과 기념 도서관, 동상 등으로, 역대 대통령 중에 유일하게 기림받는 국가 원수가 되었다. 노벨 평화상까지 받았으니.

역사란 무엇인가?

문제는 이 광주 항쟁에 대한 미국의 태도다.

이를 이해하는 데 상당한 논거evidence를 제시한 미국 학자는 《Nation Building in South Korea》(The University of North Carolina Press, 2007)를 쓴 조지 워싱턴 대학교의 그렉 브라진스키Gregg Brazinsky 교수이다.

그에 따르면, 5.18 광주 항쟁이 일어났을 때 미국 측의 입장은 이랬다. 한국 정부가 최소한의 병력을 투입하여 질서를 회복하는 것이 제일 중요했다. 주한 미군 사령관 존 위컴 대장은 DMZ에 있는 한국군 20사단을 광주로 파견하여 전시 작전권을 행사하기를 바랐다.

사실, 광주 시위대 대표들은 미 대사관 측에 시위대와 군부 간의 협상을 주선해 주기를 요청했다. 하지만 글라이스틴 주한 미국 대사는 이를 거절했다. 한국군이 미국이 한국 국내 문제에 개입하는 것의 부당성을 주장했고, 미국 대사는 시위가 급진적이고 과격한 것이 심히 마땅치 않다는 관점을 유지했기 때문이었다. 미국 대사관 측 외교관들이 다 그런 것은 아니었다. 국방 무관 보좌관 제임스 영은 이 사건의 중재에 나서지 않는 글라이스틴 대사에 크게 실망했다.

미국 대사의 이런 태도는 광주 시민들의 반미 감정을 솟구치게 했다.

요컨대, 글라이스틴 대사뿐 아니라 미국의 정책 결정자들은 한국에서 일어나는 과격한 민주화 운동에 대한 적대감이 만만치 않았다는 것이 브라진스키의 증언이다.

미국의 대한민국 정책의 최우선 순위는 국가 안보였다. 안보를 위협하는 한국 내의 어떤 정치 행위에도 동의하지 않는 것이 미국 정부의 입장이었다. 미국은 당시에 한국에서 성장하던 민중주의(좌파 민족주의, 좌파 기독교 신학, 종속 이론 등)를 심각한 자세로 바라보며 경계하였다.

다만, 이에 대하여 지미 카터 대통령(1977~1981 재임)은 공개 외교open diplomacy로, 로널드 레이건 대통령(1981~1989 재임)은 조용한 외교quiet diplomacy의 형식으로 접근했다.

레이건 정부는 전두환 정부에 무역 자유화, 보호 무역 철폐, 시장 개방 등 자유주의 경제 정책을 요구했다.

아무튼 1970~1980년대의 경직된 권위주의 정부가 끝나고, 1987년 민주화 시위가 임계점에 도달하자 12.12군사 정변 제2인자 노태우가 6월 29일에 여당인 민주정의당 대표로서 대통령 직선제 실시를 약속하는 소위 6.29선언을 했다. 시위는 진정되었고, 10월 27일 국민 투표가 실시되었다. 이로써 대통령 직선제, 대통령 5년 단임제, 지방 자치제, 국회 단원제 등을 바탕으로 한 새 헌법이 제정되었다. 대한민국 제9차 개헌이었다.

수많은 사람들이 수십 년에 걸쳐 피땀을 흘리며 이룩한 대통령 직선제는 온 국민을 설레게 하는 '복음'이었다. 그런데 이 복음을 유린한 쪽은 군사 정변 쪽 인사가 아닌 민주화 지도자인 두 김씨였다. 소위 민주화 동지의 두 거목 김영삼과 김대중은 다수 국민이 염원하는 후보 단일화를 이루지 못하고 김영삼은 통일민주당을 지키고, 김대중은 평화민주당을 창당하여 각기 대통령 후보로 나섰다. 12월 16일 대통령 선거 결과 민주정의당 노태우 후보 36%, 김영삼 후보 28%, 김대중 후보 27%, 신민주공화당 김종필 후보 8.06% 득표로 노태우 후보가 제13대 대통령에 당선되었다. 선거 구호 '보통 사람 노태우'는 특히 부녀자층의 호감 대상이 되었다.

국민의 여망을 저버리고 분열함으로써 다시 군인 출신 노태우에게 대권을 안겨 준 김영삼·김대중 두 정치인은 국민에게 한 번도 그 분열의 책임을 사죄한 적이 없다.

대한민국 국민들 중에는 미국을 좋아하는 측과 싫어하는 측이 공존한다. 그 어느 쪽이든 미국의 도움 없이 대한민국이 지구상에 존재하지 않았으리라는 점에는 두 쪽 다 동의할 수밖에 없을 것이다. 그럼에도 미국이 우리에게 '원쑤'라는 이들이 있다. 해방기인 1945~1948년 시기의 군정이 공산주의 활동을 차단했고, 6.25전쟁 때 대한민국을 도와 북한을 패퇴케 함으로써 통일 조선민주주의인민공화국 수립을 저지시킨 '원쑤'가 미국이라는 것이다.

미국은 대한민국뿐 아니라 필리핀에서 착취한 것이 없다. '악질 미 제국주의자'라는 것은 북한의 억지 주장이다. 미국은 전 세계에 자유 민주적 가치를 실현하기 위하여 많은 피를 흘리고, 천문학적인 예산을 쏟아부은 나라다. 외교상의 '국익' 이야기로 미국을 비방하는데, 자기 국익, 국가 정체성을 허물어 가면서 다른 나라를 도울 '천사 국가'란 있을 수 없다.

에밀 브루너가 소망했던 '정의와 자유'의 사도使徒인 미국을 적대시하고 성공한 나라는 지구상에 없다. 그럼에도 미국이 우리의 '원쑤'인가.

쉬어 가기 1

6.25전쟁(우리 국방부의 정식 명칭. '한국전쟁'은 외국인이 일컫는 용어.)은 대한민국의 운명이 바람 앞의 등불이 되게 한 절체절명의 대사변이었다. 이 시기에 우리 국민으로 하여금 주먹을 부르쥐고 분기케 한 노래들이 있었다.

잠시 호흡을 가다듬고 그때의 노래들을 불러보기로 한다.

대한민국은 '싸우면서 건설해 온' 나라다. 탁월한 군가와 진중 가요를 보유한 나라이기도 하다. 이를 오래 기억하게 하기 위하여 여기 기록으로 남긴다.

전우야 잘 자라

전우의 시체를 넘고 넘어 앞으로 앞으로
낙동강아 잘 있거라 우리는 전진한다
원한이야 피에 맺힌 적군을 무찌르고서
꽃잎처럼 떨어져 간 전우야 잘 자라

우거진 수풀을 헤치면서 앞으로 앞으로
추풍령아 잘 있거라 우리는 돌진한다
달빛 어린 고개에서 마지막 나누어 먹던
화랑 담배 연기 속에 사라진 전우야

고개를 넘어서 물을 건너 앞으로 앞으로
한강수야 잘 있더냐 우리는 돌아왔다
들국화도 송이송이 피어나 반겨 주는
노들강변 언덕 위에 잠들은 전우야

터지는 포탄을 무릅쓰고 앞으로 앞으로
우리들이 가는 곳에 삼팔선 무너진다
흙이 묻은 철갑모를 손으로 어루만지니
떠오른다 네 얼굴이 꽃같이 별같이

 6.25전쟁 중인 1951년 명랑 소설 작가 유호가 가사를 쓰고, 우리 대중 가요 작곡의 큰 산맥인 박시춘이 곡을 붙였다. 〈신라의 달밤〉을 부른 현인이 노래한 진중 가요다. 세계 군가풍의 노래 중에 이런 명작이 있을까. 풍부한 감성에 우리 문학 전통인 달빛 이미지, 특유의 박명薄明의 미학이 이 전쟁 노래에 실히 영글었다. '노들강변'은 월북 만담가 신불출이 신민요를 지을 때에 '노돌강변'을 잘못 표기한 자취고, '잠들은'은 '잠든'의 시(예술)적 허용poetic license형이다.

승리의 노래

무찌르자 오랑캐 몇 백 만이냐
대한 남아 가는 데 초개로구나

〈후렴〉 나아가자 나아가 승리의 길로
        나아가자 나아가 승리의 길로

쳐부수자 공산군 몇 백만이냐
우리 국군 진격에 섬멸뿐이다

용감하다 유엔군 우리와 함께
짓쳐 간다 적진에 맹호와 같이

이선근 작사, 권태호 작곡 〈승리의 노래〉다. 1951년 10월 압록강과 청진을 잇는 전선을 형성하여 통일을 눈앞에 두었을 때, 중화인민공화국 마오쩌둥의 30만 대군이 대한민국을 짓밟아 왔다. 그 시기에 나온 노래다. 여자 아이들이 고무줄 뛰기 노래로 오래도록 불렀다. '오랑캐'는 중공군이다.

통일 행진곡

압박과 설움에서 해방된 민족
싸우고 싸워서 세운 이 나라
공산 오랑캐의 침략을 받아
공산 오랑캐의 침략을 받아
자유의 인민들 피를 흘린다
동포여 일어나라 나라를 위해
손잡고 백두산에 태극기 날리자

살거나 죽거나 이 땅의 겨레
무찌르고 넘어진 용사와 함께
이북은 부른다 눈물의 강토
이북은 부른다 눈물의 강토
민주 통일 독립을 싸워서 찾자
동포여 일어나라 나라를 위해
손잡고 백두산에 태극기 날리자

6.25전쟁을 계기로 특히 학생들이 널리 불렀던 노래다. 1951년 김광섭

시인이 가사를 쓰고, 나운영 선생이 곡을 붙였다.

진짜 사나이

사나이로 태어나서 할 일도 많다만
너와 나 나라 지키는 영광에 살았다
전투와 전투 속에 맺어진 전우야
산봉우리에 해 뜨고 해가 질 적에
부모 형제 나를 믿고 단잠을 이룬다

입으로만 큰소리쳐 사나이라더냐
너와 나 겨레 지키는 결심에 살았다
훈련과 훈련 속에 맺어진 전우야
국군 용사의 자랑을 가슴에 안고
내 고향에 돌아갈 땐 농군의 용사다

겉으로만 잘난 체해 사나이라더냐
너와 나 진짜 사나이 명예에 살았다
멋있는 군복 입고 휴가 간 전우야
새로운 나라 세우는 형제들에게
새로워진 우리 생활 알리고 오리라

1962년 유호 작사, 이흥렬 작곡의 군가로 발표되었다. 논산 연무대(훈련소)에 입소한 신병들이 목메어 불렀던 이 땅 청춘들의 노래다.

바다로 가자

우리들은 이 바다 위에 이 몸과 마음을 다 바쳤나니

바다의 용사들아 돛 달고 나가자 오대양 저 끝까지

〈후렴〉 나가자 푸른 바다로 우리의 사명은 여길세
　　　 지키자 이 바다 생명을 다하여

우리들은 나라 위하여 충성을 다하는 대한의 해군
험한 저 파도 몰려 천지 진동해도 지키자 우리 바다

석양이 아름다운 저 바다 신비론 지상의 낙원일세
사나이 한평생 바쳐 후회 없는 영원한 맘의 고향

　우리 해군 창설자요 초대 해군 참모 총장인 손원일 장군이 가사를 썼고, 그의 아내인 음악가 홍은혜 여사가 곡을 붙였다. 한국 해군의 아버지 손원일(1909~1980) 제독(국방부 장관)은 상하이 대한민국 임시 정부 때 임시의정원 의장을 지낸 손정도 목사의 아들이다. 그 부인 홍은혜 여사는 부군과 함께 이 나라 해군 육성을 위해 일생을 바친 '해군의 어머니'였다. 앞에서 불렀던 노래다.

해군가

우리는 해군이다 바다의 방패
죽어도 또 죽어도 겨레와 나라
바다를 지켜야만 강토가 있고
강토가 있는 곳에 조국이 있다

〈후렴〉 우리는 해군이다 바다가 고향
　　　 가슴 속 끓는 피를 고이 바치자

우리는 해군이다 바다의 용사

살아도 또 살아도 정의와 자유
오대양 지켜야만 평화가 있고
평화가 있는 곳에 자유가 있다

김찬호 작사, 이교숙 작곡의 해군의 노래다.

나가자 해병대

우리들은 대한의 바다의 용사
충무공 순국 정신 가슴에 안고
태극기 휘날리며 국토 통일에
힘차게 진군하는 단군의 자손
나가자 서북으로 푸른 바다로
조국 건설 위하여 대한 해병대

청파를 헤치며 무쌍의 청룡
험산을 달리는 무적의 맹호
바람아 불면 불라 노도도 친다
천지를 진동하는 대한 해병 혼
나가자 서북으로 푸른 바다로
국방의 최강 부대 대한 해병대

1949년에 신형철이 가사를 쓰고, 김형래가 곡을 붙였다.

달려라 사자같이

달려라 사자같이 돌진이다 와와
우리들은 방패 없이 바다와 모래에서
독수리 되어 날은다

〈후렴〉 저기 저기 저기 북녘 언덕 향하여
　　　　꿋꿋이 달리는 자랑스러운 사나이
　　　　오 그 이름 용감한 해병대

새 아침 햇빛도 찬란하다 와와
우리들의 가는 길을 막을 자 누구이냐
전진 전진이 있을 뿐

해병대다운 기백이 용솟음치는 군가다. 1973년 해병대 이름으로 작사, 작곡되었다.

공군가

하늘을 달리는 우리 꿈을 보아라
하늘을 지키는 우리 힘을 믿으라
죽어도 또 죽어도 겨레와 나라
가슴 속 끓는 피를 저 하늘에 뿌린다

하늘은 우리의 일터요 싸움터
하늘은 우리의 고향이요 또 무덤
살아도 되살아도 정의와 자유
넋이야 있고 없고 저 하늘을 지킨다

최용덕의 가사에 김성태가 곡을 붙였다. 〈공군가〉가 유독 비장하다. 온 국민을 숙연케 하는 군가다. 정의와 자유 수호의 결의에 찬 노래다.

빨간 마후라

빨간 마후라는 하늘의 사나이

하늘의 사나이는 빨간 마후라
빨간 마후라를 목에 두르고
구름 따라 흐른다 나도 흐른다
아가씨야 내 마음 믿지 말아라
번개처럼 지나갈 청춘이란다

빨간 마후라는 하늘의 사나이
하늘의 사나이는 빨간 마후라
석양을 등에 지고 하늘 끝까지
폭음 따라 흐른다 나도 흐른다
그까짓 부귀영화 무엇에 쓰랴
사나이 인생을 하늘에 건다

빨간 마후라는 하늘의 사나이
하늘의 사나이는 빨간 마후라
빨간 마후라를 목에 두르고
유성처럼 흐른다 나도 흐른다
부르지 말아다오 내 이름 석 자
하늘에 피고 지는 사나이란다

1962년의 드라마 〈빨간 마후라〉 주제가다. 1964년 한운사 원작, 신상옥 연출로 대만 영화제 작품상을 탄 영화 히트작이었고, 그 주제가도 대유행을 했다. 마치 공군 군가처럼 애창된 노래다. 군가적 비장마저 시적 서정성에 좋이도 녹여 담은 이 노래는 〈전우야 잘 자라〉와 함께 군가 계열의 군계이학群鷄二鶴이라 할 만한 수작秀作이다. '마후라'는 머플러의 일본식 발음이다.

군가 이야기. 끝이 없을 듯하다.

용진 용진 앞서 나가자
혈관에 파동치는 애국의 깃발
넓고 넓은 사나이 마음
공명도 다 버리고 명예도 없다
보아라 휘날리는 태극 깃발을
가슴에 울리는 통일의 소리

6.25전쟁 초에 형님들이 입대하며 울부짖듯 불렀던 노래다. 필자의 기억에는 일제 강점기 군가 곡조에 실어 노래했던 것으로 생각된다.

싸우면서 건설하던 시기의 노래들이다.

남북 분단의 원흉은 누구인가

얼마 전에 국민의 힘 소속 태영호 의원이 사나운 동료 의원들의 집중포화를 받고 심리적 유폐 상태에 놓여 있다. 광복 후에 김일성이 주도한 남북대표자연석회의에서 김구 선생이 이용당했다는 요지의 발언을 한 때문이었다. 그는 정말 망언을 했는가? 이는 남북 분단 문제와 깊이 관련되어 있는 심각한 논쟁 사항이다.

우리 수천 년 역사에서 전란 1,000번에 외침이 280회나 있었다. 국방부 정훈국에서 편찬한 《대외항쟁사》(1954.3.)에 제시된 내용이다. 우리나라에 외침이 많았던 것은 지정학적 조건 때문이다. 서울대학교 정치학과 김학준 교수는 이를 구체적으로 적시한 바 있다.

우리 역사는 폴란드와 벨지움의 경우처럼 지정학(지경학)적 조건과 함수관계에 있다는 것이다. 한반도는 아시아의 대륙 세력과 태평양 해양 세력이 각축하는 경쟁의 초점이 되어 왔다. 중국·러시아·일본이 대결하는 동북아시아 긴요한 십자로의 중앙, 곧 삼극의 심장부를 차지하는 곳이 한반도라는 지적이다.

한반도 독점 지배와 관계국의 분할 지배의 야욕이 표출된 역사는 오래되었다. 수·당·원·청나라의 중국은 독점 지배욕을 드러낸 대표적인 나라다. 임진왜란(1592~1598) 때 일본은 독점 지배욕을 채우려고 한반도를 침략했다가 명나라(1368~1644)의 개입으로 저지당했다. 이에 일본의 도요토미 히데요시豊臣秀吉와 명나라 위학증魏學曾은 한반도 분할 점령 회담을 벌였다. 영국의 로드 킴벌리(1894), 일본의 야마가타 아리토모山縣有朋 (1896), 러시아 바론 로젠(1903) 등도 한반도 분할론의 원흉들이다. 대륙 세력(중국·러시아)과 해양 세력(일본)이 분할 점령함으로써 한반도를 양대 세력의 완충 지역으로 삼자는 음모론자들이었다.

광복 이후 한반도 분단의 책임 소재는 어디에 있는가?
첫째, 미국을 비롯한 제2차 세계 대전 연합국들에 1차적 책임이 있다. 1943년 12월 1일 미국·영국·중화민국이 카이로 선언을 통해 적절한 시기에 한국을 독립시킬 것을 약속했으면서도 아무런 후속 조치를 하지 않았다. 신탁 통치안 제안국이었던 미국마저 전시연합국회의에서 이 문제를 논의하지 않았다가, 스스로 불러들인 소련의 진입을 보고서야 38도선에서 한반도 분할 결정을 하고 말았다.
둘째, 소련의 책임이 제일 크다. 소련은 한반도에 통일된 정부가 수립되는 것을 적극 방해했다. 아시아에 위성 정부를 세워 한반도를 지배하려는 소련의 음모 때문이었다. 즈다노프 노선에 따른 소련의 공산화 정책과, 트루먼(미국 대통령) 독트린doctrine과 마셜(미국 국무 장관) 플랜에 따른 자유주의 봉쇄 정책의 충돌로 인해 한반도 문제는 파국으로 치달았다.
미국은 '뜨거운 감자hot potato'인 한반도 문제를 유엔으로 떠넘겼다.
셋째, 궁극적 책임은 남한과 북한의 한국인이 단합하지 못하고 분열한 데 있다. 특히 국제 공산당에 세뇌된 국내 공산주의자들의 극한적 투쟁 전략이 통합을 불가능하게 했다.
김학준 교수의 분석이다(김학준,《한국 문제와 국제 정치》, 1976).

이 시기에 미국이 보인 우유부단한 태도가 문제였다. 자유주의 국가의 태생적 한계였다. 미국 국내 사정이 만만치 않았다. ①미국 군부가 한반도의 전략적 가치를 저평가하여 주한 미군 철수를 요청했다. ②미국 의회는 한국에 대한 경제 원조를 거부했다. 이에 더하여 ③한국 독립이 늦어지는 데 대한 미국 국내외의 불만이 있었다. 게다가 ④남한 지도자들마저 미 군정에 대해 노골적인 불만을 드러내는 터에, 미국 국민들이 한반도 문제에 깊이 개입하기는 어려워졌다.

우여곡절 끝에 한반도 문제가 유엔정치위원회에 회부된 것은 1947년 10월 28일이었다. 미국은 정부 수립 후 외국 군대 철수를, 소련은 외국군 철수 후 정부 수립을 주장했다. 토의 끝에 10월 30일 소련 제의는 35 대 6(기권 10)으로 부결되고, 미국 제의가 41 대 0(기권 7)으로 가결되었다. 미국 안이 수정을 거쳐 43 대 9(기권 6)로 가결된 것은 그해 11월 14일 총회에서였다.

5개 항으로 된 결의안의 요지는 ①한국의 공정한 선거를 감시할 권한이 부여되는 9개국(호주, 캐나다, 중국, 엘살바도르, 프랑스, 인도, 필리핀, 시리아, 우크라이나)으로 구성된 유엔한국임시위원단(UNTCOK: United Nations Temporary Commission on Korea) 감시 아래 인구 비례에 따라 총선거를 실시한다. ②이에 이른 시일 안에 의회를 구성하고 정부를 수립한다. ③자체 국방군을 조직하여, 가능하면 90일 안에 남북의 외국군(소련군·미군)은 철수한다는 것이었다.

인구 비례로 총선거를 실시한다는 데에 소련은 동의할 수 없었다. 자유(민족) 진영의 승리가 두려웠기 때문이다. 유엔에 남은 안은 ①이 총선거안을 전면 폐기하는 것, ②선거가 가능한 남한만이라도 선거를 실시하는 것의 둘이었다. 유엔은 ②를 택했다. 하지만 그렇게 되면 한반도를 영구히 분단시키게 된다는 이유로 캐나다, 호주 등이 반대했다. 1948년 2월 26일 유엔은 미국 안을 31 대 2(기권 11)로 가결했다. 이에 따라 유엔한국임시위원단은 그해 5월 10일 안에 남한에서 총선거를 실시하기로 했다.

그렇다면, 유엔은 남북 분단의 직접적 원흉인가? 그렇지 않다. 이에 앞선 1946년 2월 8일부터 북한에서는 김일성을 중심으로 단독 정부 수립이 획책되고 있었다. 사실상의 국가 체제인 북조선임시인민위원회가 탄생한 것이었다. 이 위원회는 발족과 동시에 토지 개혁, 선거, 노동, 남녀평등권, 산업·교통·운수·체신·은행 등의 국유화에 관한 법령들을 제정, 실시하였다.

7월 22일에는 북조선민주주의민족전선, 8월 30일에는 북조선노동당이 결성되었다. 북한에 사실상 단독 정부가 섰던 것이다.

소련은 동유럽에 위성 국가 유고슬라비아, 불가리아, 루마니아 등을 두는 식의 공산주의 통일전선정책을 한반도에도 펼치려는 의도를 숨기지 않았다. 1946년 3월 20일과 1947년 10월에 열린 제1,2차 미·소공동위원회 회담은 미국 측 대표 아널드 소장과 브라운 대표, 소련 측 대표 스티코프 중장 간에 한반도의 신탁 통치 등 모든 문제에 걸쳐 합의를 보지 못한 채 끝났다. 미국과 소련이 각기 자기네에 우호적인 정부를 세우겠다는 속셈으로 진행된 회담이었으니, 남북 분단은 피할 수 없게 되었다.

이 모순된 강대국의 외교적 역학 관계와 국제 공산당의 팽창 계획을 지레 정확히 간파한 철학 박사 이승만은 1946년 6월 3일 지방 순회 중 전북 정읍에서 역사적인 발언을 했다. "남쪽만이라도 임시 정부 또는 위원회 같은 것을 조직하자."는 내용이었다. 북한 김일성이 그 앞선 2월 8일에 이미 북조선임시인민위원회(얼마 지나지 않아 '임시'를 삭제함)를 조직하여 이미 통치 행위에 돌입해 있었음은 앞에서 본 바와 같다.

북한 체제를 추종하는 사람들은 앞섰던 김일성의 통치 조직 운영에는 눈을 감고, 이승만의 '정읍 발언'을 침소봉대하여 역사를 왜곡한다. 이승만이 남북 분단의 원흉이라고 우긴다. 소련의 한반도 소비에트화 전략이 확고해 있었던 터에, 남북 분단은 피할 수 없는 형세였다.

이런 판국에 미 군사 정부가 시도했던 좌·우익 합작 방침은 이미 실효성이 없는 터였다. 좌·우익 합작 문제와 관련하여 놓쳐서 안 될 사건이 김일성이 주최하여 평양에서 열린 전조선제정당사회단체대표자연석회의다. 1948년 4월 19일부터 열린 이 회의에는 북한의 실권자 김일성·김두봉 등과 남한 단독 정부 수립에 반대하는 김구·김규식·홍명희·이극로 등이 참석했다. 회의는 아무런 성과도 없이 끝났다. 소련이 해체된 후인 1994년 러시아의 《레베데프 비망록》에 따르면, 이 연석회의에 스티코프, 레베데프 등 소련 군정 당국이 깊숙이 개입되어 있었다.

남북 지도자 연석회의가 끝난 지 10일 후인 5월 10일 남한에서는 유엔한국임시위원회 감시 아래 국회 의원 총선거가 순조롭게 진행되었다. 이 선거에서 등록된 유권자 7백8십4만 8백7십1명 중 7백4십8만 6백4십9명이 투표하여 95%(유권자의 75%)의 투표율을 보였다. 이로써 국회 의원 198명이 뽑혔고, 북한 몫 100석은 남겨졌다.

이어 5월 31일 제헌 의회가 열렸고, 이승만이 의장으로 선출되었다. 7월 12일 헌법을 제정, 17일에 공포하고 이승만을 대한민국 초대 대통령으로 선출했다. 이승만 대통령이 8월 초까지 조각을 완료하자, 8월 12일 미국 정부는 대한민국 새 정부를, "1947년 11월 14일에 유엔 총회의 결의로 구성된 한국 정부로 간주한다."는 공식 성명을 발표하며 승인했다. 이 날짜로 미 군정이 폐지되었다.

분단된 한반도에서 수립된 대한민국 단독 정부에 대하여 격하게 반대한 것은 김구 선생 쪽이었다.

"황소 백 마리가 와서 나를 끌어당겨도 우리 동포끼리 담판하여 통일 독립을 쟁취코자 하는 나의 결심은 한 치도 무너뜨릴 수 없다."

이것이 반외세 자주 통일을 부르짖던 김구 선생의 철석 같은 신념이었다.

"나는 통일된 조국을 건설하려다가 38선을 베고 쓰러질지언정 일신의 구차한 안일을 취하여 단독 정부를 세우는 데 협력하지 아니하겠다."

《백범어록》, 144면)

　백범白凡 김구 선생의 통일된 조국을 이루겠다는 충정이 표백된 말씀이다. 이 충심을, 우리 겨레 누가가 질타할 수가 있겠는가.
　백범 선생은 이상주의자였다. 선생의 하늘에 사무치는 이상주의를 김일성은 교활하게 이용했고, 우남雩南 이승만 박사의 숙연한 역사 이성理性은 이를 감당할 수가 없었다. 물론, 백범 선생의 입장에도 상당한 정도의 역사 이성이 공존했던 것은 사실이다. 통일의 당위성을 변론하는 데 경제적 관점도 고려되었다. "중요 지하자원의 90%가 매장되어 있고, 경제 부흥의 핵심인 자주 자족적 동력원인 수력 발전 시설의 100%, 중요 공업의 90%가 북한에 있었다. 남한에는 쌀 생산 위주의 1차 산업과 경공업밖에 없었다. 이런데도 남북이 분단된 채 남한은 외국 자원에 예속될 수밖에 없는 경제 구조에 놓이게 될 것이다."
　이것이 백범 선생 통일 지상주의의 큰 한 논거였다. 이 점에서 백범 선생은 단순한 관념론자가 아니었다는 생각이 든다. 다만, 백기완 선생이 간접 화법으로 전하는 말이니, 백범 선생 생각인지 단정할 수는 없다. 당위론 Sollen이니, 이 땅의 어느 지도자가 이를 희떱게 보겠는가.
　백범 선생의 통일 지상주의, 그 지극한 애국 애족의 정신은 지금도 높이 받들어야 할 아름다운 이상론이다. 그렇다고 하여, 이승만 박사가 남한에서라도 자유민주주의 국가를 세운 일이 어찌 역사적으로 지탄받을 일이라 하겠는가.

　이승만 대통령이 세운 자유 민주 정부 덕분에 박정희 정부가 '한강의 기적'을 일구어 부강한 나라를 만들고, 민주 투사 김영삼 · 김대중 대통령이 민주주의를 한껏 꽃피울 수 있지 않았는가.

오래도록 백범사상연구소를 이끌어 온 백기완 선생은 백범 사상 사수死守에 전생애를 바치며 대한민국 정부를 매섭게 비판해 왔다(백기완, 〈김구의 사상과 행동의 재조명〉, 송건호 외 11인, 《해방전후사의 인식》, 1979). 백기완 선생이 김학준 교수의 저서를 읽었더라면, 자연히 어조를 낮추었으리라.

태영호 의원은 진실을 말했다. 그가 비난받는 세태는 정상이 아니다.

제5장
무엇이 나라를 흥하게 하는가

피어린 민주주의

의회 민주주의를 위한 분투

민주주의는 일본인들이 데모크라시를 번역한 정치 용어다. 그리스어 democratia, 곧 민중을 뜻하는 demos와 통치를 뜻하는 kratos가 결합한 말이다. 민주제나 민주 정체로 번역하는 것이 어원에 가깝다.

민주주의는 고대 그리스에서 생겨났고, 그것은 대의 민주주의가 아닌 직접 민주제였다. 하지만 절대 다수의 국가는 군주와 영주가 다스리는 봉건제를 채택했다. 근대 이후 영국이 선도한 민주제는 의회를 통하여 이루어지는 대의 민주제, 입헌 군주제였다. 현대 국가의 민주제에도 직접 민주제의 요소가 남아 있다. 국민 투표plebiscite, 국민 표결referendum, 국민 제안initiative, 국민 소환recall 등이 그것이다.

민주주의. 쉬운 제도가 아니다. 영국에서 민주주의가 정착되기까지 우여곡절이 있었다. 영국 민주주의 발전 과정에서 결정적인 사건은 대헌장과 권리 청원과 권리 장전의 선언이다. 대헌장Magna Carta(1215.6.15.)은 영국 존왕이 봉건 귀족들의 요구에 굴복하여 작성한 63개조의 칙허장이다. 그 내용은 ①교회의 자유, ②조세 부과의 제한, ③통행의 자유, ④신체의 자유, ⑤저항권 등이다. 이는 근대 민주제 이전의 선언이다. 절대 왕권을 제약하였다는 점에서 의미가 있다.

권리 청원Petition of Right(1628.6.7.)은 영국 하원이 청원하여 국왕 찰스 1세가 승인한 국민 인권 선언이다. 그 내용은 ①과세나 공채 발행 시의 의회 동의, ②불법 체포와 감금 금지, ③병사의 민가 숙박 금지, ④군법에 따른 민간 재판 금지 등이다. 이는 왕의 권한은 신이 내려 준 것이라는 왕권신수설王權神授說을 표방하고 전제 정치를 강화하자, 의회가 국민의 헌법상 권리를 주장하며 추진한 선언이다.

찰스 1세는 호락호락한 왕이 아니었다. 승인 이듬해에 의회를 해산시킨 뒤 11년간 의회를 소집하지 않고 전제 정치를 했다. 왕이 국교회(성공회) 중심의 종교적 통일성을 강요하자, 개신교의 스코틀랜드 청교도들Puritans이 의회파와 연합해 내전을 일으켰다. 1642년부터 1649년까지 찰스 1세를 지지하는 왕당파와 청교도의 의회파는 치열하게 대결했다. 이 결과 왕정이 폐지되고 공화정이 수립되었다. 이 과정에서 등장하는 인물이 강직한 청교도 크롬웰이다. 의회파 지휘관 크롬웰은 부하들의 존경을 받으며 왕당파와 싸워 승리했다.

찰스 1세는 스코틀랜드로 도주했으나, 스코틀랜드는 40만 파운드를 받고 왕을 크롬웰에게 넘겨주었다. 찰스 1세는 시민들 앞에서 공개 처형되었다. 1649년 1월 30일의 일이다. 청교도 혁명에 성공한 크롬웰은 공화정으로 나라를 안정시킨 1653년에 스스로 혁명 정부의 호국경이 되어, 청교도 정신으로 엄격한 통치를 했다. '철기군' 대장다운 그의 청교도적 엄격성은 국민들의 반발에 직면했다. 크롬웰이 죽자 왕정복고 운동이 일어나 찰스 2세가 왕위에 올랐다. 찰스 2세는 찰스 1세의 장남으로, 청교도 혁명 혼란기에 어머니와 함께 프랑스 외가로 망명했고, 네덜란드에 있다가 귀국하여 왕위에 올라 스튜어트 왕가의 법통을 이었다. 스코틀랜드 의회의 선언에 따른 것이다. 호방·쾌활한 찰스 2세는 부왕을 단두대에 세워 처형했던 주동자 13명 등 26명만 처형하고, 그 외 50여 명을 가려 응분의 처벌을 했다. 과거 청산 작업을 간단히 끝내고 타협과 상생의 길을 열어 국정을 안정시키고자 했다.

찰스 2세의 치세는 환난의 시대였다. 1665년 런던에서 시작된 페스트의 창궐로, 런던 인구 45만 명 중 7만 5천 명이 사망했다. 그 이듬해에 일어난 런던 대화재로 주택 1만 3천2백 채가 불탔고, 성 폴 대성당 등 예배당 87개도 소실되었다. 이 난리통에 해상 무역권을 두고 새로이 부상한 네덜란드와 해상 전쟁까지 치렀다. 왕의 지지도는 추락했고, 가톨릭 지향적인 왕에 대한 국교도와 개신교계 의원들의 반감도 만만치 않았다. 왕은 만년에 성적인 쾌락과 방종에 빠져 국민들의 조롱을 받았다. 왕은 1685년 임종하며 가톨릭으로 개종했다. 캐서린 왕비와의 사이에 자식은 없었다.

이제 권리장전權利章典Bill of Rights 이야기가 남았다.

찰스 2세가 후사가 없이 세상을 뜨자, 그의 아우 제임스 2세가 왕위를 이었다. 휘그당은 가톨릭 신자인 그가 왕위에 오르는 것을 반대했으나, 정통성을 내세우는 토리당의 주장에 따라 등극했다. 왕은 의회를 무시하고 거칠게 독주했다. ①왕권의 표징인 상비군 2만 명을 모집하여 스코틀랜드 반란군을 무자비하게 진압했고, ②국가의 모든 요직에 가톨릭계 장교나 관리를 임명했으며, ③가톨릭 주교를 등용하고 관료들을 가톨릭으로 개종시키려 했다. 이에 신교 자유령을 공포하려던 캔터베리 대주교 및 신자들을 런던탑에 구금했다. ④옥스퍼드 대학교에 가톨릭 학장을 임명했고, ⑤가톨릭계 세습 징후가 뚜렷했으며, ⑥아일랜드 가톨릭 군을 잉글랜드에 끌어들이려 했다. ⑦프랑스 루이 14세의 신교 탄압 분위기가 잉글랜드에까지 전해졌다.

위기를 느낀 휘그당과 토리당은 네덜란드 오렌지 공과 혼인한 제임스 2세의 큰딸 메리에게 연락하여 왕을 교체하기에 이르렀다. 1688년 11월 5일 윌리엄 오렌지 공은 '자유로운 신교 보호'라는 구호를 내걸고 잉글랜드로 진격해 왔다. 영국인들의 신망을 완전히 잃은 제임스 2세는 프랑스로 망명했다. 피 한 방울 흘리지 않고 왕권을 교체한 이 사건을 자랑스럽게 여기는 뜻에서, 영국인들은 명예 혁명Glorious Revolution이라 한다.

1689년 영국 의회는 의회의 권리를 보장하는 '권리장전'을 통과시켰다. 웨스트민스터 사원에 소집된 성직 귀족 상원 의원과 세습 귀족 상원 의원·하원 의원은 '합법적이며 완전하고도 자유롭게 우리 국민의 모든 신분을 대표하여', 1688년 2월 13일에 양원 의원에서 작성한 선언문을 왕과 왕비에게 전달했다. 총 12개 조항으로 제임스 2세의 실정을 비판하고, 13개 항의 개혁 선언을 했다. 그 주요 내용은 이랬다.

1. 의회의 동의 없이 왕권에 의해 법률이나 법률 집행을 정지시키는 것은 불법이다.
4. 의회의 승인 없이 편법으로 왕권을 행사하기 위한 돈을 거두는 행위는 불법이다.
5. 모든 신민은 국왕에게 청원할 권리가 있으며, 그러한 청원 사실을 구실로 수감, 기소하는 조치는 불법이다.
6. 의회의 동의 없이 평화시에 국내에서 상비군을 징집하고 유지하는 조치는 불법이다.
7. 신교를 믿는 신민은 상황에 따라 법률이 허용하는 범위 내에서 자기 방어를 위해 무장할 수 있다.
8. 의회의 의원을 뽑는 선거는 자유롭게 실시되어야 한다.
   (나머지는 생략함.)

이것은 세계 자유민주주의의 기반이 되는 황금률이라 하겠다. 이같이 민주주의 제도가 정립되기까지 피 흘리는 파란이 있었다. 이것은 미국 독립 선언과 프랑스 인권 선언에 큰 영향을 끼쳤다.

영국의 3대 선언은 미합중국에서 만개하여, 1863년 11월 19일 링컨 대통령의 '게티스버그 연설'에서 그 절정에 이르렀다. '국민의, 국민에 의한, 국민을 위한 정부'에서 이념의 완성을 보았다.

이후 세계 도처에서 민주주의를 위하여 피와 땀과 눈물을 흘렸다. 지금도 세계 도처에서 민주화를 성취하려는 많은 사람들의 희생이 그치지 않는다. 가까이는 미얀마에서 멀리는 아프리카까지, 자유·평등과 인간 존엄성을 유린하는 폭력이 자행되고 있으며, 북한·중국·러시아는 물론 민주주의 천국이라는 미국에서조차 인종 편견에 따른 부자유와 불평등의 모순이 가시지 않았다. "민주주의는 피를 먹고 자란다."는 말은 역사적 경험칙에서 나온 말이다.

여기서 필자가 중등학교 교과서에 나오는 마그나카르타 선언, 권리청원, 권리장전 이야기를 복기해 본 것은 민주주의, 그 근본 지식부터 다지자는 데 뜻이 있다.

한국 민주주의 정립과 파괴 세력

20세기 후반에 전개된 우리나라 민주주의 발전사에도 피의 함성이 서려 있고, 아직도 그 핏기운이 가시지 않았다. 광복 후 3년간에도 자유주의와 반자유주의가 투쟁하는 혼란이 극심했고, 6.25전쟁은 그 정점을 이루었다. 자유민주주의 헌법으로 세운 대한민국 내부에서 민주와 반민주의 세찬 파열음이 있었고, 1960년 4.19혁명에서 자유민주주의 승리의 깃발이 바로 섰다. 하지만 학생들이 흘린 피밭에서 어부지리로 얻은 민주당 정권은 구파와 신파, 주류와 비주류로 갈려 싸우다가 1961년 5.16군사 정변 세력에게 타도당했다. 이로써 자유민주주의는 유보되었고, 1987년에 간신히 그 깃발을 다시 세울 수 있었다. 자유민주주의가 현저히 익은 수준으로 성장하기까지 39년이 걸렸다. 하지만 수백 년간 피다툼의 역사를 쓰면서 성숙한 서구 민주주의 발전사에 비하여, 우리의 자유민주주의는 놀라운 속도로 '압축 성장'의 길을 걸어 온 셈이다. 우리나라 권위주의 정부 시절에 한 서양 기자는 "한국에서 민주주의를 기대하는 것은 쓰레기통에서 장미꽃이 피기를 바라는 것과 같다."고 하며 우리의 민주적 소양을 극도로 폄훼했다.

우리나라 자유민주주의 역사에는 두 갈래 세력의 도전이 있었다. 그 하나는 경제 개발 우선주의로 질주한 권위주의(군사) 정부의 억압 체제요, 다른 하나는 북한 인민민주주의의 침투였다. 우리의 피어린 민주화 운동과 경제 융성으로 첫째 문제는 해소되었다. 그런데 북한 세력의 침투가 문제로 남았다.

북한 김일성은 1970년 노동당 제5차 대회에서 새로운 통일 전선 전술을 펴기로 했다. 인민민주주의 혁명론이었다. 구체적으로, ①남한에서 주한 미군을 철수케 하고, ②남한 내의 용공 세력(공산주의를 받아들이는 세력)과 반정부 세력을 광범위하게 규합하여 온 나라를 내란과 방불한 폭동 사태로 몰아넣어 대한민국 정부를 뒤집어엎은 다음 공산 정권을 수립하려 했다.

1994년 7월 8일 김일성은 죽었다. 하지만 그의 인민민주주의 통일 전략은 그의 아들 김정일, 손자 김정은에게 전수되어 우리의 생존을 위협하고 있다. 북한은 남한에 줄기차게 간첩을 보내었다.

① 6.25전쟁(1950.6.25.~1953.7.27.) 후 조선노동당 당원들이 간첩 활동을 했다.
② 1954년 1월 25일 북한 국가검열상 김원봉의 지시를 받은 간첩단이 남파되었다. 우리의 경제 혼란과 선거 방해를 위한 것이었으나 체포되었다.
③ 1968년 1월 21일 무장 간첩단 31명이 박정희 대통령의 목숨을 노리고 청와대 부근까지 왔다. 우리 경찰·군인과 교전 끝에 29명이 사망하고, 1명은 북으로 도주했으며, 김신조는 생포되었다.
④ 1968년 10월 30일, 11월 1일, 11월 2일 3일에 걸쳐 북한 무장 공비 124군 부대원 120명이 울진·삼척에 침투했다. 남한에 유격대 활동 거점을 구축하려는 전략의 일환이었다. 청와대 폭파가 1차 목표였다. 결과는 생포 2명이었고, 11월 16일까지 대부분 사살되었다. 우리 측 민·군 사망자는 18명이었다.

⑤ 2010년 북한 지령을 받고 간첩 행위를 한 한총련 간부가 기소되었다.
⑥ 1992년 10월 황인오는 조선노동당 중부지역당 사건을 일으켰다. 북한 노동당 정치국 후보 위원인 이선실에게 포섭되어 1990년 북한에 가서 지령을 받고 중부지역당을 결성했다.
⑦ 1992년 김낙중은 남파 공작원에게서 공작금 210만 원을 받고 북한 지령대로 민중당에 입당했다.
⑧ 1994년 7월 안재구 등은 일본에 파견된 북한 공작원과 접선하여 공작금 2억 9천만 원을 받고 구국전위를 구성하고 국내 정치인, 노동자, 대학 등의 반정부 운동 상황을 북한에 보고했다.
⑨ 1997년 11월 부부 간첩단 사건이 터졌다. 서울대학교 고영복 교수는 1961년 북한에 포섭된 후 36년간 최정남 부부 등 북한 공작원과 접촉하며 고정 간첩 활동을 하였다.
⑩ 1999년 5월 범청학련(조국통일범민족청년학생연합) 남측 본부 정책실장 이우신은 북측 본부와 일본 조총련에, 미국의 작전 계획 등 군사 기밀과 국내의 훈련 상황을 인터넷 등으로 보고했다.
⑪ 2003년 8월 민주노동당 고문 강운태는 일본 거주 공작원 박춘근에게 포섭되어 민노당 관련 자료와 국내 정세를 우편으로 알렸다.
⑫ 2008년 8월 27일 북한에서 위장 탈북하여 남쪽 경찰관과 혼인한 원정화는 군 기밀을 이메일로 북한에 보고했다.

이것은 드러난 주요 간첩 사건이다. 6.25전쟁 후 지금까지 북한은 끊임없이 간첩을 보내어 우리의 기밀을 탐지하고, 노동자 등을 이용하여 우리 사회를 혼란케 해 왔다. 지금도 남한 내 자생적 간첩들까지 여전히 준동하고 있다.

⑬ 2023년 1월 9일 일간지에 제주 간첩단 ㅎㄱㅎ(한길회)의 정체가 드러났다. 이 간첩단은 경남권(창원, 진주), 호남권(전주), 수도권(서울) 등에 거점을 두고 간첩 활동을 해 왔다.

이 간첩단 총책 강모 씨는 2017년 7월 29일 캄보디아 앙코르와트에서 북한 문화교류국 소속 공작원 김명성과 접선하고 귀국하여 북한과 수차례 교신한 후 지하 조직 ㅎㄱㅎ을 결성했다. 목적은 주체사상을 지도 이념으로 하고, 민족해방민주주의혁명NLDR 과업 수행에 있다. 구체적으로 반윤석열, 반보수, 반정부 투쟁을 하며 '남조선 혁명'에 유리한 환경을 조성하려 한다. 윤석열 퇴진 촛불 투쟁, 주한 미군 철수, 제주 해군 기지 폐지 등을 주장하며 윤석열 정권의 기반을 붕괴시키려 한다.

⑭ 개별 단위의 간첩 행위를 넘어서 대한민국 전복을 꾀한 혁명 분자로 이석기가 있다. 검찰과 국가 정보원이 통합진보당 이석기 의원을 필두로 한 지하 혁명 조직RO, Revolutionary Organization이 2013년 5월 12일 서울 합정동 천주교 성당에서 공개 회합을 하고, 전쟁에 대비해 국가 기간 시설 파괴, 총기 구입, 폭탄 제조 등 내란을 음모했음을 발표했다. 경찰서, 통신 시설, 기름 저장고 등을 습격하여 치안과 통신 체계에 치명타를 날리겠다는 그들의 음모는 섬뜩하다.

내란 음모죄로 구속된 그는 2013년 항소심에서 징역 9년에 자격 정지 7년형을 선고받았다. 통합진보당은 해산되고 의원직을 잃었다. 2021년 12월 24일 문재인 대통령에 의해 가석방되었다. 그는 6.25전쟁을 '민족해방 전쟁'이라 부르는 북한 입장에 동조한다.

이석기는 지하 정당인 조선로동당(민족민주혁명당) 소속(1992~1999)이었고, 무소속으로 정계에 입문(1999~2012)했으며, 통합진보당원(2012~2014)

으로 입당했다. 무서운 사람이다. 그가 속한 경기동부연합이 문제다.

북한의 도발 약사

1953년 정전 협정 후 북한은 수없이 협정을 위반하는 도발을 일삼았다. 2013년까지 위반 건수는 무려 43만여 건에 달한다. 우리 기억에 남은 주요 사건은 다음과 같다.

① 강릉발 서울행 KNA 여객기 납북(1958.2.16.)
② 청와대 습격 시도(1968.1.21.)
③ 판문점에서 북한군이 미군을 도끼로 살해(1976.8.18.)
④ 미얀마 아웅산 묘소 건물 폭파로 우리 각료 16인 사망(1983.10.9.)
⑤ 1988년 서울 올림픽을 방해하기 위해, 바그다드에서 서울로 오던 대한항공 KAL기가 북한 공작원 김현희에 의해 미얀마 안다만 해역에서 폭파되어 탑승객 115명 사망(1987. 11. 28.)
⑥ 강릉 잠수함 침투(1996.9.18.)
⑦ 함북 화대군 무수단리 대륙간탄도미사일ICBM 대포동 1호 발사(1998.8.31.)
⑧ 서해 제1연평해전(1999.6.15.)
⑨ 무수단리 탄도미사일 대포동 2호 발사(2006.7.5.)
⑩ 제1차 핵 실험(2006.10.9.)
⑪ 무수단리 인공위성 광명성 2호, 탑재 장거리 로켓 은하 2호 발사(2009.4.5.)
⑫ 제2차 핵 실험(2009.5.25.)
⑬ 서해 대청 해전(2009.11.10.)
⑭ 서해 천안함 폭침(2010.3.26.)
⑮ 서해 연평도 포격(2010.11.23.)

⑯ 평북 철산군 동창리 장거리 로켓 은하 3호 발사(2012.12.12.)
⑰ 제3차 핵 실험(2013.12.12.)
⑱ 경기도 연천 지역 우리 민간의 대북 전단 살포에 포격(2014.10.10.)
⑲ 부 전선 보병 1사단 DMZ 구역에 목함 지뢰 매설, 아군 병사 2명 다리 절단(2015.8.4.)
⑳ 연천군 중면 지역으로 북한군 화기 발사, 아군 대응 사격(2015.8.20.)
㉑ 함북 길주군 풍계리에서 제4차 핵 실험(2016.1.6.)
㉒ 동창리 장거리 미사일 광명성호 발사(2016.2.7.)
㉓ 제5차 핵 실험(2016.9.9.)
㉔ 제6차 핵 실험(2017.9.3.)
㉕ 판문점 북한 귀순 병사에 총기 난사(2017.11.13.)
㉖ 북한군, 아군 GP에 총격, 아군 대응 사격(2020.5.3.)
㉗ 북한 김여정, 남북연락사무소 빌딩 폭파(2020.6.16.)
㉘ 서해에 표류하는 우리 해양 공무원에 총격, 시신에 기름 부어 태움(2020.9.21.)

최근에도 미사일 발사로 계속 도발하며, 드론을 띄워 서울을 정찰하기도 했다.

우리는 아직 전쟁이 끝나지 않은 정전 상태에 살고 있다는 현실을 자주 잊고 산다. 북한을 다스리는 김일성 손자 김정은은 제 할아버지에 못지않은 호전광好戰狂으로 보인다. 독사 머리를 한 김여정이 날뛰는 모습도 가관이다. 이상한 우리 대통령더러 '삶은 소대가리'라 모욕하고, 남북한 정보를 알리는 우리 민간 풍선 날리기를 위협적으로 중지시켰다. 그 아이의 한마디에 머리를 조아린 우리 정부의 아첨하는 자세에는 말문이 막힌다.

몇 해 전에 우리 대통령이 김정은을 만나고 오더니, 느닷없이 종전 협정을 맺자는 생뚱맞은 제안을 했다. 철없기 짝이 없는 '말놀음'이다. 종전 선언을 하고 나면, 형식 논리상 이제 전쟁이 없어진다. 전쟁이 없어진 터에 미군이 이 땅에 있을 이유가 없다. 김정은은 당장 미군 철수를 요구할 것이다. 미군이 철수하기가 무섭게 북한은 남침 전쟁에 돌입할 것이다. 원자탄이 없는 대한민국은 속절없이 당할 수밖에 없다.

차기 미국 대통령에 트럼프가 당선되는 것은 우리에게 악몽이다. 내치와 외교를 모두 장삿속으로 하는 트럼프는 김정은의 감언이설에 속을 것이다. 설상가상으로 이상한 사람이 우리 대통령으로 당선되면, 이 땅은 북한식 통일, 절체절명의 위기에 처할 것이다. 이석기나 ㅎㄱㅎ 혁명 세력이 준동하면, 이에 추종하는 종북 세력이 합세하여 온 나라는 혼란에 빠질 것이다.

최근 발표한 대한민국 정복 위협은 새로운 것이 아니다. 김일성과 김정일이 내세우던 평화 통일 운운하던 가면을 벗어던진, 북한의 일관된 속내를 드러내었을 뿐이다.

반민주 세력의 잔재

이 땅에는 케케묵은 공산주의를 동경하는 사람들이 의외로 많다. 기독교 방송인 CBS TV에서 주간 시사 비평 시간에 웬 이상한 목사가 나와서 반공 사상을 버려야 한다고 목청을 높인 일이다. 크리스천이 공산주의 유물론을 옹호할 수 있는가. 깜짝 놀랄 일이다.

공산주의는 73년간의 실험 끝에 실패했다. 증오와 저주, 폭력 혁명과 살인, 끝없는 갈라치기의 분열 조장, 투쟁(전쟁)을 생리로 하는 공산주의는 1억 5천만 명의 인류를 학살하고 '가난한 공동체'를 유산으로 남기고 망했다. 그럼에도 공산주의를 그리워하는 자는 참으로 이상한 사람이다.

대학에 재직하던 때에 어느 종북 세력 외부 학생들에게, 북한이 이상향이라면 그쪽으로 가서 살라고 했다.

"북한은 혁명이 완수된 곳이니, 남쪽에 남아서 혁명을 완수하는 것이 저희의 사명입니다."

그들의 생각은 이렇다.

공산주의 잔재를 청산하지 못한 북한·중국·러시아가 무슨 불장난을 저지를지 모른다. 전 국민들은 이 신냉전 시기에 자유민주주의를 결사적으로 지켜 나가는 일이 얼마나 중요한 과업인가를 잊어서 안 된다. 더구나 북한은 공산 국가도 아니다.

몇 년 전 이상한 사람들이 우리의 자유민주주의에서 '자유'를 삭제하자고 했다. 무서운 음모다.

자유민주주의.

우리들의 피어린 생존 조건이다.

1953년 7월 27일의 정전 협정 이후 북한은 끊임없이 작거나 큰 도발을 해 왔다. 북한 첩보원이 발각된 횟수가 5,500번이고, 무장 공비가 침투한 횟수는 2,973번이다. 1990년대 이후 지금까지 북한의 도발 횟수도, 필자가 대충 조사한 것만 3,900여 회다. 문재인 대통령의 9.19합의 이후에만 3,600회 도발했다.

2000년 김대중 대통령이 평양으로 가서 6.15평화 선언을 하고, 노벨 평화상까지 받았다. 그 선언의 여운이 채 가시기도 전인 2002년 6월 29일 북한은 서해서 제2연평해전을 벌였다. 2002년 월드컵 축구 대회 개최국인 대한민국에 타격을 주기 위해 북한 경비정이 NLL을 침범하여 먼저 총격을 가하면서 빚어진 서해상의 전투였다. 30분간의 교전 끝에 북한 경비정 2척은 압도적으로 우세한 우리 측 무기에 치명상을 입고 패주했으나, 우리 해군 윤영하 소령, 한상국 상사 등 6인이 전사하고 19인이 부상했다.

북한은 원자탄을 개발하여 우리를 위협하고, 각종 미사일을 발사하며 정찰 위성까지 띄워 우리의 심장부를 노린다. 수도 서울에 드론까지 띄워 자유민주주의 체제 해체를 노린다. 북한 수뇌부는 전쟁을 일으켜 사람 죽이는 것을 목적으로 사는, 가엾으나 무섭기 짝이 없는 사람들이다.

우리는 늘 깨어 있어야 한다. 자유민주주의를 지켜야 우리가 산다. 자유민주주의는 말이나 협정의 종잇조각이 아닌 '힘'으로만 지킬 수 있다.

산업화 세력과 민주화 세력

대학에 재직 중일 때 일이다. 문학 비평론 강의 시간에 한 학생이 느닷없이 엉뚱한 질문을 했다.

"삼성 그룹에는 왜 노동조합이 없습니까?"

문학 비평론 시간에 웬 뚱딴지같은 질문인가? 학생들 의견을 최대한 존중하는 필자는 "그게 문학 비평론과 무슨 관계가 있는가?"고 따지지 않았다. 다른 학생들에 양해를 구하고 그 학생과 대화하기로 했다.

"노동조합이 없는 삼성 그룹이 노동자의 인권과 이익을 침해한 일이 있는가?"

"그건 잘 모릅니다."

"노동조합 없이도 노사 분규 없이 세계 최상의 기업으로 성장했으면, 삼성은 성공한 기업이 아니겠는가?"

"약자인 노동자를 보호해야 하는 것은 당연한 일이고, 그러려면 노동조합이 있어야 합니다."

학생의 신념은 단호했다.

사실, 노동조합 없이 노사가 협력하여 좋은 성과를 올리는 것이야말로 기업의 이상적인 상황이다. 사회·국가에도 법이 필요악이듯이 노동조합도 기업의 필요악이다. 법이 없어도 좋은 세상, 노동조합 없이도 좋은 기업. 이것은 꿈이다.

필자의 제자가 느닷없이 노동조합 이야기를 꺼낸 것은 우리나라 젊은 세대의 기업관이 심각하게 부정적인 때가 있었음을 시사한다. 지금도

1980년대 운동권 인사들에게 기업, 특히 대기업은 악의 본산이다. 특히 세계 으뜸 기업 삼성이 그들에게 언어폭력의 몰매를 맞는 표적이 되었다. 운동권 인사들뿐 아니라 일부 가톨릭계 성직자(신부)들도 삼성을 눈엣가시로 여겨 왔다.

소위 '적폐 청산' 작업에 정권의 정당성을 찾으려는 듯이 문재인 정부는 산업화 세력을 집요하게 공격하며 처벌에 목을 매다시피 했다. 삼성의 이재용 당시 부회장은 5년 내내 재판에 시달리고 감옥살이까지 했다. 그러는 동안 삼성은 인수·합병(M&A)이나 대규모 신규 투자를 못하고 게걸음 행진을 할 수밖에 없었다. 삼성전자가 반도체 파운드리 부문에서 타이완의 TSMC에 뒤져 세계 1위 자리를 내어 주게 된 것도 이와 무관하다고 하겠는가.

1970년대 산업화 초기 이래 우리는 대기업을 '재벌'이라 부르며 희떱게 보아 왔다. 심각한 시기심과 적개심이 깔린 부정적 시선이다. 그 상징적인 사건이 김지하(김영일)의 〈5적〉 시 필화다. 이 작품은 재벌, 국회 의원, 고급 공무원, 장성, 장·차관을 다섯 도적으로 지목한 풍자시다. 1970년 《사상계》 5월호에 실린 담시譚詩다. 이 5적은 개사슴록 변犭의 괴이한 한자로 표기되어 풍자 대상을 극한으로 비하, 혐오하는 어조tone에 난타당한다. 가령, 국회 의원을 '구쾌의원狗獪擬猿'으로 표기하는 식이다.

김지하의 이 담시에는 판소리 가락에 날카로운 풍자의 어조가 실렸다. 담시란 우리 예술의 원천인 무가巫歌에서 비롯된 것으로, 서정·서사·극적 요소를 종합한 데다 판소리 가락을 입힌 융합 장르다. 판소리 고장 호남 출신 김지하의 토속적 미의식이 시대의 모순 앞에서 빛을 발한 것이 역사적 담시 〈5적五賊〉이다.

1961년 정변으로 권력을 장악한 군사 정부는 경제 개발 5개년 계획을 세우고, 이를 군사 작전을 하듯이 밀어붙였다. GDP 82달러로, 아프리카 가나·동남아시아 캄보디아 등과 함께 세계에서 제일 가난한 나라였던 대한민국에 시급히 필요한 정책이 경제 개발이었기에, 5.16 '혁명 정부'는 나라를 부유하게 하는 정책 추진에 사활을 걸었다. 그들의 소위 '혁명 공약' '기아선상에 허덕이는 민생고를 시급히 해결하고'에 국가 역량을 집중했다.

경제 개발 5개년 계획은 군사 정부가 1961년 7월에 설계하여 1962년 1월 제1차 경제 개발 5개년 계획 청사진을 제시함으로써 시작되었다. 그 구체적 개발 계획은 ①농업 생산력 증대, ②전력·석탄 등 에너지 공급원 확충, ③기간 산업 및 사회 간접 자본(인프라) 구축, ④유휴 자원 활용, ⑤수출 촉진과 국제 수지 개선, ⑥기술 진흥 등이었다.

초기에는 투자 재원 부족으로 난관에 부닥치기도 하였으나, 한일 협정에 따른 일본 자금을 비롯한 외국 자본을 대대적으로 끌어들임으로써 우리나라 경제는 고도 성장의 궤도에 들어섰다. 1962년부터 1966년까지 우리나라 경제는 평균 8.5% 성장률을 보이며 GDP 83달러에서 123달러로 치솟았다.

제2차 경제 개발 5개년 계획(1967~1971)의 목표는 ①식량 자급화와 산림 녹화, ②화학·철강·기계 공업 건설에 따른 산업 고도화, ③10억 달러 수출 달성(1970), ④고용 확대, ⑤국민 소득의 비약적 증대, ⑥과학 기술 진흥, ⑦기술 수준과 생산성 향상 등이었다. 이 시기에 경부고속도로(1970.7.7. 완공)가 닦였다. 이 경제 개발 계획은 제3차(1972~1976), 제4차(1977~1981), 제5차(1982~1986), 제6차(1987~1991), 제7차(1992~1996)에 걸쳐 진행되었다. 우리나라 경제는 허다한 우여곡절과 부침浮沈을 거듭하며 놀라운 발전 궤도를 그렸다. 박정희 대통령이 내건 '조국 근대화' 구호 아래 우리나라 경제는 세계사에 유례 없는 '압축 성장'을 노래 불렀다. 세계인들과 우리는 이를 가리켜 '한강의 기적'이라 한다. 제2차 세계 대전에서 폐허가 되었던 독일이 이룩한 '라인강의 기적'에 비견된다는 뜻이다.

대한민국은 GDP 3만 달러 이상에 인구 5천만이 넘은 3050 7대 강국이며, 경제 규모 세계 10위의 부자 나라가 되었다. 군사력도 6대 강국이다.

김지하의 〈5적五賊〉은 제2차 경제 개발 5개년 계획 기간 막바지에 발표되었다. 경부고속도로가 개통되던 그즈음이다.

당시 박정희 정부는 압축적 경제 성장을 가속화하기 위해 국가 주도형 경제 개발에 박차를 가하였다. 자유민주주의 헌법을 기준으로 할 때 그것은 권위주의 국가 체제였다. 민족 자본이 형성되지 않았던 당시에 박정희 정부는 자생력이 있고, 현저한 잠재력을 품은 삼성·현대 등 몇몇 유수 기업을 대기업으로 육성하는 정책을 폈다. 당시에 언론은 이들을 '재벌'이라 불렀고, 일반 국민들도 그랬다. 그 시기에 '가진 것'이 빈약한 대다수 국민들에게 재벌은 '가진 자the haver'로서 눈 흘김의 대상이었다. 사회학자를 중심으로 한 좌파 지식인, 운동가 들은 이때부터 우리 국민을 가진 자와 못 가진 자the unhaver로 계급을 구분을 하여, 우리 역사를 갈등과 싸움의 소용돌이로 몰아넣을 거시적 투쟁 사관으로 이끌게 되었다. '배고픈 것은 몰라도 배 아픈 것은 못 참는' 우리의 본성을 건드리기 시작한 셈이다.

5.16군사 정변 후에 퇴역 장성과 영관급 장교 들은 정부나 국회에서 요직을 차지하였고, 고급 관료들은 기업과 결탁하여 사익을 취하는 일도 없지 않았다. 일반 국민들 대다수가 소외감과 반감을 품게 되는 것은 당연지사였다. 제1공화국 자유당 시절 '사람들이 죽을 때 마지막 하는 소리가 백(빽)'이라는 말이 유행했듯이, 이 경제 개발 시기에도 백은 위력을 발휘했다. 취직도 승진도 사업도 백이 있어야 할 수 있다는 소외감과 비판 의식이 팽배해 갔다. 김지하의 담시는 이 시기의 사회상을 예각적으로 제시한 문제작이었다.

그렇다면 경제 제1주의로 치달은 박정희 정부와 대기업가, 장성, 고위

공무원 들은 다 몹쓸 악의 화신들인가? 그건 아니다. 역사와 사람을 그렇게 단선적으로만 보는 것은 패착이다. 급격한 산업화를 통한 압축 성장은 우리나라와 국민을 부유하게 만든 놀라운 업적이었다. 빛이 있으면 그늘이 있게 마련이다. 그 과정에서 피해를 보거나 소외된 억울한 사람들은 '운명과도 같은 세상의 그늘'에서 이를 갈았다. 그 상징적 개인이 김지하 시인이고, 야당 정치 지도자였다.

이를테면, 1966년 1월에 창간호가 나온 백낙청 평론가의 《창작과 비평》은 비판적 리얼리즘critical realism 내지 사회주의 리얼리즘socialist realism을 지향하며 당대 사회 헤게모니의 주체를 모질게 공격했다. 또 김대중 야당 지도자는 박정희 정부 정책의 안티테제로서 《대중경제론》을 표방했다. 그는 경부고속도로를 건설하면 나라가 망할 것이라며 불도저 앞에 드러누워 공사를 저지하기도 하였다. "박정희가 고속 도로로 부산에 가서 기생놀음이나 하려 한다."는 식으로 격렬히 반대했다.

경부고속도로는 1968년 2월 1일에 착공하여 1970년 7월 7일에 완공된, 416.1Km의 우리 국토 대동맥이다. 당시의 열악한 장비와 우리 기술로 그 어마어마한 대공사를 성공적으로 마무리한다는 것은 불가능해 보였다. 우리 국민의 일반 상식을 깨고 이 공사에 성공한 것은 박정희 대통령이 품은 억척스러운 웅지雄志와 결단력, 초인적인 발상과 추진력의 소유자인 현대 건설 정주영 회장 등 탁월한 건설 역군들의 분투 덕분이었다.

그렇다면 박정희 대통령과 정주영 회장 같은 거인들은 선하고, 김대중 야당 지도자 등은 몹쓸 인사들인가. 그건 아니다.

우선 5.16군사 정변 세력의 지적 수준부터 알아 둘 필요가 있다. 그들을 잘 알지 못하는 사람들은 그 군사 정변을 '무식한 군인들의 무장 봉기'로 격하하기 일쑤다. 요컨대 그것은 오해요 편견이다. 이승만 정부는 가난한 나라 살림에 쪼들리면서도 수천 명의 국비 유학생과 똑똑한 군인들을 선발하여 미국 유학을 보내었다. 5.16정변 세력의 주요 지휘관들은 선진 문물을 배워 온 엘리트였다. 이는 필자가 군사 정변 같은 쿠데타를 두둔하는 것이 아니다. 군사 정변은 자유민주주의 국가의 이변인 까닭이다.

군사 정변의 리더였던 박정희 대통령은 일제 강점기의 수재들이 다니던 사범 학교(대구 사범) 출신이고, 원대하면서 치밀한 설계의 달인이었다. 경제 개발 5개년 계획 수립과 실천 과정에 박 대통령의 손길이 미치지 않은 곳이 없었다. 가령, 경부고속도로 건설 때에 각 사업 구간을 노트에 일일이 스케치해 가며 지시한 일화는 전설인 양 전해진다. 도로 주변 어느 마을에 어떤 큰 나무가 서 있는가에 이르기까지, 박 대통령의 관찰력과 기억력은 남달랐다. 이런 놀라운 잠재력을 십분 발휘한 박 대통령의 지도력은 대한민국을 선진국으로 도약하게 한 '기적'의 에너지원이었다.

이에 맞선 민주화 운동권 세력은 오직 '민주화'만 외치며 '독재 타도' 운동에 목숨을 걸었다. 1960~70년대 전국대학생총연합회 회장(서울대 정치학과)이었던 박찬동, 1980년대 악독한 경찰 이근안의 물고문에 숨진 박종철(서울대 언어학과), 가두시위 도중에 최루탄을 맞고 희생된 이한열(연세대) 등의 이름은 우리에게 통한 어린 기억으로 남아 있다.

김대중 전 대통령의 투쟁 이야기는 우리 현대사에 큰 획을 긋는다. 우선 1960년대의 대통령 선거 실황을 알 필요가 있다. 국가재건최고회의 의장이었던 박정희가 민주공화당 대통령 후보가 되어 4.19혁명 후 내각 책임제 대통령이었던 민정당 윤보선 후보와 대결한 때는 1963년 10월 15일이었다. 직접 선거 결과 박 후보가 46.64%, 윤 후보가 45.19%를 득표했다. 15만 6천 26표 차이로 힘겹게 이긴 선거였다. 이때에는 4.19혁명의 열기가 채 가시지 않았고, 군사 정부에 대한 거부감도 컸기 때문이었다. 제5대 대통령 선거였다. 1967년 5월 3일 치러진 제6대 대통령 선거에서는 민주공화당 박정희 후보 51.04%, 신민당 윤보선 후보 40.13% 득표로 박 후보가 당선되었다. 1971년 4월 27일의 제7대 대통령 선거에서 민주공화당 박정희 후보 53.19%, 신민당 김대중 후보 45.25% 득표로 박 후보가 당선되었다. 제7대 대통령 선거에서 주목할 점은 신민당 김영삼·김대중 후보가 '40대 기수론'을 내세웠다는 점이다. 시대를 앞서 간 사람들이다. 1928년생인 김영삼은 만 42세, 김대중은 46세였다. 40대에 미국 대통령이었던 존 F. 케네디의 영향력이 컸다.

신민당 대통령 후보 경선에서 파란이 일었다. 1차 경선에 김영삼 후보가 김대중 후보를 넉넉히 앞섰다. 과반수 득표자를 가리기 위한 2차 투표에서 김대중 후보가 이기는 이변이 일어났다. 하룻밤 사이에 이철승계가 김대중 후보 지지로 돌아선 까닭이었다.

소위 '10월 유신' 이후인 1978년 7월 6일에 있었던 제9대 대통령 선거는 민주공화당 박정희 후보가 단독 입후보하여 99.96%의 득표율로 당선되었다. 이 선거는 5월 18일에 뽑힌 통일주체국민회의 대의원 2,581명 중 2,578명이 서울 장충체육관에 모여 치른 간접 선거였다.

김대중 야당 지도자는 이제 재야 인사와 대학생, 청년 들을 동원하여 '민주화 투쟁'을 할 수밖에 없었다. 그는 1973년 8월 8일 일본 도쿄 한 호텔에서 한국 중앙정보부 요원들에게 납치되어 강제 귀국하는 곤욕을 치렀다. 살인 미수 사건으로 의심받기까지 하는 정치 탄압 사건이었다. 1979년 10월 26일 박정희 대통령이 중앙정보부장 김재규의 총탄에 시해되고, 최규하 국무 총리가 권한 대행 직을 거쳐 대통령으로 뽑혔다. 그해 12월 12일 전두환·노태우 육군 소장이 주도하는 신군부 정변이 일어났고, 김재규는 군사 재판에서 사형이 선고되고 이내 집행되었다.

1980년 5월 18일에 일어난 광주 항쟁을 진압하는 과정에서 군인들에 의한 살상과 행방불명 등 희생자가 속출했다. 정규군과 시민군의 무력 대결에서 사망자 218명, 행방불명자 363명, 부상자 5,088명, 기타 1,520명 등 총 7,200여 명이 피해를 입었다(2001.12.18. 현재 자료).

이후 1980년 7월 4일에 군사 계엄 사령부는 김대중을 학원 소요 사태

및 광주 항쟁 배후 조종자로 지목하고 계엄군법회의와 대법원에서 사형을 선고했다. 내란 음모 등 혐의였다. 대한민국 형법상 절대형 조항이 단 하나 있었다. "내란죄의 괴수는 사형에 처한다."는 제87조였다.

미국 · 독일 · 일본 · 프랑스 등지의 교포들과 지성인 · 문화인 들이 대대적으로 김대중 구명 운동을 벌이자, 군사 정부는 무기 징역으로 감형했다가 1982년 12월에 석방했다. 결정적 역할을 한 것은 미국 정부였다.

> 면회실 마루 위에 세 자식이 큰절하며
> 새해와 생일 하례 보는 이 애끊는다
> 아내여 서러워 마라 이 자식들이 있잖소
>
> 이 몸이 사는 뜻을 뉘라서 묻는다면
> 우리가 살아 온 서러운 그 세월을
> 후손에 떠넘겨 주는 못난 조상 아니고져

《여성소비자신문》에 공개된 김대중 전 대통령의 옥중 연시조 11수 중의 제1,2수다. 자칭 '인동초忍冬草'라 했으니, 김 대통령은 '파란만장'이라는 말이 제일 잘 어울리는 정치 지도자다. 민주화 운동 계열의 맞수였던 김영삼 전 대통령도 수많은 고초를 겪었다. 1983년 미국에 망명 중이던 김대중 지도자와 민주화추진협의회를 조직하고, 5월 18일 민주화 5개 항을 요구하는 성명을 발표하며 23일간 단식 투쟁을 하는 등 치열하게 싸웠다. 김대중 지도자와 쌍벽을 이루는 민주화 투쟁가였다.

이야기가 방만해졌다. 산업화 세력과 민주화 세력은 치열하게 싸웠다. 산업화가 지체되면 세계에서 제일 가난한 우리 국민들이 굶주릴 수밖에 없고, 민주화가 지체되면 국민의 기본권이 억압받는다.

산업화와 민주화의 두 트랙으로 가면 되지 않겠는가? 그것은 꿈일 뿐 불가능한 길이었다. 산업화 초기에 백가쟁명의 자유민주주의를 만끽하다가는 시급한 경제 현안이 무한정 지체될 수밖에 없었다. 경제 개발 초기에는 권위주의 정부 주도로 정책을 펴는 것이 불가피했다. 북한도 초기에는 1당 독재로 경제 개발의 성과를 올렸다. 1960년대까지 북한 경제가 남한 경제를 앞질러 있었다. 이후 그 체제를 그대로 유지한 탓에 공산권이 붕괴된 1990년대에 100~300만 명이 굶어 죽는 참상을 낳았고, 지금도 크게 개선된 것이 없다.

중화민국(지금의 타이완) 장제스 총통과 싱가포르 리콴유 수상은 종신 집권을 하면서 국가 경제를 반석 위에 올려놓았다. 우리나라는 경제 개발 초기에 강력한 지도력에 힘입어 개발 드라이브를 이끈 덕에 경제 대국이 되는 기반을 구축할 수 있었다.

잠정적 단언이다.

경제 발전은 자유민주주의 실현의 '필요조건'이다. 굶주리는 자유민주주의는 허상이다.

하지만 당시의 민주화 세력은 이 사실을 몰랐다. 김대중·김영삼 전 대통령도 그걸 알지 못하고 자나깨나 민주화만 부르짖었다. 운동권 대학생들도 마찬가지였다. 산업화 초기의 권위주의 통치는 필요악이라는 내 충고에 그들은 심히 반발했다.

1963년 6월 3일 한·일 협정 반대 시위를 주도하는 후배가 찾아왔다.

"선배님, 한·일 협정은 필요한 것입니까?"
"그렇지요."
"저희가 반대 시위를 하는 것은 어떻게 생각하십니까?"
"당연히 시위해야지요."
"그건 모순이 아닙니까?"

"우리 역사 자체가 모순의 연속이었지요. 그 모순을 지양止揚하여 현명한 길을 여느냐 여부가 우리나라의 성패를 좌우하는 게지요."

"……."

"내 말은 황희 정승 어법이오. 1905년 을사늑약 이후 40년간 우리를 괴롭힌 일제를 허술히 용서해서는 안 되는 법. 그러기에 반대 시위를 해야 한다는 게지요. 또 한편으로는 원수 일본의 자금을 받아내야 해요. 청구권 자금이건 배상금이건 원조금이건 될 수 있으면 많이 받아 내야지요."

"그건 뱃이 없는 짓 아닙니까?"

"일견 그렇게 보이지요. 그래도 우리에게 필요한 산업 개발 자금은 저 원수에게서 받아 내야지요."

"다른 데서 자금을 구할 방도는 없을까요?"

"미국에 손을 내밀 수는 있지만, 벌써 미국에 도움을 요청했다가 거절당했어요. 경부고속도로나 제철소 건설 따위는 한국 수준에 맞지 않는다는 게지요. 심지어 서울·양양 간 고속 도로는 몰라도 경부고속도로는 분수에 맞지 않는다는 거였어요."

"꼭 경부고속도로여야 하며, 제철소는 꼭 지어야 하는 겐가요?"

"경부고속도로는 우리나라를 종으로 관통하는 산업 동맥이 될 게요. 경공업 중심으로 성장해 온 우리 경제가 중화학 공업 국가로 발전하는 데에 제철소는 필수 시설이 아니겠어요? 석유·화학 공업 시설도 생겨야 하고."

완강한 후배와 필자 사이에는 이런 대화가 오가느라 밤을 밝힐 정도였다. 수심이 깊은 항만 도시에 제철소가 있고, 동아시아 주요 물류 항구 부산과 이웃해 있는 것이 장점이 아니겠는가.

일본에서 들여온 자금으로 우리는 경부고속도로와 포항제철소를 세웠다. 제철소는 일본 와세다대학에서 공학을 공부한 박태준 사장과 직원들의 하늘에 사무치는 열정이 빚은 기적의 표상이다. 포항제철소 첫 쇳물이 흘러나왔을 때 그곳 '산업 전사들'은 얼싸안고 감격의 눈물을 흘렸다는 이야기가 지금도 회자된다.

"삼성에는 왜 노동조합이 없습니까?"라는 제자의 질문에서 시작된 이야기가 이제 종착점에 이르렀다.

박정희 · 이병철 · 정주영 · 구인회 · 최종현 · 조홍제 · 박태준 등 산업의 선구자들과 김대중 · 김영삼을 필두로 한 민주화 인사들이 함께 이룩한 것이 지금의 부유한 자유민주 대한민국이다.

무엇이 나라를 흥하게 하는가
- 개발 지향적 문화와 개발 저항적 문화

1

문재인 정부 들어 181개 시민 단체가 4대강 보 해체를 주장했다. 물관리위원회는 2021년 1월 결론을 내렸다. 금강 세종보와 영산강 죽산보는 해체하고, 금강 공주보는 부분 해체하며, 금강 백제보와 영산강 승촌보는 상시 개방한다는 것이었다. 3년여에 걸쳐 많은 비용을 들인 감사 결과였다. 이에 반대하는 쪽에서는 전문가를 배제한 채 진행된 조사 결과이며 정치적 결정이라고 이를 공격했다.

4대강 사업은 이명박 대통령의 국토 개발 핵심 사업이었다. 본디 계획은 서울과 부산 사이를 관통하는 대운하 건설 사업이었으나, 격렬한 반대에 직면하여 변경된 과업이었다.

4대강유역종합개발사업의 목적은 "①홍수 피해를 절반으로 줄인다. 이를 위해 수해 상습지를 없애고, 주요 하천 개수 90%가 되게 한다. ②내수內水 피해 상습지 138곳을 없앤다. ③논 68만 3천 ha 중 59만 8천 ha를 물이 가까운 전답으로 바꾼다. ④상수도 보급률 30.6%를 65.0% 수준으로 올리고, 공업 용수를 3.8배 증산, 공급한다. ⑤4만 1천4백2십 ha의 황폐한 산지와 27만 4천16 ha의 나무 없는 땅이 없게 한다. ⑥해마다 악화되는 도시 주변의 수질 오염과 강 하구에 바닷물이 드는 것과 역류 피해를 방지한다." 등이었다.

2

자연自然의 문자 그대로의 뜻은 '스스로 그러함'이다. 자연은 태초에 생긴 그대로 있는 것이 본연성이다. 우리 땅 삼천리 아름다운 금수강산도 풀 끝 하나 훼손하지 않고 그대로 두어야 본연의 자연일 수 있다. 동아시아의 자연관은 사람과 자연의 합일 사상을 섬기는 데 있었다. '자연 속의 사람'이나 '사람 속의 자연'을 넘어 '자연 아래 사람'의 경지를 이상으로 삼았다.

청산도 절로절로 녹수도 절로절로
산 절로 물 절로 하니 산수 간에 나도 절로
아마도 절로 생긴 인생 절로절로 늙사오리

조선조 중종·명종 때의 문신 김인후(1510~1560)의 시조다. 하늘글 천지문天之文, 땅의 글 지지문地之文, 사람글 인지문人之文의 통합적 자연성을 노래했다.

청산은 어찌하여 만고에 푸르르며
유수流水는 어찌하여 주야에 긏지 아니는고
우리도 그치지 말아 만고상청萬古常靑하리라

김인후와 막역한 사이였던 이황(1501~1570)의 시조다. 청산 유수 대자연은 '늘 그러한' 불변의 표상이다. 우리 사람도 그 본연성을 본받자는 노래다. 도학적 '항상심'을 품었다. 심여만고청산心如萬古靑山, 행여만리장강行如萬里長江. 마음은 하고한 세월 동안 늘 푸르름을 잃지 않는 산과 같고, 행함은 만 리나 유유히 흘러가는 강물처럼 여유롭고자 함이다. 이理(원리)와 기氣(현상·실제)의 융합이 우주와 사람의 지향성이어야 하며, 우선 이가 확립되어야 우주 질서와 사람의 참된 본연지성이 천인합일天人合一을 이룬다는 퇴계 사상이 반영되었다.

> 청산리 벽계수야 수이 감을 자랑마라
> 일도창해하면 다시 오기 어려우니
> 명월이 만공산하니 쉬어 간들 어떠리

황진이의 절창 시조다. 푸른 산속을 철철 흘러 내리는 시냇물 벽계수는 왕족 벽계수를, 명월은 황진이 자신의 기명妓名과 밝은 달을 가리키는 중의법重義法이다. 사람이 곧 자연인 국면이다.

> 문여하의서벽산간余何意棲碧山間 소이부답심자한笑而不答心自閑
> 도화유수묘연거桃花流水杳然去 별유천지비인간別有天地非人間
>
> 벽산에 왜 사느냐 묻기에 빙긋 웃고 답 않으니 마음 절로 한가롭네
> 복사꽃 흘러흘러 아득히 가니 이곳이 별천지요 인간 세계 아니로세

당나라 시인 이백李白(701~762)의 명시 〈산중답속인山中答俗人〉이다. 복사꽃 만개한 벽산 속, 그곳이 바로 낙원이다. 복사꽃 핀 동아시아 낙원은 동진 사람 도연명(365~427)의 〈도화원기桃化源記〉에서 유래한다. 14세 어린이 이원수(1911~1981)가 1925년 《어린이》 4월호에 발표한 〈고향의 봄〉의 '복숭아꽃 살구꽃 아기 진달래'도 이 같은 동아시아인의 낙원 의식을 계승한 것이다.

우리 동아시아인의 이상향은 '자연 낙원Greentopia'이었다. 노예 제도를 청산하지 못한 영국 토마스 모어의 사회적 낙원Utopia과는 성격을 달리한다.

3

이러한 우리 전통 사상의 관점에서 서구의 기계 문명은 사뭇 이질적인 괴물이었다. 고종이 에디슨 회사 기술자를 불러 경복궁 향원정에 전등불을 밝히게 했을 때, 대다수 신료들은 기겁을 했다. 경부선 철도를 놓을 때에도 공주와 부여 양반층이 쇠붙이 괴물이 지나다니는 것을 극구 반대하여 한밭(대전) 쪽으로 철도 노선이 변경되었다는 설화까지 전할 정도다.

1908년 잠시 일본에 유학한 최남선이 지은 〈경부철도노래〉는 매우 이질적인 가사였다.

> 우렁차게 토하는 기적 소리에 남대문을 등지고 떠나 나가서
> 빨리 부는 바람의 형세 같으니 날개 가진 새라도 못 따르겠네
>
> 늙은이와 젊은이 섞여 앉았고 우리 내외 외국인 같이 탔으나
> 내외 친소 다같이 익혀 지내니 조그만 딴 세상 절로 이뤘네

총 67개 절로 된 이 노래에는 서울 남대문에서 부산까지에 이어지는 우리 국토의 주요 지명과 명승지가 소개되어 있어 지리적 사료로서도 가치가 있다.

이 노래에는 자연 낙원 일변도의 전통적 사유 방식을 일거에 전복시킬 서구 기계 문명 지향 의식이 꿈틀이고 있다. "태산 같은 메, 집채 같은 바윗돌이나/때린다, 부순다, 무너뜨린다."고 노래한 신체시 〈해海에게서 소년에게〉(1908)에서 최남선은 대륙 지향적이었던 우리 전통 의식을 해양 지향적인 근대 의식으로 전환할 '소년의 기백'을 고취했다.

다시 말하여 20세기 초에 이르러 선각자들은 대륙 지향성continent orientation · 전통 지향성tradition orientation에 편향되어 있었던 선대의 의식을 해양 지향성ocean orientation · 근대 지향성modernity orientation에로 전환하는 변혁 운동에 앞장섰다. 근대성이란 서구 문명의 진보성을 뜻하

는데, 우리는 일본을 통한 유사 근대성을 수용하게 되었다. 다만, 서구 열강에 편승한 일본 제국주의적 근대성을 받아들인 것은 불행한 일이었다. 학자들 간에 설왕설래 다른 의견들이 있으나, 우리는 일제를 통하여 서구 근대 문물에 접하게 되었고, 이를 '식민지 근대화'라고도 한다.

4

서구의 근대화는 과학 문명의 발달에 따라 진행되었다. 15세기까지만 해도 동아시아 문명이 서구에 앞서 있었다. 과학적 발명품만 해도 우리나라가 선두에 있었고, 다음이 중국이었으며, 서양은 3위에 머물러 있었다. 신본주의의 중세적 질서에서 벗어나고자 한 르네상스적 인본주의는 자연 과학의 발달을 촉진했고, 시민적 자유 확대의 역사로 전개되었다. 자연 과학의 발달과 기계화, 개인의 존엄성 발견과 인권의 확대로 근대 문명의 지평이 열린 것이다.

일본은 도쿠가와 이에야스德川家康가 세운 에도江戶 막부 시대(1603~1868)를 끝내고 '메이지유신明治維新'(1868~1889)으로 불리는 고잇신御一新으로 서구식 근대화 정책을 폈다. 이에 일본은 왕정복고로 천황이 주도하는 통치 체제를 확립했다. 유럽과 미국을 모델로 하되, 민주화와 인권은 탄압하고 자본주의 육성과 군사력 강화에 매진하며 부국강병의 길을 걸었다. 1889년 제국 헌법을 제정, 공포하고 제국 의회를 발족시킴으로써 일본은 동양 최초로 입헌 군주국이 되었다. '유신'의 어원은 중국《서경》의 "주수구방周雖舊邦이나 기명유신其命維新이라."에 있다. 주가 비록 오래된 나라이나, 그 운명을 근본적으로 새롭힌다는 뜻이다. 일본은 그야말로 근본을 새롭히고, 세계 강국으로 발돋움했다.

일본의 부국강병책은 일본인의 집단 무의식인 '대륙 정복'에 있었고, 20세기에 이를 실천에 옮긴 것이 한반도 침략, 정복이다. 일본인들은 그들의 교과서에 결코 '정복'이란 말은 쓰지 않고 '진출'이라고만 쓴다. 임진왜란 때(1592~1598)도 중국 명나라로 진출할 테니 길을 빌려 달라는 '가도입명假道入明'을 명분으로 내건 쪽이 일본이었다.

1868년 메이지유신을 계기로 일본은 서구식 근대화에 매진했다. 서구의 근대화는 '철학 혁명 → 과학 혁명 → 정치 혁명 → 산업 혁명'의 점진적 행로를 걸었으나, 일본은 서구의 성과를 압축적으로 도입하여 급속한 근대화에 성공했다. 서구 근대 열강의 부국강병 정책을 도입하여 제국주의적 팽창 정책에 따른 식민지 쟁탈전에 뛰어들었다.

일본이 대한제국을 식민지화한 데는 이런 배경사가 똬리를 틀고 있었다. 유럽 강대국인 영국·프랑스·독일·이탈리아가 식민지 개척에 나선 것은 1859년에 나온 찰스 다윈의 생물 진화론(《종의 기원》)과 허버트 스펜서(1820~1903)의 사회 진화론(《진보: 그 법칙과 원인》, 《사회학의 원칙》)의 실현이었다. 강한 자만 살아남는다는 적자생존survival of the fittest의 비정한 진화론은 그 자체가 도덕적 정당성으로 인식되었던 시대의 일이다. 존재Sein와 당위Sollen의 혼동이었다. 사실이 그렇다는 존재 문제와 그래야 한다는 당위(윤리, 철학) 문제를 동일시한 것이다.

일제 강점기 이 땅에서 포교하였던 프랑스 출신 가톨릭 주교 귀스타브 샤를 마리 뮈텔(1854~1930) 신부가 우리의 독립 운동을 탄압한 것도 이와 관련되는 것으로 보인다. 뮈텔 주교는 항일 의병들을 산적에 비유하여 폄훼하고, 3.1운동에 참가한 대신학교 학생들을 퇴학 처분했다. 그는 1909년 가톨릭 신자 안중근이 이토 히로부미를 저격, 살해했을 때 그를 출교 조치했다. 처형이 임박했을 때 종부 성사 요청을 거절하고, 자발적으로 안중근을 찾아가 종부 성사를 집행한 신부 니콜라 조세프 마리 빌렘을 징계했으며, 이토 히로부미 추모회에는 참석했다.

이는 천도교·기독교·불교 3대 종교 지도자 33인을 대표로 하여 일으킨 3.1운동에 왜 천주교 지도자는 나서지 않았는지, 그 이유를 알게 하는 일화다. 아프리카와 인도차이나 반도(베트남)에서 식민지를 운영하는 프랑스인들의 행위가 정당하듯이, 일본 제국주의자들이 대한제국(조선)을 식민지로 다스리는 것이 이상할 것이 없었다. 유럽 제국주의자의 발상이었다. 순수한 신앙인의 자세로 정치와 거리를 두자는 신앙 근본주의가 오류는 아니다. 하지만 이웃 형제가 악한 강도의 잔인한 폭력으로 생사의 경계선 border-line에서 신음하는 터에, 신앙인은 '오직 믿음만으로' 형제의 고통을 외면하고 기도만 하고 있겠는가. 그리스도교 실천 신앙에서는 심각한 질문이다. 영국 식민 통치 시기 인도 독립 운동가 간디는 이를 두고 일갈하였다. "강 건너 마을이 지금 불타고 있거늘, 그대는 강 이쪽에서 피리만 불고 있으려는가."

가톨릭 주교 뮈텔과 개신교 신자인 미국 선교사들의 자세는 대조적이었다. 미국 출신 대표적 초기 조선 선교사는 언더우드, 알렌(앨런), 헐버트였다. 미국 북장로교회 선교사 H. G. 언더우드(1859~1916)는 1900년에 한국 YMCA를 조직하고, 1915년 경신학교에 대학부를 개설하여 후일 연희전문학교, 연세대학교로 발전하는 기반을 닦았다. H. N. 알렌(앨런)은 미국 마이애미대학교 의학사로서 1897년 주한 미국공사관 서울 주재 외교관(총영사·공사·전권 공사)으로서 고종의 비판적 조력자 역할을 했으며, 1885년 광혜원(제중원)을 세워 후일 세브란스의학전문학교, 연세대학교로 발전케 한 공적을 남겼다. 1882년 개화파의 갑신정변 때 7군데나 자상을 입은 민영익을 치료하여 왕실과 친분을 맺은 일로 유명하다.

누구보다도 우리나라의 근대화와 독립을 위해 헌신한 미국 선교사는 H. B. 헐버트(1863~1949)였다. 1866년에 입국하여 최초의 관립 근대 학교인 육영공원에서 외국어를 가르쳤다. 한글과 한국어를 공부해 온 그는 한글 연구와 확산에 기여했다. 1889년 한글로 된 최초의 지리 교과서 《사민필지士民必知》를 썼으며, 주시경과 함께 국문연구소를 설립했다. 띄어쓰기 방식을 도입했으며, 서재필·주시경과 함께 최초의 한글 신문인 《독립신문》을 발간했다.

그는 고종을 도와 대한제국의 국권 수호를 적극 도우고, 일제 강점기에는 한국 독립 운동을 지원했다. 1905년 일제가 강압으로 을사늑약을 체결하자, 고종 특사 자격으로 대한제국의 독립을 주장하는 밀서를 미국 대통령과 국무부 장관에게 전달하려 하였으나 뜻을 이루지 못했다. 1906년 재입국하여 영문 월간 잡지 《한국평론 The Korean Review》을 창간하여 일본의 부당한 대한제국 침략 사실을 폭로했다. 고종에게 헤이그 밀사 파견을 건의했다. 1919년 서재필이 주간하는 잡지에 3.1운동을 지지하는 글을 발표했다. 미국으로 귀국해 있던 그는 1949년 대한민국 정부 초청으로 입국했으나 1주일 만에 병사하여 양화진 외국인선교사묘역에 묻혔다. 저서에 《사민필지》 외에 《한국사 The History of Korea》, 《대한제국의 멸망 The Passing of Korea》이 있다. 1950년에 건국 훈장 태극장이 추서되었다.

프랑스 출신 뮈텔 주교와 달리 미국 선교사들은 왜 대한제국과 일제 강점기 우리 민족을 도우려 했을까? 그 해답을 찾기는 어렵지 않다. 미국은 영국 식민지였고, 1776년에야 피 흘려 싸워서 독립한 나라다. 유럽 제국주의 국가들과는 건국 기반부터 다르다. 다른 나라를 착취하는 식민지 경영은 미국 건국 헌법 정신에 반한다. 또 광대한 자국 영토에 풍부한 자원까지 보유한 미국의 무진한 잠재력을 도외시하고 밖에서 식민지를 확보하려는 탐욕은 미국인에게는 가당치 않다. 미국이 세력 확장을 꾀한다면, 그것은 미국의 자유주의 사상과 문화를 전파하려는 동기에서 나올 뿐이다.

의식이 반미에 기운 이들은 필자를 과도한 친미주의자로 볼 수도 있다. 한국 문학 전공자인 필자가 미국 우상화에 열을 올릴 리가 있겠는가.

19세기 말 이후에 우리나라에 온 가톨릭 신부와 개신교 선교사들의 자세는 판이했다. 왜 그랬을까? 뒤에 논의할 주요 과제다.

생각해 보라. 세계 어느 나라건 자국 이익을 우선시한다. 미국도 예외는 아니다. 한국의 유구한 역사와 문화에 무지했던 미국이 한때 가쓰라·태프트 밀약으로 한반도 지배권을 일본에 넘기고, 애치슨 라인으로 한반도를 극동 방위선에서 제외함으로써 6.25전쟁을 불러온 소극적 책임은 미국에 있다. 그럼에도 세계 열강 중에 남의 나라 영토를 탐하지 않고, 세계에 그만큼 선한 영향력을 끼친 나라가 어디 있는가.

소련·중국·북한 공산주의의 침략을 저지하고, 대한민국을 기사회생케 하여 번영으로 견인해 준 나라가 미국이다. '원쑤 미 제국주의자'를 향해 이를 갈며 저주하는 북한 지도층과, 미군 철수를 줄기차게 주장해 온 대한민국의 종북 주사파(북한과 김일성 주체사상을 따르는 집단)는 '그릇된 생각의 감옥'에 스스로를 유폐시킨 환자들이다.

개발 지향적인 미국과, 개발 저항적인 소련과 중국은 한반도에 번영된 대한민국과 궁핍한 북한의 오늘이 있게 했다.

이토 히로부미를 비롯한 메이지유신 시기에 영국 유학을 하는 등 유럽을 배운 후쿠자와 유키치福澤諭吉 등은 유럽 제국주의를 답습했고, 그 몹쓸 사상이 독소를 뿜어 조선 침략과 대동아 전쟁(태평양 전쟁)을 일으켜, 더불어 망하는 공도동망共倒同亡의 비극을 빚은 것이다.

5

서구식 근대화 이야기가 심히 방만해졌다. 식민지 근대화 논의는 차치하고, 20세기 후반 우리 대한민국의 근대화 이야기가 중요하다. 대한민국 근대화는 제1공화국 이승만 정부에서 싹이 텄고, 제2공화국 장면 정부에서 설계되었으며, 제3공화국 박정희 정부에서 실현되었다.

박정희 정부의 경제 개발 5개년 계획이 몇 차례 진행되면서 대한민국의 경제 수준은 비약적으로 발전하였다. 소위 '한강의 기적'이 일어난 시기였다. 이를 이끈 박정희 대통령을 비롯한 근대화 세력은 김대중 대표를 중심으로 한 민주화 세력과 예각적으로 충돌했다. 그 극적인 장면이 대한민국 산업화의 대동맥이 될 경부고속도로 건설(1968.2.1.~1970.7.7.)을 김대중 대표가 극한적으로 반대한 현장에 있었다. 김대중 대표는 고속도로 건설은 '박정희가 부산에 가서 기생놀음을 하려는 것'이라고 매도하였다. 앞에서 본 바다.

이때부터 대한민국에는 개발을 중요시하는 소위 '보수 세력'과 개발에 저항하는 소위 '진보 세력'의 극한 대결이 시작되었다. 경부고속도로 건설 이후 가장 큰 국토 개발 사업이 4대강 사업이고, 이로 인해 1970년 전후하여 불붙었던 양대 세력의 각축 현상이 재현되었다.

김대중·노무현 정부의 정책을 계승한 문재인 정부는 자연 근본주의를 신봉, 실현했다. 포항 항사댐 건설 건의를 거부하고 서울시 빗물 터널 건설, 청주 미호강 등의 준설, 원자력 발전소 증설 백지화 정책을 폈다. '스스로 그러해야 할 자연'이니 "자연 그대로 내버려 두라."는 정책이었다. 4대강 보 해체도 '재자연화'라는 매력 넘치는 환경 보호 용어로 미화했다.

그 결과는 어떤가. 집중 폭우에 강과 개천이 범람하여 농토가 유실되고, 시설물들이 파괴되었으며, 농업 용수가 부족하여 농사에 막대한 피해를 끼쳤다. 강물이 범람하여 소중한 인명까지 희생된 일은 무엇으로 변명하겠는가.

그 증거는 많다. 2022년 9월 태풍 힌남노에 포항 냉천이 범람하여 인근 아파트 지하 주차장에 물이 차 주민 7명이 목숨을 잃었고, 포항제철소도 침수되어 수천억 원 피해를 봤다. 포항시는 2016년 주민 동의를 받아 항사댐 건설을 정부에 신청했다. 그런데 그 이듬해에 환경 단체들이 댐 건설 예정 부지 부근에 활성 단층이 있어 불가하다 하여 성사되지 않았다.

항사댐 건설을 백지화한 문재인 정부는 신규댐 건설 자체를 중단했다. 2012년 댐 건설 장기 계획에 반영되어 있던 14개 댐 중에서 추진 중인 2개 댐 외의 12개 댐 건설을 포기하기로 했다. 바닷물을 담수화하는 사업도

하지 않기로 했다.

2011년 오세훈 서울시장은 서울 시내 7곳에 빗물 터널을 건설하기로 했다. 하지만 시민 운동가 출신 후임 박원순 시장은 진행 중이던 양천구 외의 6곳의 빗물 터널 사업을 백지화했다. 그 결과는 참담했다. 2022년 8월의 극한적 폭우에 강남역 부근 지하철역이 침수되고 인명 피해까지 있었다. 반면에 상습 수몰 지역이던 양천구 신월동 일대는 2020년에 빗물 터널이 완공된 덕에 거의 피해를 입지 않았다.

이명박 대통령은 4대강 사업과 함께 전국 하천 준설, 정비 사업을 대대적으로 펼치려 했다. 박근혜 정부에 계승되었던 이 사업은 문재인 정부가 들어서면서 더 추진되지 않았다. 2023년 7월에 있은 청주시 오송읍 지하차도 침수로 인한 14인의 인명 희생도 범람한 미호강 바닥 준설이 이루어졌더라면 피할 수 있는 참사였다.

자연은 아름답고 유익하다. 아울러 자연은 사람의 목숨을 집어삼킬 정도로 무서운 존재이기도 하다. 자연도 사람이 소중히, 잘 관리해야 할 대상이다. 안양천의 예를 보자. 1980년대 중반 안양천은 오염도(BOD)가 200을 넘는 시궁창 냇물이었다. 지금은 2~5 수준으로 놀랍게 맑아졌다. 안양천 유역에 하수관망을 깔고, 정화 처리한 물은 다시 상류로 끌어올려 유량流量을 일정 수준으로 유지시켰다. 하수 처리장은 지하로 넣고, 지상에는 공원을 만들었다. 덕분에 수십, 수백 만의 사람들이 맑은 물을 낀 산책로에서 휴식의 시간을 누리게 되었다.

이명박 서울특별시장의 청계천 복원(2003.7.1.~2005.9.30.) 공사는 기적과 같은 일이었다. 광화문 동아일보사 앞에서 성동구 신답 철교에 이르는 약 5.8km 구간을 복원한 이 공사에 무려 3,867억 3,900만 원의 비용이 투입되었다.

공사 이전의 청계천은 썩어 악취를 풍겼고, 천변에는 판자촌이 늘어선 최악의 생활 환경이었다. 현대건설 사장 출신 이명박 시장은 토목·건설계의 전설이었다. 처음 그 계획이 발표되었을 때 사람들은 혀를 찼다. "청계천 물이 맑아진다?" 불가능한 일이라고들 했다. "더군다나 청계천 변의 수많은 이해 관계인들의 민원을 어떻게 감당한단 말인가?" 사람들은 머리를 흔들었다.

그런데 어쩌랴, 이명박 시장은 불가능을 가능케 하는 억척같은 리더인 것을. 이 시장은 '퍼슨 투 퍼슨' 전략으로 이해 당사자 수천 명을 설득하여, 마침내 그들을 이주시키고 청계천을 맑히는 '기적'을 성취하고야 말았다. 물고기가 자유롭게 유영하고, 청정수를 찾아오는 왜가리까지 청계천에서 만날 수 있게 된 것은 경이로운 일이다.

사실 '맑은 시내'라는 뜻의 청계천과 맑고 상쾌하다는 뜻의 청량리는 그 본디 뜻을 잃은 지 오래되었다. 이제 청계천淸溪川은 명실상부하게 되었으나, 청량리의 공기는 아직 탁하고 맵다. 청량리를 청량리답게 하는 환경 정책도 성공하기를 빈다.

오송 재난을 겪고 나서 윤석열 정부에서 8월 말 국가 하천 19곳의 바닥 준설 등 하천 정비 계획을 발표했다. 당연한 일이다.

사실 4대강 보가 건설되기 전 강물 수질의 오염도와 탁한 정도는 심각했다. 4대강 보 건설 후 녹조는 줄었다는 것이 상식적인 전문가들의 측정 후 결과다. 보 건설 후 수질이 더 나빠졌음에 틀림없으리라는 가설을 세운 연역적 엉터리 측정으로 국민을 속이려는 것은 패착이요 죄악이다. 그러기에 보 근처의 주민들은 보 존속에 긍정적이며, 일부 보에 손을 댄 후 강물 주변의 농업 용수가 말라 큰 피해를 입은 주민이 속출했다. 낙동강 유역은 주민들 반대로 보가 그대로 건재하다.

6

소위 '보수'로 불리는 정당 사람들과 소위 '진보'로 불리는 정당 사람들이 이렇게 대립하는 것은 그들이 섬기는 문화가 다른 까닭이다.

서기 2000년 하버드대학교 케네디스쿨(정책대학원) 새무얼 P. 헌팅턴 교수와 로렌스 E. 해리슨 교수는 《문화가 중요하다Culture Matters》라는 책을 펴냈다. 요지는 부유한 나라와 가난한 나라를 결정짓는 가장 큰 요인은 문화라는 것이다.

역사적으로 한 나라의 빈부 차이를 가르는 요인으로 인종과 환경이 있었다. 백인, 흑인, 황인종 순서로 우열을 가려 왔다. 또 유럽 열강 제국주의자들, 즉 중심에 있는 자본주의 선진국들이 변경에 있는 가난한 국가들을 착취한다는 종속론이 라틴 아메리카 등에서 대두되었다. 인종 결정론, 환경 결정론, 식민지론, 종속론 등의 가설이 설득력을 잃은 터에, 문화 결정론이 대두된 것이다.

문화 결정론은 1999년 4월 23일부터 25일까지 미국 매사추세츠주 케임브리지에 있는 미국 예술·과학 학회에서 개최된 심포지엄에서 도출된 패러다임이었다. 이는 1998년 여름 하버드 국제·지역 연구학회에서 시작한 문화와 정치·경제·사회 발전 간의 연관 관계를 탐구하는 과제의 연장선상에 이루어진 것이었다.

서구의 경우 가톨릭 문화가 지배하는 국가나 공산주의 국가 국민은 성취욕이 낮고, 개신교 국가들의 국민은 성취욕이 강하며, 이것이 빈부 격차를 빚는다는 것이다. 이는 일찍이 독일 사회과학자 막스 베버(1864~1920)의 저서 《프로테스탄티즘과 자본주의 정신》의 이론에 접맥된다. 특히 장 칼뱅(존 칼빈, 1509~1564)이 정직한 노력으로 얻게 된 부의 긍정적 의의를 신학적으로 정립한 '사실'과 관련된다.

이 심포지엄에서 제시된 이론대로 개발 저항적인 가톨릭 국가와 공산주의 국가는 부유하지 못하거나 경제가 역동성을 잃기 쉽다. 20세기 초반에 세계 6위의 경제 대국이었던 가톨릭 국가 아르헨티나가 걸핏하면 구제 금융을 받는 무기력한 나라가 된 것이 대표적인 예다. 유럽 가톨릭 국가 스페인, 포르투갈, 이탈리아도 경제적 탄력성을 잃었고, 가톨릭 한 분파인

정교회의 그리스도 국가 부도의 위기를 겪다가, 이제 보수파가 집권하면서 정상 궤도를 더위잡기 시작했다. 가톨릭 국가 프랑스가 강국이기는 하나, 국민들의 잠재의식에는 '게으른 사회주의' 이념이 도사리고 있어 문제가 많다. 주도권을 영국에 빼앗긴 것도 이런 배경 때문이다. 반면에 영국·독일·네덜란드·덴마크·미국 같은 개신교 국가들의 융성은 개발 지향적 문화 의식 덕이다. 사회 민주주의 성향을 보이기도 하는 북유럽 국가들은 개신교 문화 덕으로 융성하여 안정을 찾은 예에 속한다.

아르헨티나·베네수엘라 등 남미 국가들은 공산주의와 습합된 가톨릭의 영향으로 개발 지향적 문화를 거부하고, 배분적 정의正義가 아닌 평균적 정의에 따른 '평등주의'에 편향되어 경제적 역동성을 잃었다. 공산 국가 러시아와 중국, 그 추종자인 북한 경제는 파탄 났다가, 러시아와 중국은 개혁·개방 정책으로 국부를 늘렸다. 하지만 공산당 정보기관(KGB) 출신 푸틴은 투쟁주의 습벽을 버리지 못한 채 전쟁을 일으켜 유엔 국제사법재판소에 의해 체포 대상인 범인으로 추락했다. 중국 시진핑은 공산주의적 전체주의자가 되어, 중국 경제의 상승 기류에 찬물을 끼얹었다. 피해 망상증 환자 김정은의 북한은 언급할 가치가 없다. 푸틴 또한 중증 사이코패스 환자다. 정신과 의학자 황세희 박사의 진단이다.

4대강 둑은 잘 보존하고, 물론 매의 눈으로, 정직하게 물 관리를 해야 할 것이다. 예로부터 산과 물을 관리하는 치산치수治山治水에 성공한 지도자라야 국민의 지지를 받아 왔다. 중국 하나라 요 임금, 은(상)나라 우 임금이 칭송받는 것도 치산치수에 성공한 모델이었기 때문이다. 중국인들이 꾸며낸 허구의 인물이긴 하나, '요순시절'이란 이상향의 모델이 치산치수에 성공한 통치자임을 말하였다는 점이 중요하다.

아름다운 자연은 그대로 두어야 옳다. 반면에 사납거나 더러워진 자연에는 손을 댈 수밖에 없다. 4대강 사업은 불가피했다. 민주화 운동가들에게는 불구대천의 원수요 저주의 대상인 전두환 대통령도 최고의 경제 호황을 이룬 일과 한강 개발만은 긍정적 업적으로 거론되지 않는가. 개발 이전의 한강 오염도는 심각했고, 큰비만 오면 범람하여 서울 곳곳이 침수되었다. 뚝섬은 대표적인 침수 지역이었다. 환율, 금리 등의 유리한 조건도 한몫 했으나, 국가 주요 산업 육성에 대한 중대 결단은 그의 몫이었다.

우리나라 보수와 진보는 명칭이 잘못 매겨진 듯하다. 세계에서 제일 가난한 나라를 세계 10위의 부자 나라로 만든 '조국 근대화'의 중심에는 보수 정부가 있었다. 경제 융성, 진보의 주역은 보수 정부였으니, 오히려 보수 측이 경제 쪽에서 '진보'가 아닌가. '진보'는 경제 개발에 끊임없이 적대적이었다. 소위 진보 정부들은 소위 보수 정부의 경제 개발 사업에 사사건건 발목을 잡아 왔다. 보수 정부는 개발·건설하고, 진보 정부는 대체로 허물었다. 이 점에서 진보 정부는 '진보'가 아니라 옛것을 지키려는 '수구'에 편향되었다. 조선 왕조 시대의 성리 주자학 신봉자들의 법통을 이은 듯하다. 다행히 김대중 대통령은 만년에 마음을 바꾸었다. 박정희 대통령의 근대화 업적을 긍정했고, 디지털 시스템 구축에 앞장섰다. 노무현 대통령도 일부 긍정적 행보를 보였다. 한미 FTA 협정을 시작했고, 제주도 강정 마을 항만 개발을 승인했다. 그러나 놀랍게도, 미국산 쇠고기 수입을 극한적으로 반대한 쪽도 노무현 대통령이 몸담았던 그 정당이었다. 미국산 쇠고기를 먹으면 죽는다며, '뇌 송송 구멍 탁'이란 섬뜩한 구호로 국민을 선동했다. 새빨간 거짓말이었다. 광화문을 가득 채웠던 시위대의 광기狂氣로 국정이 마비되다시피 했다.

필자는 미국에 객원 교수로 가 있는 동안 유난히 맛이 좋은 그 나라 쇠고기와 쌀밥을 한껏 먹었다. 미국과 한국 어느 누구가 광우병에 걸렸는가. 이 하늘 푸른 대명천지에, 그런 기막힌 거짓말을 선동하여 나라를 북새통으로 만든 사람들이 눈 한번 끔뻑도 하지 않은 채 정치권을 활보한다. 진보가 아니라 퇴보다.

그렇다면 진보 세력은 아무 쓸모없는 집단인가? 아니다. 1960년대부터 1980년대까지 20년 동안 이 땅의 민주화를 위하여 목숨을 걸다시피 하며 싸워 왔다. 김영삼 총재는 의원직을 박탈당해 가며 권위주의 정부에 맞섰고, 1987년에는 대통령 직선제 개헌을 주장하며 23일이나 단식하여 뜻을 관철했다. 김대중 대표는 가택 연금, 투옥 등을 당해 가며 끈질기게 투쟁했고, 사형수가 되어 목숨을 잃을 뻔했다. 진보 세력은 경제 개발에는 '퇴보'였고, 민주화에는 진보였다. 그런데 진보 세력에 불치병이 생겼다. 북한을 추종하는 '종북 주체사상'이다. 사람의 목숨을 벌레 죽이듯 빼앗는 인류사 '악의 축the axis of evil'이 북한이다. 이를 추종하는 것은 전혀 상식적이지 않다.

요컨대, 개발 지향적 문화와 개발 저항적 문화는 조화를 이루어야 한다. 무분별한 개발은 자연을 심각히 훼손하고 오염시키며, 개발에 무조건 제동을 거는 환경 근본주의는 개인과 나라를 가난케 한다. 다음 글은 우리에게 영감을 준다.

손대지 않은 자연에서 영감과 생기를 얻는 것은 사실이다. 그러나 사람의 자연 의존성이 커질수록 환경은 더 파괴되는 수가 많다. 한국의 산이 울창하게 된 것은 나무를 열심히 심었기도 하지만, 석탄·석유·전기 등 다른 풍부한 에너지를 활용하면서 이상 더 땔감 나무가 필요치 않게 된 덕도 크다. 농약과 비료, 트랙터로 작은 농지에서 풍족한 식량을 생산하면서 숲을 베어 내어 논밭으로 바꿀 이유도 없어졌다. 원자력발전소는 초고밀도 에너지를 공급해 준다. 국토가 좁은 한국으로서는 무엇보다 나은 친환경 에너지다.

많은 사람이 자연과 어우러져 사는 것을 동경한다. 그렇지만 자연이 늘

조화롭고 평화로운 것만은 아니다. 폭풍, 지진, 질병, 홍수 등이 모두 자연에서 비롯되는 것들이다. 토목과 과학 기술은 그것들을 교정해 더 안전하고 더 자연과 조화를 이루며 살기 위해 필요한 수단이다. 발전이란 인간이 적대적 환경을 인간 친화적 환경으로 바꿔 놓는 과정이다. 댐 건설 포기, 하천 준설 반대는 복잡한 현실을 너무 단순하게 규격화해 바라보는 오도誤導된 토목 기피증, 토목 혐오증이다. 과학 기술과 토목에 도덕의 굴레를 덮어씌워 배척할 이유가 없다. 그건 관념 환경주의라는 '생각의 감옥'에 스스로를 가두는 것이다.

(한삼희, 〈토목 증오증의 좁은 생각〉)

지극히 옳은 말이다. 필자의 이 글이 쇠귀에 경 읽기가 되지 않기를 간곡히 기원한다. 또한 수십 년간 찬란한 민주화 투쟁의 주역이었던 민주당이, 일찍이 에밀 브루너가 가르친 《정의와 자유》의 기치 아래서 거듭나기 바란다. 유럽 개신교 국가로 번영했던 영국과 독일도 지금 '병자' 신세로 전락할 위기에 처하였다. 도전과 응전, 은퇴와 복귀의 원리로 인류 문명사를 진단했던 아널드 토인비 박사의 《역사의 연구》를 다시 읽자.

"역사는 한 가지 도전에 대응한 그룹이 다음 도전에 성공적으로 대응한 경우가 거의 없다."

우리나라는 지금 고비용·저효율에 노동 생산성 저하로 경제 개발과 성장의 동력이 식어 가고 있는 중이다. 기업이 살아야 나라와 국민이 산다. 모든 근본주의 사상은 역사의 발전을 파탄낸다. 경직성 때문이다. 열이 식고 뻣뻣해진 모든 유기체가 죽듯이, 발전의 욕망이 짓밟히고 개발, 발전이 가로막힌 나라는 죽는다. 기업을 살려 나라를 부강케 하자. GDP 3만 달러 벽에 갇힌 세월이 아깝게 흘러간다. 기업 하나 세우는 데 소요되는 서류가 너무 많고, 허가 받기도 힘든 나라. 이건 아니다.

끊임없이 원수를 만들고 악다구니하며 과거의 울분으로 슬픔의 무덤을 파는 정치 세력이 성공한 예는 인류사에 없다.

선한 국민, 선한 정치로 대한민국을 되살리자.

제6장
박정희 리더십

박정희 리더십 (1)

　박정희 대통령에 대한 우리 국민의 호·불호의 감정은 극단적으로 양분된다. 18년 이상 장기 집권을 하며 민주 운동가들을 혹독히 탄압한 독재자라는 쪽이 있다. 다른 한편으로 수천 년간 빈곤에 신음해 온 우리 민족을 구원하고 부강한 나라를 만드는 데 초석을 놓은 위대한 지도자라는 쪽이 있다.
　여기서는 박정희 대통령의 긍정적인 업적의 에너지가 된 리더십에 초점을 두고 그분의 업적을 상고해 보려 한다.

(1) 식민지 청소년기, 방황과 시행착오
　박 대통령은 1917년 11월 14일 경상북도 구미에서 박성빈 공과 백남의 여사의 5남 2녀 중 막내로 출생했다. 많은 나이에 임신한 백남의 여사는 간장을 마시고 낙태하려고 언덕 위에서 구르기도 하였다는 이야기가 전설인 양 회자된 바 있다.
　총명한 소년 박정희는 8km 떨어진 구미보통학교를 통학했고, 최고 수재들만 입학하던 대구사범학교에 진학하여 1937년에 졸업했다. 이후 문경소학교에서 3년간 교직 생활을 한 다음 만주 신경新京군관학교 제2기생으로 입학했다. 이 학교를 최우등으로 졸업하고 일본 육군사관학교로 진학했고, 1944년 졸업한 후 만주군 소위로 임관되어 관동군에 배속되었다. 광복 후인 1946년에 귀국한 그는 육군사관학교에 입학하여 제2기로 졸업하고 대위로 임관되었다. 6.25전쟁 시기에는 주로 육군 본부 정보국에서 근무하였으며, 1953년 장군으로 진급했다.

1955년 이후 제2군단 포병 사령관, 제1군 참모장, 육군 군수기지사령관, 제1관구 사령관, 육군 본부 작전참모부장을 거쳐 1961년 제2군 부사령관 재직 중에 군사 정변을 주도하여 정권을 장악했다. 계엄령을 선포한 가운데 국가재건최고회의를 설치하고 의장이 되었다. 그로부터 2년 7개월간 실시된 군정 기간에 6개 항으로 된 '혁명 공약' 실천에 돌입했다.

우선 '구질서의 전면적 개혁'을 기치로 내걸고 모든 정당과 사회 단체를 해체하고, 용공 분자 3,000여 명과 폭력배 4,000여 명을 체포했다. 또 '농촌고리채정리령'을 발표·시행하고, 부정 축재자를 처벌했다. 군사 정변 한 달 만에 보안 관련 범법 혐의자로 검거된 건수가 3만 5천 건에 달하였다. 재건국민운동본부를 세우고 생활 간소화·가족 계획·문맹 퇴치 사업을 벌였고, 외교 활동을 활발히 펼쳤다. 군사 정변 때의 공약으로 정치가 안정되면, 군인들은 임무에 복귀하겠다고 하였으나, 그 약속은 지켜지지 않았다. 그는 1963년에 있은 선거에서 야당 단일 후보인 윤보선 후보를 어렵게 누르고 제3공화국 대통령에 당선되었다.

이때까지 박정희 대통령의 행로는 방황과 시행착오의 연속이었다. 사범학교를 졸업한 후 문경소학교를 사직하고 만주 군관 학교와 일본 육사를 거쳐 대한민국 육사를 마치고 대위로 임관하기까지 불과 10년간에 격변하는 역사의 소용돌이를 헤쳐 와야 했다. 박 대통령이 일본군 소위로 관동군에 배속된 것이 1944년이고, 그때 만주에 우리 독립군은 없었다. 일본군 장교로 복무한 것은 1년도 채 안 되었다. 이런 학력과 경력을 들어 박 대통령을 친일파로 매도하는 것은 가혹한 일이다.

일제 강점 말기에는 어차피 일본군에 징집될 것이었고, 그럴 바에야 사관학교로 가서 장교가 되는 길도 한 선택지였다. 신경군관학교에 입학하며 충성 맹세를 한 것은 흠결이다. 변명의 여지는 있다. 섬길 나라가 없어진 우리 민족에게는 세 갈래 생존 방식이 있었다. ①국내적 생존 방식, ② 북방적 생존 방식, ③현해탄(대한 해협)적 생존 방식이 그것이다. ②는 만주와 연해주 등지에서 전투적 독립운동을 하는 경우이고, ③은 대한 해협을 건너다니며 일본식 근대화에 소망을 걸며 살았던 유학생과 재일 한국인의 삶이었다. 경계선borderline 인간인 그들에게는 우리 땅과 일본에 대한 애증愛憎의 양가 감정이 있었다. ②가 가장 바람직하나, 3천만 민족 전부가 전투적 독립 운동에 돌입하였다가는 아파치족 인디언같이 전멸을 면치 못했을 것이다. 일제와 내면으로 저항하며 질기게 살아남는 국내적 생존 방식도 불가피한 선택지일 수 있었다.

그 시기의 역사적 맥락을 고려하지 않고, 독립된 지금의 대한민국에 살며 가혹하게 친일파 낙인을 남발하는 것은 위선이다. 얼마 전에 어떤 가혹한 인사들이 장우성 화백을 친일파였다고 격하게 비난했다. 일제 강점기 조선미술전람회에 작품을 내어 수상한 것이 친일 행위라는 것이었다. 필자는 그 중 한 인사에게 말했다. 그렇게 따지면 일장기를 가슴에 달고 베를린 올림픽 마라톤에서 우승과 3위를 한 손기정, 남승룡 선수야말로 '친일의 원흉'이 아닌가고 역공을 했다. 이야기가 엇나갔다.

(2) 결정적 위기

박정희 대통령의 결정적 위기는 조선국방경비대제14연대여수순천반란사건 즈음에 있었다.

광복 직후에 미 군정은 자유민주주의 방식으로 언론·출판·결사·사상의 자유를 허용하였다. 남로당(남조선노동당)은 서울 시내 당사에 간판을 내걸고 활동했다. 이에 따라 인간관계·혈연·지연에 얽히어 엉겁결에 공산당원이 된 경우도 많았다. 혼란기였다.

남로당은 군사 조직책 이중업을 중심으로 군대 안에 공산당 세포와 프락치를 광범위하게 심어 나갔다. 경성제국대학 출신인 이중업은 많은 청년 장교들을 추종자로 거느리며 세력을 넓혀 갔다. 이 마수에 걸려 일본 육사 출신 엘리트 김종석, 오일균 등은 공산주의자가 되었다가 처형당하는 비극도 있었다.

우리 군의 숙군 작업은 광범위하게 진행되었는데, 그 주도자는 후일 특무 부대(CIC)장이 된 김창룡 소령이었다. 광복 직후 북한에서 소련군과 북한 공산주의자들에게 붙들려 크게 고초를 당한 후 철저한 반공주의자가 된 사람이었다. 1949년 1월부터 진행된 숙군 사업으로 김창룡의 손에 걸려든 인사는 무려 3,000명에 육박했다. 이 중에서 검찰에 기소된 사람은 300여 명에 지나지 않았다.

무고한 2,700명 중에 박정희 소령도 포함되어 있었다. 김창룡 소령은 박 소령이 '빨갱이'라고 확신했다. 난감한 일이었다.

이때에 박정희 소령 구명 운동에 나선 이는 김정렬 육군항공사관학교 초대 교장(훗날 공군참모총장·국방부 장관)이었다. 김 교장은 본디 직속 부하로 육군항공사관학교 교수부장 박원석 대위 구명 운동에 나섰다. 그 과정에서 김창룡의 숙군 대상자 명부에서 박 대위의 직속 상관이 박정희 소령이라는 것을 알게 되었다. 박 대위가 구출되기 위해서는 박 소장의 결백이 밝혀져야 했다.

이를 알게 된 김정렬 교장은 이들을 구명하기 위하여 백방으로 뛰었다. 먼저 육군 참모차장인 정일권 대령을 찾아갔으나 고개를 저으며 답했다.

"지금 김창룡이가 나를 빨갱이로 보고, 나를 못 잡아서 안달인데 내가 어떻게 하겠소?"

다시 김창룡의 직속 상관이며 육군 본부 정보국장 백선엽 대령을 찾아갔다.

"아니, 말도 마십시오. 김창룡이는 지금 나를 잡아넣지 못해 안달입니다."

이번에는 일본 육사 5년 선배인 육군 참모 총장 채병덕 장군을 만났다.

한참 동안 호소한 끝에 채 장군이 나서기로 했다. 채 장군은 김창룡 소령을 집으로 불렀다. 이런 우여곡절 끝에 박정희 소령과 박원석 대위는 방첩대에서 풀려났다. 박 소령 석방 보증서에 서명한 이는 채 총장 부하인 강문봉 작전국장, 백선엽 정보국장 등이었다.

형님 박상희 씨가 1946년 10월 1일 대구 폭동 관련자요 좌익 사상가로 사살당한 일은 있으나, 박정희 대통령은 공산주의자가 아니었다. 후일 공포한 '혁명 공약'이 반공을 국시로 삼은 것이 그 증거가 아닌가.

또 박정희 대통령 구명에 결정적인 역할을 한 사람들은 더 있다. 박 대통령 사관학교 동기생인 김안일이 백선엽 정보국장에게 박 소령의 석방을 호소했다. 그리고 조선경비대 창설 요원으로 대한민국 국군 창설에 앞장섰던 미 육군 대위 제임스 하우스만이 있었다. 그는 1950년 채병덕 참모총장과 이승만 대통령의 군사 고문이었고, 이 대통령의 각별한 신임을 받았다. 그런 그가 이 대통령께 박정희 소령을 석방해 줄 것을 건의했다. 하우스만은 박 대통령이 여수·순천 반란 사건 후 지리산 공비 토벌군 작전 참모였을 때에 만난 적이 있었다. 그는 후일 박정희 대통령과 미국 케네디 대통령과의 정상 회담을 성사시키는 데도 기여했다.

독사 같았던 반공 투사 김창룡(일명 스네이크) 소령, 그는 과연 흠결 없는 애국자였던가?

(3) 5.16군사 정변

1961년 5월 16일 새벽을 깨우는 총성이 울렸다. 제2군 부사령관인 박정희 소장과 육군사관학교 8기생을 주축으로 한 장교 250여 명, 사병 3,500여 명이 한강 대교를 건너와 주요 기관을 점령했다. 그들은 군사혁명위원회를 조직하여 국가 권력을 장악하고, 서울중앙방송국(HLKA) 라디오로 박종세 아나운서로 하여금 '혁명 공약'을 발표케 하였다.

① 반공을 국시의 제일의로 삼고, 지금까지 형식적이고 구호에만 그친 반공 태세를 재정비 강화한다.
② 유엔 헌장을 준수하고 국제 협약을 충실히 수행할 것이며, 미국을 비롯한 자유 우방과의 유대를 더욱 공고히 한다.
③ 이 나라 사회의 모든 부패와 구악을 일소하고, 퇴폐한 국민 도의와 민족 정기를 다시 바로잡기 위하여 청신한 기풍을 진작시킨다.
④ 절망과 기아선상에서 허덕이는 민생고를 시급히 해결하고, 국가 자주 경제 재건에 총력을 경주한다.
⑤ 민족적 숙원인 국토 통일을 위하여 공산주의와 대결할 수 있는 실력 배양에 전력을 집중한다.
⑥ (군인) 이와 같은 우리들의 과업이 성취되면, 참신하고 양심적인 정치인에게 정권을 이양하고, 우리들 본연의 임무로 복귀할 준비를 갖춘다.

실효성 있는 반공 정책을 수립하고 유엔 헌장을 준수하며 자유 우방과의 유대를 공고히 한다는 선언은 자유민주주의 정체를 천명한 탁월한 선택이었다. 5.16군사 정변이 났을 때 북한은 환영 성명을 내었다. 박정희 대통령이 공산주의자일 가능성이 있다고 보았기 때문이었으리라. 이 공약으로 정변 세력은 자유 세계의 신인도(信認度)를 높였다. 대내적으로 시급한 것이 '절망과 기아선상에서 허덕이는 민생고'를 해결하는 일이었다. 이른바 '혁명 세력'은 정책 방향을 제대로 설정하는 데 성공했다.

미 군정청이 조사한 바에 따르면, 광복 직후(해방기) 우리나라 사람들의 의식 지향은 사회주의 40%, 공산주의 30%, 자유민주주의 30%였다. 70%가 좌파였다. 이데올로기에 물들지 않은 사람들까지도 좌편향이었다. 굶주리는 백성들에게 필요한 것은 '밥'이었다. 이런 상황에서도 자유민주주의를 선택한 정변 세력의 식견은 높이 평가되어야 할 것이다.

아닌 게 아니라 4.19혁명 대열에서 땀과 눈물과 피를 흘렸던 우리 대학생들에게 5.16군사 정변 세력은 의혹의 대상이었다. 정변의 이론 정립자로 알려진 김종필 예비역 중령이 서울대학교에 강연을 하러 온다기에 학생들은 비장한 심정으로 강당에 모였던 일이 있다. 처음에 우리는 '무식한 군인 출신이 대체 무슨 말로 자기 합리화에 급급해 할 것인가?' 하고 엉버티는 자세로 그의 말을 경청했다.

그런데 그는 첫인상부터 우리의 예상을 깨뜨렸다. 무식한 군인형이 아닌 친근한 선비형이었다. 더욱이 그는 서울대학교 사범 대학을 2년 수료한, 넓은 의미의 서울대 동문이었다. 그의 강연 내용은 탁월했다. 국제 정치 역학, 조국의 현실 진단과 치유의 방략에 대한 높은 식견, 인문학과 예술에 대한 감수성 등은 우리를 설득하기에 충분했다. 거부하는 자세로 엉버티던 우리는 강연이 끝나자 일제히 박수 소리로 그를 환송했다.

나중에 알고 보니 이승만 정부에서 일반 국비 유학생을 다수 선발하여 미국으로 보내었을 뿐 아니라, 엘리트 군인 1,000여 명에게 미국 연수의 기회를 주었다. '무식한 군인들이 무모히 쿠데타를 일으킨' 것이 아니었다. 그들이 유엔 헌장을 준수하고 자유 우방과의 유대를 강화하기로 한 것은 이런 배경 지식 덕분이었다. 그날 강연에 녹아든 김종필의 독서 총량은 대단한 것으로 짚였다.

그들이 선택한 자유민주주의 체제는 지난한 국내외 정세 속에서 정립한 대한민국의 공화 국체와 민주 정체를 긍정적으로 계승한 것이었다. 이로써 수상하기 짝이 없었던 5.16군사 정변 세력은 잘못된 이념의 허방다리에 빠질 뻔한 우리 민족 정기를 되살린 공적을 남기게 되었다.

다음은 빈곤 문제다. 기나긴 윤사월 춘궁기에 우리 민족은 대다수가 초근목피, 풀뿌리와 나무 껍질까지 씹어 가며 허기를 달래었다. 심하면 영양실조로 시들어 죽기까지 하였으며, 영아 사망률은 심히 높았다. 그야말로 '절망과 기아선상에서 허덕이는 민생고'였다.

5.16군사 정변이 나던 1961년 우리나라 GDP는 82달러로 세계 125개국 중에서 101위였다. 1962년에는 104개국 중에서 86위였다. 캄보디아(84위), 나이지리아(85위), 케냐(87위), 방글라데시(88위)와 어금지금이었다. 1963년에도 우리의 1인당 GDP는 100여 달러였다. 필리핀이 169달러, 태국이 115달러, 말레이시아가 217달러였다.

　이런 극한적 빈궁 상태에서 실업자와 걸인 들이 길거리를 메우고, 도시들은 시위대에 몸살을 앓았다. 대학생 등 성인은 물론 초등학교 학생들까지 시위에 나섰고, 나중에는 시위 그만하자는 시위까지 하였다. 온 나라가 무정부 상태에 휩쓸렸다. 그럼에도 1960년 4.19혁명 덕에 집권한 민주당은 구파와 신파, 주류와 비주류로 4분5열되어 헤게모니 쟁탈전에 몰입하느라 민생은 돌아볼 겨를이 없었다. 이런 혼란 속에 대한민국은 폭력배들이 주먹을 휘두르는, 통제력을 잃은 나라였다.

　자유당 부패 정권을 향해 민주당이 내건 선거 구호는 '못살겠다 갈아보자'였다. 4.19혁명의 피밭에서 어부지리로 정권을 잡은 민주당은 파벌 싸움으로 국민의 신망을 잃었다. '갈아봐야 별수없다'던 자유당의 선거 구호를, 민주당은 스스로 입증한 것이다. 5.16군사 정변이 터진 이유다.

　당시의 여론은 민주당(장면) 정부를 신뢰한다는 응답이 3.7%에 불과할 정도였다. 미국 비교 정치학자 새뮤얼 헌팅턴은 그의 저서 《변화하는 사회의 정치 질서Political Order in Changing Society》에서 발전 도상에 있는 나라에서 중요한 것은 질서가 정치적 민주화에 우선한다고 했다. 민주화와 무질서는 동일시될 수 없는 법이다. 민주주의 연구자인 로버트 달R. Dahl은 민주주의가 제대로 작동하는 데는 세 가지 요건이 필요하다고 보았다. ① 4,000 내지 7,000달러 정도의 물질적 토대 마련, ②잘 훈련된 중산층 형성, ③제대로 된 민주 시민 교육이다. 5.16군사 정변 당시에 우리나라는 이 중 어느 하나도 갖추지 못한 처지에 있었다.

　이 같은 혼란 속에서 장면 정부도 '4월 위기론'을 체감하는 가운데 계엄령으로 이를 진압할 계획을 세우기도 했다. 장면 정부 열 달 동안에 개각을 세 차례 하고, 거리에서는 2,000여 건의 시위가 벌어져 100만 명이 길거리로 쏟아져 나왔다. 언론의 자유는 무한정 허용되어 41개였던 언론사가 389개까지 늘었다. 이렇듯 '시끄러운 민주주의'가 만발한 가운데 숨어 있던 급진 좌파 세력도 고개를 들기 시작했다.

군사 정변 모의 사건은 네 차례나 포착되었다. 이 보고를 받은 장면 총리는 이를 별것 아닌 것으로 보고 묵살했다. 물론 장 총리가 군부 안정화 조치에 무심했던 것은 아니다. 자신이 임명한 최영희 참모 총장을 석 달 만에 교체했다. 그 후임에는 소신이 뚜렷하고 원리 원칙에 충실한 최경록 장군을 임명했으나, 여섯 달 만인 1961년 2월 17일자로 장도영 장군으로 교체했다. 이즈음 육군 본부 요직 중의 하나인 작전참모부장 자리에 박정희 소장이 부임해 왔다.

미국인 군사 고문 하우스만 대위는 박 소장에게 비상한 관심을 기울였다. 박 소장은 1960년 부산 군수 기지 사령관 시절에 4.19학생 시위를 지지한 경력이 있었고, 자신이 위기에 처했을 때마다 구제해 준 송요찬 장군을 부패 군인으로 규탄했다. 송요찬 장군은 지리산 공비 토벌에 공을 세웠고, 6.25전쟁기에는 40여 일에 걸친 수도 고지 전투에서 북한군·중공군 2개 사단을 섬멸했다. 1959년에 육군 참모 총장이 되었고, 4.19혁명 때 계엄 사령관으로서 학생들을 보호하며 중립적인 입장을 취했다. 5.16군사 정변 후에 국방부 장관과 경제기획원 장관을 지냈다. 묘하게 박정희 장군의 대통령 출마를 반대했다가 옥고를 치르기도 했다. 당시의 주요 인사이므로 잠깐 언급했다.

군사 정변이 있기 45일 전 하우스만은 박정희 소장과 그를 따르는 육사 8기생 등의 근황과 물증을 확보하고 이를 상부에 보고했다. 주한 미군 매그루더 사령관은 이 정보를 장도영 육군 참모 총장에게 전달하며 경고했다. 하우스만에게 군사 정변 정보를 전달한 인물은 김형일 참모

차장이었다.

박정희 장군의 5.16군사 정변은 세 번째 시도한 쿠데타였다. 첫 시도는 1952년 5월 부산의 정치 파동 때 이용문 장군을 앞세운 거사였는데, 이 장군은 그해 6월 24일 비행기 사고로 사망했다. 1960년 4월 12, 13일 즈음 부산 군수 기지 사령관 시절에 두 번째 시도가 있었다. 박 소장은 전두열, 김동하, 윤태일, 이주일 등을 불러 계획을 구체화했고, 3~4개 항의 '혁명 공약'도 마련했다. 이 계획이 실행되지 못한 까닭은 육군 참모 총장 송요찬 장군과의 의리 때문이었다. 박 소장은 자신에게 큰 은인이었던 송 총장에게 반역할 수 없었던 것이다. 때마침 송 장군이 미국엘 방문할 예정이어서 그의 출국을 기다리던 중에 4.19혁명이 터져서 계획이 무산되었다.

이 나라의 진정한 민주주의의 초석을 (놓기) 위하여 꽃다운 생명을 버린 젊은 학도들이여! (중략) 여러분이 흘린 고귀한 피는 결코 헛되지 않을 것입니다. 그러한 연유로 오늘 여러분의 영결은 자유를 위한 우리들과의 자랑스러운 결연임을 저는 확신합니다. (중략) 여러분이 못다 이룬 소원은 기필코 우리들이 성취하겠습니다. 부디 타계에서나마 영일의 명복을 충심으로 빕니다.

이것은 1960년 4월 23일 부산 동래 범어사에서 거행된, 3.15부정 선거에 항거하다가 스러진 학생들 위령제서 한 박정희 군수 기지 사령관의 조사弔辭다. 4.19혁명으로 이승만 대통령이 하야 성명을 발표하기 이틀 전의 일이다.

박정희 소장은 나라의 형편이 백척간두의 위경에 처하자, 1961년 5월 16일 새벽 세 번째 쿠데타 계획을 실행에 옮겼다. 이 시각 미 군사 고문단장 하우스만 소장은 용산 육군 본부에서 정변 현장을 체험했다.

장도영 육군 참모 총장의 명을 받고 쿠데타군의 한강 도하를 막기 위해 출동했던 헌병 제7중대 병력은 상대방의 강력한 저항을 이기지 못하고 육군 본부로 철수했다.

다분히 정치적인 자세를 취하고 있던 장도영은 대세가 군사 정변 세력에게 기울자, 육군 참모 총장·국방부 장관·내각 수반·군사혁명위원회 의장을 겸직하며 정변 세력의 1인자로 부상했다. 하우스만 소장은 세력 균형추가 급격히 장도영 쪽으로 기울어진 사태에 불안을 느껴 박정희 소장에게 힘을 실어 주고자 했다. 박정희 소장은 하우스만 소장에게 자신과 미국 정부 간의 중재를 요청했다.

하우스만 소장은 즉각 워싱턴으로 날아가 5.16군사 정변의 자초지종과 그 성격에 대하여 진솔하게 보고했다. 사실 미국 정부는 한국 쿠데타 세력을 무력으로 진압하거나 외교적으로 고립시키거나 묵인하는 방법을 두고 고심 중이었다. 이때 하우스만의 보고는 한국 정세를 안정시키는 데 결정적인 역할을 했다.

한국으로 돌아온 하우스만은 박정희 장군에게 "미국은 당신의 친구다.", "반공 의식을 확고히 하고 경제 발전을 주요 목표로 삼을 것을 전제로 한다."는 미국 정부의 방침을 전했다. 그는 ①박정희 최고회의 의장이 미국을 방문할 것, ②민주주의의 기본 강령을 충실히 지킬 것을 주문했다. 마침내 박정희 의장은 태평양을 건너 케네디 대통령을 만나 지지를 얻어 내었고, 제3공화국이 출범하게 되었다.

지리산 공비 토벌 과정에서 박정희를 처음 만난 인연으로, 하우스만은 그가 공산주의자로 몰려 처형될 위기에서 구하려 애썼고, 군사 정변 성공도 담보해 주었다. 게다가 케네디 대통령과의 정상 회담도 주선해 준 은인이었다.

후일담

　후일담이 있다. 미군 사령관은 군사 정변을 진압하려 했다. 이를 재가해야 할 장면 총리의 행방이 묘연했다. 장 총리는 5.16정변의 총성에 혼비백산하여 한 봉쇄 수녀원에 은신해 있었다. 법학 박사 장면 총리는 왜 그랬을까? 5.16 새벽 총소리에 혼비백산하여 황급히 수녀원으로 몸을 숨긴 가톨릭 신자 장면 박사. 지금도 의문은 풀리지 않는다. 그 아드님 장익 신부님을 구상 시인 댁에서 만났어도, 차마 그 말은 꺼내지 못했다. 제2공화국 마지막 얘기다.

　역사와 그 리더의 막중한 책임. 거듭 생각하게 된다. 장면 총리 이야기는 계속된다.

박정희 리더십 (2)

박정희 리더십을 더 이야기하기 전에 '5.16군사 정변'이라는 용어에 대한 오해를 푸는 것이 중요하겠다. 군사 쿠데타를 왜 정변이라 하느냐, 혁명인데 왜 정변이라 하느냐의 상반된 비판이 있다. 둘 다 국어사전을 보지 않아서 생긴 오해다. 정변이란 반란·혁명·쿠데타 등 비합법적인 수단으로 생긴 정치상의 큰 변동을 아울러 지칭하는 말이다. 우리 역사학계에 통용되는 용어이고, 교과서에도 그렇게 표기되어 있다.

(1) 조국 근대화와 민주화의 평행선

박정희 리더십은 정치적 권위주의 통치를 뛰어넘은 경제 개발 계획과 그것을 실행해 나가는 과정에서 빛을 발한다.

5.16군사 정변의 주도자였던 박정희 국가재건최고회의 의장은 1961년 7월에 종합경제 재건 5개년 계획을 발표했고, 이듬해 1월 제1차 경제 개발 5개년 계획 청사진을 제시하였다. 이후 1996년까지 제7차 경제 개발이 지속적으로 이루어짐에 따라 세계사에서 유례가 없는 고도 성장을 이루었다. 오늘날 GDP 3만 5천 달러에 세계 10대 경제 강국이 되는 '한강의 기적'을 일군 정책이었다. 이는 박정희 대통령의 충천하는 조국애와 불세출의 리더십, 비상한 기업가들의 창업 정신과 근로자들의 희생, 온 국민의 성원이 이루어 낸 땀과 피와 눈물의 장엄한 기록이다. 그야말로 목숨을 걸다시피 몸과 혼을 바치며 일하였던 '산업 전사들'의 불퇴전의 노력의 덕을 우리는 지금 만끽하며 살고 있다.

반면에 '오직 민주화'에만 목숨을 걸고 투쟁하였던 야당과 재야 정치권 인사들과 대학생과 지성인 들의 희생 또한 이 나라 발전의 거름이 된 것도 사실이다. 만약 경제 개발로 물질적 풍요만을 추구해 왔다면, 우리는 물질과 권력의 노예가 되거나 '살진 돼지'의 생존에 허덕이고 있을 것이다. 다만, 민주화 세력이 경제 개발에 결사적으로 태클을 걸고 방해 세력이기를 자처했던 일은 크게 반성해야 할 대목이다. '민주화'를 표방했으면서도 '평양 정권'의 하수인 노릇을 했던 이들 이야기는 여기선 유보하기로 한다.

민주화 인사들은 말한다. 박정희 정부의 경제 개발 5개년 계획이라는 것은 본디 그 골간을 민주당 장면 정부가 세워 놓았다는 것, 민주당의 혼란상은 좀더 인내심 있게 기다렸더라면 수습되었으리라는 것, 그랬더라면 장면 정부가 민주화와 경제 개발에 성공했으리라는 견해다. 그 후 정권이 교체되어 어느 정부가 들어섰건 박정희 정부가 한 만큼 경제 개발에 성공했을 것이라는 주장이 있다. 이는 역사 형성의 주체인 인간의 역할을 지워 버리는 반생명적 구조주의 사관이다. 장면 정부의 경제 개발 계획은 이승만 정부의 것을 계승한 것이었다. 이승만 정부 시기에도 경제 성장은 괄목할 만했다.

구조주의 사관은 사회 구조가 역사의 전개에 결정적 기능을 한다는 관점이다. 정작 역사 운행의 주체인 인간은 피동적 도구에 지나지 않는다는 반생명적 역사관이다. 이는 인간의 본질에 대한 관점을 왜곡시키는 위험한 발상이다. 인간은 상호 주체적인 존재이며 개인별 능력과 성향에 차이가 있다. 지도자적 자질과 보좌역적 자질이 있고, 과거 지향적·복고적 성향이 있는가 하면, 창조적·미래 지향적 자질이 있다. 비관적·퇴영적 성향이 있는가 하면, 낙관적·진취적 자질이 있다. 분열 지향적이며 헐뜯기 일삼는 성향이 있는가 하면, 통합 지향적이며 칭송하는 자질이 있다. 이론을 체계화하는 학자가 있는가 하면, 좋은 이론을 현실에 적용하여 새 역사를 창조하는 실천적 선도자가 있다.

민주당 정부 총리 장면 박사는 어떤 유형에 속하는가? 장 박사는 독실한 가톨릭 신자로서 진리와 정의에 순명順命하는 선하디선한 학자풍의 인물이었다. 6.25전쟁이 터졌을 때 주미 대사로서 미국과 유엔의 참전을 이끌어 낸 공도 세웠다. 4.19혁명 이후 제2공화국 내각 책임제 민주당 정부 장면 총리는 어떠했는가?

1960년 4.19혁명으로 자유당의 이승만 정권이 무너진 후 헌법이 개정되었다. 내각 책임제에 국회는 민의원과 참의원으로 구성된 양원제였다. 국무총리는 미국 유학을 한 장면 박사, 대통령은 영국 유학을 한 윤보선 선생이었다. 신파인 장면 총리와 구파인 윤보선 대통령 간의 대립과 갈등은 심각했다.

집권당인 민주당은 한국민주당 이래 정통 보수 야당임을 자부하는 민주국민당 계열과, 새로 참여한 비민주국민당 계열(안창호의 흥사단·조선민주당·자유당) 사이에 대립이 극심했다. 구파와 신파의 분열상이었다. 또 민주국민당은 창당 시 한국민주당 출신 김성수·백남훈과 비한민당 출신인 신익희·지청천을 최고 위원으로 하는 집단 지도 체제로 시작되었다. 민주국민당은 김성수·김준연·백남훈·서상일·조병옥 등의 주류(정통파)와 신익희를 중심으로 한 비주류 간에도 갈등이 심각했다.

민주당은 시급한 민생은 팽개친 채 신파와 구파, 주류와 비주류로 분열하여 싸우느라 해 지는 줄을 몰랐다. 집권당이 이 모양인 터에 선하디선하기만 한 장면 총리에게 건곤일척의 정치적 승부수를 기대하는 것은 무리였다. 역사 발전 단계로 보아 내각 책임제 정치는 시기상조였다. 자유민주적 정당 정치가 성숙되지 않은 단계에서, 여당의 지원조차 기대하기 어려웠던 제2공화국호가 순항하기를 기대하는 것은 문자 그대로 나무에서 물고기 잡기, 연목구어緣木求魚격이었다.

장면 총리 역시 어지러운 시대, 난세를 구할 거목이 아니었다. 5.16군사 정변이 나던 날 새벽 총성을 들은 장면 총리는 정변 세력 앞에 나서서 그 부당성을 지적하며 엄히 질책하는 것이 순리요 상식이었다. 그는 안경조차 챙기지 못할 정도로 황망히 도망쳐서 혜화동 폐쇄 여자 수도원에 몸을 숨겼다. 그리고 바깥 정세를 파악한 후에야 나타나 국무 회의를 주재하고 내각 총사퇴를 선언했다. 선하디선한 장면 총리를, 역사가 무능한 지도자로 뜻매김하는 것은 무리가 아니다.

본디 장면 총리는 군사 정변이 우려된다는 보고를 여러 차례 받았다. 그럼에도 이를 대수롭지 않게 흘려 들었다. 육군 참모 총장만 세 차례 경질했을 뿐 이에 상응하는 조치는 취하지 않다가 정변을 당하여 권력을 잃었다.

(2) 불세출의 지도자

하늘은 피폐한 우리 민족을 어여삐 여기시어 박정희 대통령 같은 불세출의 지도자를 선택했다. 이것은 한 인간을 우상화하기 극도로 싫어하는 필자의 예외적인 인물 평이다. 박정희 대통령은, 그 장점만 취할 경우 김유신, 왕건, 강감찬, 세종 대왕, 이순신 같은 예외적 개인이었다.

이런 주장을 하는 데는 분명한 논거evidence가 있다.

첫째, 박정희 대통령은 분열적 국민 의식이 아닌 통합적 국민 의식으로, 온 국민을 하나로 뭉치게 하여 일터로 불러내었다. 이승만 초대 대통령이 목메어 외쳤던 "뭉치면 살고 흩어지면 죽습니다."의 구호를 실천한 지도자가 박정희 대통령이었다. 여당 쪽이건 야당 쪽이건, 호남 사람이건 영남 사람이건, 양순한 사람이건 전과가 있는 사람이건, 부자건 걸인이건, 심지어 애국자였건 아니었건, 지주였건 소작농이었건, 우리 국민 누구나 낫과 곡괭이와 망치를 들고 일터로 나오기를 독려했다. 그야말로 '과거를 묻지 마세요.'였다. 아닌 게 아니라 1960년대 대선에서 박 대통령이 다수 득표를 한 지역은 경상도, 전라도, 제주도였다. 1970년대에 들어 전라도 출신 김대중 후보와 대결했고, 또 장기 집권을 하면서 지역 감정이 격화했다. 아무튼 박 대통령은 온 국민을 일터로 나가게 하며 하나가 되게 했다. 그때 평생 건달, 폭력배, 전과자로 살며 하릴없이 세월을 썩히던 사람들까지 논밭으로, 공장으로, 원양 어선으로, 열사熱沙의 중동 사막으로 나아가던 그 흐뭇한 정경이 아득한 역사의 지평 저 멀리서 그리움이 되어 눈물겨운 손짓들을 보낸다.

둘째, 박정희 대통령은 우리 민족의 기층基層 의식인 집단 무의식을 조국 근대화의 창조적 에너지로 연소시켜 '한강의 기적'을 이루어 내었다.

우리 민족의 집단 무의식은 신바람 사상이다. 중국 역사서인 진수의 《삼국지》 위지 〈동이전〉에는 우리 민족의 기질을 규정한 대목이 있다. 활을 잘 쏘는 동이족東夷族인 우리 민족은 가무 음주를 즐기는 낙천적 민족이었다고 했다. 활을 잘 쏘며 콩을 젓가락으로 집는 우리 민족이 양궁으로 세계를 제패하며, 세계 2위의 탁월한 지능과 날렵한 손재주로 디지털 문명을 선도하는 것은 우연이 아니다. 가무, 노래와 춤을 넘치게 즐기는 우리 자손들이 BTS와 블랙핑크로 발전하여 노래와 춤으로 세계인을 환호케 하는 것도 다르지 않다. 다만, 과도한 음주로 교통사고 사망률 챔피언이 된 것은 치욕이다.

아무튼 우리는 신바람, '신명'에 살고 죽는 민족이다.

신바람 사상에는 풀려는 의식과 미치려는 의식이 꿈틀거린다. 풀려는 의식은 긍정적 에너지의 원천으로서 창조적 응집력으로 표출된다. 반면에 미치려는 의식은 부정적 에너지의 원천으로서 광기狂氣로 표출되어 역사의 진운을 가로막고 창조적 에너지를 파괴하는 부정적 기능을 한다. 정치인들의 증오와 저주, 광적인 규탄 발언 등이 그 치명적인 실례다. 필자가 자주 하는 이야기다.

박정희 대통령은 우리 민족이 이 신바람 사상의 긍정적 측면인 창조적 응집력을 이끌어 내어, 이의 효과를 극대화하는 데 성공한 지도자다. 그 상징적 정책이 새마을운동이었다.

새벽종이 울렸네 새 아침이 밝았네
너도나도 일어나 새마을을 가꾸세

〈후렴〉 살기 좋은 내 마을 우리 힘으로 가꾸세

초가집도 없애고 마을 길도 넓히고
푸른 동산 만들어 알뜰살뜰 가꾸세

서로서로 도와서 땀 흘려서 일하고
소득 증대 힘써서 부자 마을 만드세

우리 모두 굳세게 싸우면서 일하고
일하면서 싸워서 부자 마을 만드세

〈새마을 노래〉다. 사범 학교 출신으로서 악기까지 능숙히 연주하는 박정희 대통령이 몸소 가사를 쓰고 곡을 붙인 국민가요다. 아마도 곡을 붙이는 데는 서울대학교 음악 대학 작곡가를 다닌 둘째 영애令愛 박근령 여사의 조언도 한몫했으리라.

아침에 눈을 뜨면 동사무소 스피커를 타고 흘러나오는 〈새마을 노래〉가 주민들의 신명을 돋우던 나날들이 어제 일처럼 생생히 떠오른다.

박정희 대통령이 제창하여 국민 총화, 조국 근대화의 길로 이끈 '새마을 운동'은 '일하는 신바람'을 불러일으켰다.

새마을운동Saemaeul Drive이 태동한 배경 이야기는 이렇다.

1970년 지방 시찰 중이던 박정희 대통령은 경북 청도 마을 사람들이 협동하여 일하는 것에 감동을 받았다. 1970년 4월 22일 박정희 대통령은 가뭄 대책을 숙의하기 위하여 소집된 지방 장관 회의에서 근면·자조·협동을 정신적 지주支柱로 한 '새마을 가꾸기 사업'을 제창했다. 이 운동의 배경에는 당시 양택식 경상북도 지사(후일 서울특별시장, 서울 지하철 1호선 건설)의 뒷받침이 있었다는 일화도 전한다.

박정희 대통령이 추진한 새마을운동의 단초가 된 것은 경상북도의 농촌 마을 개량 사업이었다. 서울대 공대 출신인 양택식 경북 지사는 1967년 4월부터 1970년 4월까지 재임하는 동안 농·어촌 마을 혁신 운동을 펼쳤다. '부강경북'의 기치 아래 각 마을 특성에 따른 개발 사업을 독려했다. ① 농경지 정비, ②농로 확대, ③가옥 지붕 개량, ④지하수 개발 등이 추진되었다. 다시 내무부 실적 보고 결과 경북은 2년간 전국 1위에 올랐다. 마을 사람들의 협동 정신이 구체화되는 현장이 경상북도 농어촌이었다. 박정희 대통령은 그 전형적인 모습을 경북 청도에서 직접 목도하게 된 것이다. 이는 그 시기에 양택식 지사를 지근 거리에서 모셨던 장옥수 보좌관(현재 부국증권 회장)의 증언이다.

(3) 피폐한 민생과 용장의 출현

근면·자조·협동 정신에는 조선 시대 중기 이후 우리 민족의 퇴영적 사고와 체념적 집단 의식을 일신하려 한 박 대통령의 큰 꿈이 집약적으로 응축되어 있다. 16세기 말 이후 임진왜란(1592~1598)과 병자호란(1636~1637)으로 국토와 국민 정신은 극도로 피폐해졌다. 양대 전란 중에 왕을 비롯한 지배 계층은 도망하기에 바빴고, 정작 외적과 치열하게 싸운 쪽은 의병이었다. 노비가 인구의 40%를 넘는 계급 모순 또한 극에 달하였다. 임금이 하는 일이란 기우제·기한제나 지내는 일이었고, 신하들이란 친명 사대주의와 붕당 싸움에 여념이 없었다. 굶주려 죽는 사람이 부지기수였고, 탐관오리의 가렴주구에 못 이긴 백성들은 유리걸식하거나 산적이 되었다. 〈춘향전〉은 그런 역사적 배경에서 생겨났던 것이다.

금준미주천인혈金樽美酒千人血이요 옥반가효만성고玉盤佳肴萬姓膏라
촉루락시민루락燭淚落時民淚落이요 가성고처원성고歌聲高處怨聲高라

황금 술통의 아름다운 술은 만백성의 피요
옥소반에 담긴 맛있는 안주는 만백성의 기름이라
촛불 눈물(촛농) 떨어질 때 백성의 눈물 떨어지고
노랫소리 높은 곳에 원망 소리 높더라

전라도 어사로 제수받아 남원에 내려온 이몽룡이 변 부사의 생일 잔치에서 써 낸 시다. 〈춘향전〉 첫머리가 '숙종 대왕(1661~1720) 즉위 초에'로 시작되는 것으로 그 시대를 알 수 있다.

집안에 남은 거라곤 송아지 한 마리
귀뚜라미만 와서 쓸쓸히 위로하네
텅 빈 집 안에선 여우 · 토끼가 뛰놀지만
대감님 댁 문간에선 용 같은 말이 뛰놀 테지
우리네 뒤주에는 해 넘길 것도 없는데
관가의 창고에는 겨울 거리가 흘러넘치네
우리네 부엌에는 바람 · 서리가 쌓였지만
대감님 밥상에는 고기 · 생선이 갖춰져 있겠지

다산 정약용(1762~1836)의 〈고시 27수〉 중의 하나다. 천주교 영향을 받았고, 정조 때 경기도 암행어사를 지낸 그의 현실 체험이 이런 비판적 리얼리즘critical realism의 시를 쓰게 했을 것이다.

갈밭의 젊은 여인 울음도 서러워라
현문縣門 향해 울부짖다 하늘 보고 호소하네
군인 남편 못 돌아옴은 있을 법도 한 일이나
예부터 남절양男絶陽은 들어 보지 못했노라
시아버지 여의어서 상복 이미 입었고
갓난아인 배냇물도 안 말랐는데

제6장 박정희 리더십 317

3대 이름이 군적軍籍에 실리다니
달려가 어려움 호소하려도
범 같은 문지기 버티어 서 있고
이정里正이 호통하여 단 벌 소만 끌려 갔네
남편 문득 칼을 갈아 방안으로 뛰어들자
붉은 피 자리에 낭자하구나
스스로 한탄하네 "아이 낳은 죄로구나."

문란한 군정이 빚은 참상을 그린 다산의 시, 속칭 〈애절양哀絕陽〉이다. 세상을 뜬 아버지와 피도 채 마르지 않은 유아까지 3대에게 부과하는 군포軍布에 시달리던 가장이 자기 생식기를 절단하는 극한 상황이 제시되었다.

문인 홍패야말로 그 길이가 두 자도 못 되어 보잘것이 없지만, 온갖 물건이 예서 갖추어 나타나게 되니, 이는 곧 돈 자루나 다름이 없다. 그리고 진사에 오른 선비는 (중략) 남인에게 잘 보인다면, 수령 노릇을 하느라고 귓바퀴는 일산日傘 바람에 해쓱해지고, 배는 동헌 사령들의 "예이." 하는 소리에 살찌게 되는 법이다. 뿐만 아니라 깊숙한 방안에서 귀이개로 기생이나 놀리고, 뜰 앞에 쌓인 곡식은 학을 기르는 양식이다. 비록 그렇지 못해서 궁한 선비의 몸으로 시골살이를 하더라도, 오히려 무단적인 행위를 감행할 수가 있다. "이웃집 소를 몰아다가 내 밭을 먼저 갈고, 동네 농민을 잡아내어 내 김을 먼저 매게 하되, 어느 놈이 감히 저를 괄시하랴. 잿물을 너의 코에 바르고, 상투를 범벅이며 수염을 뽑더라도 원망조차 못 하리라."

영조(1694~1776)·정조(1752~1800) 때 실학자 연암 박지원의 한문 풍자소설 〈양반전〉의 한 대목이다. 사농공상士農工商의 4계급 제도의 폐해를, 양반층의 무위·무능과 기회주의적 속성과 행패, 위선적이고 불의한 생활을 비판, 풍자한 작품이다.

이러고도 조선이라는 나라가 518년이나 존속한 것은 민족사의 큰 불행이다. 임진왜란(1592~1598)이 끝난 그 시기에 조선 왕조는 망해야 했다.

외교만이라도 제대로 해 보려던 광해군을 반정으로 몰아내고 옹립된 인조는 용렬하고 열등감 많으며 무능하기 짝이 없는 왕이었다. 청국에서 서구 선진 문물에 접하고 돌아온 소현 세자와 세자빈 강씨, 손자 둘까지 죽인 비정한 인조. 청나라 홍타이지에게 속수무책으로 굴복한 왕이 인조였다. 이미 명줄이 끊겨 가던 명나라(1644년에 망함)에 대한 의리에 명줄을 걸고 나라를 쑥대밭으로 만든 혼군이었다. 송파 나루 삼전도에 나아가 청 태종 홍타이지에게 세 번 무릎 꿇어 절하고, 아홉 번 땅바닥에 이마를 찧은 삼궤구고두三跪九叩頭의 치욕적인 예를 올린 비굴한 왕이 인조였다.

이러고도 조선이 망하지 않은 것은 민족사의 불행이다. 그때에 새 왕조가 서서, 고구려의 웅대한 기상을 되살리거나 저 신라의 원대한 꿈 '덕업일신德業一新, 망라사방網羅四方'하려는 '백마 타고 오는 초인'이 있었다면, 원수 일본에게 나라를 빼앗기는 변고는 피할 수 있었을 것이다.

그런데 마침내 20세기 후반기에 불세출의 지도자 '백마 탄 초인'과 산업계의 용장勇將들이 이 땅에 출현했다.

(4) 근면 · 자조 · 협동의 새마을 정신

다시 새마을운동의 선도자 박정희 대통령의 행보를 자세히 살피기로 한다.

1971년 박정희 정부는 전국 3만 3천 267개 행정리동에 시멘트 335포대씩을 지원했다. 나아가 자발적으로 실효성 있는 사업을 한 1만 6천 6백 마을에는 시멘트 500포대와 철근 1톤씩을 추가 지원했다. 이를 계기로 새마을 가꾸기 운동은 전국적으로 확대되었다. 온 국민이 혼연일체가 되어 펼친 이 운동은 국민 스스로 일어나서 스스로의 힘으로 삶을 개척하되, 마을 공동체가 합심하여 목표를 성취하고야 마는 경이로운 성과를 올리게 되었다.

하지만 민주화 운동가를 중심으로 한 적지 않은 사람들은 새마을운동에 대하여 알레르기 반응을 일으켰다. 이 운동이 권위주의 체제 아래서 전개되었고, 유신 체제 선포를 위한 정치적 포석으로 진행되었다는 것이었다. 권위주의 체제 아래서 펼쳐진 것은 맞고, 유신 체제(1972~1979)에 이용하기 위한 사전 포석이라는 견해는 틀렸다. 새마을운동이 시작된 것은 1970년 4월 22일이고, 유신 선포일은 1972년 10월 17일이니 그렇게 오해할 수도 있다. 하지만 새마을운동을 시작할 때의 여러 자료를 논거로 할 때 그런 오해는 사실과 부합하지 않는다. 가령, 앞에 잠깐 언급한 바와 같이, 새마을운동의 모티브가 된 것은 양택식 경북 지사와 경상북도 사람들의 마을 공동체 단위의 자립 운동이었으니, 유신과는 상관없이 태동한 자생적 운동이었다. 새마을운동이 유신 체제의 첨병 역할을 하지 않았느냐는 생각은 억측이다.

이런 부정적 논란에도 불구하고 새마을운동은 농어촌 근대화에 역점을 두며 시작하여 놀라운 성과를 거두었고, 도시의 근대화에도 결정적인 기여를 하였다고, 그 시대를 살며 그 운동에 주체적으로 동참했던 노년 세대는 눈물겹게 회고한다. 뿐만 아니라 우리나라 새마을운동은 세계에 한류로 수출되어, 동남아시아, 아프리카 저개발국가와 중국 등 신흥국에 전파되어 경제 개발과 생활의 근대화에 견인차 역할을 해 왔다. 수년 전 아세안 회의에 참석한 미얀마 민주 지도자 아웅산 수치 여사가 뜻밖의 말을 하여 화제가 된 일이 있다. 우리 문재인 대통령 앞에서 한국의 새마을운동이 자기 나라 발전에 크게 도움을 주고 있다고 했다는 소식이다. 문 대통령도 과거의 유산 중에서 새마을운동같이 긍정적인 전통은 계승·발전시키라고 지시했다.

새마을지도자연수원 원장을 지낸 정교관 선생은 증언한다. 새마을운동은 위에서 아래로 지시해서 된 톱다운top down 방식이 아니라, 아래서 위로 전개된 보텀업bottom up 방식으로 이루어진 것이므로 발생론적 정당성이 있다는 것이다. 정교관 전 원장은 아첨하거나 객쩍은 말씀을 할 정치인이 아니다. 그는 명문 전북 전주고등학교와 서울대학교 경제학과를 졸업한 엘리트 지성인이다. 새마을운동은 특정 정치·경제·사회·문화 단체에 이로운 이익 추구 운동이 아니고, 다 함께 정직하고 진실하며 부지런하게 일하여 보람 있게 살아보자는 정신 혁명 운동이다.

박정희 대통령은 우리 민족 특유의 신바람 사상을, '새마을 정신 Saemaeul Spirit'이라는 초점으로 집중시켜 창조적 응집력을 창출하는 데 성공한 최초의 국가 지도자였다. 그 과정에서 '닥치고 오직 민주화'만을 절규하며 투쟁하였던 많은 인사들이 구속되는 등 핍박을 받았다. 박 대통령에 대한 평가가 양극단으로 갈리는 이유다.

외국인들은 주로 박정희 대통령이 선도하여 이룩한 산업화의 성과에 주목하며 새마을운동을 매우 긍정적으로 평가한다. 가령, 하버드대학교 로렌스 서머스 총장과 세계적인 경제학자요 경영학 창시자인 피터 드러커 교수는 새마을운동을 '정직한honest, 능률적인effective 개혁 운동'이라 했다. 컬럼비아대학교 제프리 삭스 교수는 새마을운동의 '할 수 있다 정신 can—do—spirit'을 극찬했다. 앙골라 농업부장 올리베이라, 키르키스탄의 라울, 우간다의 아키로스 등 많은 외국인들이 새마을 지도자 교육 연수를 받은 후에 감동 어린 수기를 남겼다.

마을 공동체가 첫발을 떼고 박정희 대통령이 이를 정책적으로 지원함으로써 온 국민 운동으로 전개된 새마을운동은 국민의 창조적 역량을 극대화한 '정신 혁명 운동'이었음은 확실하다. 박정희 대통령의 탁월한 리더십이 결정적으로 빛을 발한 민족사적 장면이 새마을운동의 실천 현장이었다.

박정희 대통령은 지성을 과시하려는 추상적 용어를 쓰지 않았다. 취임사를 비롯한 각종 연설에도 구체적이고도 명료하며 알기 쉬운 용어를 썼다. 박 대통령 연설과 지시의 키워드는 '하면 된다', '잘살아보세', '조국 근대화', '싸우면서 건설하자' 등이었다.

특히 '하면 된다'의 '할 수 있다 정신'이야말로 박정희 대통령 어록의 지배소dominant였다. 조선 왕조 이래 우리 정신사는 박정희 대통령의 '조국 근대화 정신'을 변곡점으로 하여 전·후로 갈린다. 박 대통령 이전의 우리 정신사는 중국 중심의 대륙 지향성continent orientation의 폐쇄 체계 속에 갇혀 있었다(이 점은 다른 글에서 논의되겠음). 조선 후기 이후 일제 강점기, 6.25전쟁기를 거치면서 우리 민족은 체념과 자기 비하, 자학, 자조自嘲에 젖어서 살았다. 일제가 주입한 "조센진은 열등하다.", "조센진은 별수 없어."의 '엽전 정신'으로 생존 의욕을 잃고 창의적 발상과 창조 행위는 엄두도 못 내는 생존을 이어 오고 있었다.

이런 절망의 시기에 박정희 대통령 같은 '민족의 별'이 출현했다. 소수의 중소 기업가들을 제외한 우리 국민들이 체념과 비탄에 빠져 〈한 많은 미아리고개〉와 〈한 많은 대동강〉으로 목젖에 핏멍울이 져서 신음할 때, 박정희 대통령은 카랑카랑한 목청으로 '조국 근대화'와 '싸우면서 건설하자'고 전 국민을 독려했다. 박 대통령은 우리 민족의 부정적 자아의식을 긍정적 자아의식positive self—concept으로 변혁시킨 정신 혁명의 선구자였다.

잘살아보세 잘살아보세
우리도 한번 잘살아보세
금수나 강산 어여쁜 나라
한마음으로 가꾸어 가면
알뜰한 살림 재미도 절로
부귀영화는 우리 것이다

〈후렴〉 잘살아보세 잘살아보세
　　　　우리도 한번 잘살아보세
　　　　잘살아보세

일을 해보세 일을 해보세
우리도 한번 일을 해보세
대양 너머에 잘사는 나라
하루아침에 이루어졌나
티끌 모아 태산이라면
우리의 피땀 아낄까 보냐

뛰어가보세 뛰어가보세
우리도 한번 뛰어가보세
굳게 닫혔던 나라의 창문
세계를 향해 활짝 열어
좋은 일일랑 모조리 배워
뒤질까 보냐 뛰어가보세

연속 방송극 〈현해탄은 말이 없다〉로 유명한 극작가 한운사가 가사를 쓰고 김희조 교수가 작곡한 〈잘살아보세〉다. 이 노래는 〈새마을 노래〉와 쌍벽으로 전 국민을 신바람나게 한 '건전 가요'로서 지금도 귓가에 쟁쟁하다.

이렇게 하여 박정희 대통령은 수천 년에 걸친 우리 민족 굶주림의 역사, '한 많은 보릿고개'를 우리 역사에서 지워버리는 위업을 달성했다. 새마을운동은 리더십leadership과 팔로워십followership의 완벽한 조화로 진행되었다.

셋째, 박정희 대통령은 우리나라 지도를 백두산에서 남쪽으로 보게 된 최초의 지도자였다.

19세기 이전 조선 왕조는 건국 이념부터가 비주체적이었다. 문하시중 최영의 요동 정벌 정책에 반기를 들고 신군부 정변으로 권력을 잡은 이성계는 사대교린 정책을 기본 강령으로 삼고 대륙 지향적 에너지에 국운을 걸었고, 그것이 518년 조선 왕조 내내 계승되었다. 우리나라 지도를 북쪽으로만 처다본 역사였다.

이리하여 조선은 신라와 백제가 개척하여 아라비아에까지 이름을 알린 고려(고리)의 해양 활동으로 '열린 세상'을 사대주의의 금성철벽으로 막아 버렸다. 바다에서 생업을 잇는 어업인들을 사농공상士農工商의 4계급에도 들지 못하는 '불가촉천민'으로 몰아붙였다. 농업을 천하지대본이라 하면서 상공업을 천시한 것도 모자라 어업을 극한적으로 천시함으로써 우리 국민의 해양 진출을 원천적으로 봉쇄한 것이 조선이라는 폐쇄 국가였다. 그 같은 대륙 지향성에 고착되어 바닷길을 막았다가 제2의 임진왜란인 경술국치로 1910년 8월 29일에 우리 역사상 처음으로 나라를 잃고 말았다. 조선은 제사 지내기에 체력을 소모하고, 바닷길을 막아 망했다.

박정희 대통령은 마침내 막혔던 바닷길을 열었다. 박 대통령은 농업에서 경공업에서 중화학 공업으로, 우리 산업을 단기간에 비약적으로 발전시키면서 '수출입국輸出立國'의 슬로건을 내걸고 수출에 박차를 가했다. 이에 대한 야당의 반대는 격렬했다. 유진오 · 김대중 두 야당 지도자는 내수 중심의 '대중경제론'을 내세우며 박 대통령의 수출 주도형 경제 정책을 맹렬히 비판했다.

(5) 교육 입국 정신과 과학 · 기술 육성 정책

박정희 대통령은 우리나라 경제의 기본 체질과 약점을 정확히 간파했다. 광물 자원 등 물적 자원이 극도로 빈약한 우리나라에서 가동할 유일한 분야가 인적 자원이었다. 박 대통령은 당시에 동원 가능한 인재들을 최대한 규합하고 기술 교육 기관을 설립하여 기술 인력을 대폭으로 양성했다. 이에는 이승만 대통령의 교육 정책이 큰 힘이 되었다. 이승만 대통령은 제헌 헌법 제16조에서 초등학교 무상 의무 교육을 명시하고 이를 실시했다. 광복 당시에 86%였던 문맹률이 1959년에는 15.5%로 감소했다. 중 · 고 · 대학 수효도 10배, 3.1배, 12배나 늘었다. 해외(주로 미국) 유학생 수도 급격히 늘었다. 1953~1956년간 정부 주관 유학생 선발 시험 합격자는 7,390명에 이르렀다.

박정희 정부도 '교육입국教育立國'의 기치를 내걸고 인재 양성에 박차를 가했다. 그리고 외국에서 박사 학위를 취득한 인재들을 애국심으로 호소하여 속속 입국시켰다. 그렇게 하여 설립한 것이 한국과학기술원KIST이다. 해외에서 입국시킨 인재들에게는 국내 교수들 급료의 갑절에 해당되는 보수를 지급하자 일반 교수들의 반발심이 일기도 했다. 당시의 미국에서 받던 보수에는 턱없이 부족하였어도, 과학자들은 '조국 근대화'에 공헌하겠다는 열정으로 연구에 몰두했다.

박정희 정부는 기술 인력 양성에 전력을 쏟았다. 1967년에는 직업훈련법을 제정하고 1971년까지 전국 각지에 164개 공공 및 회사 내 직업훈련소를 설립했다. 중학교 졸업 정도의 저학력 청년들이 기계, 주물, 용접, 단순 조립 등 27개 직능의 기능공 훈련을 받았다. 1979년까지 각종 직업훈련소 수는 695개로 늘어났다. 1967년부터 1981년까지 직업 훈련을 받은 사람은 무려 91만여 명에 이르렀다.

보다 체계적인 이론 교육과 실기 수련은 공업고등학교에서 이루어졌다. 전국 공업고등학교는 1966년 46개교에서 1973년 64개교, 1979년 96개교로 늘어났다. 공업고등학교 교육은 1973~1979년 중화학 공업이 일어나던 시기에 특별히 강화되었다. 그 기간에 설립된 32개교 가운데 19개교가 기계공업고등학교였다.

당시 기계공고는 기계 공업에 필수적인 정밀 가공사 양성에 심혈을 기울였다. 학생들에게는 기숙사가 제공되고 장학금도 지급되었다. 학생들은 졸업과 함께 2급 기능사 자격을 취득하여 중공업 분야 대기업에 취업했고, 일정 기간 근무하면 병역도 면제받았다. 1974~1979년간 10만여 명의 이런 일꾼들이 배출되었다.

이로써 박정희 정부는 근 600년간 지속되어 온 문민文民 제일주의의 제도와 관습을 혁파하고, 과학 기술 우선주의에로 방향 전환을 하기에 성공했다. 1993년 2월 25일 김영삼 제14대 대통령이 취임하면서 '문민정부' 기치를 내걸었다. 1961년부터 1992년까지 30여 년간 지속된 군부 통치에 대한 안티테제였다. 이후 민주 정부는 상공업 종사자인 기업가들을 의식·무의식적으로 흘겨보게 되었다. 경제의 중요성보다 정치적 민주화에 무거운 저울추를 얹었다. 1997년에 불어닥친 외환 위기(IMF 구제 금융) 사태도 우연히 맞이한 것이 아니었다.

근래에 물러난 문재인 정부 사람들도 기업인들을 심각하게 홀대했다. 1970~1980년대에 있었던 정치권력과 대기업의 유착 관계에 대한 증오심 때문이었다. 하지만 그런 관계의 주요 책임은 정치권력에 있지, 기업인들에게 책임을 물어 줄기차게 질타할 일이 아니다. 또한 그것은 우리나라의 '압축 성장'이 빚은 불가피한 부작용이었다. 문민정부 시절 청문회에 불려 나온 정주영 현대 그룹 회장의 항변이 지금도 귓전에 맴돈다.

국회 의원: "정권에 왜 돈을 주었습니까?"
정주영 회장: "그렇게 하는 것이 살기 편할 것 같아 그랬습니다."

평소에 솔직하고 서민적이었던 정 회장다운 진심 어린 표백이었다.

586 인사들의 기업관은 1980년대, 아니 15세기 조선 시대로의 퇴영적 행보를 보였다. 그들은 산업화·근대화 세력이 피땀 흘려 이룬 업적을 무너뜨리고 '원수 갚기'에 혈안이 되어 날뛰었을 뿐 창조적, 미래 지향적 실적 쌓기에는 관심이 없었다. 기후 위기에 대응하여 피땀 흘려서 건설한 4대강 댐을, 강물 측정 수치를 조작해 가면서까지 허물려 하였다. 우리 후손들에게 죄를 지은 범죄 행위다.

필자는 그들을 미워하지 않는다. 그들이 실정법 위반으로 실형을 살기를 원치도 않는다. 필자의 책임도 큰 까닭이다. 그들은 필자가 가르친 제자와 그 친구, 지인 들인 까닭이다. 필자는 그들이 켜켜이 쌓은 증오심과 투쟁벽, 파괴 본능을 버리고 사랑과 통합과 새 역사 창조의 길에 나서기 바란다. 이 글이 우리 시대의 징비록인 이유다.

　군인 출신이라 폄하하지 말고, 박정희 대통령의 리더십을 본받기 바란다.

　교육 이야기가 아직 남았다. 박정희 대통령은 이승만 대통령에 못지않게 교육을 중요시했다. 〈국민 교육 헌장〉을 소환하기로 한다.

국민 교육 헌장

　우리는 민족중흥의 역사적 사명을 띠고 이 땅에 태어났다. 조상의 빛난 얼을 오늘에 되살려, 안으로 자주독립의 자세를 확립하고, 밖으로 인류 공영에 이바지할 때다. 이에, 우리의 나아갈 바를 밝혀 교육의 지표로 삼는다.
　성실한 마음과 튼튼한 몸으로 학문과 기술을 배우고 익히며, 타고난 저마다의 소질을 계발하고, 우리의 처지를 약진의 발판으로 삼아, 창조의 힘과 개척의 정신을 기른다. 공익과 질서를 앞세우며 능률과 실질을 숭상하고, 경애와 신의에 뿌리박은 상부상조의 전통을 이어받아, 명랑하고 따뜻한 협동 정신을 북돋운다. 우리의 창의와 협력을 바탕으로 나라가 발전하며, 나라의 융성이 나의 발전의 근본임을 깨달아, 자유와 권리에 따르는 책임과 의무를 다하며, 스스로 국가 건설에 참여하고 봉사하는 국민정신을 드높인다.
　반공 민주 정신에 투철한 애국 애족이 우리의 삶의 길이며, 자유세계의 이상을 실현하는 기반이다. 길이 후손에 물려줄 영광된 통일 조국의 앞날을 내다보며, 신념과 긍지를 지닌 근면한 국민으로서, 민족의 슬기를 모아 줄기찬 노력으로 새 역사를 창조하자.

1968년 12월 5일
대통령 박정희

우리의 역사적 사명을 깨우치는 명문이다. 국내 손꼽히는 학자들이 모여서 도출한 장엄한 헌장이었다. 전통의 창조적 계승, 자주독립의 자세 확립과 인류 공영을 위한 공헌, 건강한 심신 수련, 학문과 기술 습득, 각자의 소질 계발, 창조력과 개척 정신으로 상부상조하며, 공동체에 대한 책임과 의무를 다하며, 자유세계의 이상 실현에 공헌할 것을 강조했다. 반공 민주 정신에 바탕을 둔 통일 조국의 앞날을 바라보며 근면한 국민으로서 새 역사를 창조하자는 내용이다.

이를 두고 당시의 민주화 인사들의 비난은 거세었다. 일제 강점기의 〈황국 신민 서사〉를 떠올리게 한다느니, 나라의 융성이 개인 발전의 전제가 되니 전체주의적 발상이니 하고 맹비난했다. 그렇게 볼 여지도 있다. 하지만 이것은 전체주의적 발상이라기보다 집단주의와 개인주의의 조화를 추구한 통합론적 관점을 드러낸 것으로 보는 것이 옳겠다. 집단주의는 개인의 자유와 존엄성을 훼손하기 쉽다. 또 개인주의는 공동체의 통합을 해치기 쉽다. 이는 유기체와 세포와의 관계에 비유된다. 유기체가 건강하려면 세포가 건강해야 하고, 세포가 건강하려면 유기체가 건강해야 한다. 국민 교육 헌장은 이 점을 강조한 것으로 읽힌다.

국민 교육 헌장에 대하여 필자와 관련된 일화가 있다. 어느 봉사 단체에서 우연히 육영수 여사와 자리를 함께한 일이 있다. 육 여사께서 필자에게 나라에 건의할 말씀이 없냐고 하시기에, 필자는 국민 교육 헌장 얘기를 했다. 그 좋은 헌장 끝에 쓰인 대통령 성함은 생략하는 것이 좋겠다는 말씀을 드렸다. 그래야 '교육자를 비롯한 국민 총화'에 마음이 모인 헌장이 되리라는 취지였다. 그 후에 대통령 성함이 사라졌다. 육 여사가 청와대의 야당임이 입증된 작은 일화다.

박정희 대통령은 사범 학교 출신답게 교육의 중요성을 알고 정책에 짙게 반영하려 한 지도자였다.

(6) 대중경제론에 맞선 수출 주도형 산업화 전략

넷째, 박정희 대통령은 야당의 대중경제론에 응전하여 경제 융성 과업을 성취했다.

박 대통령의 '한국적 국가 혁신 정책'은 거센 암초를 만났다. 1964년부터 2년간 한일 국교 정상화를 반대하는 대규모 군중 시위가 있었고, 계엄군이 이를 막았다. 1965년 박순천 의원(민주당 총재, 민중당 대표)은 국회 연두 연설에서 박 대통령의 '증산, 수출, 건설'의 경제 개발 정책을 비판하며 그 대안으로서 '100만 안전 농가' 창설을 주장했다. 1966년 민중당 대통령 후보 유진오 박사는 '대중 경제 이슈'를 내걸었다.

외자 의존 경제와 재벌과 정상배만을 위하는 경제로부터 탈피하여, 농민·노동자·봉급 생활자·중소기업 등을 망라하는 대중이 본위가 되는 경제를 확립해야 하는데, 그러기 위해서는 중남미에서 대두된 대중 경제 정책populist economic policy을 시행해야 한다.

유진오 박사의 〈나의 대중경제론〉에서 인용한 한 대목이다. 그는 "제헌 헌법에 명시된 사회 균점을 실현하고, 재벌 경제로부터 대중 경제로 바로잡겠다."고 한 제헌 헌법 초안 작성자의 이 발언은 야당 측에 적잖은 울림을 주었다.

이 같은 대중경제론은 1967년 통합 야당인 신민당 정강 정책으로 채택되었다. ①재벌에 대한 특혜 투자의 지양과 대중 투자의 실현, 외자 도입의 합작 투자로의 전환, ②공업 제일주의 지양과 농공 합작의 실현, ③대일 예속 체제의 지양과 자주 체제로의 전환을 주장하는 대중경제체제론으로 정립되었다. 신민당 대통령 선거 공약이었다.

경성제국대학 법문학부에서 법학을 전공했고, 대한민국 제헌 헌법 초안을 작성했던 천재 유진오 박사도 20세기 자유민주주의, 자본주의의 흐름을 바로 읽지는 못했다. 남미의 가톨릭 사회주의를 선택한 '주체적 대중 경제론자'였다. 북한 경제 체제와 닮았다. 거시 경제학에 눈을 뜨지 못한 그 당시 지식인의 한계였다.

유진오 박사의 이 이론은 1971년 신민당 김대중 대통령 후보의 《대중경제론》에서 꽃피었다. 1971년 3월에 나온 책 《김대중의 대중 경제 100문 100답》(박현채·정윤형·임동규 대리 집필)의 내용은 현실 사회 경제 비판에서 시작된다. "한국에서 진정한 민주주의는 결여되어 있으며, 군사 폭력의 전체주의가 횡행하고 있다. 일제하 식민지 자본주의에 기인하는 산업 구조의 파행성은 해방 이후에도 여전한 가운데, 원조와 차관으로 인해 대외 의존 구조는 더 심화되었다. 그 과정에서 관료 주도의 매판 독점 자본주의가 강화되었으며, 그로 인해 중소기업의 성장이 차단되고, 지역·산업·계층 간의 격차가 벌어지고, 체념과 불만의 대중 사회가 비대화되었다."

김대중의 대중경제론은 한국형 혼합 경제 체제론이다. "국민 경제를 계획하여, 민간 자본이 불가능한 영역에서는 국가 자본주의를 확립하고, 그 밖의 영역에서는 민간 자본의 자유로운 활동을 보장하자는 것이다. 대외적으로는 개방 정책을 지양하고 상대적인 자급자족 체계를 구축한다. 외자는 필요악이니, 내포적 공업화를 통한 민족 경제의 자립을 실현하는 방향으로 도입, 관리되어야 한다."는 주장이었다. 결국 대중경제론은 박정희 정부의 공업우선주의를 농공합작주의로 전환하자는 것이다. 그래야 대중의 소외로 인한 비자립적 종속적 국민 경제의 파행성을 타파하고 국민 민족 경제를 일으켜, 밝고 건강하며 새로운 중간 계층을 육성하자는 것이다. 이에는 노동조합의 자유로운 활동 보장과 근로자의 경영 참여, 종업원 지주제, 노동자·자본가공동위원회 설치 등이 따라야 한다고 주장한다.

그럴듯한 대중경제론은 세계 각지에서 실패한 내포적 공업화론, 인기영합주의(포퓰리즘), 신민주주의의 비빔밥이었다. 성공할 가능성이 결여된 공론이라는 비판이 뒤따른 이유다. 그를 뒷받침할 넓은 시장의 부재가 큰 문제였다. 부정 부패 차단과 재정 절약을 통해, 비생산적으로 은폐된 자본을 대량으로 동원할 수 있다는 이론 역시 환상에 불과하다는 비판에서 자유롭지 못했다.

좁디좁은 국내 시장을 전제로 한 내포적 공업화론은 필경 자원 배분의 비효율성으로 인해 좌초할 수밖에 없었다. 대중경제론은 서구인들이 산업 혁명을 일으킨 18~19세기의 경제 질서의 세계로 퇴행한 주장이었다. 더욱이 국가 자본주의는 공산주의 체제론의 핵심적 과제가 아닌가.

이에 응전하여 전개한 박정희 대통령의 수출 주도형 공업화 전략은 한 세대를 뛰어넘어 미래 지평을 내다본 탁월한 국가 발전 방략strategy이었다. 수출 주도형 공업화 방략은 세계 시장에서의 경쟁과 그에 적합한 규모의 경제를 운용함으로써 고도의 효율성을 얻었다. 수출 증대로 외환 문제를 해결했으며, 따라서 추가적인 건설과 개발이 가능했다. 해외 마케팅 경험은 새로운 기술 개발과 시장 개척에 관한 정보를 얻는 데 기여했다. 경제학자 이영훈 교수는 박정희 정부의 경제 정책이 '인접한 산업 선발국과의 관계에서 발생하는 비교 지경학적地經學的, Geo-economic 우위를 효율적으로 활용할 필요가 있는' 정책이었음을 인정한다. 대중경제론의 개발 정책은 '소극적·수구적이었고, 한국 경제의 지속적 성장을 담보할 국가 혁신 체제 정립이 논리적으로 불가능한 것'으로 진단한다.

1971년 10월 한국 경제는 수출 10억 달러를 기록하는 고무적인 성과를 올렸으나, 수출 채산성이 악화하는 등 험난한 파고波高 앞에 서게 되었다.

1972년 박정희 정부가 제3차 경제 개발 5개년 계획에서 역점을 두기로 한 것은 중화학 공업 육성이었다. 먼저 6개 중화학 공업 기반을 마련하기 위해 산업기지개발공사를 설립했다. 투자금은 내화 53억 달러와 외자 35억 달러로 충당되었다. 이는 1972년 10월 17일에 단행된 10월 유신과 함께 시행되며 박정희 정권의 한계가 노출되기 시작했다.

1979년 10월 26일 밤 궁정동의 만찬장에서 박정희 대통령이 시해됨으로써 10월 유신도 막을 내렸다. 박 대통령이 선창하던 '중단 없는 전진'도 후속 정부에로 이월되었다.

(7) 비탄의 국민감정을 밝고 진취적인 창조 정신으로

다섯째, 박정희 대통령은 우리 국민에게 늘 밝은 미래를 위한 청사진을 제시했다.

박정희 대통령은 빈곤한 농민의 자식으로 태어나서 '한 많은 윤사월 보릿고개'를 시리도록 체험하며 자랐다. 그래서 학비가 들지 않는 사범 학교, 군관 학교, 사관 학교를 다녔다. 그같이 곤고한 삶을 살아 온 박 대통령이 어떻게 그처럼 밝고 맑고 긍정적이며 진취적인 인성을 갖춘 지도자가 되었을까? 이제마의 인성 유형에 따르면, 박 대통령은 태양인에 속하는 인물이다. 두뇌가 명석하며 판단력이 뛰어나고 진취적·창의적이며, 남이 생각하지 못하는 것을 해 내는 장점이 있었던 까닭이다.

사실 일제 강점기부터 대한민국 초기까지 우리 민족은 한과 서러움을 체질화한 채 살았다. 과거 지향적, 회고적 시간관과 현실과 미래에 대한 체념과 비탄에 젖은 한 많은 삶이었다. 만남의 환희보다 이별의 슬픔이 노래의 주조이기도 했다.

① 사공의 뱃노래 가물거리면
   삼학도 파도 깊이 숨어드는데
   부두의 새악시 아롱 젖은 옷자락
   이별의 눈물이냐 목포의 설움 (1935)

② 운다고 옛 사랑이 오리오마는
   눈물로 달래 보는 구슬픈 이 밤
   고요히 창을 열고 별빛을 보면
   그 누가 불어 주나 휘파람 소리 (1938)

③ 오늘도 걷는다마는 정처없는 이 발길
　 지나온 자국마다 눈물 고였다
　 선창 가 고동 소리 옛 임이 그리워도
　 나그네 흐를 길이 한이 없어라 (1940)

④ 천등산 박달재를 울고 넘는 우리 임아
　 물항라 저고리가 궂은 비에 젖는구려
　 왕거미 집을 짓는 고개마다 굽이마다
　 울었소 소리쳤소 이 가슴이 터지도록 (1948)

⑤ 미아리 눈물 고개 임이 넘던 이별 고개
　 화약 연기 앞을 가려 눈 못 뜨고 헤매일 때
　 당신은 철사 줄로 두 손 꽁꽁 묶인 채로
　 뒤돌아보고 또 돌아보고 맨발로 절며절며
　 끌려가신 이 고개여 한 많은 미아리고개 (1956)

⑥ 한 많은 대동강아 변함없이 잘 있느냐
　 모란봉아 을밀대야 네 모양이 그립구나
　 철조망이 가로막혀 다시 만날 그때까지
　 아 소식을 물어본다 한 많은 대동강아 (1957)

⑦ 헤일 수 없이 수많은 밤을
　 내 가슴 도려내는 아픔에 겨워
　 얼마나 울었던가 동백 아가씨
　 그리움에 지쳐서 울다 지쳐서
　 꽃잎은 빨갛게 멍이 들었소 (1964)

위의 ①은 문일석이 가사를 쓰고 손목인이 곡을 쓴 〈목포의 눈물〉이다. 목포 출신 가수 이난영이 불러 공전의 히트를 친 인기 가요다. 1935년 향토 가요 공모에서 최우수작으로 뽑혀 일제 강점기 이 땅 사람들의 심금을 울린 노래다. 가사 2절의 '삼백 년 원한 품은 노적봉 밑에' 대목이 검열에 걸려, '원한 품은'을 '원앙풍은'으로 고쳐 위기를 넘겼다는 일화가 전한다. 노적봉은 임진왜란 때에 이순신 장군이 봉우리를 짚으로 둘러싸서 군량미를 쌓은 노적가리(곡식 더미)로 위장하여 왜적을 물리쳤다 한다. 조선총독부가 트집을 잡은 이유다. 영산강에 흰 횟물을 풀어 왜적이 쌀뜨물로 오인케 하였다는, 신출귀몰한 이순신 전법도 전한다. '울음 노래'의 선편을 잡았다.

②는 이부풍의 가사에 박시춘이 곡을 붙인 〈애수의 소야곡〉이다. 미성으로 제일가는 남인수가 불렀다. 수년 전 남북 이산가족 상봉 때 북한에 끌려갔던 한 노인이 남쪽 아들의 간청에 이 노래를 불러 시청자들이 가슴을 치게 했던 노래다. 비애미 충만한 서정 가요다. 일제 강점기 우리 민족의 보편적 서정을 실었다. ③도 그 시대 우리 민족의 뿌리 뽑힌 생존 의식, 방황하는 인생길을 여실히 보여 주는 노래다. 가사는 고려성(본명은 조경환)이 쓰고 이재호가 곡을 붙인 〈나그네 설움〉이다. 백년설이 떠돌이 인생의 정감을 실히 담아 불렀다.

광복 후인 1948년에 나온 노래인데도 ④는 제목 자체가 〈울고 넘는 박달재〉다. 반야월(진방남)이 제천 박달재에서 절박하게 헤어지는 어느 남녀의 안타까운 정경을 보고 쓴 가사에 김교성이 곡을 붙였다. 〈향수〉의 가수 박재홍이 불러 히트를 쳤다.

그 다음 ⑤ 이하의 노래는 6.25전쟁 이후 전쟁의 상처가 한껏 덧나고 가난의 슬픔이 가슴을 옥죄던 시절의 히트작들이다. ⑤는 인민군에게 납치되어 가던 어린아이의 아버지를 그리워하며 자지러지는 아낙네를 화자話者로 하여, 비애미를 극적으로 고조시킨 문제작이다. 정전 협정 이후 3년째 되던 1956년에 반야월의 가사에 이재호가 곡을 붙인 〈단장의 미아리 고개〉다. 이해연이 애잦게 불러 온 국민이 울게 한 회한의 히트작이다. 2절 첫 줄 '아빠를 그리다가 어린 것은 잠이 들고' 대목에 이 땅 아낙들은 너

나없이 울음보를 터뜨릴 수밖에 없었다.

⑥은 야인초가 쓴 가사에 〈빈대떡 신사〉의 한복남이 곡을 붙인 〈한 많은 대동강〉이다. 평안북도 창성 출신으로 〈짝사랑〉·〈해운대 엘레지〉·〈울어라 기타 줄〉·〈물새야 왜 우느냐〉·〈하룻밤 풋사랑〉·〈비 내리는 호남선〉 등 수많은 히트곡을 부른 손인호가 열창하여 북한에서 피란 온 이산가족들의 애를 끊어 놓았다. 1957년이니, 6.25전쟁의 상흔이 가시기에는 매우 이른 시기의 노래였다. 뭇 이산가족을 극한으로 울려 놓은 것은 1절과 2절 사이에 삽입된 대사였다.

내 고향 평양아, 그리운 대동강아! 달 밝은 부벽루야, 능라도 봄 버들아. 너와 함께 뱃놀이로 밤을 새던 옛 추억. 수심가로 흥을 돋운 평양 기생 잘 있느냐? 반월도 물새들아, 연광정 봄바람아. 영명사 종소리는 나그네를 울리더니, 꿈에라도 잊을쏘냐, 꽃을 따던 평양 처녀. 그리워서 불러 보는 대동강아, 내 고향아!

남쪽 이산가족들이 애절한 한과 슬픔을 이같이 목놓아 토로할 때 북쪽 노동당은 "울음 뚝!"을 강요하며 북쪽 이산가족들을 질식시켰다. 보지 않아도 우리는 다 안다.

문제작은 1964년에 나온 ⑦〈동백 아가씨〉다. 한산도 작사에 백영호 작곡으로 세상에 등장한 이 노래는 희대의 절창 이미지의 노래로 전무후무한 히트곡이 되었다. 이 노래는 왜 저렇듯이 놀라운 히트곡이 되었을까? '단장의 미아리고개'보다 더 절절하게 '내 가슴 도려내는 아픔' 때문일 것이다. 1절에는 이별의 서사敍事가 없다. 2절에 가서야 '가신 임'의 서사가 뜬다. 문제는 핏빛 동백꽃의 색조다. '헤일'은 '헬'의 시적 허용형이다.

물론 남인수가 열창한 "거리는 부른다 환희에 빛나는 숨쉬는 거리다.~ 휘파람 불며 가자 내일의 청춘아."의 〈감격 시대〉(강사랑 작사, 박시춘 작곡, 1939) 같은 명랑 가요가 없지 않았으나, 이는 주류가 아니었다.

동·서양 서정시에서 분리detachment의 슬픔은 주요 모티프다. 그런데 우리 서정시에서 그 강도强度가 절정을 가늠한다. 조선 여성 황진이도 분리(별리·이별)의 서정을 읊었으나, 〈동백 아가씨〉와는 다르다.

동짓달 기나긴 밤을 한 허리를 베어내어
춘풍春風 이불 아래 서리서리 넣었다가
어른님 오시는 밤이어든 굽이굽이 펴리라

상징어법을 써서 서정을 은은하게 표출한 시조다. 원색적이고 노골적이지 않기에 묵상에 잠기게 하는 깊이가 있다. 황진이 시조와 〈동백 아가씨〉는 순수 예술과 대중 예술과의 미학적 위상 차이가 크기도 하나, 후자의 정서는 심각할 정도로 원색적이다.
한동안, 아니 최근까지도 이 원색적인 가요는 대중의 사랑을 받고 있다.
아, 울다 지친 1960년대여.

박정희 대통령 리더십을 이야기하면서 웬 우리 대중가요를 두고 너스레를 떠는가, 의아해 할 독자들이 있을 것이다. 대중가요야말로 국민 정서와 시대상을 표출하기에 절절한 예술 장르인 까닭이다.
하기야 이때는 이별의 비애를 한껏 표출한 김소월의 근대시 〈진달래꽃〉과 고려 시대 고속가古俗歌 〈가시리〉가 애송되던 시절이었다.

일제 강점기의 모진 고난, 광복 후의 이념 싸움과 6.25전쟁, 세계 최하위의 찢어지는 가난으로, 우리 민족에게는 도대체 웃을 일이 없었다. 나뭇잎이 져도 슬프고, 도토리가 굴러도 슬프고, 갈매기 소리야말로 청승맞도록 처량했다. 대다수가 한과 슬픔과 체념에 젖어 있을 때 낯설기 짝이 없는 군인 한 사람이 나타났다. 박정희 장군, 대통령이었다.

그는 "하면 된다."고 다그치며 "우리들 엽전이 무얼 할 수 있겠어?"의 자기 비하와 푸념을 쪽박 깨듯 깨뜨려버렸다. 처음은 육군 부대 정문에 붙어 있던 '안 되면 되게 하라'와 유사한 구호라서 사람들은 엉버티기도 했다. 하지만 "일터로 가자. 그러면 우리도 잘살 수 있다."는 그의 다그침에 화들짝 깨어나서 호미와 낫과 삽과 곡괭이를 들고 하나씩 둘씩 일터로 나갔다.

다음은 5척 단신 박정희 대통령의 카랑카랑한 육성이다.

격동하는 시대, 전환의 시점에 서서, 치욕과 후진의 굴레를 벗어나기 위해 오늘의 세대에 생존하는 우리들의, 생명을 건 희생적 노력을 다하지 않는 한, 내 조국, 내 민족의 역사를 뒤덮은 퇴영의 먹구름은 영원히 걷히지 않을 것입니다.

정치적 자주와 경제적 자립, 사회적 융화 안정을 목표로 대혁신 운동을 추진함에 있어서, 우리는 먼저 개개인의 정신적 혁명을 전개하여야 하겠습니다.

국민은 한 개인으로부터 자주적 주체 의식을 함양하며 자신의 운명을 스스로 개척한다는 자립·자조의 정신을 확고히 하고, 이 땅의 민주와 번영, 복지 사회를 건설하기에 민족 주체성과 국민의 자발적 참여 의식, 그리고 강인한 노력의 정신적 자세를 바로잡아야 하겠습니다.

불의와의 타협을 배격하며, 부정부패의 소인을 국민 스스로가 절개, 청산하여야 하겠습니다. 탁월한 지도자의 정치 역량이나 그의 유능한 정부라 할지라도 국민 대중의 전진적 의욕과 건설적 협조 없이는 국가 사회의 안정도 진보도 기대할 수 없는 것입니다.

우리는 오늘 여기서 중단도 후퇴도 지체의 여유도 없습니다. 방관과 안일, 요행과 기적을 바라며 공론과 파쟁으로 끝끝내 국가를 쇠잔케 한 곤욕의 과거를 되풀이할 수는 없는 것입니다.

여하한 이유로써도, 성서를 읽는다는 명목 아래 촛불을 훔치는 행위는 정당화될 수는 없는 것입니다.

새 공화국의 대통령으로서 나는 국민 앞에 군림하여 지배하려 함이 아니요, 겨레의 충복으로 봉사하려는 것입니다.

시달리고 피곤에 지쳐 가는 동포를 일깨워 용기를 돋우며, 정의 깊은 대중의 벗으로 격려와 의논과 설득으로 분열과 낙오 없는 대오의 향도가 되려는 것입니다. 그리하여 국민이 지워준 멍에를 성실히 메고 이끌어, 고난의 가시밭을 헤쳐, 새 공화국의 진로를 개척해 나갈 것입니다.

질서와 번영이 있는 사회의 영광된 새 공화국 건설의 기치를 높이 들고, 다시는 퇴영과 빈곤이 없는 내일의 조국을 기약하면서, 나는 오늘 사랑하는 동포 앞에 다시 한번 '민족의 단합'을 호소하는 바입니다. 지금 우리는 조국 근대화라는 막중한 과업을 앞에 두고, 불화와 정쟁과 분열로 정체와 쇠잔을 되풀이할 것인가, 아니면 친화와 협조와 단합으로 민족적인 공동의 광장에서 새로 대아를 정비할 것인가의 기로에 선 것입니다. 또한 한 핏줄기의 겨레, 우리는 이미 운명을 함께한 같은 배에 탄 것입니다. 파쟁과 혼란으로 표류와 난파를 초래하는 것도, 협조와 용기로써 희망의 피안에 닻을 내리는 것도 오로지 우리들 스스로의 결단에 달려 있는 것입니다.

시급한 민생 문제의 해결, 그리고 민족 자립의 지표가 될 경제 개발 5개년 계획의 합리적 추진은 중대한 국가적 과제로서 여·야 협조와 정부·국민 간의 일치단합된 노력으로써 그 성과를 기대할 수 있을 것입니다.

침체와 우울, 혼돈과 방황에서 우리 모든 국민은 결연히 벗어나 생각하는 국민, 일하는 국민, 협조하는 국민으로 재기합시다. 새로운 정신, 새로운 자세로써 희망에 찬 우리의 새 역사를 창조해 나갑시다.

끝으로 하느님의 가호 속에 탄생되는 새 공화국의 전도에 영광 있기를 빌며, 이 식전에 참석하신 우방 친우들에게 감사의 뜻을 표함과 아울러 동포 여러분의 건강과 행운 있기를 축원하는 바입니다.

1963년 12월 17일
대통령 박정희

국어 교육이 새로이 실시된 지 십여 년밖에 안 된 때였음에도 문체가 순탄하며, 제3공화국 대통령으로 취임하는 소감과 각오가 진솔하게 표백된 실용주의적 연설문이다. 특히 대통령이 국민의 공복임을 자처하며, 조국 근대화의 주체가 국민 개개인임을 천명하고, 함께 동참할 것을 절절히 호소한 점이 마음을 울린다. 역시 진취적이고 미래 지향적이며 통합적 안목으로 국가의 진로를 열겠다는 확고한 의지와 개척 정신이 돋보인다. 15세기 조선 시대 이후의 주자 성리학적 관념론을 탈피하고, 새로운 실천 윤리를 제시한 선각자적 정신이 깃들인 연설문이다. 일부 내용은 생략되었다.

(8) 경이로운 산림 녹화 사업

여섯째, 박정희 대통령은 산림 녹화 사업으로 민둥산 투성이였던 온 국토를 울창한 삼림으로 푸르게 만들었다. 이승만 정부에서 시작한 녹화 사업은 땔감과 목재로 베어 내는 나무가 심는 나무보다 더 많아 성과가 미미했다. 박 대통령 정부에서는 석탄 채굴과 구공탄 공급을 본격화하여 땔감 문제를 해결함으로써 산림 녹화가 본격화했다. 우리나라가 세계인이 부러워하는 산림 녹화 성공 국가가 된 연유다.

(9) 자주 국방 개념의 정립과 실현

일곱째, 박정희 대통령은 자주 국방 개념을 처음으로 정립하고, 중화학 공업과 방위 산업 육성의 투 트랙 전략을 실천에 옮겼다.

2021년 7월 2일 유엔 무역개발회의는 한국을 선진국으로 지정했다. 회원국 만장일치였다. 식민지 고통을 겪고 일어선 대한민국이 제2차 세계 대전 이후 독립된 80여 개국 중 유일하게 선진국이 되었다. 제3세계 국가로서는 새로운 이정표를 세운 것이다.

한국이 이런 놀라운 성취에 도달한 것은 박정희 정부 주도로 펼쳤던 '수출입국'과 '중화학 공업 중심 산업화 전략'과 이병철, 허만정, 정주영, 구인회, 박태준, 유일한, 이건희 등 거인들의 '기업가 정신' 덕이다(최병천). 수출 노선은 1964년, 중화학 공업 노선은 1973년에 채택되었다.

이 시기에 우리의 안보 지형은 급변하기 시작했다. 1972년 2월에 미국 닉슨 대통령이 전격적으로 중화인민공화국을 방문한다. 이로써 미·중 간에 데탕트(긴장 완화) 분위기가 조성된다. 원수끼리 손을 잡고 수교하게 된 것이다. 미국에서 베트남전 반대 운동이 격화되는 것과 맞물려, 주한 미군 전면 철수가 현실화될 조짐이 보였다.

이에 박정희 정부는 자주 국방 정책을 추진했다. 방위 산업 육성이 초미 焦眉의 정책 과제로 급부상했다. 외자 도입이 긴요해졌다. 하지만 한국에 돈을 빌려주려는 나라가 없었다. 이때 청와대 김정렴 비서실장과 오원철 제1비서관이 아이디어를 내었다. "①군사 무기는 조립과 분해가 가능하다. ②우리 대기업들에게 방위 산업을 분담케 한다. ③정부는 국방과학연구소를 통해 대기업이 생산한 부품들에 대한 정밀한 품질 검사를 하게 한다."는 것이었다. 박정희 정부는 '전시에는 방위 산업, 평시에는 중화학 공업'에 초점을 맞췄다. 수출 100억 달러 달성도 이를 동력으로 하여 조기 달성할 수 있었다.

거대한 자본을 투입해야 하는 방위 산업을 떠맡다시피 한 대기업들은 난감해 했다. 정부는 대기업에 대폭 세제 혜택을 줌으로써 이 난관을 극복하려 했다. 세율 20% 미만이었다. 1,000개 기업 중 950개 중소기업에는 높은 과세를 하고, 50개 대기업에는 특혜를 주었다(최병천). 의식 있는 국민들의 반대기업 정서가 싹튼 원인이었다.

전문가나 정치권 인사들은 자주 말한다. 서구의 대기업들은 정부의 특혜성 지원 없이 스스로 성장했는데, 우리 대기업은 왜 정부 지원을 받아 성장했느냐는 비판이다. 하지만 이는 당시 우리나라가 서구와 달리 자체 민족 자본이 마련되지 않은 상태에서 '압축 성장'을 할 수밖에 없었다는 역사적 요청을 고려하지 않은 일반론이다. 서구에서 수백 년 걸린 산업화와 민주화를 우리는 수십 년 만에 성취하지 않았는가.

우리나라가 산업화 과정에서 권위주의 통치로 많은 민주화 인사들을 억압하고, 사회 부조리를 낳은 것은 우리나라만의 '압축 성장형 산업화'의 부작용이었다. 아무튼 우리 대기업들이 우리 정부와 중소기업, 전 국민에게 보응해야 할 막중한 빚을 지고 있는 것은 사실이다.

얼마 전에 우리 윤석열 대통령이 폴란드를 방문한 데 이어 전쟁 중인 우크라이나를 방문하여 세계 자유 연대의 우호 관계를 다지는 데 기여한 바 있다. 폴란드가 우리 방위 사업 성과물인 포탄과 전차는 물론 전투기까지 수입하기로 한 것도 박정희 정부가 초석을 놓고 발전시킨 덕분이다. 최근 중동에 9조원어치 방위 산업을 수출하게 된 것 역시 마찬가지다.

다음 미국 대통령 선거가 우리에게는 자주 국방 문제의 큰 변수다. 정신 질서에 문제가 있는 물질 최우선주의자 트럼프의 당선은 우리에게는 엄청난 변고가 될 것이다. 세계 자유민주 연대마저 미국 우선주의America First에 종속시키려 들 것인 까닭이다. 훨씬 많은 미군 주둔 비용을 한국이 책임지든지, 아니면 미군을 철수시키든지, 우리에게 선택을 강요할 것이다. 한미 관계를 가치 동맹이 아닌 이익 동맹으로 격하하려는 스트롱맨이 트럼프가 아닌가. 모든 가치를 '돈'으로 저울질하는 트럼프에게는 북한 김정은과 밀약을 맺고, 원산에 호텔과 관광 인프라를 건설하여 잇속을 챙기는 것이 한미 동맹보다 더 중요할는지 모른다. 종잡을 수 없는 사람이다. 타이완 위기에 대응할 수 있는 주한 미군이기에, 막무가내식 트럼프도 미군 철수의 만행은 삼갈 것인가? 미국 국민과 의회를 믿는 수밖에 없다.

우리는 이때야말로 실질적 자주 국방을 서둘러야 한다. 박정희 대통령 때 북한은 집요하게 간첩을 보내었고, 국내 고정 간첩과 접선케 하여 소요 사태를 책동했다. 1969년 1월 21일에는 북한 특수 부대 124군 전투원 31명이 청와대를 습격하여 대통령을 해치려 했다. 그해 10월 30일부터 11

월 3일까지 무장 공비 120명이 울진·삼척 지역에 3차례 침투하여 12월 28일 우리 국군과 교전, 소탕되기도 했다. 그 과정에서 무장 공비 7명이 생포되고 113명이 사살되었으며, 우리 쪽에서도 군인과 민간인 40여 명이 사망하고, 30명이 부상하는 피해를 입었다.

1953년 7월 27일 정전 협정이 체결된 이후에 북한은 휴전선 일대에서 끊임없이 불법 도발을 하고, 동해·남해·서해를 통해 끊임없이 간첩을 침투시켜 무고한 사람들을 납치해 갔다. 지금도 간첩이 있어 대한민국을 붕괴시킬 음모를 꾸미며 치를 떤다.

1999년 6월 15일 서해 연평도 인근 바다 북한군이 북방 한계선NLL을 넘어와 우리 해군 함정을 공격했다. 아군은 기관포로 14분 만에 격퇴했다. 북한 어뢰정과 경비정이 1척씩 침몰하고, 다른 경비정 3척도 심각한 타격을 입고 도망쳤다. 우리 쪽은 고속정 1척이 가벼운 피해를 입고, 해군 7명이 부상을 입었다. 제1차 연평 해전이다.

제2차 연평 해전은 2002년 6월 29일 오전 연평도 서쪽 14마일 해상에서 북한 경비정이 기습적으로 먼저 포격해 왔다. 25분간 이어진 교전에서 우리 해군 참수리 고속정 1척이 침몰하고 다수의 용사들이 희생되었다. 윤영하 소령, 서후원 중사, 박동혁 병장 등 6명이 전사했고, 19명이 다쳤다. 2002년 한·일 공동 개최 월드컵 축구 대회 기간에 벌어진 비극이었다. 우리의 월드컵 대회 개최를 시샘한 북한의 만행이었다. 제1차 해전에서 참패한 데 대한 보복이기도 하였다.

이에 앞선 2000년 6월 15일 우리 김대중 대통령과 북한 김정일 국방 위원장은 6.15 남북 공동 선언을 했다. 그 선언문은 아래와 같다.

남북 공동 선언

조국의 평화적 통일을 염원하는 온 겨레의 숭고한 뜻에 따라, 대한민국 김대중 대통령과 조선민주주의인민공화국 김정일 국방 위원장은 2000년 6월 13일부터 6월 15일까지 평양에서 역사적 상봉을 하였으며, 정상 회담을 가졌다.

남북 정상들은 역사상 처음으로 열린 이번 상봉과 회담이 서로 이해를 증진시키고 남북 관계를 발전시키며, 평화 통일을 실현하는 데 중대한 의의를 가진다고 평가하고, 다음과 같이 선언한다.

1. 남과 북은 나라의 통일 문제를 그 주인인 우리 민족끼리 힘을 합쳐 자주적으로 해결해 나가기로 하였다.
2. 남과 북은 나라의 통일을 위한 남측의 연합 제안과 북측의 낮은 연방제 안이 서로 공통성이 있다고 인정하고, 앞으로 이 방향에서 통일을 지향시켜 나가기로 하였다.
3. 남과 북은 올해 8.15에 즈음하여 흩어진 가족, 친척 방문단을 교환하며 비전향 장기수 문제를 해결하는 등 인도적 문제를 조속히 풀어 나가기로 하였다.
4. 남과 북은 경제 협력을 통하여 민족 경제를 균형적으로 발전시키고, 사회·문화·체육·보건·환경 등 제반 분야의 협력과 교류를 활성화하여 서로의 신뢰를 다져 나가기로 하였다.
5. 남과 북은 이상과 같은 합의 사항을 조속히 실천에 옮기기 위하여 빠른 시일 안에 당국 사이에 대화를 개최하기로 하였다.

김대중 대통령은 김정일 국방 위원장이 서울을 방문하도록 정중히 초청하였으며, 김정일 국방 위원장은 앞으로 적절한 시기에 서울을 방문하기로 하였다.

2000년 6월 15일

대한민국 대통령 김대중
조선민주주의인민공화국 국방 위원장 김정일

이런 아름다운 평화 선언을 한 지 불과 2년 만에 북한은 제2차 연평 해전을 일으켜, 우리 국민들은 북한의 배신 행위를 소름 돋도록 체험했다. 북한 당국의 약속을 믿어서 안 될 결정적 장면이었다.

김대중 대통령은 이 세기적 이벤트로 2000년 노벨 평화상을 받았다. 대한민국과 동아시아에서 민주주의와 인권을 위한 노력에 대한 포상이었다.

6.15선언은 기념비적인 이벤트였다.

6.25전쟁 이후 살벌한 대결의 장을 펼쳐 온 남북 정상이 처음으로 손을 맞잡은 것은 기적 같은 일이었다. 하지만 여기에는 무서운 함정이 숨기어 있었다. 북한이 주장하는 연방제 통일 방안이란 낮은 단계건 높은 단계건, '우리 민족끼리'와 함께 미군 철수를 노린 연막 작전이다. 비전향 장기수 송환도 문제다. 북한에 억류되어 있는 우리 쪽의 납북자와 국군 포로와의 교환이 없는 일방적 합의다. 아닌 게 아니라 우리만 비전향 장기수(공산주의자) 63명을 일방적으로 북한에 보내었다. 비상식적이다. 김정일에게 이용당했다.

또 남북 정상 회담을 조건으로 북한이 큰돈을 요구했고, 우리 쪽에서는 이에 응하여 4억 5천만 달러를, 국가정보원 계좌를 통해 북한에 송금했다. 노무현 정부에서 이에 연루된 박지원·임동원·이기호·이근영·박상배 등이 사법 처리되었다. 현대상선도 이에 연루되어 곤욕을 치렀다.

1998년 11월에 여객선을 이용한 금강산 관광이 시작되었으나, 2008년 7월 우리 관광객 박왕자 씨가 북한군 총에 사살되자 중단되었다. 육로로 금강산과 개성을 다녀오기도 하였으나 이것도 이내 중단되었다. 소탈하기 짝이 없는 현대 그룹 정주영 회장이 소 500마리를 트럭에 싣고 북한으로 가서, 몽매에도 그리던 고향 통천을 찾아보았던 일은 꿈과 같다.

2004년 12월 15일 노무현 정부는 야심차게 66㎢의 개성 공단을 건설했다. 하지만 박근혜 정부 때 변고가 생겼다. 북한이 핵 실험과 로켓 발사로 우리를 위협하자, 2016년 2월 10일 김관진 국가안보실장이 주재한 회의에서 박 대통령은 개성 공단 가동 전면 중단을 지시했다. 그 다음날 북한은 개성 공단 폐쇄 조치를 하며 우리 쪽 종사자들을 모두 추방했다.

북한과의 회담·합의·합작 사업은 모조리 실패했다. 인간의 건전한 상식과는 동떨어진 그들의 이념 편향성 때문이다. 국회 도서관 책을 제일 많이 대출해 읽었다는 김대중 대통령도 속았다.

그 시기 평양이 제한적으로 열리고, 이산가족들이 눈물로 상봉하는 몇 번의 이벤트는 성과다. 그렇다고 북한 정권을 섣불리 믿어서는 안 된다. 다 우리에게서 돈을 챙기기 위한 술수들이다. 그때 지인들이 평양에 갔다 오자고 하였으나 필자는 거절했다. 단돈 1달러도 북한 정권에 보태어 주기 싫어서였다. 그런고로 초대해 준 고향 경남 문인들의 호의로 외금강 관광 갔다 온 것을 필자는 두고두고 후회했다. 김정은·김여정 남매는 그들의 조부와 아비보다 더 사나워서 걱정이다. 우리가 건설한 개성 공업 지구 남북 연락 사무소를 폭파하고, 현대상선 소유인 금강산 관광 시설도 철거해버렸다. 그런데도 야당 일부 인사와 북한 추종 세력들은 남북 교류와 평화 노래를 지금도 부른다. 정신 사나운 편집증 증세다. 예나 지금이나 북한 수뇌부는 믿어서 안 될 존재다.

제2연평해전 이야기가 끝나지 않았다. 다시 정부에서 내린 교전 규칙에 문제가 있었다. 북한군이 도발하기 전에는 우리 군이 발포해서 안 된다는 것이었다. 6.15선언 때문이었다. 이 약점을 첩보로 입수한 북한 해군이 근접해 오기가 무섭게 갑자기 집중 사격을 하는 바람에 우리 군이 무참히, 일방적으로 당했다. 당시에 우리 총포 사수들이 목숨을 잃을 때까지 응사하더라는 생존 장병들의 증언에 양식 있는 우리 국민들은 많이 울었다. 그때에 순국한 우리 해군 윤용하 소령, 한상국 상사, 조천형·

황도현·서후원 중사, 박동혁 병장과 부상병 19인의 희생을, 우리는 잊어서 안 될 것이다.

이 이야기는 여기서 끝내어서 안 된다.

희생된 우리 국민들에 대한 김대중 정부의 조처가 이상했다. 김 대통령은 월드컵 결승전을 보러 일본으로 떠났고, 군 수뇌부의 어느 누구도 제2연평해전 순국 용사들 영결식에 얼굴을 내밀지 않았다. 국민과 언론의 비판이 있었으나 정부는 오불관언, 나 몰라라 했다. 목불인견, 눈 뜨고 차마 볼 수 없는 행태였다.

미군 장갑차에 받혀 억울하게 사망한 두 여중생 일에는 주야장천 목청을 높이던 무리들이 북한의 만행에는 모르쇠로 일관하는 그들의 정체성에, 국민들은 의혹의 눈길을 쏘았다.

2010년 3월 26일 9시 22분경 우리 해군 초계함인 천안함이 북한의 어뢰 공격으로 침몰했다. 이창기 준위를 비롯한 46인의 용사들이 유명을 달리하였으며, 구조하러 잠수했던 베테랑 한주호 준위도 순국했다. 이때 이명박 대통령은 북한의 행태를 준열히 규탄하고 순국 용사들을 정중히 모셨다.

이때에도 몹쓸 무리들은 미군 잠수함과의 충돌설 등을 주장하며 집요하게 우리 정부와 군인들을 비난, 모욕하였다. 외국인 조사단까지 참여하여 북한 소행임을 밝혔는데도 이를 받아들이지 않았다.

북한은 원자탄 실험으로 우리를 위협하고, 미국까지 도달할 1만 2천 Km 장거리 미사일로 자유세계를 겁박하고 있다.

미국을 끝까지 믿을 수 있는가? 1953년에 이승만 대통령이 체결한 한미상호방어조약은 미래에도 유효하겠는가? 북한의 원자탄이 자국을 겨냥하는 순간에도 미국이 우리 안보를 책임질 수 있겠는가? 아마도 어려울 것이다.

실질적인 자주 국방 책략을 세워야 한다. 일본이 지금 그러고 있듯이, 우리는 자체 핵무기(전술핵) 개발이 가능한 수준까지 준비해 두어야 할 것이다.

박정희 대통령이 자주 국방을 외치며, 당시 우리 국력으로는 상상하기 어려웠던 로켓 개발에 성공하지 않았던가. 스스로의 힘으로 외침에 이길 수 없는 나라는 종국적으로 망한다. 우리 윤석열 대통령의 자주 국방 의식은 확고한 듯하나, 미국과의 조율이 변수다. 자기 힘이 없는 평화 조약 같은 것이 휴지 조각이 된 것은 역사가 입증한다. 1938년 9월 독일 뮌헨에서 히틀러와 조인한 문서를 내보이며 "이제 전쟁은 없다."고 호기를 부렸던 영국 수상 체임벌린의 행적은 웃음거리가 되었다. 그로부터 1년 후인 1939년 9월에 히틀러는 폴란드를 침략함으로써 제2차 세계 대전의 신호탄을 쏘았다.

1973년 파리조약도 웃음거리다. 미국 등과 북베트남과의 그 평화 조약도 휴지 조각이 되었다. 그걸 믿고 방심하던 남베트남(월남)은 1975년 북베트남의 남침으로 멸망했다. 이 조약을 이끌었던 키신저 미국 국무 장관이 받았던 노벨 평화상도 빛을 잃었다.

명심해야 한다. '우리 민족끼리'의 종족적 민족주의ethnic nationalism, 잠꼬대다.

덧붙인다. 애치슨 라인 이야기다.

광복 후 3년간 하지 중장이 이끄는 미 군정청이 이 나라를 잠정 통치하고 물러갔다. 1949년 6월 미군이 철수했고, 1950년 1월 미 국무부 장관 애치슨이 서태평양 미국 방위선, 일명 애치슨 라인을 그었다. 알류산 열도-일본-오키나와-필리핀을 연결하는 미국 방위선이었다. 한반도와 타이완은 이에서 제외되었다. "때가 왔다."고 판단한 김일성은 소련의 무력 지원을 받아 파죽지세로 남침해 왔다. 이보다 훨씬 앞선 1905년 7월 29일 미국과 일본은 가쓰라·태프트 밀약을 맺었다. 그 결과 우리나라는 1905년의 을사늑약에 이은, 1910년 8월 29일 한일병합조약으로 일본 식민지로 전락했다. 가스라 다로桂太郞는 일본 내각 총리 대신이자 임시 외무 대신이었고, 윌리엄 태프트는 미 육군 장관(후일 제27대 대통령)이었다. "일본은 미국의 필리핀 지배를 확인한다. 코리아는 일본이 지배할 것을 승인한다."는 밀약이었다.

20세기 초부터 우리 땅에서는 "소련에 속지 말고, 미국을 믿지 말라. 일본이 쳐들어온다."는 말이 민간에 전승되었다. 고종이 아관파천(러시아 공사관으로 피신함)을 했고, 러일 전쟁에서 러시아가 이겼다면, 우리나라는 러시아에 복속되어 공산화했을 것이다. 역사 문제에서 가정은 무의미하다지만, 등골에 식은땀이 난다. 일본이 이겨서 우리나라가 식민지가 되었기에, 그래도 자유세계의 일원이 될 수 있었다는 얼치기 전화위복 이론도 우리를 몸서리치게 한다.

물론 그때와 지금의 우리나라 국력은 천양지차다. G8으로 급부상한 대한민국의 위상을 미국과 일본이 무시할 수 없게 되었다. 동북아시아 세력 판도는 한·미·일과 북·중·러 간의 대결 구도를 이루며 각축하게 될 신냉전 시대임을 알린다.

한·미·일 3국의 협력 체제는 호불호의 골칫거리가 아니라 대한민국의 생존을 판가름할 방위 시스템이다. 최근에 우리 정부가 한일 간의 불행했던 과거사 문제와 한·미·일 방위 체제 문제를 투 트랙으로 설정하고 해결책을 모색하기로 한 것은 잘한 일이다. 원수나 적은 극단적인 경우에 타도·말살해야 할 대상이기도 하나, 경우에 따라서는 설득·순화할 동반자로 끌어안아야 하는 형제일 수도 있다. 역사는 고착된 화석이 아니라 살아 있는 유기처럼 변화무쌍한 얼굴로 인류를 자주 곤혹스럽게 만든다.

이승만 대통령의 한미상호방위조약, 박정희 대통령의 자주 국방 정책과 경제 기적 성취는 우리 조국 대한민국의 생존과 번영의 기틀이 된 탁월한 업적이다. 명심할 일이다.

대한민국의 진운을 북·중·러에 거는 것은 어리석기 짝이 없는 일이다. 후손들은 길이 명심하기 바란다.

(10) 우리의 다짐

박정희 대통령의 리더십 이야기가 심히 방만해졌다. 우리나라의 진운을 바로 열어 준 결정적 요인이었기 때문이다. 박정희 대통령 18년 반 동안의 통치 기간에 심각한 고초나 불이익을 당한 많은 이들도 이제는 분노를 씻고, 미래사 준비를 위한 우리 국민과 세계 시민 공동의 광장에 합류해 주시기를 간곡히 원한다.

필자는 극단적인 운동권 학생들도 감옥이 아닌 학교에서 교사와 교수가 교육으로 순화해야 한다는 마음으로 제자들 구명 운동에 혼신의 힘을 쏟은 적이 있다. 그러다가 1980년대 무서운 정권이 필자를 '사상 의심 분자'로 낙인찍어 세 차례나 파면 지시를 내려 위협했다. 이사장과 총장의 단호한 방어 조치 덕에 필자는 간신히 교수직을 유지할 수 있었다. 앞에서도 이야기한 부끄러운 고백이다.

다 용서하고 손을 맞잡자. 그래야 우리 조국이 살고, 국민 모두가 잘살게 될 것이다.

유진오 박사나 김대중 대통령은 탁월한 학자요 지도자였다. 하지만 두 분이 주장한 남미 가톨릭 좌파의 대중경제론은 타당한 이론이 아니었다. 좌파 포퓰리즘에 중독되어 혼란을 거듭하는 남미 국가들의 실패야말로 그 증거가 아닌가. 박정희 대통령의 경제 정책이 백 번 옳았다. 김대중 대통령이 말년에 박정희 대통령의 업적을 인정하고, 기념관 건립의 필요성을 언급한 것은 대인다운 풍모였다.

그래도 남는 의문이 있다.

박정희 대통령의 권위주의(일명 독재) 정부가 꼭 장기 집권을 해야 하였는가 하는 문제다. 결론적으로 말하여 그것은 불가피했다. 그 이유는 두 가지다.

첫째, 경제 개발 초기에는 강력한 지도 체제를 갖춘 정부가 주도하여 실행력을 가속화하는 것이 필요하다. 북한, 타이완, 싱가포르가 그 전범이다.

둘째, 경제 발전은 자유민주주의 실현의 필요조건이다. 굶주리는 민주주의란 잠꼬대에 지나지 않는 허상이다.

《제3의 물결》등 명저를 쓴 미국 미래학자 앨빈 토플러의 말은 우리의 폐부를 찌른다.

민주화란 산업화가 끝나고 가능한 것이다. 자유라는 것은 그 나라의 수준에 맞게 제한된다.

우리나라가 세계 자유 시민 앞에서 이를 입증해 보였다.

우리는 자유를 중시하는 영국식 민주주의와 평등을 중시하는 프랑스식 민주주의를 두고 지금도 갈등을 빚고 있다.

안타까운 것은 박정희 대통령의 말년이다. 63년 생애에 단 하루도 휴식을 취하지 못하고 살았던 대통령의 개인사는 슬프다.

박 대통령은 자나깨나 조국 근대화와 민족중흥을 외치며 올곧게 앞으로만 전진했다. 대통령은 오직 국가와 민족의 번영을 위해서 생명을 걸고 분투했을 뿐, 자신과 가족을 위한 안일과 축재에는 관심이 없었다. 치명상을 입은 박 대통령을 접한 수도육군병원 주치의는 대통령의 해진 와이셔츠와 낡은 허리띠와 시곗줄을 보고 놀랐다고 할 정도로 대통령과 그 가족은 검소했다. 부정 축재로 수의를 입었던 여느 정치 지도자와 그 가족 들과는 결이 다른 지도자가 박정희 대통령이었다.

그런 박정희 대통령은 말년에 들어 이상 징후를 보였다. 그 영명英明하던 판단력이 흐려지고 처신에도 문제가 있었다. 육영수 여사의 부재 때문이라고 국민들은 말했다.

유신 체제 이후 '청와대 야당'으로 불리며 대통령께 민심을 정확히 전달했고, 한센병 환자의 손을 잡고 눈물지은, 온 국민의 사랑을 받던 대통령 부인 육영수 여사가 돌연 유명을 달리하며 나랏일도 휘청이게 되었다. 1974년 광복절 기념식에 잠입한 일본 조총련 출신 문세광이 발사한 총탄에 육 여사가 희생된 것이다. 48세 아까운 연세였다.

이후 박 대통령은 60대 초반인데도 몹시 노쇠해 보였고, 정치력도 궤도를 이탈하며 민심과 멀어져 갔다. 김영삼 신민당 총재를, 비정상적으로 구성된 의회의 강권으로 제명하면서 정권의 위기를 가속화하였다. 마침내 김 총재의 정치 본산인 부산과 마산에서 시위가 걷잡을 수 없이 격화하게 되었다. 이를 심각하게 본 김재규 정보부장이 대통령께 안보의 심각성을 보고하려 하였으나, 무소불위의 권력을 휘두르던 차지철 경호실장에 언로가 차단되었다.

1979년 10월 26일 박 대통령과 김재규 부장, 차지철 실장이 회동한 만찬장에서 경천동지할 사건이 터졌다. 김재규 부장의 총격에 차지철이 먼저 운명하고, 이어 박 대통령마저 시해되었다.

그때 그런 일 없이 5.16혁명의 제2인자였고, 어진 성품에 포용력과 인문학적 식견까지 갖추었던 김종필(후일 총리) 지도자에 정권을 이양하였으면, 우리 역사의 흐름은 달라졌을 것이다. 이 역시 부질없는 가정에 지나지 않는다.

마당 쓸고 동전 줍고 / 도랑 치고 가재 잡고 / 뽕도 따고 임도 보고 / 꿩 먹고 알 먹고

익숙한 우리 속담들이다.

민주화도 하고 경제 융성에도 성공했으면 얼마나 좋았겠는가. 이는 제3세계 국가 발전 과정에서 기대하기 어려운 과욕이다.

끝으로 박정희 대통령이 작사, 작곡한 〈나의 조국〉을 목청껏 부르면서 글을 맺기로 한다.

백두산의 푸른 정기 이 땅을 수호하고
한라산의 높은 기상 이 겨레 지켜 왔네
무궁화꽃 피고 져도 유구한 우리 역사
굳세게도 살아 왔네 슬기로운 우리 겨레

영롱한 아침 해가 동해에 떠오르면
우람할손 금수강산 여기는 나의 조국
조상들의 피땀 어린 빛나는 문화 유산
우리 모두 정성 다해 길이길이 보전하세

삼국 통일 이룩한 화랑의 옛 정신을
오늘에 이어받아 새마을 정신으로
영광된 새 조국의 새 역사 창조하여
영원토록 후손에게 유산으로 물려 주세

박정희 대통령의 우국충정이 충만한 우리 국민의 노래다.

박정희 대통령의 영혼에 위로가 되고, 우리 후손들에게 귀감이 되게 하기 위하여 이 기록을 남긴다.

박정희 대통령은 격렬한 반대에 직면할 때마다 당신의 통치 행위에 대한 평가를 역사에 맡긴다고 했다. 필자의 이 글도 역사적 평가의 일

단이다.

  또다시 종북 좌파 세력이 권력을 잡아 유엔사를 해체하고 미군을 철수시키지 않을까? 그것은 악몽이다. 6.25전쟁 정전 후에도 북한의 도발로 한·미 양국 군인 4,360(한국군 4,268, 미군 92)명이 희생당했다. 이를테면, 1976년 8월 18일 오전 11시경 판문점 공동 경비 구역 안의 사천교(일명 '돌아오지 않는 다리') 근처에서 미루나무 가지 치기를 하던 유엔군 사령부 경비병들이 북한군 수십 명이 휘두른 도끼 등의 흉기에 살해당한 사건은 잊히지 않는다. 저들도 사람인가. 미국 부시 대통령이 북한을 악의 축the axis of evil이라 한 말은 허언이 아니다.

박정희 리더십 (3)

혁명가답게 일세를 풍미한 박정희 신드롬은 환희와 분노를 동시에 촉발한 역사의 영예와 일대 파란이었다. 그 영예와 파란의 모순을 한몸으로 감당해야 했던 박정희 대통령의 통치 철학은 무엇이었던가? 대통령의 어록은 이를 웅변적 어조로 우리를 분기케 한다.

정치 어록이다.
- 민주주의의 본질은 한마디로 '법의 지배'로 요약될 수 있다. (1969.5.1.)
- 앞으로 누가 대통령이 되든, 오늘날 야당과 같은 반대를 위한 반대의 고질이 고쳐지지 않는 한, 야당으로부터 독재자라고 불리는 대통령이 진짜 여러분을 위한 대통령이라고 나는 생각한다. (1969.10.10.)
- 토지가 국민이라면 지도자는 비료에 지나지 않는다. 여기서 종자는 민족의 이상이 될 것이다. (1971.3.1.)

이 어록들에서 우리는 '법의 지배 rule of law'라는 자유민주 법치주의의 골간과 '독재자'의 정의, 개념과 현실의 충돌 현상과 마주한다. 아울러 야당의 '반대를 위한 반대'의 부조리와도 아프게 충돌한다. 토지와 국민, 지도와 비료, 종자와 민족이라는 탁월한 메타포에도 감탄하게 된다. 반대를 위한 반대, 저열한 비방의 정치 풍토는 지금도 변하지 않았다. 통탄할 일이다. "야당은 반대하는 정당이다."고 한 어느 국회 의원의 인식은 그릇되었다. 야당은 여당 쪽 정책 중에 긍정적인 것에는 서슴없이 협조하고, 잘못이라 생각되는 것은 냉정한 논리로써 비판하며 대안을 제시하는 창의적 정당이어야 한다. 원색적 비방과 모욕을 퍼붓는 것은 공당이 할 일이 아니다.

국방 어록이다.

- 스스로 돕고 스스로 일어나서 스스로를 지킬 줄 아는 자조自助, 자립自立, 자위自衛의 정신이 박약한 민족은 언제나 남의 침략을 당하여 수난을 면치 못했다는 것이 인류 역사의 교훈이다. (1971.2.8.)
- 자유는 그것을 위해 투쟁하는 자만의 것이며, 평화는 그것을 지킬 수 있는 자의 것이다. (1966.6.4.)
- 무방비 상태의 자유는 압제를 자초하는 법이며, 힘이 없는 정의는 불의의 노예가 되고 만다. (1968.4.1.)
- 참다운 평화 수호의 길은 평화를 지킬 수 있는 힘을 비축하고, 어느 때나 힘을 행사할 수 있다는 의연한 결의를 침략자에게 보여 주는 데 있다. (1968.7.23.)
- 아무리 방대한 국력을 가진 나라라도 안일과 태평 속에 나약해지고 방종에 흐를 때에는 세계사의 무대에서 후퇴하지 않을 수 없다. (1968.4.1.)
- 우리는 죽을 수 없다. 나도 살아야 하고, 너도 살아야 하고, 조국도 살아야 한다. 살기 위해서는 죽음을 각오하고 싸우는 길밖에 없다. (서울대학교 졸업식 유시. 1968.2.26.)
- 대통령의 직책 중에 무엇보다도 우선해야 할 일이 곧 국가의 안정 보장이다. (1971.12.6.)
- 나를 버려 겨레를 구하고, 목숨을 던져 조국을 수호하는 군인의 길, 그것은 정녕 한 인간이 국가와 민족을 위해 기여할 수 있는 가장 위대

한 공헌인 것이다. (공군사관학교 졸업식 유시, 1965.2.24.)

 호전적인 러시아·북한·중국이 전체주의 블록을 조성하며 러시아·우크라, 이스라엘·하마스 등이 다발多發 전쟁 시대를 열고 있는 이 시기의 우리에게도 이 어록은 천금같이 귀하다.

외교 어록이다.
- 오늘의 국제 정세는 우리로 하여금 과거 어느 때보다도 일본과의 국교 정상화를 강력히 요구하고 있다. 오늘날 우리가 대치하고 있는 것은 국제 공산주의 세력이다. (중략) 어려운 일이기는 하지만, 과거의 감정을 참고 씻어버리는 것이 진실로 조국을 사랑하는 길이 아니겠는가. (중략) 일본 사람하고 맞서면 언제든지 우리가 먹힌다는 열등의식부터 우리는 깨끗이 버려야 한다. (한일 회담 타결에 즈음한 특별 담화문, 1965.6.23.)
- 국제 질서가 재편성되는 과도기에는 항시 힘의 공백 상태가 생기기 쉬운 것이며, 이런 상황을 악용하려는 측으로서는 전쟁 도발의 기회라고 오판할 가능성이 많은 것이다. (국방대학원 졸업식 유시, 1971.7.20.)

 박 대통령 외교의 주안점이 경제와 안보에 있었음을 알 수 있는 어록들이다. 지금 우리도 명심해야 할 명언들이 있다.

북한·통일 관련 어록이다.
- 통일을 안 했으면 안 했지, 우리는 공산식으로 통일은 못 하겠다. (제6대 대통령 선거 유세, 1967.4.23.)
- 북한 공산주의자들과의 대결에 있어서, 이제부터 시작되는 '대화 있는 대결'이 어느 의미에서 지금까지의 '대화 없는 대결'보다 오히려 더

복잡하고 어려운 일이다. (1972년 7.4 공동 성명 직후)
- 북한 위정자들이 우리와 핏줄이 같다고 생각하는 것은 오산이다. (남북적십자 본 회담 지침, 1972.8.)
- 우리가 참는 데에도 한계가 있다. 미친개한테는 몽둥이가 필요하다. (육군 제3사관학교 졸업식 유시, 1968.8.20.)

남북 회담을 연 이후에도 대남 도발을 일삼는 북한의 뒤통수치기에 질린 박 대통령의 분노와 절박감이 표출된 대목이다. '미친개'라는 원색적 은유까지 쓴 절박성이 드러나 있다.

이제 경제 어록이다.

- 개발 도상의 나라에서 정치의 초점은 곧 경제 건설이며, 민주주의도 경제 건설의 토양 위에서만 자랄 수 있는 것이다. (1968.1.1.)
- 현대는 무역의 시대다. 한 나라의 수출 역량은 그 나라 국력의 총화요 척도가 되고 있으며, 수출을 많이 하는 나라일수록 남보다 먼저 번영과 안정을 이룩하고 발전을 거듭하고 있다. (1969.12.1.)
- 수출은 원대한 안목을 가지고 착실히 계획하고 줄기차게 실천해야 한다. 목전의 조그만 이익보다 내일에 얻을 수 있는 큰 이익을 생각하고, '나' 한 사람이나 '우리' 회사의 이익보다는 국가와 민족 전체의 이익을 앞세울 줄 아는 참다운 기업가 정신이 있어야 한다. (1966.11.30.)
- 만일 우리가 오늘 하루를 허송하여 과학 기술 진흥을 소홀히 한다면 남보다 1년 뒤떨어지게 될 것이며, 1년을 아무 노력 없이 지낸다면 10년 또는 20년 이상의 후퇴를 면할 수 없을 것입니다. (과학의 날 담화문, 1970.7.2.)
- 노동은 빈곤을 물리치는 최강이 무기이며, 자립 경제 건설과 근대화

- 과업의 원동력이다. (한국노동 대의원회 치사, 1966.10.27.)
- 시대와 환경의 변천에 관계없이, 노동은 인간이 가진 가장 근원적인 생활 무기이다. (근로자의 날 치사, 1966.3.10.)
- 나라가 흥하여야 기업이 번영하고, 기업이 번영하여야 근로자의 생계와 복지가 향상된다. (기업인에게 보내는 친서, 1979.2.4.)
- 모든 기업인은 자기가 운영하는 기업체가 단순히 자기 개인의 소유물이라는 관념을 떠나서, 국가가 민족의 기업체를 자기가 맡아서 경영하고 있다는, 소위 기업의 윤리성, 기업의 사회성을 철저히 인식해야 할 것이다. (근로자의 날 치사, 1970.3.10.)
- 잘살고 부강한 나라는 예외 없이 그 나라의 강산이 푸르고, 산림이 잘 보호되어 있음을 볼 수 있다. 반대로 가난하고, 헐벗고, 못사는 나라일수록 산에 나무가 없고, 산림이 보호되어 있지 않고, 헐벗은 모습을 드러내고 있는 것이다. (식목일 치사, 1966.4.5.)

박 대통령은 무역을 중요시하는 수출 중심 경제 정책을 펼쳤다. 이는 부존자원이 절대적으로 부족한 우리나라가 살길이었다. 내수와 중소기업과 농민을 중심으로 하는 유진오, 김대중 선생의 대중경제론으로 우리 경제를 키울 수는 없는 정책이었다.

자칫 잘못 읽으면, 박 대통령의 이런 어록에서 전체주의 사상을 읽을 수도 있다. 앞에서 인용한 국민 교육 헌장에서도 그런 빌미를 감지할 수 있다. 아니다. 그리 읽어서는 안 된다. 당시에 우리 국민들은 처절하게 빈곤했기에, 전통적인 공동체 의식도 일제의 횡포로 해체된 상황 속에 살고 있었다. '나'만 잘살면 된다는 원색적 이기주의자의 길로 내닫기 십상이었다. '홀로'만이 아니라 '더불어' 일하고 더불어 잘살게 하는 계발적 이기주의 수준으로 계도啓導하는 것이 국가의 역할이라는 대통령의 통치 철학이 담긴 어록이었다.

박정희 대통령 통치 시기 우리나라는 계몽기였다. 문경소학교 교사 출신 박 대통령은 18년이 넘는 통치 기간 동안 우리 국민의 교사요 오케스트라 지휘자였다. 대통령 치사에 '유시'라는 명령적 수사를 쓴 것도 그 예다. 그 시기의 사회·역사적 상황, 그 맥락 안에서라야 이 어록들은 바르게 읽힐 것이다.

위의 어록을 보면, 박 대통령은 국가 안보, 외교, 경제, 사회, 과학, 산림 녹화 등을 유기적이면서도 역동적인 구조체로 보고 통치했다. 가령, 구공탄이 각 가정에 보급되게 함으로써 땔나무용 나무 베기가 격감했기에, 세계에서 유례가 없을 정도로 산림녹화에 성공한 것이 그 예다.

교육·문화·의식 기타 어록이다.

- 학생들은 내일의 주인공이지, 결코 오늘의 주인공은 아니다. (1971.10.30.)
- 교육의 성과는 비록 물질적인 생산이나 건설의 성과처럼 당장 눈앞에 나타나지는 않을지라도, 거목을 키워 가는 은은한 지하의 물줄기처럼, 국가 발전의 저력이며 역사 발전의 밑거름으로서 영구불변의 가치가 있는 것이다. (종합교육센터 기공식 치사, 1971.4.14.)
- 정치적 경제적 예속이 민족의 참을 수 없는 굴욕인 것과 마찬가지로 문화적인 예속은 민족의 종장終章을 의미한다. (백제문화제 치사, 1965.10.9.)
- 옛적부터 위대한 영광의 역사를 남긴 민족에게는 늘 하늘이 먼저 어려운 시련을 준다고 했다. 그 시련을 극복한 민족에게는 영광이 있고, 그 시련을 극복하지 못한 민족에게는 패배가 있을 뿐이다. (광복절 경축사, 1968.8.15.)
- 역사는 언제나 난관을 극복하려는 의지와 용기가 있는 국민에게 발전과 번영과 영광을 안겨다 주었다. (충무공 탄신 기념 축사, 1967.4.28.)

- "안 된다."고 생각하는 사람은 영원히 못 하는 사람이다. "될 수 있다, 할 수 있다."는 자신과 의욕이 있는 사람만이 할 수 있다. (연두 기자 회견, 1971.1.11.)
- 우리가 진실로 두려워할 것은 목전의 시련과 고난이 아니며, 시련과 고난 앞에 굴복하는 실의와 체념인 것이다. (근로자의 날 메시지, 1964.3.10.)
- 미래에 사는 현명한 민족에게는 실의가 있을 수 없고, 사명을 깨닫는 세대에게는 좌절이 있을 수 없다. (1970.5.16.)
- 중단하는 자는 승리하지 못하며, 승리하는 자는 중단하지 않는다. (연두 교서, 1966.1.18.)
- 승리는 미래에 사는 편에 있고, 희망과 용기로써 전진하는 편에 있는 것이다. (서울대 졸업식 치사, 1967.2.27.)
- "양반은 얼어 죽어도 곁불을 쬐지 않는다."는 속담이 있지만, 이러한 체면치레는 우리의 "잘살아 보겠다."는 노력을 가로막는 큰 병통이다. (월간《새농민》특별 기고, 1971.4.15.)
- 농사는 하늘이 짓는 것이 아니라 인간의 지혜와 노력으로 짓는 것이다. (연두 교서, 1966.1.18.)

- '새마을 가꾸기 운동'이란 한마디로, 앞으로 정부가 농어촌에 투자하는 데 있어 주민의 자조 정신, 참여 의식, 협동성, 단결심, 근로 정신이 왕성한 지역에 우선적으로 투자해서, 이런 부락부터 빨리 일으켜, 점차 다른 지역에도 확대토록 하자는, 말하자면 정신 계발과 경제 개발의 병행 운동으로서 국가 발전의 기본 개념인 것이다. (전국 시장·군수비교행정회의 유시, 1971.9.17.)
- 낭비는 억만장자의 묘지이며, 저축은 백만장자의 요람이다. (저축의 날 축사, 1969.9.25.)

- 아침 태양이 금세 떠올랐다고 해서 온 천지가 밝아지고 따뜻해지는 것은 아니다. 그것은 시간을 요한다. 서서히 하늘 중턱에 떠올라 뜨거운 광열光熱로 내리쬐는 때라야 온 누리가 밝아지고 따뜻해지는 것과 마찬가지로, 한 해에 이룩한 경제 건설의 성과가 아무리 크다 하더라도, 우리 사회의 어두운 면이 일시에 밝아질 수는 없다. (연두 교서, 1966.1.18.)
- 메말랐던 논에 물줄기를 대었다고 해서, 당장 바닥난 논에 골고루 물이 퍼질 수는 없지 않겠는가? 우리는 한 말의 씨앗을 한 줌씩 미리 나누어 먹는 조급과 무지보다는, 이것을 심어 열 섬을 만들어 먹는 인내와 지혜가 있어야 할 것이다. (제6대 대통령 선거 방송 연설, 1967.9.23.)

박정희 대통령은 경제 발전이 자유민주주의 체제 정립의 필요조건임을 명확히 인식하고 이를 실천하려 한 선도자였다. 이를 위해 교육을 중요시한 것은 앞에서 살펴본 바와 같다.

거듭 말하거니와, 박정희 대통령의 탁월성은 과거 지향의 탄식에 매몰되기보다 국가·민족의 지평을 여는 미래 지향적인 진취적 선도력에 있었다. 박 대통령은 일제 강점기 이래 우리 민족의 집단 무의식을 사로잡은 부정적 자아 개념negative self-concept을 긍정적 자아 개념positive self-concept으로 바꾸어 놓았다. 박 대통령은 조상이나 친지를 탓하는 퇴영적 사고 방식에서 벗어나서, 스스로를 도우면서 하늘의 도움을 기다리는 적극적이고 창조적 개척 정신으로 분기케 한, '할 수 있다, 하면 된다' 정신can do-spirit의 제창자요 실천가였다.

박 대통령은 가난을 물리치는 급선무, 수천 년 묵은 굶주림을 해결하기에 매진·질주하다가, 마침내 우리 민족의 정신 문화 문제에 눈이 띄었다. 전통 문화재를 발굴·보존하고, 민족정신의 창조적 계승자를 기를 한국정신문화연구원(지금의 한국학중앙연구원)을 세웠다. 이미 응용과학 연구의 본산인 한국과학기술연구원KIST과 쌍벽을 이루는 것이 한국정신문화연구원이었다.

박정희 대통령 어록

지금 세대도 정독하며 오래 되살펴보기 바란다.

덧붙인다. 구상 시인의 추도시다.

국민으로서 열여덟 해나 받든 지도자요
개인으로는 서른 해나 오랜 친구,
하느님! 하찮은 저의 축원이오나
인류의 속죄양, 예수의 이름으로 비오니 그의 영혼이 당신 안에 고이 쉬게 하소서.

이 세상에서 그가 지니고 펼쳤던
그 장한 의기義氣와 행동력과 질박質朴한 인간성과
이 나라 이 겨레에 그가 남긴 바
그 크고 많은 공덕의 자취를 헤아리시고

하느님, 그지없이 자비로우신 하느님!

설령 그가 당신 뜻에 어긋난 잘못이 있거나
그 스스로가 깨닫지 못한 허물이 있었더라도
그가 앞장서 애쓰며 흘린 땀과
그가 마침내 무참히 흘린 피를 굽어보사
그의 영혼이 당신 안에 길이 살게 하소서.

구상具常(1919~2004) 시인의 〈진혼축鎭魂祝〉이다. 6.25전쟁 시기에 육군에서 함께 복무할 때의 지기지우였던 두 분의 정의와 축원의 진심이 서린 시다. 박정희 대통령을 '박 첨지'라 부르며 돈독한 우정을 나누었던 구상 시인은 5.16정변 후에 박 대통령과 다른 길을 갔다. 장관, 대학 총장직을 맡으라는 박 대통령의 제의를 뿌리친 구상 시인은 오직 시인의 길만 걸었다.

필자의 정신적 아버지인 구상 시인은 박 대통령의 마지막 길에 진혼축으로 함께했다.

쉬어 가기 2

1983년 4천만 온 국민의 울음보가 터졌다. KBS 1에서는 그 해 6월 30일부터 11월 14일까지 총 138일, 453시간 45분 동안 이산가족 찾기 생방송을 했다. 세계적인 방송 기록이었다.

이산가족을 찾습니다

방송 타이틀이었다. 방송국 기둥과 벽면에는 헤어진 가족을 찾는 작고 큰 벽보들이 빈틈없이 닥지닥지 붙었다. 6.25전쟁 때 헤어진 경우가 절대다수였다. 33년 만에 남매가 만나 만세를 부르는 등 방송국은 울음바다가 되었고, 전 국민이 '내 일처럼' 가슴을 치며 오열했다.

이때에 방송국 현장에서 울려 퍼진 대중 가요가 〈잃어버린 30년〉이었다.

비가 오나 눈이 오나 바람이 부나 그리웠던 30년 세월
의지할 곳 없는 이 몸 서러워하며 얼마나 울었던가요
우리 형제 이제라도 다시 만나서 못다 한 정 나누는데
어머님 아버님 그 어디에 계십니까 목메이게 불러봅니다

내일일까 모레일까 기다린 것이 눈물 맺힌 30년 세월
고향 잃은 이 신세를 서러워하며 그 얼마나 울었던가요

우리 남매 이제라도 다시 만나서 못다 한 정 나누는데
어머님 아버님 그 어디에 계십니까 목메이게 불러봅니다

박건호 작사에 남국인이 작곡한 이 노래는 설운도가 불러 이산가족들의 애를 끊어 놓았다. '목메이게'는 '목메게'의 시적 허용형이다.

이때 KBS는 총 10만 952건을 접수하여, 그해 6월 30일 밤 10시 15분부터 〈누가 이 사람을 아시나요〉를 프로그램 타이틀로 하여, 본디 7월 1일 새벽 1시까지 3시간만 방송하려 했다. 하지만 78%의 시청률을 기록하며 폭발적인 관심 프로로 떠올랐다. 방송국을 찾은 이산가족은 5만여 명에 이르렀고, 500여 명의 이산가족이 감격적인 상봉을 했다. 1983년 6월 30일부터 그해 11월 14일까지 계속된 이 생방송은 '세계 최장 시간 방송 프로그램'으로 기록되었다.
6.25전쟁이 빚은 비극의 압축적 재현이었다.

제7장
이 나라 살리는 교육

한국 교육의 시대적 과제

시대가 수상하다. 21세기는 창조 혁명이 꼬리를 무는 초불확실성hyper-uncertainty의 시대다. 사람과 기계, 기계와 기계, 현실과 가상 세계 등이 자유자재로 결합하는 초연결 현상이 빚어지고, 유전자 가위로 생명체를 조작할 수 있는 사회가 되었다. 인공 지능AI이 사람 할 일을 하는 이 시대에 유효한 교육 방략strategy이 있겠는가?

이런 질문에도 불구하고 사람은 늘 사람이고, 급변하는 세상도 사람 사는 곳이다. 자연은 깨끗하고 아름다워야 하며, 인공 불빛에 사위어 보일지언정 천체 미학은 늘 찬연하다. 황사와 초미세먼지에 덮인 지평선, 무지개조차 가뭇없는 환경 공해에 가슴이 아린 존재도 사람이다. 다만, 인공 지능 만능인 비인간화dehumanization와 로봇 전쟁 등 통제 불능이 우려되는 미래의 반낙원dystopia 현상에는 공포마저 인다.

인공 지능도 사람이 운용한다. 무엇보다도 사람이 문제다. 윤리 이야기다. 인도의 성자 마하트마 간디(1869~1948)가 100년 전에 우려했던 윤리 문제는 21세기에도 이월되어 있다. **①원칙 없는 정치**politics without principle, **②도덕 없는 상업**commerce without morality, **③인격 없는 교육** education without personality, **④인간성 없는 과학**science without humanity, **⑤근로 없는 재산**property without labor, **⑥양심 없는 쾌락**pleasure without conscience, **⑦희생 없는 신앙**worship without sacrifice을 어찌해야 하는가?

대한민국, 발등에 불이 떨어졌다. 북한 김정은의 광기와 이를 짐짓 비호하는 푸틴과 시진핑, 남한 내의 주사파 세력 때문이다.

비상한 교육 정책의 수립과 실현이 요청되는 시대다. 그 요목은 이렇다.

(1) 창의성 교육

창의성 교육을 위해서 ①교육자는 학습자들이 '열린 사고'에 익숙해지도록 개방적이고 유연성flexibility이 있어야 한다. ②교육자는 허용적인 학습 분위기를 조성하며, 학습자들의 시행착오를 허용해야 한다. 객관화된 정답만 요구받는 학생은 창의적인 사고를 하기 어렵다. ③학습 과제는 정답 맞히기를 뛰어넘는 문제 해결problem solving형이어야 한다. ④교과 간 칸막이를 없앤 다교과 융합형 탐구 교재를 만들어 교수 · 학습에 활용한다. 가령, 인문학 · 사회 과학 · 자연 과학 · 예술 · 체육 · 실업 · 기술 영역 교수 · 학습자가 특별 과정 교실에 모여 창의성 계발에 몰입할 수 있게 하는 융합형 교육 과정을 운영하는 방안이 있다. 교육자와 학습자가 누리는 '학습하는 기쁨'은 경이로울 것이다. ⑤교육부는 각급 학교, 특히 대학 교육의 자율성을 최대한 보장해야 한다. 교육부와 교육청, 교육지원청이 예산 지원을 구실로 하여, 일선 학교더러 배 놓아라 감 놓아라 사사건건 간섭하는 교육 행정은 교육자와 학습자의 창조적 상상력을 질식시킨다. ⑥특수 분야의 영재는 교내의 전문 교육자나 외부 전문 인사의 특별 지도를 받게 하여, 영재 · 천재를 범재凡才로 주저앉히는 일이 없도록 해야 한다.

학교마다 전교생이 다양한 조건으로 참여하는 '재능 발표 대회'를 열어 학습자 개개인의 적성과 특기를 파악함으로써 개별 맞춤 교육에 임한다.

(2) 소프트웨어와 컴퓨터 식 사고력 교육

지금은 디지털, 데이터 과학data science 시대다. 디지털이란 연속적인 값을 갖는 데이터나 물리량을 수치로 바꾸어 처리하거나 숫자로 표시되는 것으로 정의된다. 이런 시대에 필수적인 소양이 소프트웨어 개발에 적합한 컴퓨터식 사고computational thinking다. 소프트웨어는 하드웨어, 펌웨어와 함께 컴퓨터를 구성하는 주요 요소로서, 하드웨어 속에서 운용·처리되는 무형물 일체를 가리킨다. 펌웨어firmware는 소프트웨어를 하드웨어처럼 사용하는 존재다.

국제컴퓨터학회의 예상이다. 이제 STEM, 즉 과학science, 기술technology, 공학engineering, 수학mathematics 일자리 전반 이상이 컴퓨팅과 관련되는 실정이다. 우리 정부도 소프트웨어로 행정 체제를 구축, 운영하고 있다.

(3) 국가 정체성 교육

대한민국에 국가 정체성nation identity을 붕괴시키려는 세력이 준동해 온 지 오래되었다. 많은 국민들이 "설마 그러랴?"고 한다. 이것이 더 큰 문제다.

광복 직후부터 이 땅에 좌익 정부를 세우려는 세력은 폭동, 암살 등 무서운 테러를 서슴지 않으며 자유 민주 정부 수립을 격렬하게 저지하려 했다. 철저한 반공 지도자 이승만 대통령이 유엔의 도움으로 대한민국 정부를 수립함으로써 좌익들의 의도는 좌절되었다.

3.15부정 선거로 이승만 정부가 무너진 것, 박정희 대통령 이후 권위주의 정부가 들어선 것을 기화로 하여 뜻을 감추고 절치부심하던 좌익 세력은 '민주화'의 물결에 편승하여 이 땅에 반체제 전선을 구축했다.

그들은 학교, 학원, 언론계, 법조계, 행정계, 산업계, 농어촌 등 각계 각층에서 "대한민국은 정통성 없는 나라다."라는 정치 사상을 주입시켜 왔다. 이들의 선전·선동에 세뇌brainwash된 40~50대는 대한민국을 혐오한다. 일반 국민들 절반이 그들 생각에 동조하게 된 것이 이 나라 이념 구도다. "이승만과 박정희는 미제 앞잡이이고, 일본과 미국 제국주의자들과 치열하게 싸운 김일성이 민족의 구원자다."라는, 얼토당토않은 편견이 그들을 지배한다.

근래에 발표된 한 통계는 경악할 우리 국민 정신 지표를 제시한다. 전쟁이 나도 싸우지 않겠다는 우리 국민이 32.6%나 된다. 싸우겠다는 인구 비율은 조사 대상 79개 나라 중 40위다. 세계가치조사 World Values Survey의 보고다. 제5공화국 철권 통치 시절이었던 1981년에도 싸우지 않겠다는 인구 비율이 6.5%였다. 그동안 좌익 세력의 대한민국 허물기 세뇌 작업이 얼마나 집요하게 전개되었는가를 알리는 지표다.

　급하다. 바로 교육해야 한다. 이승만 대통령이 이 땅에 자유민주주의 대한민국을 세운 것이 '신의 한 수'였음을 가르쳐야 한다. 박정희 대통령과 산업 역군들이 일으킨 경제 건설, '한강의 기적'이 얼마나 큰 업적인지를 깨우쳐야 한다. 부정 선거와 독재의 어두운 과거사와 함께 가르쳐야 한다. 대한민국의 정통성과 빛나는 업적을 부정하고, 기업가를 적대시하여 경제 발전의 주체를 서술하지 않은 교과서부터 개편해야겠다.

　오염된 국민 정신을 정화하는 것은 시급한 과제다.

(4) 산학 연계 교육과 학문 연구

　이 땅에는 고을마다 대학이 있다. 1997년에 제정된 고등교육법에 따르면, 우리나라 고등교육기관은 4년제 대학교, 전문대학, 교육대학, 방송(통신)대학, 산업대학의 5종류다. 문제는 4년제 일반 대학이 지나치게 많다. 각 시·도별 주요 거점에 소수의 일반 대학만 남겨, 학문 중심 심화 교육을 하는 체제로 전환해야 한다. 나머지는 모두 산업·기술 관련 대학으로 과감히 개편해야 옳다. 출산율을 높일 유인誘因이 될 정책이다. 지금은 모든 고등 교육 기관에 대학교 명칭을 쓰고 있다. 세계에 유례가 없는 일이다. 설립 목적이 각기 다른 칼리지와 유니버시티가 구분되지 않는다는 뜻이다. 평균적 정의에 치우친 평등 의식의 결과다. 정체성 붕괴다.

(5) 독서 · 토론 · 논술과 논리 교육

독서 · 토론 · 논술 교육은 동시에 교육되어야 한다. 독서에서 감수성 영역이 중요시되나, 이 역시 논리와 깊이 관련된다.

우리는 세계에서 둘째 가는 지능 지수IQ를 자랑하는 한국인이다. 그런 우리에게 있는 최대의 약점은 감정 편향성이다. 논리와 이성으로 냉철히 판단해야 할 일을 매우 자주 감정적, 즉흥적으로 속단하고 처리하는 성향을 보인다는 말이다. 우리가 대체로 철학적 사고에 취약성을 보이는 것도 이 때문이라 할 수 있다.

1960년대 후반기에 포스트모더니즘이 대두된 이래 인류 문화는 민주화, 다양화의 혜택을 누리게 되었다. 이에 더하여 디지털 문화가 가속화하면서 즉흥성 · 경박성 · 찰나성 · 천박성에 몰입하게 된 우리 신인류는 거시적, 이성적인 판단이 사뭇 결여된 사고와 행동 패턴을 보인다. 이는 디지털 문화의 선두를 달려온 우리에게 시사하는 바가 크다.

우리가 논리적으로 사고하고 판단하는 데 가장 큰 약점을 보이는 것은 논리학자들이 걱정하는 '일반화의 오류'다. 일부one of them, some of them를 모두all of them로 과장하는 잘못이다. 앞에서도 말하였듯이, 논리적 판단 가운데는 전칭 판단과 특칭 판단이 있다. 가령, "요즈음 한국 젊은이들은 노인을 멸시한다."는 말(명제)은 전칭 판단이다. 이와 달리 "한국 젊은이들 중에는 노인을 멸시하는 이들이 있다."고 하는 말은 특칭 판단이다.

우리는 특칭 판단의 대상을 전칭 판단으로 과장하는 일반화의 오류를 저지르기 쉽다. 요즈음 한국 젊은이들 모두가 노인을 멸시하는 근거를 대어야 전칭 판단이 성립된다. 이 경우의 논리적 근거를 논거(evidence)라 한다. 논거가 확실치 않은 판단은 성립되지 않는다. 그럼에도 우리는 논거가 분명치 않은 판단에 쉬이 동조하여 대사를 그치곤 한다. 위험한 일이다. 심지어 과학적으로 입증된 일까지 거짓 진술을 하는 속임수에도 곧잘 동조하는 것은 심각한 병폐다.

이 같은 판단의 오류가 우리 민족의 샤머니즘적 집단 무의식과 결합할 때, 우리는 뜻하지 않게 어처구니없는 파탄을 빚기도 한다. 가령, 인터넷에 떠도는 근거 없는 소문에 부화뇌동하여 애먼 사람의 인간적 존엄성을 유린하는 세태에 우리는 분별 없이 편승하기 쉽다. 심지어 몹쓸 매스컴의 선전·선동에 휘둘려서 국가 체제까지 뒤집을 수도 있다.

지금 우리에게 논리 교육은 시급한 국가적, 범인류적 과제다.

(6) 정직성 교육

일찍이 도산島山 안창호安昌浩(1878~1938) 선생은 죽을지언정 거짓말을 하지 말라고 했다. 선생은 한 소년과의 약속을 지키느라 일본 경찰에 체포되기도 했다.

21대 국회 의원들 중의 586 운동권 출신들의 부정직은 혀를 내두르게 했다. 정의와 민주주의를 위하여 투쟁했다는 그들의 실제 삶은 위선 투성이였다. 자신은 부정직하게 살면서 남의 부정직과 사회 부조리는 가혹하게 비판한 것이 드러나서 온 나라를 흔들었다. 오죽해야 미국《뉴욕타임스》에 '내로남불naeronambul' 기사까지 났겠는가.

또 문인이나 학자 들의 표절 행위가 심각한 사회 문제로 비화飛火되기도 한다. 남의 글이나 연구 업적을 부분 내지 전부를 훔치는 표절 행위는 심각하다. 남의 나라 논문을 통째로 베끼거나 통째로 훔쳐 쓴 논문으로 박사 학위를 받은 예도 있다. 한때 특정 분야 박사 학위 논문은 남이 대리 작성하는 것을 관행으로 여긴 적도 있다. 있을 수 없는 일이다.

정직성 교육, 국가의 존망을 걸고 접근할 시급한 과제다.

(7) 문화 전통의 계승과 문화 창조 교육

한 민족이나 국가 역량의 총화는 문화다. 국가 정책의 우선순위가 늘 정치·경제·사회·문화순으로 보는 것이 관례다. 심지어 문화는 마지못해

곁다리로 끼워 넣는 데에, 특히 정치가·행정가 들은 익숙해 있다. 잘못이다.

　문화는 사람의 정신 표상이다. 정신세계가 풍요한 국민이라야 정치·경제·사회의 번영도 구가할 수 있다. 미국 하버드대 정책대학원 교수 새뮤얼 헌팅턴 등이 펴낸 《문화가 중요하다 Culture Matters》(2000)는 이런 현상을 실증적으로 제시한다.

　선진국이란 문화가 융성한 나라다. 총이나 포탄과 돈만으로 국력을 뽐내는 나라는 세계 문명사 도도한 흐름의 리더가 될 자격이 없다. 대한민국은 전통 있는 문화 국가다. 서울이 그 표상이다. 4대 궁궐이 현존하고, 기타 수많은 문화재가 즐비한 서울은 대한민국의 영원한 수도여야 한다. 사방이 수려한 명산에 둘러싸여 있으며, 크고 완만하며 유장悠長히 흐르는 한강의 도시 서울 만한 수도가 세계 어디에 있는가. 우리 한강에 비하여 파리의 센강은 실뱀같이 애잔할 뿐이다. 이 아름답고 전통문화가 빛나는 서울에서 지금 새 시대를 선도할 문화 사업과 예술 창조 활동이 펼쳐지고 있지 않은가. 서울은 문화 창조의 산실이다.

　21세기 초반에 우리 헌법재판소가 600여 년간 수도였던 서울을 관습법상 대한민국 수도라 한 것은 명판결이었다. 한때 이상한 정치 세력이 수도를 딴 데로 옮기려 한 것은 무지가 빚은 한 변고였다.

　국가의 공식적 외교를 넘어, 문화는 민간끼리 교류, 소통하는 공공 외교 public diplomacy의 장이 되기도 한다.

　풍성한 문화 창조 교육이 중요하다.

(8) 평화 교육 또는 전쟁 예방 교육

　기록된 인류 역사에서 전쟁이 없었던 날은 30일 정도라 한다. 그럼에도 19세기 말에 카네기를 비롯한 유명 인사들이 20세기에는 전쟁이 없을 것이라 했다. 아인슈타인은 원자탄을 실어 나르기에 비행기는 너무 작다고 했다. 그런데 놀랍게도 제1차 세계 대전(1914~1918)과 제2차 세계 대전(1939~1945)은 20세기 전반기 온 세계를 살육과 광란의 도가니로 만들었다.

21세기 전반인 지금 러시아·우크라이나, 하마스·이스라엘의 국지전이 다발성 전쟁 발발의 불길한 징후를 보이는 불안 속에 인류는 '설마' 하는 나태에 젖어 있다. 중국과 타이완, 북한과 대한민국이 전쟁 위기에 노출되어 있다.

교육자와 정치 지도자는 국가 안보에 무심한 학생과 국민을 깨워야 한다. 강력한 안보 태세 구축만이 전쟁을 막고 평화를 누릴 수 있음을 깨우쳐야 한다. 거대한 지상 지옥인 북한을 추종하는 종북의 미신을 하루빨리 타파해야 한다. 의뭉한 중국과 음흉한 러시아를 지지하는 전체주의의 미몽迷夢도 교육으로 화들짝 깨워야 한다.

안보 교육이 중요하다.

(9) 생태·환경 교육

지구 온난화의 위기가 현실에서 드러나고 있다. 초미세먼지 70%의 서울, 세계 도처에서 발생하는 기록적인 가뭄과 폭염·폭우, 거대한 산불, 생명체의 멸종 들, 남극·북극 빙하들이 녹는 천재지변, 이 반생명적 재앙들이 현실화해 있다.

세계 평균 기온이 0.85℃ 상승할 때 우리나라의 경우에는 1.8℃나 높아졌다. 우리나라는 대표적인 물 부족 국가가 되리라고도 한다. 이런 과학적 증거를 무시하고 원자력 발전소를 폐쇄하고 4대강 댐을 헐며, 태양광 발전소를 짓는다고 숲을 훼손하는 정책은 어리석다.

서울에는 참새와 제비 소식이 가뭇없다. 뻐꾸기와 꾀꼬리 소리도 사라진 지 오래다.

환경·생태 교육은 과학적 논거evidence에 따라 체계적으로 해야 한다.

생명의 존엄성에 무심한 학습자에게는 우선적으로 생명의 전일성全一性 교육을 할 필요가 있다.

삼라만상은 서로를 사랑한다. 세상 만물은 각자가 하나의 '너'를 향하고 있다. 살아 있는 모든 존재는 서로 내밀한 관계 속에 있다. 동물과 식물을 비롯한 모든 존재들은 끼리끼리 서로 흉내를 냄으로써 형제적 사랑으로 함께 결합되어 있다. (중략) 모든 물리적 현상은 이처럼 사랑이라는 하나의 법칙이 변해서 된 것이다. 모든 물리적 현상은 이처럼 사랑이라는 동일한 현상이 달리 표현된 것에 지나지 않는다. 한 눈송이의 응결, 한 새로운 별의 폭발, 쇠똥구리에 달라붙어 있는 쇠똥구리, 사랑하는 여인을 껴안고 있는 연인, 이들은 모두 사랑이라는 동일한 현상의 표현이다.

이는 남아메리카 니카라과의 성자 아르네스토 카르데날의《침묵 속에 떠오르는 소리》에 있는 글이다. 모든 생명은 존귀하다. 무생물, 무기질까지도 소중하다. 창조된 실체들이기 때문이다.

생명의 전일성을 믿는 사람에게는 벌레 하나의 생명도 소중하다. 하물며 사람의 목숨이랴.

개미와 지렁이 하나라도 짓이겨 죽이는 아이의 잔혹성은 자라서 사람까지 해칠 수도 있다. 어려서부터 생명의 존엄성 교육을 철저히 해야 한다.

(10) 우주 문명사 대비 교육

앞으로 제4차 산업 혁명의 추동력으로 사람의 뇌까지 조작하는 제5차 산업 혁명기가 목전에 와 있고, 우주 문명사 전개 또한 꿈이 아니게 되었다. 우리나라도 우주 로켓을 발사하며 우주 문명사 개척에 동참 중이다. 뒤처져서는 안 된다. 빠른 추격자fast follower의 수준을 넘어 선도자first mover 대열에 동참해야 할 것이다. 우선, 우주 천체들에는 천문학적 가치가 있는 금속이 매장되어 있음에 주목할 일이다.

　미국 항공우주국NASA은 2040년에 사람이 살 수 있는 행성을 찾기 위한 HWO(Habitable Worlds Observatory)를 발사할 예정이다. 앞으로 우주는 평화의 공간인 동시에 전쟁의 공간이 될 수 있다. 특히 북한의 동태가 심상치 않다.

(11) 권력자 · 부자 되기에 앞서 봉사자가 되게 하는 교육

　공무원법상 모든 공무원은 국민에 대한 봉사자여야 한다. 대통령, 대법원장, 장관 등은 '높은 사람'이 아니다. 제일 큰 봉사자다. 힘없는 사람들 앞에서 으스대는 '고관대작들'은 인격이 부실한 '못난 사람'이다.

　의사도 사람의 건강과 생명을 구하는 '천사'다. 돈은 열심히 봉사한 결과 자연히 따라오는 결과적인 수확일 뿐이다. 의사가 돈을 목적으로 환자의 머릿수를 헤아리는 순간에 그는 탐욕의 죄인으로 전락한다. 무서운 일이다.

　가난한 환자들을 무료 진료하기에 일생을 바친 의사 장기려 · 윤주홍 · 슈바이처 박사, 빈민의 구원자 데레사 성녀를 본받도록, 만인을 바로 교육해야 한다.

　권력과 재물에 눈이 먼 가엾은 영혼들도 봉사자가 되게 하는 교육, 진리의 빛 속에 있을 것이다.

(12) 보건 · 체육 교육

　심신이 부실한 사람이 무슨 큰일을 하겠는가? 보건 · 체육 교육이 모든 교육에 선행되어야 하는 이유다. 초 · 중등학교 체육 시간을 늘리고, 건강 교육에 비중을 두어야 한다. 사회 체육 활성화 또한 중요하다.

　체육 교육의 목표는 ①신체의 정상적 발달, ②지적 · 정서적 발달, ③사회성 육성, ④안전 생활, ⑤여가 선용이다.

(13) 디지털 · 인공 지능 시대의 윤리 교육

바야흐로 제4, 5차 산업 혁명의 물결이 요동치고 있다. 2015년 9월에 발간된 《세계경제포럼보고서》는 2025년에 일어날, 초연결사회hyper-connected society를 구축하는 21가지 폭발적 티핑 포인트tipping-point를 제시했다.

인구의 90%가 인터넷에 연결된 옷을 입고, 90%가 광고로 운영되는 무한량의 무료 저장소를 갖게 되며, 80%가 인터넷 정체성을 얻게 될 것이다. 90%가 스마트폰을 갖고, 언제 어디서나 인터넷 접속을 할 수 있으며, 10%가 인터넷에 연결된 안경을 쓸 것이다.

또 로봇 약사가 등장하고, 인터넷에 삽입된 모바일폰이 생겨날 것이다. 인구 조사에 센서스 대신 빅 데이터를 활용하고, 블록체인을 통해 세금을 징수하는 정부가 등장할 것이다. 기업의 이사회에 인공 지능AI 기기가 등장하고, 3D 프린터로 만든 간이 이식될 것이다. 5만 명 이상 살면서도 신호등이 없는 도시가 출현하고, 미국 도로를 달리는 차의 10%가 자율 주행차일 것이다.

이것은 불과 1년 후에 일어날 미국 사회의 변화상이며, 우리 사회도 그와 방불하게 변해 갈 것이다.

여기서도 심각한 윤리 문제가 대두될 것이다.

인공 지능 약사나 의사가 호모사피엔스, 현생 인류만큼 희로애락애오욕의 감정에 효과적으로 대응할 수 있을까? 로봇 절도, 강도, 살인, 전쟁 문제는 어떻게 할 것인가? 인공 지능에 데이터를 입력하고 조종하는 주체는 사람이니, 사람의 올바른 윤리 의식이 어느 때보다도 중요한 시대가 되었다.

미래의 초연결사회에서 극단화될 불평등은 분열과 대립, 사회 불안을 심화시킬 것이다. 자칫하면 폭력적 극단주의가 발호할 수 있다. 무엇보다도 경계해야 할 것이 비국가 무장 세력이 등장하여 국제 안보 문제가 생길 것이다. 이에 대응할 국제 공동의 협력 플랫폼 구축이 시급한 과제로 떠오를 것이다.

바야흐로 세계는 전쟁과 평화, 전투원과 민간인(비전투원)의 경계가 불분명해지고, 싸움터 역시 국지적局地的이면서 세계적인 시대에 접어들 것이다. 가령, 중동 지역의 다에시Daesi(또는 아이시스 ISis)는 소셜 미디어를 통해 100 나라 이상 온 세계를 대상으로 전사戰士를 모집하고 있으며, 전 세계를 대상으로 테러를 벌이고 있다. 이들은 첨단 기술로 무장하고 인명 살상에 혈안이 되어 있다.

사이버 전쟁이야말로 어찌할 것인가? 에너지원, 상수도와 교통 관리 시설, 전기 시설망, 금융 전산망, 일반 행정·군사 시스템 등이 해킹당하거나 공격받는 것은 무서운 위협이다. 이들 해커, 사이버 테러 범죄자 들, 특히 실체가 분명치 않은 공격자들에 대한 대비 태세를 시급히 마련해야 할 것이다.

자율 전쟁 시대가 올 것이다. 군사 로봇과 인공 지능을 기반으로 한 자율 전쟁의 로보워robo-war 시대가 도래한다는 뜻이다. 생체 공학 기술이 인공 비행 조종사와 군인에 적용될 경우도 있을 것이다. 가령, 알츠하이머 치료용으로 고안된 뇌 기기가 군인의 체내에 삽입되어 기억을 지우거나 새 기억을 만들어 낼 수 있을 것이다. 클라우스 슈밥Klaus Schwab은 '뇌가 싸움터가 될 것'이라고 말한다.

드론은 그 크기에 관계없이 무서운 무기가 될 수 있다. 웨어러블 기기의 활용으로 군인들은 스트레스를 줄이고 전투력을 증강시킬 것이다. 전쟁터에서 필요한 교체 부품을 디지털 이미지로 전달받아 제조할 수 있을 것이다. 나노 기술로 메타 물질metamaterials과 지능 물질smart materials을 개발하여 무기의 성능을 증진시키고, 가벼운 이동식 무기를 만들 것이다.

생물 공학, 유전학, 게놈(지놈) 분야의 기술 개발로 공기 감염 바이러스·인공 슈퍼 버그superbugs·유전적으로 변이된 전염병원 등이 만들어지고 만약 악용된다면, 인류 종말의 일대 변고가 생길 것이다. 전시에 악의적 콘텐트와 선전 활동이 확산되고, IS 같은 집단이 추종자들을 모집하는 데 이것들이 악용되는 사회는 실로 끔찍하다.

위성 시스템을 이용한 극초음속 활공 무기hypersonic glide weapon가 등장하게 되면, 우주 전쟁이 일어날 것이다. 쇼셜 미디어에 대한 판별력이 취약한 청소년들이 전쟁 충동 욕구에 무차별 노출될 수 있다는 것은 심각한 문제다.

핵 전쟁의 공포는 어찌할 것인가? 20세기 후반에 들어 상호 확증 파괴 MAD, mutually assured destruction 체제를 갖추어 비교적 안정되었었다. 그런데 북한의 핵과 미사일 문제가 골칫거리로 대두되었다. 만약 그 위험한 무기가 국제 테러 조직에 들어간다면, 디지털 기술로 인한 그 파괴력은 가공할 위력을 떨칠 것이다. 지금 북한이 개발한 핵 문제를 전 세계인이 주목하는 이유다.

유엔을 중심으로 한 국제 기구들은 제4차 산업 혁명 시대의 국제전, 우주전에 대비할 공식 기구를 출범시켜야 할 것이다. 이를 뒷받침하기 위하여 온 세계 모든 국가가 이를 뒷받침할 교육 시스템을 갖추고 가치관의 지표를 세워야 할 것이다.

제4,5차 산업 혁명은 파천황의 사회 변혁을 일으킬 것이다. 농경 시대적 고향 의식이 희박해지고, 민족 의식은 실체가 없어질 것이다. 따라서 한 개인의 정체성 자체가 새롭게 형성되고 다양화할 것이다. 저렴한 연결 비용 덕분에 가족의 구성 형태나 정체성이 다양해지고 있다. 전통적 가족 단위는 초국가적 가족 관계망으로 대체될 것이다. 노동 시장도 크게 변할 것이다. 특히 기술 인력의 이동은 다양해질 것이며, 인력을 다른 나라에 빼앗기는 쪽의 쇠락이 예상된다. 또 초연결 시스템으로 가족의 정체성正體性이 재정립되어, 가족 구성원들이 초국가적 가족 관계망으로 새로운 형태를 보일 것이다.

세계는 이미 급변하고 있으며, 인간은 이 급변 사태에 대한 적응 수준에 따라 심화된 계층 분화 현상을 보인다. 특히 경제적 불평등 문제가 역사상 어느 시대와도 다른 양극화 현상으로 나타나게 될 것이다.

경이로운 새 기술 문명 앞에 지금 인류는 거의 무방비 상태로 노출되어 있다. 새로운 생물학은 질병 치료에 획기적인 공헌을 하겠으나, 장기 이식은 물론 두뇌까지 이식하여 인간 개체의 정체성 교란 현상을 빚을 것이다. 줄기 세포 문제, 맞춤형 아기 생산 등 생명 공학의 윤리성에 대한 미증유의 가치관 논란이 비등할 것이다.

데이터 과학data science의 이 시대에 무신론이 독주하고, 호모 사피엔스는 기술신, 호모 데우스Homo Deus가 되어 기술 만능주의에 굴복할 것인가? 인간은 알고리즘의 제안과 친구나 동료의 충고 중 어느 쪽을 받아들여야 하겠는가? 질병 진단을 거의 완벽하게 하는 로봇 의사와 인간 의사 중 어느 쪽에 의존하겠는가? 첨단 무기로 자행하는 테러, 우주 전쟁에는 어떻게 대처하겠는가? 이런 거대 담론에 앞서 사이버 테러와 해킹에 어떻게 대처해야 하는가? 과학·기술은 가치 중립Wertfreiheit적이다. 사람이 그것을 어떻게 쓰느냐가 문제다.

이 모두 윤리, 가치관 교육 문제로 귀결된다. 교육 문제를 정치 논리로만 풀려는 우리나라 교육 정책은 패착이다. 제4,5차 산업 혁명이 가져올 개인, 국가, 세계, 우주적 격변 현상의 도전에 응전하는 치밀하고 거시적인 교육 정책을 펼쳐야 한다.

이 시대의 교육 정책은 비전문적인 대중의 여론에만 의지해서는 안 된다. 전문가 그룹의 전문적 정책 기조를 최우선 순위에 두고, 대중의 여론은 참조 사항으로 고려하는 것이 옳다. 사실이나 진리를 표결에 부치는 것은 아둔한 일이다. 과학·기술 문제는 과학·기술 전문가에게 물어야 한다. 셰익스피어가 그의 극작품에서 말했듯이, '바보가 박사를 비웃는' 일이 있어서는 안 된다.

21세기 한국 교육, 우리 모두 정신 바짝 차려야 한다. 한 개인이나 나라, 세계, 우주의 운명이 교육에 달려 있다. 그 교육의 최전선에 교사와 교수가 서 있다.

국가는 교사와 교수를 절대적으로 존중하고, 연구·개발R&D 연구비를 깜짝 놀랄 만큼 지원해야 한다. 등록금 깎고, 시행착오를 허용하지 않는 단기 성과에 급급하여 연구비 줄이는 정책을 펼치는 것은 나라를 망치는 일이다. '고등 교육의 대중화'란 명분으로 4년제 일반 대학을 우후죽순격으로 세워 놓고, 연구를 부실화해 온 정책은 하루바삐 수정되어야 한다. 거듭 말한다. 4년제 일반 대학은 소수 정예 교육을 해야 한다. 탄탄한 기초 과학 교육을 기반으로 하여 과학·의학 분야 25명의 노벨상 수상자를 낸 일본을 보자. 40여 년을 교육 일선에서 분투했던 필자의 간곡한 호소다. 이공계 대학 입시 과목에서 미분, 적분, 기하를 제외하겠다는 우리 교육 정책은 난센스다.

제4,5차 산업 혁명기의 윤리 교육 문제를 비근한 예로 정리해 본다.

개인 정보가 노출되어 보이스피싱이 횡행하고, 얼토당토않게 합성된 사진으로 인하여 공개적으로 치욕을 당하며, 애먼 사람이 매장된다. 가짜 뉴스가 창궐하여 개인, 사회, 국가의 명예가 훼손된다. 유튜브를 통해 온갖 불량 정보가 유출되어 사회가 혼란에 빠진다. 인공 지능 기반의, 얼굴과 이미지 등의 합성 기술인 딥페이크deepfake의 폐해는 심각할 것이다.

개인의 사생활이 인공 지능에 감시당하는 불안과 공포가 21세기 인류를 덮치게 된다. CCTV와 스마트폰 녹음기 등에 상시 노출되어 있는 현생 인류는 첨단 기기의 감옥에 살고 있다. 1949년 영국 작가 조지 오웰(George Owell, 1903~1950)이 쓴 가상 소설 〈1984년, Nineteen Eighty Four〉의 공포 분위기를 연상시킨다. 빅 브라더Big Brother에 감시당하는 억압 체제 말이다.

인간 대역을 하는 각종 로봇과 현생 인류는 어떻게 공존할 수 있겠는가. 로봇 의사, 로봇 약사에 이어, 일본에서는 장례를 염가로 치뤄 주는 로봇 승려까지 등장했다. 해킹, 사이버 테러, 보이스피싱, 인공 지능을 이용한 테러와 전쟁 등에는 어떻게 대처할 것인가.

과학적 발명의 절대 다수는 가치 중립values free, Wertfreiheit의 좌표에 있다. 그것을 선용하느냐 악용하느냐 여부는 인간의 가치관, 윤리 의식에 달려 있다. 제2차 세계 대전이 끝난 이후 미국의 일부 과학자들은 파업을 선언했다. 과학자의 순수한 연구를 전쟁광들이 대량 살상 무기 만들기에 악용한다는 것이 이유였다. 특히 원자탄 사용을 규탄했다. 1945년 8월 6일과 9일 미군이 일본 히로시마와 나가사키에 원자탄을 투하하여, 히로시마에서 18만 명, 나가사키에서 25만 명이 일시에 사망한 참극이 빚어졌기 때문이다. 결국 인문·사회 과학자들이 그들을 설득했다. 그들 말대로 한다면, 무기 만드는 사람들의 식량을 대는 농업인들도 파업해야 하지 않겠는가.

아무튼 21세기 국가들은 맞춤형 윤리 교육을 위한 행정적, 법률적 제도 정비부터 서둘러야 할 것이다. 교육 전문가들이 새로운 윤리 교육 지침을 마련하는 일이 급선무인 것은 물론이다.

디지털 기기 만능주의는 위험하다. 유럽 여러 나라와 타이완이 선거에서 수작업 개표를 한 것이 그 예다. 고약한 세력의 해킹 문제가 심각한 때문이기도 하다.

인공 지능AI에 대한 미래학자futurologist의 관점은 비관론과 낙관론으로 갈린다. 비관론자는 말한다. 인공 지능이 사람의 감정을 알아차리고 교감하는 수준에서 사람을 넘어선다면, 사람의 지위는 반려견 수준으로 추락하게 되리라는 것이었다. 사람의 뇌를 본뜬 일반 인공 지능AGI은 사람의 지능을 능가할 수도 있겠기 때문이다(김진석, ≪강한 인공 지능과 인간≫). 인간 두뇌 과학cybernetics의 두려운 성과다.

이와 달리 인간성 가운데는 인공 지능이 모방할 수 없는 영역이 있으므로, 인공 지능은 도구에 불과하다는 관점도 있다. 인공 지능은 사람의 감정을 흉내 낼 수 있어도 사람과 교감할 수는 없다는 견해다. 사람은 인공 지능을 도구화하여 더 나은 삶을 살 수가 있다는 것이다. 두려운 것은 사람이 로봇화하는 것임에 경고를 보낸다. 인간이 자기 욕망을 인공 지능에 '외주화'하는 것이 두렵다는 말이다.

얼마 안 있어 아주 달라진 신인류가 출현할 것이다. ①기계와 사람을 결합한 사이보그Cyborg, ②로봇에 인공 지능을 실린 안드로이드Android, ③유전자 조작으로 태어난 강화 인간Super Human, Enhanced 또는 Boosted Man 등이다. 인간이란 무엇인가에 대한 재정의가 요청될 것이다.

또한 3차원 가상 세계인 메타버스Metaverse(meta+universe)와 현실 세계가 뒤섞이는 시공時空에서 사람들은 정체성의 혼란을 겪을 것이다(메타버스, 1992년 SF 작가 닐 스티븐슨의 소설 〈스노 크래시Snow Crash〉에서 처음 등장).

정신 바짝 차려야 할 시대가 박두했다. 인공 지능AI 디지털 교과서가 출현하게 된 시대다.

(14) 고전적 인문학 교육

고전적 인문학인 문학·사학·철학 교육은 인생과 역사의 바른 지표를 제시한다. 문학은 인생과 역사의 진상과 진실을 구체적으로 보여주고 showing, 철학은 그 진실을 추상적으로 진술하며telling, 사학은 그 중간 영역에 자리한다.

요컨대, 고전적 인문학은 인생과 역사의 본질과 의미, 인생과 역사란 무엇이며, 사람은 어떻게 살아야 하는가를 알게 한다. 이 인문학에 무지한 사람은 왜 사는지도 모르고 살아가는 피동적인 생존자일 뿐이다.

인문학이 위기에 처하였다. 동물적 생존에 직접 관여하지 않는 분야인 까닭이다. 시 한 편 읽지 않고도 세상에서 현저한 인물이 될 수 있다. 하지만 그런 인물들만으로 이루어진 사회, 나라, 세계는 불안하다. 왜 사는지도 모르고 사는 인생, 헛되고도 헛되다.

기초 과학과 마찬가지로 고전적 인문학도 삶의 기본이 되는 학문이다.

대학에서 문학·사학·철학 전공이 소멸의 위기에 직면해 있다. 전공 학과가 소멸하더라도, 인문학 강의만은 교양 필수 과목으로 설정해야 마땅하다. 고전적 인문학 교육은 수요·공급 만능의 시장 경제적 흐름에만 맡겨서는 안 될 절체절명의 생명적 과제다.

교육만큼 소중한 것이 없으면서 교육만큼 정치의 들러리로 전락한 분야도 없다. 행정가들은 정신 바짝 차려야 한다. 교육이 나라를 살린다. 이상한 교사들이 이상한 교육을 하여 대한민국의 정체성을 유린하는 동안 대통령·장관·국회 의원 들, 우리 모두는 대체 무엇을 했단 말인가.

교육 유신이 필요한 때다.

국방의 2대 보루는 군대와 학교다. 군인들이 대한민국의 정체성을 그릇 알면 전선戰線이 무너진다. 학생들이 나라의 정체성에 대하여 그릇 배우면, 국민 정신이 통째로 훼손된다. 전 국민이 이를 깨쳐 알아야 한다.

무너진 교권, 어찌할 것인가 / 교사론

1

2023년 7월 21일은 한국 교육에 조종을 울린 날이다. 서울 서초구 서이초등학교 젊은 선생님이 스스로 목숨을 끊은 날이다. 어떤 이는 '일개 선생 한 사람' 희생된 걸 두고 무에 그리 요란을 떠느냐고 혀를 찰는지도 모른다. 이런 비극은 이전에도 여러 차례 일어났으나, 우리가 모르는 체했다.

이것은 '일개 선생'의 개인적인 비극에 그치는 단세포적인 돌출 사건이 아니라는 데에 문제의 심각성이 있다. 1980년대 이후 켜켜이 쌓인 우리 사회의 모순이 빚은 필연적인 결과다. 병든 유기체의 썩은 종기가 곪을 대로 곪아서 마침내 터진 격이다. 그 원인 진단이 긴요하다.

첫째, 일제 강점기 이후 권위주의 교육 시기에 굳어진 체벌 교육의 폐습을 대체할 새로운 교육 윤리 정립에 실패했다.

둘째, 1987년 민주화 이후 좌파 정부의 이념 편향적 교육 정책이 이 빈틈을 파고들었다. 특히 우리 역사의 정통성을 대한민국이 아닌 북한에 두는, 왜곡된 역사관의 교수 학습이 드러난 교육 과정manifest curriculum과 잠재적 교육 과정latent curriculum에 집요하게 영향을 끼쳐 왔다. 교사와 학생을 적대적 계급 관계로 몰아 왔다.

셋째, 과거 학생 시절에 모욕적인 체벌 처분을 받은 현 학부모들의 트라우마가 민주화된 지금의 교사들에 대한 불신과 공격 상황을 빚게 되었다. 더욱이 학생인권조례를 아전인수적·편향적으로 받아들이게 된 학부모들이 아이들의 스승을 적대시하여, 폭행과 고소·고발의 대상으로 여기고 괴롭히게 되었다.

넷째, 권력과 물질 제일주의가 지배하는 우리 사회에서 교육자의 위상은 가속도로 추락해 왔다. 권력이나 재물 쪽으로만 보면, 전혀 매력적이지 않은 교육자는, 인격이 미성숙한 학부모 입장에서는 괴롭히기 딱 좋은 대상일 수밖에 없다. 개중에는 교육자를 괴롭히는 사디스트도 있다. 일종의 잠재적 열등감inferiority complex의 발현이다.

다섯째, 학생인권조례의 부작용이 드러났다. 이는 "헌법, 교육기본법, 초중등교육법, 유엔아동권리협약에 근거해 모든 학생이 인간으로서의 존엄성과 가치를 실현하는 것을 목적으로 한다."는 탄탄한 논리를 바탕으로 하여 제정되었다. 주요 내용은 ①처벌받지 않을 권리, ②표현의 자유를 누릴 권리, ③교육 복지에 관한 권리, ④양심과 종교의 자유를 누리는 권리 등이다. 전국 16개 시·도 교육청 가운데 이를 시행하는 곳은 경기도(2010.10.5.), 광주광역시(2011.10.5.), 서울특별시(2012.1.26.), 전라북도(2013.7.12.), 충청남도(2020.6.26.), 제주특별자치도(2020.12.23.)다.

언뜻 보아 당연하고 좋은 조례로 보인다. 문제는 이 조례 제정의 의도에 있다. 조례 제정 주체는 1980년대 교사의 성향을 고려하여 이 조례를 만들었을 것이다. 교사는 폭력적이라는 '일반화의 오류'를 범한 것이다. 옛날 교사들 중의 극소수만이 모욕적인 언어폭력, 신체 폭력을 행사하였을 뿐인데, 그걸 모든 교사가 폭력범인 양 생각한 것이다. 더욱이 지금의 교육 대학과 사범 대학을 나왔거나 교직 과정을 이수한 교사들은 '민주 교육'을 충분히 받고 어려운 임용 시험을 거쳐서 뽑힌 엘리트 선생님들이다. 이런 선생님들을 잠재적 폭력범으로 보고 이런 조례를 만든 의도에 문제가 있다. 더욱이 훌륭한 교육기본법이 있는 터에 구태여 이런 법을 만든 것은 지붕 위에 또 지붕을 얹는, 옥상가옥 격이다. 우선 교육기본법 제2조를 보자.

제2조(교육 이념) 교육은 홍익인간弘益人間의 이념 아래 모든 국민으로 하여금 인격을 도야하고 자주적 생활 능력과 민주 시민으로서의 자질을 갖추게 함으로써 인간다운 삶을 영위하게 하고, 민주 국가의 발전과 인류 공영人類共榮의 이상을 실현하는 데에 이바지하게 함을 목적으로 한다.

우리나라 교육 이념은 단군 조선이 표명한 홍익인간, 인간(세상)을 널리 이롭게 하는 정신이다. 인격 도야, 자주적 생활 능력, 민주 시민의 자질과 인간다운 삶, 민주 국가 발전, 인류 공영이 그 덕목들이다.
학습자 · 보호자 · 교원에 대한 교육기본법의 규정도 나무랄 것이 없다.

제12조(학습자) ③ 학생은 학습자로서의 윤리 의식을 확립하고, 학교의 규칙을 준수하여야 하며, 교원의 교육 · 연구 활동을 방해하거나 학내의 질서를 문란하게 하여서는 아니 된다.
제13조(보호자) ① 부모 등 보호자는 자녀 또는 아동이 바른 인성을 가지고 건강하게 성장하도록 교육할 권리와 책임을 진다.
② 부모 등 보호자는 자녀 또는 아동의 교육에 대하여 학교에 의견을 제시할 수 있으며, 학교는 그 의견을 존중하여야 한다.
제14조(교원) ① 학교 교육에서 교원의 전문성은 존중되며, 교원의 경제적 · 사회적 지위는 우대되고 그 신분은 보장된다.
② 교원은 교육자로서 갖추어야 할 품성과 자질을 향상시키기 위하여 노력하여야 한다.
③ 교원은 교육자로서 지녀야 할 윤리 의식을 확립하고, 이를 바탕으로 학생들에게 학습 윤리를 지도하고 지식을 습득하게 하며, 학생 개개인의 적성을 계발할 수 있도록 노력하여야 한다.
④ 교원은 특정한 정당이나 정파를 지지하거나 반대하기 위하여 학생을 지도하거나 선동하여서는 아니 된다.

교육기본법 중 위의 3개 조항만으로도 학교 교육은 순조롭게 시행될 수 있다.

하지만 인간이 일으키는 사건이나 일에는 원인이 있다. 학생인권조례까지 마련할 정도로 일부 교육자들 쪽에 문제가 없지 않았다. 교육자도 사람이다. 사람마다 개성이 다르고, 교직 전문성이나 적성에 문제가 있는 사람이 없지 않다. 자기 개인 사정으로 일어난 분노를 학생에게 투사하는 의식, 무의식적 전형轉形transformation 형식으로 표출되는 현상이 문제일 수 있다. 폭력적 가정이나 그런 사회 환경에서 성장한 교육자의 폭력적 인성人性이 학생에게 전이emotional transference될 수도 있다.

교육 대학·사범 대학 등 교사 양성 기관은 교직 적성 검사를 통하여 예비 교사들의 특성을 파악하고 특별 교육을 시행하는 것이 중요하다. 하지만 교육자들 절대 다수는 교육 전문성과 교직 적성 쪽에서 충분히 긍정적이다. 교육자 집단은 상대적으로 윤리적 수준이 높다. 한때 일부 교육자들이 학부모들의 촌지寸志에 타협적 자세를 보였던 것은 우리 교육사의 치부였다. 교육자가 어찌 학부모에게 금품을 받는단 말인가. 상상도 할 수 없는 일이다. 다만, 1970년대 이후 우리나라 '압축 성장기'에 도처에 만연해 있었던 사회 풍조에 문제가 있긴 했다. 그래도 교육계만은 깨끗해야 했다. 교육자·의사·간호사·법조인·공무원은 하늘이 특별한 소명과 청렴 의무를 선물로 내려 준 사람들이다. 이런 직분에 있는 사람들이 썩으면 나라와 세계가 병들 수밖에 없다.

이제 우리나라 교육자들은 달라졌다. 교육 전문성은 상향 평준화했고, 청렴도도 자랑스러울 만큼 높다. 학부모의 부정 금품이 오갈 수 없고, 학생을 폭력으로 다스리는 제왕적 교권이 사원 지 오래다. 그런 풍속이 극단화하여 학생들이 담임 선생님께 스승의 날 기념 꽃 한 송이 드리는 것조차 뇌물로 여기는 폐풍까지 생겼다. 시정해야 한다. 따뜻한 인간애마저 말살하려는가.

이런 마당에 이제 어느 무지한 교육자가 폭력 교권을 행사한단 말인가. 학생인권조례의 독소 조항은 수정되어야 한다. 법률과 정령이 많은 사회는 불행하다. 툭하면 입법을 남발하고, 이를 '조자룡이 헌 칼 쓰듯하는' 지금 우리 국회 풍조도 망국의 신호등 켜기와 방불하다.

도지이정道之以政, 제지이형齊之以刑, 민면이무치民免而無恥.
도지이덕道之以德, 제지이례齊之以禮, 유치차격有恥且格.

법제로써 다스리고 형벌로써 질서를 유지하면 백성들이 형벌 면하는 것을 수치로 생각하지 않을 것이다.
덕으로써 다스리고 예로써 질서를 유지하면 잘못을 수치로 알고 바르게 될 것이다.

《논어》〈위정爲政〉편에 있는 말이다. 이 명언이 오늘날 현실에 그대로 적용되기는 물론 어려울 것이다. 하지만 걸핏하면 법을 뚝딱 만들어 이를 남용하는 것은 망국적인 행태다.
법이 많은 나라 사람들은 불행하다.

다음은 초·중등교육법의 일부다.

제17조(학생자치활동) 학생의 자치 활동은 권장·보호되며, 그 조직과 운영에 관한 기본적인 사항은 학칙으로 정한다.
제18조(학생의 징계) ① 학교의 장은 교육을 위하여 필요한 경우에는 법령과 학칙으로 정하는 바에 따라 학생을 징계할 수 있다. 다만, 의무 교육을 받고 있는 학생은 퇴학시킬 수 없다.
② 학교의 장은 학생을 징계하려면 그 학생이나 보호자에게 의견을 진

술할 기회를 주는 등 적정한 절차를 거쳐야 한다.

제18조의 2(재심 청구) ① 제18조 제1항에 따른 징계 처분 중 퇴학 조치에 대하여 이의가 있는 학생 또는 그 보호자는 퇴학 조치를 받은 날부터 15일 이내 또는 그 조치가 있음을 알게 된 날부터 10일 이내에 제18조 ③에 따른 시·도 학생징계조정위원회에 재심을 청구할 수 있다.

여기에는 학생 자치 활동과 학교장의 학생 징계권이 명시되어 있다. 그런데 학생인권조례는 이 규정을 무력화한다. 학생은 처벌 받지 않게 되어 있다. 이 조례는 신법·특별법 우선 원칙에 준하는 효력을 발휘하여, 학생이 어떤 행위를 해도 처벌받지 않게 만든다. 이는 교권의 기본이 되는 학생 생활 지도 권한을 원천적으로 봉쇄한다.

왕성한 인격 형성 과정에 있는 미성년자의 잘못된 언행을 바로잡아 줄 어른은 1차적으로 부모이고, 2차적으로 교육자다. 아이나 어른이나 불완전한 존재이므로 잘못을 저지를 수 있다. 저지른 잘못에 대하여 누구나 책임을 져야 한다. 학생에 대하여 교육자는 우선 덕성으로 감화하는 훈도에 전심전력해야 한다. 그래도 안 되면 응분의 책임을 지는 처벌로써 잘못을 깨우칠 수밖에 없다. 학생은 처벌을 해서 안 될 천사가 아니다. 학생인권조례는 교육자를 다분히 적대적 대상으로 본 잠재의식에 이끌려 제정된 것으로 보인다.

학생과 학부모 책임을 논하기에 앞서 교직의 본질에 대하여 생각해 보아야 한다.

2

누가 뭐래도, 세상이 상전벽해이듯 변해도 교직은 성직聖職이다. 거룩한 직분이라는 뜻이다. 교사는 성직자에 못지않게 무조건적인 아가페적 사랑으로 학생을 보살피며 선도해야 한다. 학생이 빗나가도 거듭 용서하며 사랑으로 훈도해야 한다. 덕으로 감화시켜야 한다. 학생이 엇나가고 교사를 미워하더라도, 그의 인격을 신뢰하고 어진 덕으로 사랑하며 그의 뉘우침에 소망을 버려서는 안 된다. 신덕信德 · 애덕愛德 · 망덕望德으로 학생을 감동케 하여야 한다. 참된 사랑은 '그럼에도 불구하고의 사랑'인 까닭이다.

그래도 안 되면 상담 교사 등 동료 교사와 교감 · 교장 선생님의 도움을 받고, 그럼에도 안 되면 학부모와 협력하여 선도해야 한다. 꼭 교사가 그렇게까지 해야 하는가, 교재 연구와 다른 학생 지도와 행정 사무가 산더미 같은데 그렇도록 피땀을 쏟아야 하는가? 물론이다. 농업인이 농작물을 기르는 데도 최선을 다하는데, 사람을 기르는 교육이야 더 말해서 무엇하겠는가. 학생선도위원회 같은 기구가 필요한 이유다.

1960년대부터 교육을 했던 한 고등학교 교사의 체험담을 우리는 경청해야 한다.

서울 시내 공립 고등학교에 발령을 받은 A 교사는 처음 임한 수업 시간에 학생들 출석 여부를 확인하려 이름을 부르기 시작했다. 부름 받은 한 학생이 주먹으로 교실 유리창을 와장창 깨뜨렸다. 순간 학급 학생 모두의 시선이 A 교사에게로 쏠렸다. A 교사는 서슴지 않고 그 학생에게로 달려갔다. 그 학생의 손을 잡으며 말했다.

"너, 손 다치지 않았니? 유리창이야 새로 끼우면 되지."

A 교사의 반응에 그 학생은 흠칫 놀라며 선생님을 쳐다보았다. 신기하게도 그 학생의 손은 멀쩡했다. 주먹질에는 도가 트인 아이였던 것이다. A 교사는 태연히 수업을 끝낸 뒤 서무실에 연락하여 유리창을 새로 끼우게 했다. 유리 값은 A 교사가 책임졌다.

방과 후에 그 학생은 교무실로 A 교사를 찾아와 무릎을 꿇고 눈물을 흘렸다. 선생님은 그 학생과 중국 식당으로 가서 자장면을 곱빼기로 먹고 길거리로 나왔다. 선생님은 학생의 남루한 신발을 갈아 신기며 말했다.

"너, 이 신을 신고 아무 데나 다녀서 안 된다."

학생은 고개를 크게 끄덕였다.

알고 보니, 그 학생은 가정 사정이 복잡했다. 폭력적인 아버지 밑의 여러 형제로 자라느라 자기는 늘 소외되었고, 술 취한 아버지의 폭언·폭행에 시달리는 것이 일상이었다. 선생님은 그의 친근한 상담자로서 사랑을 듬뿍 베풀며 격려했다. 선생님의 도타운 훈도에 감화된 학생은 가정 환경에 매몰되지 않고 열심히 공부하여 우수 대학을 나와 크게 성공했다.

이런 성공 사례가 가능했던 데는 대학 시절에 수강한 상담 심리학 강의의 영향력이 있었다. A 교사는 서울대학교 사범 대학 4학년 때에 정원식 교수(후일 문교부 장관·국무총리)의 상담 심리학 강의를 들었다. 강의 텍스트 중에 J. A. 보사드의 "행동에는 원인이 있다(Behavior is caused)."는 명언이 있었다.

A 교사는 이 교육 명언을 실험했던 것이다. 유리창을 무참히 깨뜨리는 그 학생의 행동 자체를 벌하기보다 그 원인을 알고 치유하는 것이 옳으며, 중요한 것은 학생이 다치지 않는 것이지 깨어진 유리창이 아니라는 생각으로 반응했을 뿐이다.

오래전 보인중학교 김주경 교장의 회고담이다. 김 교장이 고등학교 교사로 부임한 지 얼마 지나지 않은 때 이야기다. 수업 중에 한 학생이 이상하게도 자기 손을 거듭하여 책상 밑으로 숨겼다. 이를 유심히 관찰하던 김 교사는 수업이 끝난 뒤 학생을 복도로 불러내었다.

"너, 왜 손을 책상 밑으로 감추느냐?"

"어느 선생님이 제 손이 도둑놈의 손 같다고 놀리셔서요."

"너 손 좀 보자."

학생의 손을 잡고 한참 바라보던 김 선생이 침묵을 깨었다.

"너, 손이 참 잘생겼구나. 내가 아는 한 외과 의사 선생님 손과 닮았어."

김 교사의 이 말에 화들짝 놀란 그 학생은 문득 눈물을 훔치면서 교실로 갔다. 그 학생은 김 교사의 말에 감동하여 공부에 매진했고, 마침내 의사가 되었다.

  이같이 한 훌륭한 교사는 학생 한 사람의 일생을 바꾸어 놓을 수도 있다. 나라와 인류 역사를 변혁시킬 수도 있다.

  교사는 영원한 스승이다.

  전 국민은 스승의 교권을 지켜 드려야 한다.

학부모 교육, 어찌할 것인가

학부모 교육이 필요하다. 학부모 일반은 물론 문제 학부모 교육은 더욱 필요하다.

문제를 일으키는 학부모 유형은 크게 두 가지다.

첫째 유형은 부모의 본분과 교육에 대한 무지로 폭언·폭행을 자행하는 경우다. 아이의 인성 교육 1차 책임자가 부모라는 사실을 잊어버리고 무조건 교사에게 책임을 지우려 한다. 무지하면서도 비이성적인 경우에 그런 학부모는 큰 사고를 낸다. 대체로 자아 개념self-concept이 부정적이며 열등 복합 심리inferiority complex의 주인공인 경우가 많다. 그런 사람이 권력과 돈이 없는 교육자들을 분풀이 대상으로 삼는다. 평소에 풀지 못하고 억눌렸던 긴장 풀기discharging tension로서, 사뭇 왜곡된 폭행이다.

둘째 유형은 권력과 재력이 월등하거나, 아니면 작은 권력이나 재물을 쥔 사람들의 잘못된 지배욕이 표출되는 경우다. 권력과 재력 수준으로 보아 '아랫것들'인 교육자에 대한 우월감 복합 심리superiority complex를 발산하는 유형이다. 대학 교수 등 고등 지식인이 초·중등학교 교사를 무시하며 지적 우월감을 과시하는 경우도 간혹 있다. 교만의 죄다.

1970년대 말이었다. 한 학부모가 아이가 다니는 고등학교 앞을 지나다가 자기 아이와 다른 아이가 사납게 싸우는 장면을 목격했다. 아이 아버지는 학교 교무실로 돌입하여 삿대질을 했다. 그리고 사납게 포효했다.

"선생들이 어떻게 가르쳤기에 우리 아들이 싸움질을 하는 겝니까?"

이런 사납고 무지한 학부모가 드물게 있기는 해도, 그때에는 그래도 교권은 서 있었다. 선하디선한 학부모들 중에는 "우리 아이가 부모 말은 듣지 않으니, 선생님께서 좀 혼을 내어 주십시오." 하는 이가 많았다.

부모나 교사는 아이들의 인생을 결정한다. 부모나 교사의 일거수일투족이 아이들에게는 거울이 된다. 잠재적 교육 과정 얘기다. 선생님의 한마디 말씀 때문에 인생 길이 바뀐 사람이 많다.

최근 6년간 우리나라에서 100분의 선생님이 스스로 목숨을 끊었다. 절반 이상인 57분이 초등학교 선생님이었다. 고등학교 28분, 중학교 15분이었다. 여러 가지 원인이 있겠으나, 이들 선생님 중 16인이 우울증과 공황장애로 숨졌다.

학교를 생지옥으로 만드는 데 제일 큰 영향을 끼친 것은 학부모의 막무가내식·일방적 공격이었다. 몇 가지 예를 보기로 한다.

(1) 습관적으로 욕설을 하는 아이를 지도해도 말을 듣지 않자 교사가 반성문을 쓰게 했다. 뒷날 아이 아버지가 전화로 폭언하고 문자 테러를 했다. 무서워 전화를 받지 않자, 교무실에 전화해 폭언을 퍼부었다.
"내가 도축업자인데, 도끼로 담임 목을 따겠다."
끔찍한 협박이었다.

(2) 학생들이 교탁 위에 물을 쏟아 놓고 닦지 않아서, 누가 그랬냐고 대여섯 번 물어도 아무도 답하지 않았다. 출석부로 교탁을 몇 번 내리쳤다. 한 학부모가 아이 청각에 이상이 있다는 진단서를 교장실에 들고 와 난리 쳤다.

(3) 학생의 발차기에 얼굴을 맞고 쓰러진 교사도 있다.

(4) 초등학교 학생이 교사를 노골적으로 성희롱, 성추행을 했다.

(5) 2017년부터 2022년까지 학생과 학부모 등에게 폭행당한 교사가 1,133분이나 된다.

이것은 어느 일간지(2023.7.31.)에 소개된 사례다. 이뿐이 아니다. 학생이 여교사의 다리를 걸어 넘어뜨리고 모욕하는 일, 학부모가 담임 선생님의 머리채를 잡고 흔들며 폭언을 퍼부은 일, 대학 입학 때 성적이 좋았던 교사로 교체해 줄 것을 요구한 일, 걸핏하면 교사 자격이 없다고 모욕하는 일 등 학부모들의 교권 침해 사례는 부지기수다.

교육자들의 실존을 위협하는 것은 교사와 교장을 상대로 한 학부모들의 형사·민사 소송이다. 현직 교장인 필자의 제자는 "학부모들의 소송 뒤치다꺼리하느라 교육 본연의 임무를 수행하기 어렵습니다."고 하소연한 적이 있다. 긴가민가 믿기지 않았는데, 이번 비극을 계기로 그 하소연은 사실임이 속속 드러나고 있다.

2023년 7월 31일 34.5℃의 폭염 속에 선생님들 3만여 분이 모여 절규했다. 제대로 교육할 수 있는 환경을 만들어 달라는 절박한 함성이었다.

모두의 맹성이 필요하다.

잘못된 교육 행정도 문제 학부모 양산을 부추겨 왔다.

교육을 정치에 이용하거나 교권을 그릇된 정치 이념의 도구로 악용해 온 정치권부터 대오각성해야 한다. 특히 아무나 교육부 장관을 시켜 전국 교사와 교수를 모욕한 이상한 대통령의 책임은 더욱 크고 무겁다. 교육에 문제가 생길 때면 등장하는 교육부 폐지론도 어불성설이다. 말이 되지 않는다는 뜻이다.

대한민국은 이승만 대통령이 터를 닦고 박정희 대통령이 꽃피운 '교육입국敎育立國' 정신으로 일어선 나라다. 물적 자원이 태부족인 우리나라가 세계 10위의 강국이 된 추동력은 인적 자원에서 나왔다. 우리나라 교육부는 특수한 위상에 놓여 있다. 교육부 장관을 사회 부총리로 격상한 것은 탁견이었다.

교육부 장관은 탁월한 행정가이기보다 융합적 식견이 있고, 미래지향적이며 창의적인 석학인 것이 이상적이다. 행정력은 행정부에서 잔뼈를 키운 차관의 보좌를 받으면 되는 일이다. 교육에 대하여 고심하거나 교육학적 식견을 키운 경험이 없는 인사가 단지 단기간 대학교수나 총장을 하였다는 외형적 경력만으로 덜컥 교육부 수장 자리에 앉아서 대체 무엇을 하겠는가. 정치권의 하수인 역할밖에 더 할 것이 없으리라. 더욱이 국회 교육위원이었다는 이유로 교육부 장관을 하다니.

  교육감 직선제의 병폐도 심각하다. 교육 비전문가가 인기에 영합하여 교육감에 당선된 다음에 그가 할 일은 뻔하지 않은가. 교육을 인기 투표로 운영하는 것은 위험하기 짝이 없다. 교육 대학 출신으로 다년간 교단 경험을 하고 한국교직원총연합회 회장을 지낸 하윤수 부산광역시 교육감이 선출된 일련의 과정은 교육 행정계의 귀감이다. 일선 교단이 이같이 병들게 된 데에는 이념 편향적이며 교육적 식견이 결여된, 선출직 교육감들에게도 막중한 책임이 있다.

  학부모 교육이 중요하다.

  체계적이고 내실 있는 학부모 교육이 제도화해야 한다. 학교 교육은 학생 개개인이 존엄한 인격체로서 자유롭고 평등한 교육을 받되, 공동체에 대한 책임과 의무를 체득하고 실천하는 민주 사회의 건전한 일원이 되도록 교사의 정당한 가르침에 따라야 한다. 인격이 아직 완숙하지 않은 학생들이 교사의 바른 교육에 순응하여야 바람직한 성인이 될 수 있다는 것은 순리다. 모든 학부모는 이 순리에 협조해야 한다. 교육은 교사·학생·학부모가 삼위일체가 되어야 성취되는 유기적 협동 체제여야 한다.

  학부모가 유의할 첫째 과제는 자신의 아이를 학교 공동체의 유기적 구조 속에서 직시하는 일이다. 한 아이는 학교 공동체의 일원으로서 자기 존재의 의의를 살리되, 학우 전체의 안정과 평화와 협동 과정에 긍정적으로 이바지하여야 한다. 자기 아이는 수많은 아이들 중의 한 개인이며, 아이들의 개성은 천차만별이라는 것을, 학부모들은 인정해야 한다.

교육자는 이 천차만별인 아이들이 저마다의 개성을 살리되 학급 내지 학교 공동체에 조화되도록 지휘하는 사람이다. 가령, 담임 교사는 학급 학생들의 다양한 개성이 빛을 발하면서도 조화를 이루게 이끄는 사람이다. 오케스트라의 지휘자 같은 사람이 교사다. 오케스트라 지휘자는 연주자나 성악가의 장점들은 칭찬하고, 엇나가는 단원은 친절하게, 때로는 단호하게 질책하여 오케스트라의 화음을 최고조로 끌어올리는 사람이다. 교사도 마찬가지다.

교사의 정당한 가르침이나 질책이 못마땅하여 교사에게 폭언·폭행(폭언도 법률상 폭행임)을 하고, 심지어 고소·고발까지 하는 것은 패륜이다. 최근에 어느 학부모는 아이 가방에 비밀 녹음기를 휴대케 하여 담임 선생님을 고소한 일도 있다.

생각해 보시라, 이상한 학부모들이여.

일선 교사는 성격과 성장 배경이 다른 여러 아이들을 가르치는 교육 전문가다. 그런 교사가 주야장천 자기 아이만 돌봐 달라고 강요하는 것은 무리다. 더욱이 부모도 쩔쩔매는 문제아를 선생님께 바로잡아 달라고 호소해도 모자랄 판에, 협박이라니.

걸핏하면 학부모 협박에 시달리는 것도 모자라, 소송에까지 휘말리게 된 선생님들은 그 모욕감은 물론이고 소송 비용까지 감당해야 한다. 이게 선진국이라는 대한민국의 교단 현실이다. 선생님들이 왜 극단적 선택을 해야 하는지, 정치권과 온 나라 사람들이 심각하게 고심해야 할 문제다.

다음은 벤저민 프랭클린의 교육 명언이다.

나무에 가위질을 하는 것은 나무를 사랑하기 때문이다. 부모에게 야단을 맞지 않고 자란 아이는 똑똑한 사람이 될 수 없다. 겨울의 추위가 심할수록 오는 봄의 나뭇잎은 한층 푸르다. 사람도 역경에 단련되지 않고서는 큰 인물이 될 수 없다.

이 명언의 '부모에게'를 '부모와 교사에게'로 바꾸면, 금상첨화일 것이다. '산 닭 길들이기는 사람마다 어렵다.'는 말도 있다. 여기서 '산 닭'은 제멋대로 행동하는 학생을 가리킨다.

교육 문제에 대하여 장담하기는 어렵다. 교육에 대한 천성 결정론과 환경 결정론 중 어느 것이 옳은지도 헷갈린다. 환경 결정론을 믿고 최선을 다하는 것이 교육이다.

이번 비극이 일어난 서초구 주민은 품격 높기로 정평이 난 곳이다. 그 지역 학부모들이 이상하다는 편견은 일반화의 오류에 해당한다. 특정 지역, 특정 계층 사람들에 대한 낙인찍기는 위험하다.

억울하게 세상을 뜬 젊은 선생님의 영혼에 안식이 있기를 빈다. 아울러 이번 비극을 변곡점으로 하여 교권이 바로 서고, 교사·학생·학부모 간의 협동 체계가 혁신의 계기를 맞게 되기 바란다.

최근에 있은 임태희 경기도 교육감의 교사 보호 조치는 교사의 교육권, 교권 보호의 좋은 사례다. 학부모의 고소로 7개월간 면직 처리되었던 특수 학교 교사를 일단 교단으로 복귀시킨 일이다. 극히 엄중한 사안이 아닌 경우 교사는 민사·형사 소추되지 아니하며, 소추된 경우라도 재판이 종결되기 전까지는 그 직을 유지할 수 있도록 법률로 보호받아야 한다.

학부모의 폭행과 고발 사건을 오로지 해당 교사 혼자서 감당하도록 방치한다면, 그것은 학교 행정 내지 교육 행정의 부재不在나 다름없는 처사다. 아무나 교육감, 교육부 장관이 되는 폐해가 다시는 반복되어서 안 될 것이다.

가정에서도 실천하기 어려운 이상적인 사랑과 교육을 교사에게 강요하는 것은 결국 아이들의 무절제와 방종을 낳고, 이렇게 이기적이고 정신적으로 미숙하게 자란 자녀들은 결국 부모에게 족쇄로 돌아올 수 있다.

2023년 여름 대한정신건강의학과의사회가 발표한 성명이다.

끝으로 인간의 본성과 교육에 대한 기본 문제를 생각해 보기로 한다.

널리 알려진 지크문트 프로이트의 생각은 이렇다. 인간의 관계론적 본성은 동물적인 욕망 분출과 투쟁Epithumia이다. 이것을 프로이트는 Id라 했다. 이것을 절제하는 것이 초자아superego다. 부모와 교사는 아이들이 이 초자아에 의한 절제력을 길러 줄 사람이다. 부모는 제1차적 교사이고, 교사는 제2차적 교사다. 그리스인들이 말한 주고받기 식 사랑인 에로스Eros의 수준을 뛰어넘어 그리스도교가 말하는 절대적인 사랑인 아가페Agapē에 이르는 사랑까지 요구되는 것이 교육이다. 교직을 성직이라고 하는 까닭이 여기에 있다. 그러기에 최상의 교사인 부모와 교사에게는 순교자적 사랑이 요구된다. 성욕을 기초로 하여 인간 본성을 재단한 무신론자 프로이트의 한계를 초월하는 것이 유교의 인仁이요, 불교의 자비요, 그리스도교의 아가페적, 순교적 사랑이다.

아가페적 사랑의 주인공이어야 할 부모가 왜곡된 자녀 제일주의(김훈의 '내 새끼 지상至上주의')로써 기본 교육의 책임을 교사에게 떠넘기는 것은 자식 사랑 방식의 하수下手다. 천성temperament, 성격character, 인격personality이 천차만별인 수많은 아이들을 가르쳐야 하는 교사에게 전지전능한 신神의 역할을 강요하는 것은 가혹하기 짝이 없다. 배우자와 부모와 자녀가 있는 교사는 우선 평상적인 인간의 지위를 누릴 수 있어야 한다. 교사가 성직자, 순교자의 경지에 이르는 것은 그의 예외적이고 자유로운 선택 사항이다.

교육부 5급 공무원이 자기 아이 담임 교사에게 이메일로 자기 아이만의 9가지 선민적選民的 교육 지침을 보내고, 피드백까지 요구한 '갑질'은 언어도단이다. 이런 편향적, 선민적 제 자녀 제일주의는 결국 그의 자녀를 망치고 말 것이다.

우리 모든 성인은 아이들 앞에서는 교육자다. 성인들의 언행은 아이들의 거울이다. 표독한 정치인들의 비수 같은 막말과 야비한 행위가 우리 아이들을 망치게 한다. 아버지 지위만 믿고 오만방자한 자기 아이를 바로 가르치기 위해 그 담임 선생님 앞에 무릎을 꿇은 한 일본 수상의 행위를 귀감으로 삼자.

이 시기 심각한 학생 폭력 문제도 교권이 바로 서야 풀릴 것이다.

이번 일로 교사만 극단적으로 옹호하고, 학부모를 천편일률적으로 악마화하는 극단적 일탈까지 정당화해서는 안 된다. 균형이 필요하다.

교육이 잘되어야 국민과 나라가 잘된다. 교사의 직분을 '선생질'이라고 폄하하던 옛 습속이 되살아나서도 안 된다.

나라의 최고 통치자가 '아무나' 교육부 장관을 시킨 전례를 따라서는 더욱 안 된다. 이번 초등학교 선생님의 절통한 희생이 '시끌벅적'의 거품이 되게 하면, 살아남은 우리는 죄인이 될 것이다.

입시 기술자들이 판을 치는 학원의 강사가 주도하는 한국 교육. 학부모들이 자녀를 '사람다운 사람'으로 자라게 하는 학교 선생님의 '인성 교육'보다 학원 강사의 입시 교육에 목을 매다시피 하는 우리 교육 현실을 어찌할 것인가. 입시 문제를 두고, 초·중등학교 교사와 교수와 학부모 들이 모여 공청회를 열고 연구 결과를 제시하는 대타협의 계기를 마련할 필요가 있다. 사람답지 않은 지식 기술의 천재를 기르는 것, 그것이 교육의 종국적 목표일 수는 없다.

우리는 1970년대 이후 압축 성장 과정에서 정신없이 앞만 보고 달려왔다. 한국일보사 사장 출신 장기영 부총리는《뛰면서 생각했다》는 저서까지 내었다. 초·중·고 학생들도 과외 책가방을 들고 아침, 저녁을 가리지 않고 뛰었다. 공부 잘하여 SKY대를 나와 고관대작이나 대기업 임원이 되는 것이 목표였다. 그러느라 모두들 '삶의 목적'에는 무심해졌다. '왜, 어떻게' 살 것인가는 생각할 겨를이 없었다.

서로 바쁘기만 한 온 가족이 함께 모여 앉아 식사할 기회가 드물 수밖에 없다. 그러다 보니, 조부모나 부모의 '밥상머리 교육'은 가뭇없이 되었다. 더욱이 자녀들에게 조부모나 부모는 매력이 없이 케케묵은 '꼰대'일 뿐이다. 그래도 가정 교육, 특히 어머니의 자녀 교육은 중요하다. 좋은 어머니 한 사람은 100인의 교사보다 낫다는 명언이 있다.

가정 교육이 이렇게 황폐해진 데다 권력도 재물도 변변치 않은 교육자의 교권은 바닥으로 추락했다. 국가적 위기다.

이 위기를 극복하지 않고 대한민국호가 순항할 수가 없다. 교육부 장관과 교육자들만의 힘으로 이 문제는 해결할 수 없다. 대통령이 앞장서야 하고, 국민 대토론회를 개최하여 사태의 중대성을 전 국민이 뼈저리게 통감하게 해야 한다.

사랑하는 자손들과 학부모가 야수가 되어 힘없는 학교에 선전포고를 하는 이 사태를 방치하는 정부와 국민이 되어서는 안 된다.

사람을 잔인하게 살해하는 잔혹한 서사로 미국서 상을 받아왔다고 수무족도手舞足蹈한 〈기생충〉. 그게 어찌 명작일 수 있는가. 평생토록 문학 평론을 강의해 온 필자가 해묵은 예술 교훈설에 편향되었다고 힐난하지 말라. '살인'이 '기억'일 수는 있으나, 결코 '추억'일 수 없다는 것도 영화인들은 각성해야 한다. 예술성이 반윤리성과 동의어가 되어서는 안 된다.

교육이 살아야 대한민국과 우리 역사가 산다.

가정 교육, 학부모 교육을 체계화하여 실시해야 한다. 학교에서 실시하는 '학부모 교실' 교육 과정에는 아동 심리학, 인간 관계론, 사회 복지학, 정신 건강론 등을 전문가들을 초빙하여 수강하게 해야 실효성이 있다. 남아도는 교육 교부금을 이런 데 써야 하겠다.

교육 방송EBS도 학부모 교육 프로그램을 운영해야 마땅할 것이다.

좋은 어머니는 백인의 교사보다 더 소중한 존재라는 말은 소중하다. 교육의 성스러운 책임을 교사에게만 지워서는 안 된다.

고독한 스승의 길

1

우리 선생님들 사기가 심각하게 추락했다. 앞에서 밝혔듯이, 지난 6년간 스스로 목숨을 끊은 초·중·고등학교 선생님이 100분이다. 혹 사적인 이유도 있겠으나, 대체로 선생님에 대한 학생의 패륜적인 태도나 학부모의 과도한 패악이 원인인 것으로 알려졌다.

교육 일선이 이렇게 황폐해진 것은 학생인권조례로 인한 교권의 추락에 따른 것이라 한다. 이미 말한 바다. 2023년 7월 한국교원단체총연합회가 전국 선생님 3만여 분을 대상으로 한 설문 조사 결과가 이를 입증한다. 조사에 참여한 선생님의 84.1%가 교권 추락의 원인이 학생인권조례의 잘못된 규정 때문이라고 답했다. 따라서 학생인권조례 중에 교권을 추락시키는 데 직접 관련되는 곳을 대폭 손질하거나 이를 폐지해야 한다.

온갖 음성·영상 기기가 사람의 일거수일투족을 노려보는 21세기 이 대명천지에 이제 학생을 때리는 교사는 거의 없을 것이다. 문서로 된 규정집이나 법령에 만사를 의탁하는 학교에 무슨 정감과 사랑이 깃들일 수 있겠는가. 법을 좋아하다가는 법 때문에 망한다. 이것은 역설적인 '법의 정신'이다.

학교는 가정에 버금가는 사랑의 공동체여야 한다. 사랑의 공동체 구성원들이 사람에 대한 연민의 감정조차 잃은 채 서로 의심하고 감시하는 '감옥'이어서는 안 된다. 학생인권조례에 대응하여 교사인권조례까지 만드는 사회는 삭막하다. 자유 민주 국가 미국과 일본의 교육 현장도 아동·학생들의 무질서와 폭력으로 진통을 겪어 온 지 오래다.

　디지털 문명의 이 시대에 어떻게 교육을 할 것인가? 21세기 신인류에게 짐 지워진 다급한 과제다. 두 귀에는 리시버를 꽂고, 두 눈은 스마트폰에 꽂힌 침묵의 군상들. 전철 안의 섬뜩한 광경이다. 아동·학생 들이 어찌 예외일 수가 있겠는가.

　선생님들에게는 이런 신인류를 자신의 말과 칠판 글자에 집중시키는 일부터가 만만치 않을 것이다. 학부모들은 선생님들의 고충이 어느 정도일까를 먼저 헤아릴 줄 알아야 한다. 교사-학생-학부모 간에 우선 이심전심의 소통 채널이 조성되어야 한다. 선생님과 학부모는 처지를 서로 바꾸어 생각하는 역지사지易地思之의 관계 형성이 되어 있어야 아동·학생 지도가 바람직한 궤도에 들어서게 된다. 그런 예가 많이 있다.

　오래전 어느 일본 수상 얘기다. 어린 아들이 학교 선생님 말씀을 거역하고 계속 말썽을 부렸다. 수상은 고심한 결과 그 선생님을 자기 집으로 초대했다. 초인종이 울리자 대문께로 맨발로 뛰어나가 선생님 앞에 무릎을 꿇었다.

　"선생님, 용서하여 주십시오. 제가 자식 교육을 잘못 했습니다."

　아이는 화들짝 놀랐다. 자기 아버지는 일본 총리로서 천황 다음으로 '높은' 사람인데, 선생님 앞에 무릎을 꿇는 걸 보니, 선생님이야말로 대단한 분임을 깨달았다. 아이는 선생님 말씀에 순종하며 자라 훌륭한 인물이 되었다.

　한 학생이 수학 선생님께 어려운 문제 풀이를 알고자 했다. 당황한 수학 선생님은 "내일 풀어 주마."고 돌려보내었다. 학생은 수학 교수인 아버지께 질문했다. 학교 선생님이 다음날 알려 주겠다 하셨다기에 아버지는 아이에게 말했다.

　"아, 이 문제는 어렵군. 나도 잘 못 풀겠으니, 내일 선생님께 가르침을 받아라."

그날 밤 아이 아버지는 수학 선생님과 전화로 함께 문제 풀이를 의논했다.

수학 교수 아버지의 현명한 가정 교육이었다.

"문제 학생이 있는 곳에 문제 가정이 있다."

틀린 말이 아니다.

"훌륭한 학생이 있는 곳에 좋은 가정이 있다."

이 역시 옳은 말이다.

교직에는 교사, 교감, 교장 연수가 있다. 부모 교육과 학부모 연수도 필요하다. 거듭 말하거니와 선생님·학생·학부모가 3위1체를 이루어야 교육은 성공할 수 있다.

학교와 가정만 교육을 하는 곳이 아니다. 사회의 교육적 영향은 막대하다. 중국을 개혁과 개방 체제로 부유케 한 덩샤오핑은 교육 명언을 남겼다.

"주석께서는 어디서 주로 공부했습니까?"

누군가가 물었다.

"세상에서 공부했습니다. 세상이 학교입니다."

세상만사가 학습자들에게는 잠재적 교육 과정 latent curriculum 구실을 한다. 음주 운전으로 교통사고를 내고, 폭언·폭력을 일삼거나 폭행 치사죄까지 저지르며, 거짓말을 밥 먹듯이 하고, 살인에 버금가는 성폭행죄를 저지르고서도 눈 하나 깜짝하지 않는 사람들이 국회 의원이 되는 사회에 아이들은 알게 모르게 오염되어 간다. 부패한 사회에서 자라는 아이들의 정신 건강이 온전할 수 있겠는가.

온전한 교육은 온전한 사회 안의 온전한 교사·학습자·부모의 협력으로 이루어지는 자유 민주 사회의 빛나는 성취여야 한다.

지금 우리나라 선생님들의 지적 수준은 세계에서 으뜸이다. 전국 교육 대학과 사범 대학 학생들의 입학 성적은 빼어나다. 일반 대학 교직 과정

이수자도 성적 상위 10% 이내에 드는 인재들이다. 가령, 서울교육대학 입학 성적 순위는 소위 SKY(서울대·고려대·연세대)에 근접하는 수준이다. 서울대학교 사범 대학 국어교육과와 영어교육과는 경영학부에 버금가는, 서울대 전 학과의 3~5위 수준의 우수 학생들이 입학한다. 수학교육과는 컴퓨터공학과와 함께 서울대 자연계(의대 제외) 최상위권 학생들이 입학해 왔다. 부산대 국어교육과는 의과 대학 수준을 넘어 최우수 학생들이 입학해 온 전통이 있다. 경북대학교 사범 대학, 공주대학교 사범 대학도 그 지역 우수 인재들이 지원해 온 명문이다. 그 밖의 각 광역시와 도의 국립 사대와 전국 사립 사대 학생들의 수준 역시 높다.

어쩌랴. 최근 일선 학교 선생님들의 극단적 선택으로 전국 교육 대학과 사범 대학 학생들과 현직 교사들은 충격에 빠져 있다. 이뿐만 아니라 우수 학생들이 교육 대학과 사범 대학 지원을 회피하는 경향이 뚜렷하다.

2

사실, 대한민국의 '압축 성장' 과정에서 학교 선생님들의 역할은 지대했다. 제1공화국 이승만 정부는 교사 양성을 사관 생도 양성과 방불케 했다. 초등학교 교사 양성 기관인 전국 사범 학교를 국비로 운영했다. 사범 학교 학생은 학비 부담 없이 공부했다. 당시 각 고을의 최우수 중학생들이 사범 학교에 진학한 유인이었다. 교육이 곧 국방이었기에, 초등학교 선생님들은 현역으로 군인이 되는 대신 교육으로 나라 지키기에 신명을 걸었다.

"나의 힘으로 남을 위하여 힘껏 일하자."

벽촌의 초미니 학교에서 초등 교육을 받았던 필자도 그때 교장 선생님께서 처음 제정하여 가르치신 이 교훈을 지키려고 최선을 다하며 살아왔다. 봉사 정신, 이타주의利他主義, altruism의 공동체 의식 말이다. 동기 동창이 12명밖에 안 되었던 그 작은 학교에서 매주 교정 조회 때마다 박찬동 교장 선생님의 이 이타주의 정신이 메아리쳤다.

제1공화국의 중등학교 교사 양성 정책도 성공적이었다. 국립인 서울대학교 사범 대학·경북대학교 사범 대학을, 단과 대학인 국립 공주 사범 대학을 설치하고 중·고등학교 교사를 양성했다. 학비의 상당액을 국비로 지원받는 사범 대학에 우수한 인재들이 많이 지원했다.

그때에 사범 학교와 국립 사범 대학 졸업생들은 졸업과 동시에 성적순에 따라 국가의 배정을 받고 교단에 설 수 있었다. 1961년 군사 정변 이후 사범 학교는 폐지되고, 2년제 교육 대학에서 초등학교 교사가 양성되었으며, 얼마 후에 4년제 교육 대학이 되어 오늘에 이르렀다.

근래에 국립 교육 대학과 사범 대학 출신들을 국가가 일선 학교 교사로 배정하는 데 대한 사립 사범 대학 측의 헌법 소원이 있었고, 곧 헌법 불합치 판정이 났다. 이에 따라 지금은 국립과 사립 교육 대학과 사립 대학, 일반 대학 교직 과정 이수자가 동등한 자격으로 교원 임용 시험을 거쳐 교단에 서게 되었다.

이 제도는 시대 상황의 변화에 따른 당연한 절차이나, 여기에도 문제가 생겼다. 임용 시험 준비가 만만치 않은 바에, 그 대신 행정 고시·사법(변호사) 시험·외무 고시를 보아 그곳으로 진출하는 사람이 생겨났다. 하지만 걱정할 것 없다. 자유 민주 국가인 대한민국 국민에게는 직업 선택의 자유가 있으니, 교직을 이수한 사람이 다른 분야에서 봉사하는 것도 나라에 유익하다. 선한 교육 정신이 다른 분야에도 스며들어 나쁠 것이 없다.

우리나라 선생님들의 지적 수월성은 입증되었다. 남은 것은 품성이다. 교사의 품성 형성이 교육 대학과 사범 대학 중핵 커리큘럼으로 설정, 실현되어야 한다. 교직 적성과 성품이 과도히 불합치하는 사람은 다른 분야로 진출하도록 전학, 전과 제도를 활성화하는 것이 좋겠다. 적성에 맞지 않거나 비도덕적인 사람은 교사가 되어서 안 된다.

교직은 물질과 권력 쪽과는 거리가 먼 직종이다. 그런 까닭에 압축 성장기에 우리나라 졸부들이 한때 교사의 일을 '선생질'이라며 조롱, 폄훼했다. 지금도 교직은 세속사의 영예로부터 소외되어 있다. 인격에 큰 흠결이 있는 학부모들이 선생님들을 모욕·폄하하며 폭행까지 하고, 교실과 교무실·교장실을 싸움터로 만드는 일이 일어난다. 자신과 생각이 다른 사람을 적으로 여겨 타도 대상으로 보는 1980년대 운동권의 행태와 방불하다. 실인즉, 현직 교사의 보수가 그리 낮은 것은 아니나, 보직 수당은 대폭 증액해야 한다. 교육자도 사람이다.

이제 이런 폐풍은 교육 당국이 점진적으로 해소해 나갈 것이다. 국민 여론도 이제 교육자 편으로 방향 전환 중인 까닭이다. 일부 좌파 교육 수장들의 엉버팀이 있겠으나, 그들도 '상식'을 거스르지는 못할 것이다.

전국의 선생님들께 부탁드린다.
교육은 하늘이 내린 성업聖業이고, 누가 뭐래도 교직은 성직聖職이다. 교육의 정신적 지주는 사랑이고, 사랑은 인류를 하나되게 하는 거룩한 인생훈人生訓이다. 한때 서울대 법대를 다니며 고관대작이 되기를 꿈꾸다가 회심回心하여 교육과 학문의 길로 돌아온 필자의 호소를 경청해 주시기 바란다.

사랑하는 전국의 선생님들께, 오래전에 필자가 만났던 거룩하신 선생님이 펼치셨던 '사랑 교육 실천담'을 선물로 드린다.

필자는 대학 시절부터 방학 때마다 이 땅의 숨은 페스탈로치 선생님들을 줄기차게 찾아다녔다. 그 결실이 필자와 아우(김봉천, 고교 교사)가 1982년 11월에 펴낸 한국 페스탈로치 전기집 《길을 밝히는 사람들》이다. 출판해 주려는 출판사가 선뜻 나서지 않아서, 초판은 아내의 곗돈으로, 재판은 아끼는 대학 후배인 서한샘 선생(국회 의원)의 도움으로 출판했다. 그 107분 선생님의 이야기 중에서 박대선·안선자 부부 교사의 감동적인 헌신이야기만 소개해 드린다.

3

　박대선·안선자 부부 교사는 교단 생활 대부분을 외판섬(낙도)에서 봉직한 두 천사의 이름이다. 여기 소개하는 내용은 경남 통영군 학림초등학교 동화 분교에서 헌신하던 1981년 5월에야 세상에 크게 알려져 감동을 준 실화다.
　1968년 경남 충무시(지금의 통영시)에서 봉직하던 박대선·안선자 부부 교사는 중풍에 걸린 7순 노모와 어린 자녀들을 대동하고 섬 중의 섬으로 일터를 옮겼다. 충무에서 바닷길로 12㎞ 떨어진 거제도의 말단 도서 저도의 손바닥만 한 분교였다. 두 교사는 '섬 어린이들에게는 배움을, 섬에는 복지를, 주민들에게는 삶의 의욕을 심어 주는 것'을 목표로 삼았다.
　허물어질 듯 위태롭게 선 작은 배움집은 정원수 한 그루 없는 삭막한 흙마당 가장자리에 자리잡고 있었다. 전교생 52명 가운데 25명이 글조차 제대로 읽지 못하는 실정이었다. 전교생을 선생님 한 분이 가르치는 열악한 교육 환경이었다.
　부부 교사는 밤을 새워 가며 교수·학습 계획을 세우고 공책과 연필을 나누어 주고는, 매일 방과 후 2시간씩 학습자 개인별 맞춤 특별 지도에 임하였다. 또 '사랑의 종'을 내걸고 매일 저녁 7시에 종을 울려서 3시간 동안 집에서 공부하도록 하였다. 30호인 학생들 가정을 호별 방문해 가며 학습 진도를 확인하였다. 처음에는 배타심과 냉담한 눈으로, 수상쩍게 주시하던 학부모들과 신뢰와 존경의 마음으로 하나가 되었다.
　이제 학교는 섬 사람들의 평생 교육 현장이 되었다. 아울러 학교는 주민들 협동의 산실 구실을 했다. 두 교사와 학부모들이 협력하여 교정에 나무를 심고 꽃을 가꾸는 등 교육 환경 조성에 힘쓴 결과, 분교장으로 부임한 지 2년이 채 못 된 1971년 8월에 실시한 통영군 내 학교 환경 심사에서 최우수상을 받는 기쁨을 누렸다.

또 두 선생님은 '동백어머니합창단'을 만들어 작은 섬에 아름다운 노랫소리가 울려 퍼지게 하였다. 이듬해 5월에는 지진아를 포함한 전교생 합창단을 만들어, 경남 교육 위원회가 주최하는 학예경연대회에 참가하여 입상하는 감격을 맛보게 했다.

어머니 합창단 연습 때의 일화가 있다. 마침 이 학교를 방문했던 경남(당시에는 부산·울산 포함) 적십자부녀봉사단원들이 이 광경에 감동하여 눈물을 터뜨리는 바람에 교실 안이 온통 울음바다가 된 일도 있었다. 특히 만삭의 몸으로 땀 씻을 겨를도 없이 합창 지도에 열을 쏟는 안선자 선생님과, 열악한 환경을 무릅쓰고 한 음정 한 음정 목소리를 가다듬는 어머니들의 모습은 실로 눈물겨운 정경이었다. 이는 학교 환경을 가꾸어 최우수상을 받으면서 자신감을 얻은 섬 주민들의 긍정적인 면모였다.

이 소식을 들은 박정희 대통령은 1972년 2월 6일 '새마을운동 성공 사례'라며 격려금 10만 원을 내려보내었다. 두 선생님과 학부모들은 이 돈으로 학교 지붕에 물받이 시설을 하여 물탱크에 모아 두었다가, 주민과 학생들이 언제든지 사용할 수 있는 목욕탕을 만들었다. 두 선생님의 이런 교육 활동이 소문나자 전국 각지에서 성금이 답지했다. 이 성금으로 이발관을 세워 위생 마을을 만들었다. 무료 이발사는 박대선 선생님이었다. 요새 학생들이 보기에 목욕탕과 이발관 생긴 게 뭐 그리 호들갑 떨 일이냐고 할 것이다. 하지만 1960년대 우리나라는 아프리카 가나와 함께 세계에서 제일 가난한 나라였음을 안다면, 우리는 그 시절 우리나라 농어촌의 위생 상태가 어떠했는지 짐작하게 될 것이다.

두 선생님은 가난을 물리칠 방안을 제시하고 주민들을 독려했다. 우선 풍토에 맞는 유자나무 500본을 구입하여 분배한 다음 재배법을 지도했다. '동백어머니회'를 조직하여 뜨개질 기능 습득, 시장 바구니 제작, 헌 옷 살려 입기, 식생활 개선책 등을 알려 주어 근검·절약하는 습관을 몸에 익히게 했다.

어부는 있으나 어선이 없는 딱한 사정을 알게 된 박대선 선생님은 고향에 있던 재산을 정리하여 15톤짜리 중고 어선을 샀다. 어선을 '문화호'라 이름 짓고, 마을 주민들이 선장과 선원(학부모)이 되게 했다. 고기잡이로 번 돈 일부는 학생 복지 사업에 쓰고, 어한기에는 학생들의 견학과 현장 학습을 돕도록 했다. 또한 위급한 환자를 육지 병원으로 이송하는 데 이 어선을 이용했다.

1972년 2월에는 '문화호'에서 생긴 이익금 중 박대선 선생님 몫 10만 원을 중학교 진학생 5명과 재학생 15명에게 장학금으로 지급했다. 이어 1974년 4월에는 극빈한 가정 자녀들을 위한 '등대장학회'를 만들고, 그 기금 51만 원을 희사하여 거기서 나오는 이자로 장학금을 주기도 했다.

낭중지추라는 말이 있듯이, 두 선생님의 이런 희생적 교육 활동은 중앙정부 인사들에게까지 알려졌다. 1973년 11월 5일 대통령을 비롯한 전 국무 위원이 자리한 '월례 동향 보고회'에서 박대선 선생님은 교육 활동 보고를 하게 되었다. 이에 감동한 박정희 대통령은 "학교는 작은 국가요, 국가는 큰 학교다."고 한 한 철인의 말을 인용하며 격려금 500만 원을 주며 상찬했다.

두 선생님의 헌신적인 교육으로 제자들이 섬 주민들이 소망하던 육지 중학교에 진학하게 되었으나, 숙식비 조달이 큰 문제였다. 두 선생님과 학부모들의 꿈은 마침내 이루어졌다. 박 대통령의 격려금으로 충무(통영)시 도천동에 대지 60평, 건평 50평의 2층 합숙소를 지은 것이다.

박대선·안선자 부부의 항심恒心은 변치 않았다. 오지, 벽지에 근무한 공적으로 도회 학교로 가는 일반적인 풍조에 휩쓸리지 않았다. 저도 분교에서 6년을 헌신한 두 선생님은 1977년 3월 그곳보다 더 열악한 오곡도 동화 분교로 갔다. 충무시에서 남쪽으로 17㎞ 떨어진 가파른 섬 고장이었다. 40여 세대에 200여 주민이 사는 외로운 낙도였다. 이 시대의 우직하기 짝이 없는 이 부부 선생님은 당신의 자녀들도 이들 분교 아이들과 고락을 같이하며 공부하게 했다.

스승이여!
저로 하여금 교사의 길을 가게 하여 주심을 감사하옵니다. 저에게 이 세상의 하고많은 일 가운데 교사의 임무를 택하게 한 지혜를 주심에 대하여 감사하옵니다.
스승이여!
저는 이 일이 저에게 찬란한 명예나 높은 권좌나 뭇 사람의 찬사나 물질적 풍요를 가져오지 않을 것을 잘 알고 있사옵니다.
저에게 용기를 주시어 이 십자가를 능히 질 수 있게 하여 주시고 저를 도우시어, 긍지를 느낄 수 있는 스승이 되게 하여 주시옵소서.

박대선 · 안선자 선생님의 간곡한 기도다. 거룩한 교육혼의 정화다.

필자가 이 땅 페스탈로치 전기집 《길을 밝히는 사람들》을 펴낼 당시에 확인한 훌륭한 선생님들은 303분이었으나, 세상에 알려지기 싫다고 극구 손사래 치신 분들이 많아 107분의 기록만 실었다. 박대선 · 안선자 선생님에 대한 기록도 요약본이다.

이 부부 교사의 모습은 자못 비장하다. 지금 생각하면 두 분을 비롯한 이 땅 페스탈로치들의 모습이 지나치게 비장하여 현실감이 약해 보인다. 하지만 흉년이면 굶주림과 영양실조로 목숨을 잃고, 한글을 못 읽는 문맹자가 즐비한 데다 북한 공산당이 수시로 간첩을 보내어 나라를 위협하는 그 시기의 상황에서, 깨어 있는 지성인 · 교육자 들은 그런 비장한 각오로 나라 지키기와 나라 살림 일으키기에 분투할 수밖에 없었다. 세계 10위의 경제 대국, 6위의 군사 강국인 자유민주주의 대한민국이 되기까지 박대선 · 안선자 선생님 같은 분들의 희생과 헌신이 있었음을, 우리 후손들은 기억해야 할 것이다.

4

동료 교수들은 연구할 시간도 부족한데, 나라의 교육 문제까지 걱정하며 정력을 분산시킨다고, 필자를 질책하기도 했다. 옳은 충고다. 하지만 대학 교수의 임무는 ①연구, ②강의와 학생 지도, ③사회봉사의 셋이 아니냐고, 필자는 웃으면서 해명하곤 했다. 국가와 사회에 봉사하는 일을 소홀히 할 수 없다는 생각이었다.

따라서 필자는 교육부와 한국교육개발원의 요청에 따라 교육 과정을 제정하고 교과서를 만드는 일에 정성을 쏟았다. 인문계 전체와 국어과 교육 과정 제정에 직접 참여했고, 초·중·고등학교 국어 교과서를 직접 집필하고, 심사 위원장 일도 했다. 필자가 특히 공을 들인 것은 자유민주주의와 시장 경제를 축으로 하는 대한민국의 정체성正體性, nation identity 확인이었다. 교과서 내용 중의 기능 영역에 대한 심사는 말할 것도 없다.

누가 뭐래도 교직은 성직이다. 교육자는 보수의 많고 적음에 따른 등가적等價 보수를 초월하는 직분인 까닭이다. 상여금의 많고 적음에 비례하여 교육하는 교육자는 없다는 말이다.

수업에 잠시도 집중하지 못하는 아이, 학우들과 선생님을 가리지 않고 폭력을 휘두르는 아이, 사람됨의 기본 윤리조차 갖추지 못한 학부모의 횡포. 학교에 기대하는 것은 생활 기록부의 결과물이고, 공부는 학원에서 시키겠다는 입시 지상주의 풍조 등의 거센 파도를 뒤집어쓰며 우리 선생님들은 외롭게 교단에 서 있다.

공부 잘하면 당연히 의과 대학에 가게 마련이라는 세상 풍조에 역행하여, 아이들이 자기 적성에 맞는 대학과 학과를 지원하게 할 '신통한 교육 방략'이란 게 있는가? 난감하다.

  그래도 선생님이 아니신가? 혈투를 해서라도 아이들을 다양한 분야를 전공해서 세상을 밝히는 인물이 되게 해야 하지 않겠는가. 아이들에게 권력자와 재산가가 아닌 '봉사자'가 되는 길이 있다는 것을 깨우치는 '참스승'이 되셔야 마땅하지 않은가.

  사도師道는 살아 있어야 한다. 그래야 세상도 선생님을 존중할 것이다.

  선생님 한 분이 학생 한 사람의 일생을 좌우할 수 있다. 나아가 한 나라와 인류 역사를 바꾸게 할 수 있다. 선생님이 살아야 나라가 산다. 인류가 산다.

대학 교육, 이대로 방치할 것인가

지금 우리나라 학교 교육 현실을 규정할 키워드는 평준화standardization, equalization다. 중등학교뿐 아니라 대학 교육까지 그렇게 되었다. 1969년에 중학교, 1974년에 고등학교가 평준화되었다. 초등학교 저학년 때부터 과외 학습을 받으러 이리 뛰고, 저리 뛰어야 하는 입시 지옥에서 아이들을 해방시키려는 정책이었다. 입학시험 성적에 따라 1, 2, 3류 학교로 갈리는 중·고등학교에서 아이들은 무려 6년간을 우월감과 열패감에 사로잡혀 지내어야 했다. 학생과 학부모는 입시 성적 1점에 사활을 걸었다.

그 극적인 사건이 1964년 12월 7일 실시된 1965학년도 서울 시내 전기 중학교 자연 과목 정답을 두고 벌어진 소송 사건이다. 이른바 '무즙 파동'이다. 엿을 만드는 과정에 엿기름 대신 넣어도 좋은 것의 정답을 디아스타제라 하여 채점했는데, 무즙에도 디아스타제 성분이 들어 있다는 것이 문제였다. 경기중학교에 응시하여 0.6점 차로 불합격했다가 재판에 승소함으로써 모든 피해 학생이 다 합격자로 처리되었다. 4년 후부터 아이들은 무시험 추첨으로 각 학교에 배정되었고, 그 5년 후에는 고등학교 입학도 이에 따랐다. 중·고등학교 평준화 정책에는 피할 수 없는 역사적 배경이 있었다.

평준화 정책에 따른 교육에는 빛과 어둠이 있다. 아이들이 우월감과 열등감superiority or inferiority complex에 시달리지 않아도 되고 입시 지옥에서 해방된 것은 빛이었다. 문제는 수월성秀越性 교육을 할 수 없어, 천재와 우등생의 성적을 하향 평준화하는 딜레마에 빠지게 되었다. 또한 각 학교

별 자율성과 건학 이념 실현이 제약을 받을 수밖에 없이 되었다. 다양한 인재 양성의 길이 막힌 것이다. 특성화 고등학교가 생긴 까닭이다.

2000년대부터 우리나라는 고등 교육의 보편화 시대를 맞이했다. 고등 교육이 이미 엘리트 단계에서 대중화 단계로 변화되고 있었다는 뜻이다. 이는 1973년 미국 사회학자 마틴 교수의 연구 결과와 관계가 깊다. 그는 대학 취학률 15% 미만이 엘리트 단계, 15% 이상 50% 미만이 대중화 단계, 50% 이상은 보편화 단계라 했다. 우리나라의 경우 1981년까지는 엘리트 단계, 1994년에 대중화 단계(30% 초과), 2000년에는 보편화 단계(50% 초과)의 과정을 보인다. 2008년에는 대학 진학률 83.8%, 취학률 70.6%를 보인 이래 대체로 그 수준을 유지하고 있다.

고등 교육의 보편화 단계에서 대학은 ①대중의 삶에 밀착된 학문, ②학과와 전공 간의 경계를 허무는 학제 간 통합, 융합 교육, ③평생 교육 등을 강화하게 되었다. 나아가 ④대학 상호 간 또는 지방 자치 단체, 민간 기관과의 교육 기회 개방, 공유·협력 체계 구축, ⑤첨단 기술 습득을 통한 신산업 인력 양성, 직업 훈련 교육을 감당해야 한다. 대학이 지역 혁신의 플랫폼으로서 선도자적, 중재자적 역할을 해야 할 시대가 된 것이다.

우리나라 대학들은 이러한 시대적 요구에 일부 부응하려는 노력을 기울이고 있다. 하지만 커리큘럼이 문제다. 또 대학 당국이 아무리 이상적인 커리큘럼을 제시하더라도, 이를 실현할 교수와 시설이 없는 곳에서 그것은 무용지물이다.

우리 대학은 아직 전공별 칸막이는 두껍다. 엘리트 교육 시대의 세부 전공별로 구축된 학문의 아성은 견고하다. 학생들의 지적 수준이나 시대의 요청에 상관없이 우리나라 대학의 교수들이 제공하는 학문의 내용은 대체로 일률적이다. 평준화해 있다는 뜻이다. 물론 소수의 특수 목적 대학들이 창의적인 발상으로 시대를 선도하는 연구 성과를 올리고 있는 점은 고무적이다. 탁월한 교수와 연구 집단의 각고면려로 세계적인 논문을 발표하여 명성을 얻고 있는 것도 사실이다. 하지만 이것은 이례적인 경우다.

이런 현상을 대학 교수들의 태만이나 무능, 전공 이기주의 탓으로 돌려서는 안 된다. 교육 당국이 대학 입시의 공정한 관리 문제에 몰두하느라, 정작 국운을 좌우할 고등 교육 문제의 본질은 방치한 것이 아닌가 우려할 정도로 대학 교육은 침체되어 있다. 예사 문제가 아니다. 지난 정부에서 세계 교육사의 흐름이나 시대 정신에 해박한 교육 전문성과는 전혀 동떨어진 아무나가 교육부 수장을 맡았던 변고, 땅을 칠 일이다. 국가의 진운을 결정하는 벼리綱가 교육이거늘, 무지한 사람들이 교육을 일반 행정의 액세서리로 전락시키다니. 대학에 재정을 대폭 투자하여 미래 지향적 첨단 학과를 설치, 운용해야 했다. 무조건적 대학 등록금 동결, 어불성설이다.

대학 교육. 재정이 문제다. 대학 등록금을 15년간이나 동결한 교육 정책은 난센스다. 국력이 신장하여 GDP 3만 달러를 훌쩍 넘기고, 15년 동안 물가가 다락같이 올랐거늘, 대학 등록금만 제자리걸음이라니. 상식을 거스르는 하책下策이다. 혁명적 정책 전환이 필요하다. 대학의 고갈된 기초 체력을 보강해야 한다.

나랏돈이 한정적이니, 교육 지원금도 한정적일 수밖에 없다. 하지만 2023년 현재 대학생 1인당 공교육비가 초등학생 것보다 적다는 어느 지방 교육 행정가의 지적은 충격적이지 않은가(김기연 전 교육장). 돈이 있는데도 못 쓰는 실정은 또 어떤가.

2022년 전국 17개 시·도 교육청이 못 다 쓰고 쌓아 둔 지방교육재정교부금이 21조 4천억 원이다. 이 돈을 대학 교육 재정으로 돌려 쓰는 것은 순리다. 시·도 교육청의 반대로 이 순리는 통하지 않는다. 선거 때에 표를 잃을 걱정을 하는 지방 교육청 수장들의 표퓰리즘 탓이다.

1971년에 제정, 시행된 지방교육재정교부금법의 내용은 내국세의 20.79%를 전국 17개 시·도 교육청에 자동 배정하는 것이었다. 당시 우리나라 GDP는 291달러였고, 지금은 3만 3천 달러를 상회하는 세계 10위다(환율 변동에 따라 유동적). 그때는 중학교 의무 교육 실시를 위한 재원이 필요했고, 산업화 시기에 필요한 인재 양성 요청이 급증하는 특수한 시대 상황에 처해 있었다. 그 시기 학급당 학생 수는 70~80명이었고, 지금은 25명이다.

  현재 우리나라 초·중등학교 공교육비는 OECD 최상위권이고, 중등학교 학생 1인당 공교육비는 1만 4천9백78달러로 2위다. 이에 비해 대학생 공교육비는 1만 1천290달러로 최하위권에 든다. 3만 4천36달러인 미국의 3분의 1에 불과하다(통계청 자료). 하루빨리 법을 개정하여 초·중등학교 교육에 과잉 배정된 교부금을 대학 교육 지원에 쓰게 해야 한다.

  이보다도 대학 교육 정상화를 위해 재정을 지원하는 등, 정부와 대학은 혁명적 상상력을 발휘해야 한다. 창의성 계발, 융합형 인재 양성, 세계 문명사를 선도할 리더 육성 등 미래 지향적인 비전으로 대한민국 국운 약동의 변곡점을 마련해야 한다.

  이를 위해 국가와 산업계가 일체가 되는 협동 체제 구축과, 선택과 집중을 모토로 한 연구·개발R&D 프로젝트를 가동해야 한다. 이를 선도할 원천이 대학이어야 한다. 국가의 비전 제시와 교육 재정 투입 여부가 이의 성패를 가를 것이다. 이를 위한 구체적 시행 요목은 다음과 같다.

  첫째, 대학의 자율성을 보장한다.

  교육부가 지원금을 강압 수단으로 하여 대학 행정을 사사건건 간섭하여서는 안 된다. 감사에도 유연성을 발휘해야 한다. 대학별 교육 목표에 따른 예산 집행의 적정성과 부정 사용 여부만 감사하는 수준의 자율성이 대학별 창의성을 높인다.

  둘째, 대학 등록금을 현실에 맞게 책정한다.

지금 우리 대학들의 분위기는 우울하다. 낡거나 훼손된 시설을 보수할 예산이 턱없이 부족하고, 교수의 보수와 연구비도 15년째 제자리걸음이다. 기초 학문 연구는 날로 소외되어 간다. 기초 학문의 기반이 열악한 나라에서 무슨 노벨상 수상자가 나오겠는가.

국가나 대학의 목표가 근시안적이어서는 안 된다. 미시적 목표와 거시적 목표가 인과적 연관성에 따라 수립, 추진되어야 한다. 단기 성과에 급급하여 실패나 시행착오를 인정하지 않는 정책이야말로 근시안적이다.

셋째, 충분한 연구비를 지급한다.

국가는 대학 구성원들에게 가능한 한 충분한 연구비를 지급하고, 그 성과는 느긋한 자세로 기다릴 줄 알아야 한다. 단기간에 성과물이 나오도록 다그치는 방책으로는 단발성 결론만 거두는 데 그치기 쉽다. 실패와 시행착오를 무릅쓰는 연구 자세를 통하여 어느 순간 섬광처럼 찬연한 결실을 거둘 수가 있는 법이다.

열심히 연구했으나 실패한 연구 보고서를 인정하는 당국의 태도가 중요하다.

넷째, 등록금은 올리되 장학금을 늘린다.

올린 등록금에 비례하여 장학금을 늘려야 한다. 학비가 부족하여 학업을 중단하는 학생이 있어서는 안 된다.

다섯째, 국가에 큰 공을 세웠거나 대학에 오랫동안 공헌해 온 집안의 자손에게 '기여자 입학'의 예외를 인정할 수 있어야 한다.

탁월한 애국자나 대학에 대를 이어 기부금을 헌납해 온 가문의 자손은 특별 전형으로 입학을 허가하는 예외를 인정하는 것이 옳겠다. 이에는 대상 학생의 학업 성적이 일정한 수준 이상이어야 하겠다. 기여 입학제는 위화감과 불공정성 문제를 일으킬 수 있으나, 소수의 기부금은 많은 학생이 혜택을 받을 수 있다는 점에서 이를 소수에게 예외적으로, 엄격한 조건하에 용인하는 것이 공공선에 이바지하는 일일 것이다.

여섯째, '기금 교수제'를 운영하는 것은 묘안이다.

한국 대학이 글로벌한 유수 고등 교육 기관이 되려면, 재정이 탄탄해야 한다. 기업과 대학이 제휴하는 방략strategy의 일환으로, 기업이 제공하는 후원금으로 기업이 원하는 인재를 기를 교수를 대학이 영입하는 것이다. 기업과 대학이 공생하는 윈윈 방략이다.

대학 등록금은 2008년 이후 15년이나 동결된 상태다. 한국 사립대 등록금은 미국 사립대의 5분의 1이다. 교수 연봉은 20년 전보다 1,600만 원 올랐을 뿐이다. 최근에 서울 한 대학은 미국에서 AI 박사 학위를 받은 교수를 초빙하려다 실패했다. 1억 원 연봉을 제시했으나, 그는 3억 원인 미국 대학을 택하였기 때문이다.

서울대학교 실험 기기는 과학고등학교 것보다 못하다고 한다. 예산 부족으로 실습 장비를 갖추지 못한 한 지방 대학교 대학원 학생은 매주 3일씩 서울대학교에 와서 자기공명영상MRI 관련 장비를 이용해야 하는 실정이다. 장비 구입 예산이 없어서다.

사립대의 연구비는 10년 전보다 18%, 실험 실습비는 26%, 도서 구입비는 25% 줄었다. 2022년 통계치다.

대학·대학원생을 위한 교육 투자가가 초·중·고생의 경우보다 적은 나라에서 어찌 창의적이고 탁월한 선도자가 나올 수 있겠는가.

사태가 이런데도 아무나 교육부 장관을 했던 이 나라. 통탄할 일이다.

일곱째, 대학 신입생 선발 시에 각 사립 대학에 일부 자율권을 부여하여, 그 대학 고유의 건학 이념을 반영할 수 있게 한다.

가령, 고려대에는 '민족 교육', 연세대·숭실대에는 '기독교 이념'이라는 목표에 부응할 수 있는 교육이 가능케 해야 한다. 이를 강요하는 것이 아니라 설득할 수 있게 하는 것이다.

여덟째, 전 교과목을 잘하는 학생 순서대로 한 줄로 세워 신입생을 뽑는 것은 폐풍이다.

전 과목을 평가하는 대학 수학 능력 시험은 대학 입학을 위한 자격 시험으로 활용한다. 각 전공 영역별 특성에 따른 능력 시험은 각 대학이 자율적으로 실시한다. 그래야 맞춤형 인재를 뽑을 수 있다.

　각 대학교 입학생의 학력 편차는 이제 현저히 좁혀졌다. 가령, 나라가 가난했던 옛적에는 학업 성적 최우수 학생이 진학했던 국립 서울대학교와 사립 일류대와의 입학 성적 차이는 컸다. 부자 나라 국민이 된 지금은 이야기가 달라졌다. 소위 SKY대학교라는 서울대·고려대·연세대 입학생 성적 차이는 크지 않다. 이제는 전공 분야별 경쟁 체제가 되었으니, 적성 중심으로 다양한 평가 기준을 설정하여 학생을 선발해도 무리가 없을 것이다. 제일 좋아하는 분야를 전공하여 기쁘고 보람 있게 사는 삶이야말로 복 받은 인생이 아닌가.

　우리 대학 교육. 일대 자성自省이 필요하다. 가령, 서울대학교가 개교 때 표방한 라틴어 Veritas Lux Mea(진리는 나의 빛)과, 가톨릭대학교의 Virtus et Veritas(덕과 진리)는 지금도 유효한가?

　대한민국의 교육 이념은 홍익인간이다(교육기본법 제2조). 기술technology만 강조될 뿐, 사람이란 어떤 존재인가, 어떻게 살아야 하는가를 말하지 않는 시대다. 인문학(문학·사학·철학)은 하찮은 소음noise인가. 인문학 교육은 더 강화해야 할 것이다.

　덧붙인다. 초·중·고등학교는 보통 교육 기관이고, 대학은 고등 교육 기관이다. 초등 학교에서는 초등 보통 교육을, 중·고등학교에서는 중등 보통 교육을 한다.

　이제 대한민국 교육은 '오늘도 무사히'의 관리형 정책에서 과감히 탈피해야 한다. 이에는 국민들의 성숙한 시민 의식이 요청된다.

의과 대학 블랙홀, 어찌할 것인가

우리는 '우르르 쏠림 현상'으로 몸살을 앓고 있다. 의과 대학 블랙홀 현상 이야기다. 지금 우리나라 의과 대학은 교과 성적 최우수급 학생들을 독차지하다시피하는 인재 블랙홀이 되었다. 이런 쏠림 현상은 예전에도 있었다. 1950~1960년대 자연계에는 공과 대학·의과 대학, 인문·사회계에는 법과 대학·상과 대학에 우수한 인재들이 다수 몰렸다. 서울대학교 공과 대학 원자력공학과와 화학공학과에는 소위 천재급 학생들이라야 합격할 수 있었다. 이같이 그 시절에도 쏠림 현상은 있었다. 서울 공대에 불합격한 수험생이 재수하여 서울 의대에 합격하던 시절의 이야기다.

문제는 쏠림 현상의 정도다. 그때에는 최우수급 인재들 가운데 기초 순수 학문 분야 등 주요 분야에 입학하여 두각을 나타내는 사람이 적지 않았다. 서울대학교의 경우, 입학 시험 성적 총수석이 공과 대학·상과 대학·법과 대학에서 많이 나오긴 해도, 문리과대학 철학과나 물리학과, 약학 대학 약학과에서도 총수석 입학생을 맞이하는 경사가 있었다. 근래에 서울대학교 총장을 지낸 오세정 교수도 전국 수석을 하여 물리학과를 선택했던 인물이다. 서울대학교 인문계나 자연계 총수석이 사범 대학 영어교육과와 독어교육과, 국어교육과, 수학교육과와 화학교육과 입학생인 때도 있었다.

하지만 지금은 학업 성적 우수 학생 가운데 전국 의과 대학을 지원한 후의 나머지 우수생이 서울대 컴퓨터공학과 수학교육과 등을 선택하는 실정이다. 극한적인 의과 대학 쏠림 현상이다. 왜 그런가?

의과 대학 쏠림 현상이 이처럼 극심하게 된 데는 넉넉한 수입에 평생이 보장되는 직종이라는 데 있다. 사실, 최상위 대학을 마치고 대기업에 취업한다고 해도 장기 근속이 보장되는 것이 아니다. 임원으로 승진하지 못하면 40~50대에 조기 퇴직하니, 직업 안정성 면에서 합격권에 들기 어렵다. 임원 승진이 자주 조기 퇴직의 신호이기도 하니, 직장인들은 늘 불안하다. 의과 대학을 선호하는 이유다.

한때 차선책으로 공무원과 교원 선호도가 높았으나, 그런 시절도 이젠 옛날이 된 듯하다. 느닷없이 '적폐 청산'을 내세운 정권이 들어선 후 엘리트 공무원들이 어이없이 철퇴를 맞는 서릿발 기류가 휩쓸었기 때문이다. 학생인권조례 탓에 교권이 무참히 붕괴되어 수많은 교육자들이 스스로 목숨을 끊는 비극 앞에서 교육자들도 좌절하고 있다. 우수한 학생들이 몰리던 교육 대학과 사범 대학도 동요하고 있다.

현대인들의 타자 지향성other direction은 거의 병적인 수준이다. '우르르 쏠림 현상' 말이다. 적성이 어떻든 상관없이, 자기 아이는 무조건 의사가 되어야 한다고 다그치는 부모들의 무한대 욕망이 불타는 나라가 대한민국이다. 심하게는 초등학교 4학년 아이를 의과 대학반 과외 수업을 받게 할 정도다.

이 '우르르, 무턱대고 쏠림 현상'을 눅이거나 해소할 방도는 없는가? 정답은 없다. 전체주의 국가가 아닌 대한민국의 정부나 학교 선생님이 이를 강압적으로 제약할 수도 없다. 몇 가지 추상적 교육 방법은 있다.

첫째, 철학적 각성이다. 가령, 욕망 조절 지침이다.

욕망의 주체는 나그네, 길은 사막, 대상은 신기루다.

프랑스 철학자요 정신분석학자인 자크 라캉(1902~1981)이 쓴 《욕망 이론》 속에 있는 말이다. 사람살이란 나그네의 길이며, 그 길도 깡마르고 황막한 사막에 있다. 더욱이 욕망의 대상이 사막 저편에 아렴풋이 떠오르다가 사라지는 신기루라니 허망하다. 이 허망한 인생을 어찌 살 것인가? ①자포자기하는 것, ②그런 건 '헛소리'라며 제 할 일에 몰두하는 것, ③그 허무를 형이상학 내지 종교(신앙)로써 초월하는 것 등의 반응을 할 수 있다.

그런데 의사가 되어야 한다는 욕망의 화신이 된 부모에게 라캉의 욕망 이론 같은 건 한갓 소음noise일 수밖에 없다. 예외는 있다. 이 명언에 감동하여 인생 항로에 변침을 가하는 학부모와 수험생이 생겨날 수 있을 것이다.

둘째, 의사 중에 훌륭한 롤 모델을 통한 감화다. 철학적 각성이 동반되면 금상첨화다.

먼 롤 모델로 알버트 슈바이처(1875~1965) 박사가 있다. 독일 출신 프랑스인인 슈바이처는 의학·신학·철학 박사이면서 파이프 오르간 명연주자일 정도로 음악에도 조예가 깊었다. 그런 그는 1913년 사회 활동가였던 아내 헬레네 브레슬라우와 함께 적도 아프리카 가봉 공화국으로 갔다. 그곳 오고웨 강변의 랑바레네에 정착하여 일생 동안 가난한 가봉 사람들을 치료했다. 제1차 세계 대전 때에는 독일 국적이라는 이유로 프랑스 군에 포로로 잡히기도 하였다. 프랑스가 그곳을 식민지로 삼은 까닭이었다. 1952년에 노벨 평화상을 받았고, 그 상금으로 나환자촌을 세웠다. 1921년에 그가 쓴 《물과 원시림 사이에서》는 세계인의 애독 서적이었다.

가까이 우리나라에도 거룩한 의사, 성의聖醫가 있었다. 장기려張起呂(1911~1995) 박사다. 장 박사는 평북 용천 출신으로 경성의학전문학교(서울대 의대 전신)를 졸업하고 일본 나고야제국대학에서 의학 박사 학위를 받았다. 평양의과대학과 김일성종합대학 교수를 지냈다. 6.25전쟁 때 철수하는 군인들을 따라 아내와 5남매를 평양에 남긴 채 둘째 아들만 데리고 월남했다. 피란지 부산에서 천막으로 복음병원을 차리고 행려병자를 치료했다. 독실한 기독교 신자였던 그는 가난한 사람을 위해 일생을 바치겠다는 결심을 하며 하루 200명씩 치료했다. 1959년에는 우리나라에서는 처음으로 대량 간 절제술에 성공하는 개가를 올렸다. 그는 청십자병원과 청십자의료보험조합도 세웠다. 우리나라 의료 보험 조합의 효시다.

장기려 박사는 외과 의학의 권위자로서 서울대학교·가톨릭대학교·부산대학교·백병원 의과대학(지금의 인제의대) 교수로서 많은 제자를 양성했으며, 그가 세운 복음병원은 지금 부산 고신대 의대 병원으로 발전했다. 그가 일생 동안 가난한 사람을 무료로 치료하게 된 첫걸음은 평양 기홀 병원에 있을 때부터였다. 휴일에는 자전거로 무의촌을 찾아서 무료 진료하는 것이 일상이었다.

그는 고신대학교 복음병원 옥탑방에서 기거했으며, 거기서 천국문에 올랐다. 그가 쓴 돈은 최소한의 생활비와 둘째 아드님 장가용 박사(서울대학교 의과 대학 교수)의 학비뿐이었다. 나머지는 이 세상 그늘진 곳에 썼다. 종생토록 평양에 남은 아내와 자녀들을 그리워하며 독신으로 살았다. 무소유의 생애였다.

"원장님, 속히 퇴원해서 집에 가야 농사일을 할 수 있는데, 치료비 낼 돈이 없습니다."

"밤에 병원 문을 열어 놓을 테니, 그때에 몰래 나가세요."

장 박사는 주머닛돈을 털어 그 환자 손에 쥐여 주었다.

아프리카 남수단에서 인술을 베풀다 선종한 이태석 신부의 생애가 우리의 가슴을 때린다.

이 땅에는 헌신적인 의사가 많았다. 드러나지 않은 그들의 선행은 하늘이 안다. 지금 생존해 계신 거룩한 의사 중에 윤주홍 박사가 있다. 그는 30년 전 도시 정비 계획으로 판잣집을 철거당한 이들이 모여 사는 봉천동에서 개업했다. 돈 없는 이는 무료로, 조금 있는 이는 조금만 받고 치료해 주었다. 《한국일보》에서 그 소식을 듣고 '봉천동의 슈바이처'라는 큰 제목으로 대서특필했다. 관악장학회를 운영하는 등 그의 봉사 활동에는 끝이 없다. 필자가 책임을 맡은 세계전통시인협회 시조시인이기도 하여 자주 뵙는 90대 어른이다. 장기려 박사와 함께 기독교 장로다. 장기려 박사는 생전에 막사이사이상과 사후에 국민 훈장 무궁화장을, 윤주홍 박사는 조선일보사 청룡봉사상을 받았다. 두 분의 거룩한 생애에 그런 세속적 영예란 한갓 티끌이기는 하다.

의사들은 의과 대학을 졸업할 때 〈히포크라테스 선서〉를 한다. 고대 그리스 의사였던 히포크라테스(BC 460~BC 377?)가 말한 의료상의 윤리적 지침이다.

히포크라테스 선서

나는 의학의 신 그리고 건강과 모든 치유, 그리고 여신들의 이름에 걸고 나의 능력과 판단으로 다음을 맹세하노라.
(중략)
나는 나의 능력과 판단에 따라 내가 이익이라 간주하는 섭생의 법칙을 지킬 것이며, 심신에 해를 주는 어떤 것들도 멀리하겠노라.
나는 요청을 받는다 하더라도 극약을 그 누구에게도 주지 않을 것이며, 이러한 기술을 행하는 자(외과 의사)에 의해서 이루어지게 할 것이다. 나는 어떤 집에 들어가더라도 나는 병자의 이익을 위해 그들에게 갈 것이며, 어떤 해악이나 부패스러운 행위를 멀리할 것이며, 남성 혹은 여성, 시민 혹은 노예의 유혹을 멀리할 것이다. 나의 전문적인 업무와 관련된 것이든 혹은 관련이 없는 것이든 나는 일생 동안 결코 밖에서는 말해서 안 되는 것을 보거나 들을 것이다.

나는 그와 같은 모든 것을 비밀로 지켜야 한다고 생각하기에 결코 누설하지 않겠노라.
(하략)

현재에는 이를 1948년에 수정한 〈제네바 선언〉이 쓰인다.

제네바 선언

이제 의업에 종사하는 일원으로서 인정받는 순간, (나는) 나의 생애를 인류 봉사에 바칠 것을 엄숙히 서약하노라.

- 나는 은사에 대하여 존경과 감사를 드리겠노라.
- 나의 양심과 위엄으로써 의술을 베풀겠노라.
- 내 환자의 건강을 첫째로 생각하겠노라.
- 나는 환자가 알려 준 모든 내정의 비밀을 지키겠노라.
- 내 위업의 고귀한 전통과 명예를 유지하겠노라.
- 나는 동업자를 형제처럼 생각하겠노라.
- 나는 인종, 종교, 국적, 정당·정파 또는 사회적 지위 여하를 초월하여 오직 환자에 대한 나의 의무를 지키겠노라.
- 나는 인간의 생명을, 수태된 때로부터 지상의 것으로 존중하겠노라.
- 비록 위협을 당할지라도 나의 지식을 인도에 어긋나지 않게 쓰겠노라.

이상의 서약을 나의 자유 의사로 나의 명예를 받들어 하노라.

의성醫聖 히포크라테스에서 유래한 이 선서는 지금도 그 권위를 인정받는다. 의사가 되려는 고등학교 학생들이 이 거룩한 의사들의 헌신과 다짐을 숙독하게 해야 한다. 감동받는 학생들이 적지 않을 것이다. 이런 사명감과 인류애가 없는 이는 의사가 되어서 안 된다.

셋째, 의사가 훗날에도 이같이 각광받을 수 있을 것인가에 유의할 필요가 있겠다.

인공 지능AI과 로봇 시대인 미래 사회에서, 앞으로 10~20년 사이에 현존 직업 47%가 사라질 것으로 예견된다. 여행 안내자, 회계사, 변호사 보조원, 전화 통신 판매원 자리가 위태롭고, 의사의 업무도 대폭 축소될 것이다. 의사 업무 중에 단순하게 반복되는 업무는 AI가 대신 할 것이므로, 의사의 수입은 큰 폭으로 감소할 것이다.

필자의 집안에도 의사 여섯이 있다.

우르르 쏠림 현상에는 관성이 있어서 방향 수정을 하기가 쉽지 않다.

남 따라 강남 간다
남이 친 장단에 엉덩춤 춘다
남이 장에 간다고 하니 거름 지게 지고 나선다

줏대 없이 남을 따라 한다는 속담이다. 타자 지향적인 성향을 가리키는 말이다. 적성과 인생관에 맞지 않은 전공을 해서 평생을 후회하며 사는 사람은 불행하다. 가치 있고 좋아하며 보수도 상당 수준 보장될 수 있는 직종에 종사하는 사람이야말로 행복하지 않겠는가.

자기 인생은 자기에 맞게 선택할 만한 자기 결단self-decision의 능력을 기르는 교육이 필요하다.

똑똑한 의사, 똑똑한 공학자에 못지않은 똑똑한 수학자, 물리학자, 화학자, 생물학자 등이 많아야 정상이다. 기초 과학이 취약한 나라에서 노벨상 수상자를 기대할 수 있겠는가. 국가는 기초 과학 연구자를 강력한 인센티브로써 견인해야겠다.

의대 블랙홀화 문제.

앞에서 제시한 도덕적, 성자적 당위론만으로는 안 된다. 교육 정책이 뒷받침되어야 한다. 미국의 정책이 눈에 띈다.

코널대 로버트 프랑크 교수의 '행동 전염 이론'이 유용할 것이다. 개척, 개발, 창조를 위하여 모험할 줄 아는 '공격형 인재'를 존중하는 사회적 인식을 조성하는 노력이 요청된다. 사회적 인식이 변해야 개인의 행동도 변하는 까닭이다. 이를 위하여 이 시대의 사회 심리적 특성 파악이 중요하다.

미국에서는 '반도체 과학법'을 제정, 실시하고 있다. 정부는 그 생태계 육성을 위하여 2,800억 달러를 투자하기로 했다. 유치원·초등학교부터 대학원까지 예산 지원을 하여, 이른바 STEM(과학science, 기술technology, 공학engineering, 수학mathematics) 교육에 집중하고 있다. 정부가 기초 과학 분야에 집중 투자하여 인재를 유치하는 데 심혈을 기울여야 하겠다.

의학 공부는 꼭 최상위급 인재라야 할 수 있는 것이 아니다. 의대 출신들의 고백이다. 그런 인재들은 수학, 물리학 등 기초 과학 연구에 생애를 바치는 것이 옳다. 보수 많은 곳에 반드시 행복이 깃들이는 것이 아니다.

덧붙인다. 우리 집안에도 의사 여섯이 있다.

우리나라 정부도 분발해야 한다. 언론, 영상 매체 들도 이를 위한 뉴프런티어로 나서야 할 것이다.

호연지기와 리더십을 기르는 교육

반도체는 나노미터nm 단위에 집중하면서 보이지 않는 싸움을 하는 21세기 산업의 총아다. 1나노미터는 10억분의 1미터이니, 초미세 단위에 해당한다. 우리나라 수출의 20%를 차지하는 반도체 사업의 중요성은 더 말할 것도 없다. 이 작은 것은 극미세한 시공을 점유하면서도 무한 우주를 가늠하는 것이 반도체 신화다. 전자 시대에 없어서 안 될 이 반도체를 '마법의 돌'이라 하는 것도 무리가 아니다.

모래 한 알에서 세계를 보고
한 송이 들꽃에서 천국을 보며
그대 손바닥 안에 무한을 쥐고
찰나 속에서 영원을 보라

18세기 영국 시인 윌리엄 블레이크(1757~1827)의 시 〈순수의 전조前兆 Auguries of Innocence〉의 한 대목이다. 애플을 창립한 스티브 잡스가 창조적 혁신 아이디어를 얻게 된 원천이 이 시라 한다. 2007년 7월 21일자《뉴욕타임스》의 기사 내용이다.

블레이크의 이 작품은 132줄이나 되는 장시다. 신학적 경구와도 같은 이 시에서 잡스는 놀라운 영감을 얻었다. 무한 소小와 무한 대大, 무無와 유有로 표시되는 우주의 유기적 전일성全一性, 지상과 천국, 무정물無情物과 유정물有情物의 관계관觀的 사유思惟를 통해, 10진법의 관습성을 깨고 0과 1이라는 디지털 언어에 착목한 선구자가 스티브 잡스였다. 윌리엄 블레이크와 스티브 잡스(1955~2011)는 200년 시차를 뛰어넘어 창조적 우주에서 만날 수 있었다. 인문학과 과학의 만남이었다.

21세기 디지털, 데이터 사이언스data science 시대의 신인류는 무한 우주마저 손바닥 안에 장악한다. 속도가 곧 돈인 신인류는 무엇인가에 끊임없이 쫓긴다. 말도 빨리, 걸음도 빨리, 먹는 것도 빨리 해야 한다. 호흡도 빠르고 노래도 빠르고 날카롭다. 끝없는 폭포의 삶이지, 호수에 이르는 고요한 삶이란 가뭇없다.

이런 세상에서 사람들의 왜소성은 극대화한다. 절대 다수가 장삼이사요 고만고만하여 '도토리 키 재기'다. 혹 중뿔난 상수리가 섞였어도 속살은 저도 모르게, 시나브로 왜소해진다. 세계 최상위 디지털 문명국인 우리나라에서 이런 성향은 더욱 두드러져 보인다.

요사이 우리 정계와 경제계 등에 거인이 가뭄 현상은 우연이 아니다. 사람을 왜소하게 만드는 디지털 문명 시대의 특징이 아닌가?

우리 교육이 앞장설 때다. 큰 인물 기르기 교육 말이다. 큰 인물의 기백을 뿜어내는 시와 노래가 우리에겐 있었다.

> 삭풍은 나무 끝에 불고 명월은 눈 속에 찬데
> 만리 변성에 일장검 짚고 서서
> 긴 파람 큰 한 소리에 거칠 것이 없어라

세종 때 함경도 관찰사로 가서 육진을 개척하여, 우리 국경을 두만강까지 확장한 김종서(1383~1453)의 시조다. 호연지기浩然之氣가 솟아나게 하는 남성적 어조tone를 띠었다.

까마득한 날에
하늘이 처음 열리고
어데 닭 우는 소리 들렸으랴

모든 산맥들이
바다를 연모해 휘달릴 때도
차마 이곳을 범하던 못하였으리라
끊임없는 광음을
부지런한 계절이 피어선 지고
큰 강물이 비로소 길을 열었다

지금 눈 나리고
매화 향기 홀로 아득하니
내 여기 가난한 노래의 씨를 뿌려라

다시 천고의 뒤에
백마 타고 오는 초인超人이 있어
이 광야에서 목 놓아 부르게 하리라

우리 근대 시인 이육사(1904~1944)의 헌걸찬 시 〈광야曠野〉다. ('어데'는 '어디에'의 뜻이고, '나리고'는 '내리고', '범하던'은 '범하진'의 비표준어다.)

우리는 지금 '백마 타고 오는 초인'을 목 타게 그리는 사람들이다. 대한민국 존망의 위기다.

6.25전쟁으로 나라가 망할 뻔했던 1950년대의 중·고등학교 학생들은 군대식 제식 훈련을 받았다. 목총으로 총검술 교육을 받는 학교도 있었다. 학도 호국단 노래도 불렀다.

학도 호국단은 제1공화국 초기인 1949년 9월 28일 대통령령으로 발족한 학생 자치 단체였다. '학생들의 사상 통일을 꾀하고 애국심을 기르며 국가에 헌신·봉사하게' 하려는 것이 그 목표였다. 1960년 4.19혁명 이후에 해체되었다가 1961년 5.16군사 정변 뒤에 '재건 학생회'가 그 기능을 계승했고, 1975년에 학생회로 부활했다가 1985년에 폐지되었다.

태평양 큰물 기슭 대륙 동녘에
우뚝 솟은 백두산 민족의 정기
우리들은 삼천만 민족의 태양
피 끓는 호국단 학도 호국단

청소년의 용솟음치는 기백을 분기시켰던 〈학도호국단가〉 가사다. 북한의 남침으로 국토의 90%를 잃기도 했던 6.25전쟁 이후의 학생들은 이 노래의 내용을 가슴에 깊이 새겼다. 후일 1970~1980년대 운동권 인사들은 학도 호국단을 히틀러의 나치당 청소년 조직 유겐트Jugend(1922~1945)에 비유하며 신랄하게 비판하였다.

지금 이런 조직을 만들고 이 같은 노래를 부르자는 건 아니다. 왜소화하고 섬약纖弱해진 우리 '도토리 인재들'을 호연지기가 충천하는 큰사람들로 기르자는 것이다.

이를 위해 체육 시간을 대폭 늘리고, 등산 클럽·잼버리 활동 등 심신이 강건하고 나라를 사랑하며 인류 평화를 위하여 헌신하는 봉사자, 지도자적 자질을 기르는 교육이 중요하다.

21세기 우리나라를 섬기고 이끌며 세계 국가의 리더 역할을 할 인재를 기르는 일은 우리 교육의 최대 과제다. 정치계·경제계·문화계·국방 영역의 큰 인물을 기르는 과업은 한 단계 높은 차원에서 시행되어야 한다.

우리나라는 사람의 기본권과 자유민주주의를 '벼리'로 하는 글로벌 8대 강국, G8의 세계 선도국이다. 세계의 리더가 되려면 내부 통합이 선행되어야 하고, 인류 보편적인 가치 체계로써 세계인을 자연스럽게 견인할 수 있어야 한다. 세계 국가 국민이 되자는 것이다.

이런 리더십을 기르는 교육, 우리 모두에게 닥쳐온 초미焦眉의 과제다. 자잘한 분쟁거리를 내세워 싸움질하는 잔챙이 정치, 선진국 국민의 수치다. 싸우려면 건곤일척의 큰 싸움을 하라.

우리 현대 교육 약사

　대한민국의 교육 이념은 건국 당시의 교육법 제1조(현재 교육기본법 제2조)에 명시된 홍익인간弘益人間이다. 인간(세상)을 널리 이롭게 한다는 뜻으로, 고조선의 건국 이념이다. 따라서 우리나라 교육은 이타적 공동체 의식을 기르는 데 목표를 둔다. 우리 헌법 제5조에 침략적인 전쟁을 부인하는 규정을 둔 것도 홍익인간의 이념에 접맥된다. 홍익인간의 궁극적 목적은 사람을 사랑하며 세계 평화에 이바지하는 데 있다.

　1945년 8월 15일에 광복이 되고, 3년간의 미 군정기를 거쳐 1948년 8월 15일에 대한민국이 섰다. 하지만 국가 체제가 바뀌어도 사회적 관습과 사고 체계는 일시에 바뀌지 않는다. 대한민국이 서고, 3권이 분립된 자유 민주주의 체제가 정립되었으나, 조선 말기와 일제 강점기 35년간에 우리 민족을 지배해 온 풍습과 전통은 견고했다.

　광복된 나라 대한민국 사회도 주자 성리학적 위계 질서와 그런 사회 윤리가 지배하고 있었다. 학교 역시 다르지 않았다. 교사와 학생 간에 사부일체師父一體의 잔재가 남아 있었고, 가르치는 일을 교편敎鞭 잡는다고 했다. '편'은 채찍이니, 교사는 학생을 때려서라도 엄하게 가르쳐야 한다는 권위주의 사상이 교육계를 지배하고 있었다. 게다가 일제 강점기 군국주의 교육 시대에 교사나 학생이었던 세대에게 교육은 일방 통행식의 강압성을 띠고 있었다.

　이런 교육 환경에, 미국식 자유민주주의와 실용주의 교육 사조가 들어

와서 충격을 가하였다. 외래문화 수용 과정에는 작용과 반작용이 동시에 조성된다. 이때에 두 가지 에너지가 작용한다.

첫째, 문화는 물의 흐름과 같아서 높은 데서 낮은 데로 흐른다. 선진 문화가 후발 또는 신흥 문화 쪽에 영향을 준다.

둘째, 수용(받아들임)하는 문화의 두께가 클수록 전수하는 문화는 이식移植되지 않고 굴절, 수용된다. 수천 년 된 우리 문화의 층은 두껍다. 미국 문화의 충격은 컸고, 그것이 수용되는 과정에서 갈등과 굴절이 만만치 않았다.

미국은 한국의 정치·국방·안보·경제·사회·문화 등 각 영역에 크게 현금과 물자를 지원했듯이 교육을 위해서도 도움을 아끼지 않았다. 교실 증축, 교과서 발행, 미국 교육 연수 등 다방면으로 도왔다.

여기서 주목할 것은 교육 연수와 유학이다. 미국은 1957년부터 1962년까지 평교사와 교육학 교수 들을 선발하여 미국 연수 기회를 제공했다. 연수 교육을 맡은 대표적인 기관이 밴더빌트대학교 피바디대학Peabody College이었다. 이 대목에서 오해가 일었다.

전통주의, 권위주의 교육에 익숙해 있었던 보수적인 교육자들은 미국식 자유주의 교육에 반기를 들었다. 공격 표적으로 대두된 것이 피바디였다.

"피바디 출신들이 교육을 다 망친다."

이 말이 정설로 굳어졌고, 당시에 미국 교육 이론과 기법 수용의 선편을 잡고 있었던 서울대학교 사범 대학 교육 계열 교수들이 '원흉'으로 지목되었다.

교육학 교수들은 미국식 자유 시민 의식을 이 땅 교육계에 어떻게 굴절, 수용시킬까를 두고 고심했다. 신생 대한민국의 발전을 가속화할 실효성 있는 교육 방략을 두고 분투하던 교육학 교수들은 이 땅에 실현 가능한 교육 제도와 방법을 적용하기 위해 노심초사하였다.

당시에 이 땅 교육에서 시급을 요하는 과제가 창의성 교육과 공정한 평가 도구의 개발이었다. 정답 맞히기의 조건 반사식 암기 교육, 주지주의 교육을 창의성 계발 교육으로 변화시키는 길에는 온갖 난관이 있었다. 급격한 학생 수 증가에 따라 '대량 생산'식 수업을 할 수밖에 없는 교사가 창의성 교육을 한다는 것은 난감한 과제였다. 그럼에도 교육학자들은 평가 도구를 개발하는 등 노력을 게을리하지 않았다. 가령, 지식·이해·적용·분석·종합·평가의 6가지 평가 지표를 정하여 학습 목표를 구체화하고, 그에 따라 교수·학습에 임하며, 학습 성취도를 평가하게 했다. 기억력 테스트와 방불했던 주지주의 암송 교육에서 벗어나고자 하는 안간힘이었다.

  큰 문제는 평가의 객관성·타당성·공정성을 확보하는 데에 있었다. 교사 대 학생 비율이 얼토당토않게 불균형을 이루는 그때 형편에 맞는 평가 도구에는 어떤 좋은 것이 있겠는가. 그래서 출현한 것이 OX와 선다형 문항이었다. 평가의 객관성과 교사의 과중한 업무 부담을 고려한 문항 형식이었다.

  그 당시 교사들의 업무 부담은 심각하게 과중했다. 쉴 새 없이 '하달'되는 행정 부처의 공문 처리가 학습 지도에 우선시될 수밖에 없는 형편이었다. 도시 학교 학급당 학생 수는 60~99명이었다. 최상위의 경기중학교에 제일 많은 합격자를 배출하기로 이름난 서울 덕수초등학교 학급당 학생 수는 99명이었다. '콩나물 교실' 시대였다.

  이처럼 열악한 교수·학습 환경에서, 주지주의 암기식 교육에 익숙해 있었던 교사가 창의성 교육을 제대로 한다는 것은 불가능했다. 4지 선다형 평가 도구의 적용은 불가피했다. 중·고등학교 입학시험 문제가 다 그랬다. 대학 입학시험 문제도 4지 선다형 학력고사였다가 사고력과 창의성이 중시된 수학능력시험 문제로 바뀌었고, 지금은 5지 선다형이다. 5지 선다형 문제를 처음 채택한 것은 교육부 정형규 장학관(대입 학력고사 관리 위원장)의 업적이다. 논술 문제로 창의력 평가를 보강하려 했으나, 그것도 지금은 각 대학별 선택 사항이 되었다.

　피바디 출신들이 이 땅 교육을 망쳐 놓았다는 것은 잘못된 판단이다. 더욱이 서울대학교 교육학 교수들이 그 원흉이라는 폭언에는 전혀 타당성이 없다. 한국 교육학계의 선도자인 정범모(한림대 총장, 시카고대 철학 박사), 정원식(교육부 장관·국무 총리, 피바디대 철학 박사), 이영덕(국무 총리, 명지대 총장, 오하이오대 철학 박사), 문용린(교육부 장관·서울시 교육감, 미네소타대 교육심리학 박사) 등 서울대 교육 계열 교수 중에 피바디대학 출신은 정원식 교수뿐이다. 그럼에도 서울대 사대 피바디 출신이 한국 교육을 망쳐 놓았다는 질타는 희생양 때려잡기요. 진실이 아닌 일반화의 오류다.

　정범모 교수는 한국 교육의 기본 방향 설정의 주춧돌을 놓았고, 이영덕 교수는 교육 과정 구성의 선편을 잡았다. 정원식 교수는 우리 교육계에 상담 심리학을 뿌리 내리게 했다. 문용린 교수는 우리 교육에서 지능 지수IQ뿐 아니라 정서 지수EQ 개념을 널리 전파하며 다중 지능 이론을 제시했고, 청소년 교육에 헌신했다. 다중 지능 이론은 지능의 단일성을 강조하는 1차원적 접근을 넘어 다원적 접근multi-dimensional approach의 관점을 강조한다. 사람의 능력은 ①언어 지능, ②논리·수학 지능, ③대인 관계 지능, ④자기 성찰 지능, ⑤공간 지능, ⑥자연 탐구 지능의 6가지 시각에서 교수·학습이 이루어져야 한다는 이론이다.

　누가 뭐래도 대한민국을 부강케 하는 데 미국 유학파 교육학 분야 교수들이 큰 기여를 했다. 정치학·경제학·법학·자연 과학·공학·농학·심리학·인류학 등 미국과 유럽에서 유학하고 온 학자들이 한국의 압축 성장, 한강의 기적을 일으키는 데 결정적으로 기여했다. 유학파 교육학자들도 이에 크게 기여했다. 우리 학생들의 학력이 세계 최상위에 올라 있는 것이 그 증거다.

제8장
저 이상한 사람들의 나라

촛불 집회에 대하여

촛불 집회가 잦아졌다. 걸핏하면 촛불 집회를 여는데, 대다수가 정치 집회다. 집회에 쓰이는 불에 촛불과 횃불이 있다. 이 둘은 성격이 다르다. 촛불은 안온한데, 횃불은 격렬하고 공포스럽다. 전봉준의 농민군은 횃불을 들었다. 3.1운동 때도 횃불, 봉홧불로 신호를 했다. 촛불은 다르다.

촛불은 신령의 빛으로 탄다. 어둠을 몰아내고 세속의 먼지를 태워버린다. 신랑·신부의 혼인 첫날 밤에 화촉華燭을 밝히는 것은 남녀의 구합媾合을 표상한다. 공자는 딸을 시집보낸 집에서는 사흘 밤 동안 촛불을 끄지 않는다고 했다. 촛불로써 딸을 축복하는 부모의 정성 표시였다. 혼인 예식장에 촛불을 켜는 것도 축원의 표상이다. 촛불의 흰빛은 신랑과 신부의 순결한 마음을 상징한다. 고등 종교에서 촛불은 자신을 희생하여 세상을 밝히는 지극한 사랑(순교)의 표상이다.

촛대와 촛불은 지상과 천상의 사다리를 상징한다. 길게 하늘 향해 있는 촛불은 지상에 묶여 있는 사람들의 뜻을 하늘에 전달하는 매개체다. 혼인 선물로 건네는 초는 활기찬 빛, 곧 다산과 다복을 상징한다. 또 초가 제 몸을 태우는 것은 살신성인殺身成仁하는 자세를 뜻한다. 서양에서 초는 축하, 탄생, 죽음, 예배 등 경건한 의식에 사용된다. 이는 신성神聖과 불멸의 순교 정신을 상징한다.

명저 《불의 정신 분석》을 쓴 가스통 바슐라르는 〈촛불의 미학〉에서 촛불을 인간 개아個我의 본래적 모습으로 보았다. 절망과 체념을 내면으로 삼키며 애태우는 인간의 근원적 외로움과 그리움을, 혼자 조용히 타오르는 촛불의 이미지와 동일시하였다. 영국 형이상학파 시인 존 던은 촛불을 열렬한 사랑에 불타는 연인에 비유하였다. 셰익스피어는 〈헨리 6세〉에서 촛불을 목숨에 비유하여, "여기서 내 촛불은 타서 없어진다."고 했으며, 〈맥베스〉에서 인생의 생명과 그 덧없음을 촛불에 비유하여, "꺼져라, 꺼져라, 순간의 촛불이여."라 했다. 《요한계시록》에 나오는 일곱 황금 촛대는 구세주를 옹위하는 천국의 표상이다.

이처럼 촛불은 은은·그윽하고 성스러우며 생명적인 신령스러움을 품은 존재다. 촛불 앞에서 우리는 옷깃을 여미고 무릎을 꿇으며, 축복의 기도를 올리게 된다. 촛불 앞에서 우리는 모두 숙연해진다.

언제부터인가 이 땅에서 촛불 축제여야 할 문화제가 공포스러운 촛불 정치 시위로 변질되었다. 손에 손에 촛불을 켜 든 사람들은 세상을 위해 기도하는 것이 마땅하다. 그런데 이 땅의 시위하는 사람들 눈에는 증오의 불꽃이 일고, 얼굴에는 살기가 번득인다. 촛불의 본디 이미지는 여기서 무참히 파괴된다. 증오와 저주에 치를 떠는 사람들이 촛불을 들었다. 상극의 조합이다.

상생은 서로를 살리지만 상극은 죽임이다. 감을 참기름에 찍어 먹으면 먹은 사람이 죽는다. 게를 설탕에 절여 먹거나 문어와 고사리를 함께 먹은 사람도 죽는다. 상극인 까닭이다.

우리나라 촛불 든 시위대는 자칫 사람 죽일 사람들의 집합이다. 그런 상극의 조합이 나라의 기틀을 휘청이게 한 것이 미국산 쇠고기 수입 규탄 촛불 집회였다. 수학 여행 가다가 절통하게 희생된 고등학교 학생들을 추모하는 촛불 집회에도 그 억울한 영혼들을 위로하는 축원과 기도가 아닌 증오와 저주가 난무했다. 정권 퇴진을 요구하는 격한 시위였다.

이 증오와 저주, 죽임의 촛불 시위가 극한에 이른 것은 박근혜 대통령 탄핵 촉구 시위였다. 촛불 문화제인데 작두가 등장하여 살기를 번득이고, 박 대통령의 민망스러운 그림이 보는 이의 얼굴을 돌리게 했다. 분출하는 구호들에는 증오와 저주가 빗발쳤다. 전투대의 출정식이지 촛불 문화제는 아니었다. 그런 촛불 시위는 지금도 계속된다.

우리 사회와 정치 풍토가 어쩌다가 이 지경이 되었는가.
연유가 있다. ①광복 직후의 좌우익 싸움은 치열하였으나, 결국 우익의 이승만이 집권하여 좌익은 설 자리가 없어지거나 주류에서 소외되었다. ②이승만의 제1공화국 자유당 정권이 4.19혁명으로 무너지고, 어부지리 격으로 민주당의 장면과 윤보선이 집권한 지 1년도 안 되어 파벌 싸움 등 자중지란으로 붕괴했다. ③민주당 정권의 극도의 무능과 정파 싸움으로 나라가 무정부 지경에 이르자, 5.16군사 정변이 일어나 민주주의 실현이 급격히 유보되었다. ④박정희 군사 정부는 3선 개헌에 이은 유신 헌법으로 장기 집권의 길을 열었고, 야당 정치인 김대중·김영삼 등과 대학생들은 격렬한 시위를 통해 전투 의지를 불태웠다. 이런 시위는 1965년 6월 22일에 조인된 한·일기본조약 체결을 반대한, 소위 6.3시위에서 시작되었다. 1979년 10월 26일 박정희 대통령이 최측근인 김재규 중앙정보부장에게 시해되자, 민주당 집권의 지평이 가시권에 들어왔다. ⑤그런데 전두환·노태우 소장이 이끄는 군인들이 12월 12일 권부를 손에 쥐고 비상 계엄령을 선포했다. 그리고는 간접 선거로 전두환이 대통령에 뽑혀 7년을 군림했다. 와신상담, 절치부심해 왔던 민주당 등 야권 인사들에게는 청천의 벽력이었다.

5.16정변이 있었던 1961년부터 전두환 정권이 막을 내린 1987년까지 이 땅은 전쟁터였다. 1965년 한일기본조약 체결 반대 투쟁에서 시작된 야권 정치인들과 대학생들의 시위는 전두환 정권 말까지 계속되었다. 온 나라가 시위와 최루탄 공화국이었다. 군사 정부의 엄혹한 감시 체제와 용수

철처럼 튀어오르는 시위대의 격렬한 저항의 소용돌이 속에서 보직을 맡았던 당시 대학 교수들의 고통은 말과 글로 다 토로할 수가 없었다.

야권 인사들과 시위 주동 학생들은 감옥에 갇혀 고문당하는 고통을 겪어야 했고, 각 대학 보직 교수들은 제자들을 구제하기 위해 노심초사했다. 거듭 말하거니와, 그때 보직을 맡았던 필자는 제자들을 구하러 다니다가 사상까지 의심받아 파면 위협을 세 차례나 받았다. 시위의 선봉에 섰던 연세대 이한열 학생은 최루탄에 머리를 가격당하여 목숨을 잃고, 서울대 박종철 학생은 물고문을 당하다가 숨졌다. 하늘에 사무치도록 절통한 일이다.

지금 야권 인사들에게 이승만·박정희·전두환·노태우 정부로 이어지는 대한민국 건국 세력, 근대화 세력은 타도해야 할 기득권 세력, 가해 세력, 친미 세력이다. 1980년 5월 18일에 있은 광주 항쟁을 '5.18광주민주화운동'으로 정의하고 보상 정책까지 편 김영삼 대통령도 기득권·가해 세력의 아류로 본다.

결정적인 문제가 남아 있다. 야권 인사들 중의 NL 민족 해방 계열과 PD 인민민주주의 계열 운동권 사람들의 역사관이다. 특히 문제가 되는 것은 종족적 민족주의ethnic nationalism와 김일성 주체사상을 따르는 NL계, 이른바 '주사파'의 생각이다. 이는 북한 정권에 정당성이 있다는 '종북 이념'에 사로잡힌 편견이다. ⑥6.25전쟁에서 북한의 승리가 눈앞에 와 있었는데, 미군을 비롯한 유엔군이 참전, 반격함으로써 '조국'을 통일할 천재일우의 기회를 놓쳤다. 이들에게 미국은 철천지원수일 수밖에 없다.

소위 386(60년대 출생, 80년대 대학생, 30대 나이) 세대(지금은 586)는 미국과 일본 타도를 결사적으로 외치면서, 북한·중국·러시아의 비인도적 만행에는 입도 벙긋하지 않는다. 한때 그들은 북한이 주장하듯이, '미 제국주의자들'이 북한을 먼저 침공하여 6.25전쟁이 일어났다는 북침설을 주장했다. 그러다가 1989년 소련이 해체된 후에 나온 기밀 문서에 6.25전쟁은 김일성과 박헌영이 스탈린을 두 번이나 찾아가고, 마오쩌둥을 만나는 등 소련과 중국에 애걸하여, 군사·군비 지원을 받아 일으킨 것임이 밝혀졌다. 모스크바 러시아 연방 문서 보관소에는 김일성이 스탈린에게 남침 승인 요청을 한 전보 48통이 보관되어 있다. 이에, 종북 세력은 미국의 남침 유도설을 퍼뜨리며 북·중·러 편을 들었다. 미국 좌파 학자 브루스 커밍스가 장단을 맞추었다.

 야권에서 왜 줄기차게 미군 철수를 주장하는지, 그 까닭이 이로써 밝혀졌다. 미군이 철수한 뒤 김정은은 원자탄으로 위협하며 국지전을 도발하고, 남한 종북 세력이 내응하여 사회 혼란을 일으켜 나라를 무정부 상태에 빠뜨리려 할 것이다. 그들은 북한과 합세하여 '통일 조국'을 이루는 것이 '일생의 소원'이기 때문이다.

 생각이 정상적인 사람들은 이들을 도무지 이해할 수 없다고 말한다. 경제력 54 대 1의 선진국 대한민국과 빈곤 집단 북한의 차이가 백일하에 드러나 있는데, 북한을 추종한다는 것이 말이 되느냐는 것이다. 종북파들은 다르다. '북한식 사회주의'가 옳다는 그들의 정신 분석학적 확증 편향 confirmation bias의 편집증paranoia은 무섭다. 망상 장애로도 불리는 이 비정상적 정신 현상은 흔히 의처증이나 의부증 등에서 볼 수 있다. 초능력자나 예언자로 자처하는 사람 중에도 편집증 환자가 많다. 세상만사를 자기중심적으로만 생각한다.

 필자의 이런 분석은 결코 개인적 망상이 아니다. 1980년대 초부터 대학에서 보직을 맡아 숱한 운동권 학생들과, 그들을 이끄는 다른 대학 인플루언서들을 광범위하게 심층 면담을 하면서 얻은 결론이다.

 필자는 이들이 정권을 잡아 뜻을 펼치다 보면, 서서히 자가 치유가 되리라고 생각했다. '햇볕 정책'을 슬로건으로 한 김대중·노무현·문재인 정권 15년 통치 기간을 거치면서도 그들의 편집증은 완치되지 않았다. 아닌 게 아니라 그들은 '몽매에도 그리던 사회주의 지상 낙원'을 김대중 대통령 때부터 '체험'해 왔다. 평양에 가서 소위 '위수김동(위대한 수령 김일성 동지)'의 동상에 감동을 담아 경배도 했고, 금강산 관광도 실컷 했다. 나랏돈 4만5천 달러를 비롯한 많은 금품을 북한에 헌납했으며, 개성 공단을 조성하여 엄청난 인건비를 제공하며 도왔다.

그만하면 북한, 조선민주주의인민공화국이 전혀 '인민'의 나라가 아닌 조선 왕조 국가의 연장선상에 있는 괴이한 집단이라는 것도 알았을 것이다.

이제 미국 욕하기, 북한·중국·러시아 편들기는 그만두는 것이 정상이다. 그러지 않는다면 '불결한 권력 독점욕의 화신'이 벌이는 기행奇行이라고 볼 수밖에 없다. 자유민주주의 국가란 제 나라의 국체와 정체에 대한 확신 아래 방법을 달리하는 정파 간에 권력을 번갈아 행사하면서, 조금씩 이상 세계의 언덕을 더위잡아 가는 법이다.

촛불 집회.
이제는 환희에 찬 축도의 잔치가 되어야 마땅하다. 설령 주사파NL 세력이 아니더라도 촛불 든 시위대의 증오와 저주는 결코 복 받을 일이 아니다.

남을 해치는 말은 먼저 자신을 해치나니, 피를 머금어 남에게 뿜으면 먼저 그 입을 더럽히느니라.

우리 고전 윤리 교과서 《명심보감》에 있는 말이다.

국회 의원의 거짓말 시리즈와 특권

 국회 의원은 무슨 잘못을 저질러도 회기 중에는 체포되지 않는다. 거짓말로 남의 명예를 치명적으로 훼손한 국회 의원도 다음 공천에 오히려 우선권을 얻는다. 그렇다고 거짓말로 한때에 권세를 휘둘러도 그 권세는 항구한 것이 아니다. 거짓말 선동으로 세상을 온통 불바다로 몰아넣었다가 망한 자에 독일 나치당의 히틀러와 그의 선전상 괴벨스가 있다.

 몇 마디 정해진 문구를 끊임없이 반복한다. 문구는 객관적일 필요가 없다. 사소한 일부분의 약점을 지적함으로써 사실이나 진실 전체를 뒤집어 엎는다. 거짓말도 되풀이하면, 듣는 대중이 처음에는 부정하고 나중에 의심하나, 결국 믿게 된다. 대중은 작은 거짓말보다 큰 거짓말에 잘 속는다. 거짓말도 100번 되풀이하면 진실이 된다.

 나치 선동꾼 선봉장 괴벨스의 선전·선동론의 요지다.
 괴벨스도 그렇지만, 히틀러는 거짓말의 명수였다. 그의 대리인 괴벨스를 앞세운 나치당의 거짓말 선전·선동에 독일 국민들은 열광했다. 10세 내지 14세 아이들로 조직된 독일 소년단 히틀러유겐트Hitler Jugend(1922~1945)는 나치당의 선전·선동에 세뇌되어 불굴의 전사戰士가 되었다.
 히틀러는 거짓말을 밥 먹듯 했다. 그는 바바리아 관헌 당국자들에게 소동을 일으키지 않겠노라 약속한 직후에 소동을 일으켰다. 또 파펜 정부에 협조하겠노라 약속하고 돌아서기가 무섭게 그를 배반했다. 첫 내각을 개편하지 않겠노라 국민 앞에 약속하고는 곧장 개편했다. 뮤니히 쿠데타가 실패하면 자결하겠다고 했으나, 실패한 후에도 태연히 살아 있었다.

히틀러·괴벨스의 거짓말은 이탈리아 무솔리니의 파시즘과 일본 도조 히데키의 군국주의에도 전염되었다. 태평양 전쟁에서 미군에게 참패할 지경에 이른 일본 군국주의자들은 '카미카제神風 특공대' 소년들을 분기시켜 연합군 함대에 돌격하여 자폭사하게 만들었다. 히틀러유겐트를 본뜬 만행이었다.

우리나라에도 최근에 히틀러·괴벨스의 망령이 출몰했다. 윤석열 대통령과 한동훈 법무부 장관이 유명 로펌 변호사 30명과 함께 청담동 유흥 주점에서 노래 부르고 놀았다고 한 사람은 K 야당 대변인이었다. 첼리스트 여성의 증언 녹음에는 노래 곡목까지 지목되었다. 대통령·법무부 장관과 로펌 간의 유착 관계 문제로 비화飛火할 수 있는 폭탄성 발언이었다. 하지만 싱겁게 끝난 해프닝이었다. 증언자이기를 자처했던 그 첼리스트가 스스로 그것이 거짓말임을 고백한 것이다.

K 대변인은 그 황당무계한 거짓말 폭로로 후원금 1억 5천만 원을 챙겼다. 기자 출신인 그는 사실 확인 취재조차 하지 않았다.

그의 거짓말은 많다. 그는 ①"한동훈 장관이 L 더불어민주당 대표 수사를 위해 미국 출장을 다녀왔다. ②검찰이 제출한 L 대표 구속 영장 전담 판사가 한동훈 장관과 서울대 법대 동기다. ③대통령 부인 김건희 여사가 2016년 전시회 개막 축사를 무속인에게 맡겼다. ④민주당 당무위원회가 L 대표의 당직 유지를 만장일치로 찬성했다."고 했다. 이 모두가 거짓으로 판명났다. ⑤윤 대통령을 비방할 목적으로 EU 대사의 말을 인용했으나, 그 대사가 사실무근임을 밝히는 바람에 국제적 망신을 샀다.

K 대변인은 명예 훼손 혐의로 고발당했으나 무사했다. 국회 의원 면책 특권 덕이다.

같은 당 5선인 A 의원의 거짓말도 혀를 내두르게 한다. ①박근혜 대통령 탄핵 당시에 A 의원은 박 대통령과 최순실(최서원으로 개명)의 비자금 300조 원이 해외에 숨겨져 있다고 했다. 이것은 그가 8박 9일간 독일, 스위스, 리히텐슈타인, 헝가리 등을 다니면서 두 사람의 페이퍼 컴퍼니가 독일에만 400~500개 있음을 확인한 사실이라고 했다. 2017년 7월 26일 JTBC 뉴스룸에 출연해서 밝힌 내용이다. 박정희 대통령의 비자금 규모가 8조 9천 억(지금 돈으로 300조 원)이었는데, 그것이 최순실(최서원으로 개명) 아버지 최태민 일가로 흘러 들어갔다는 것이었다. 이에 대해 최서원은 A 의원에게 소송을 제기하여 2021년 9월 승소했다. 하지만 2022년 5월의 2심에서 이 손해 배상 청구는 기각되었다. 이상한 기각이다.

또 A 의원은 '윤지오 사건' 연루자다. 2009년 3월에 여배우 J 씨가 스스로 목숨을 끊었다. 유력 사회 인사들에게 성상납을 했다는 의혹으로 세상이 들끓었다. A 의원은 2019년 3월에 캐나다에서 온 윤지오를 J 씨 사건 현장에 있었던 유일한 증인이라고 기자들 앞에 나섰다. '윤지오와 함께하는 의원 모임' 의원 9명도 대동했다. 하지만 윤씨의 증언이 새빨간 거짓말이라며 김수민 작가가 고발하면서 그것이 거짓말임이 드러나자 윤 씨는 캐나다로 황급히 도주했다.

이런 거짓말 대장을 다섯 번이나 국회 의원으로 뽑아 준 선거 제도는 이해하기 어렵다.

히틀러를 비롯한 세계 정치인들의 거짓말은 흔하다. 그런데 작고한 우리 정치 거목의 거짓말 시리즈는 열거하기도 힘들었다. 똑같은 사안을 두고 시간과 장소에 따라 다른 말을 한 그의 거짓말도 한둘이 아니었다. 그런 그가 말년에 "나는 일생 동안 한 번도 거짓말을 한 적이 없다."고 해서, 사람들이 실소를 금치 못했던 일이 있다.

종교 개혁가 마르틴 루터는 "거짓말을 참말처럼 하기 위해서는 항상 일곱 개의 거짓말을 필요로 한다."고 했다. 무서운 얘기다. "인생에서 무엇보다 어려운 것은 거짓말을 하지 않고 사는 것이다."라는 말이 있다. 도스토옙스키의 〈악령〉에 등장한다. 시인 앨프레드 테니슨은 "반쯤의 진실을 담은 거짓말은 더욱 악하다."고 했다. "거짓말과 도둑질은 이웃사촌이다."는 영국 속담은 거짓말의 죄악을 단적으로 지적한 말이다. 독일 속담에도 "거짓말에는 세금이 붙지 않는다. 그런 까닭에 온 나라에 거짓말이 넘쳐난다."는 것이 있다.

탈진실posttruth의 시대.

21세기 이 디지털 시대를 특징지은 명명이다. 이는 2016년 옥스퍼드대학이 발표한 그 해의 키워드였다. 탈진실의 시대 사람들은 객관적 사실보다 감정이나 개인적 신념과 주장이나 정보에 영향을 받아 그쪽으로 관심을 두고 그것을 믿게 된다. 사람을 이성적인 존재로 본 데카르트는 "나는 생각한다. 그런 까닭에 존재한다Cogito ergo sum."고 하였으나, 탈진실의 이 시대의 사람들은 감정에 휩쓸려 이성적 사고의 취약성을 드러내는 경우가 많다. 이러다 보니, 거짓말 잘하는 사람이 디테일까지 제시하는 그럴싸한 가짜 뉴스에 사람들은 곧잘 속는다. 또한 이해관계를 같이하는 무리끼리 뭉쳐서 편견을 조성하여 극한 대결하는 전투 상황을 빚기도 한다. 사람들은 보고 싶은 것만 보고, 듣고 싶은 것만 듣고, 믿고 싶은 것만 믿는 외곬으로만 치닫게 된다.

더욱이 우리 민족은 논리적 사고, 로고스Logos보다 감정, 파토스Pathos 편향적이어서 냉철한 판단과 논리정연한 사변력 쪽에 심히 취약하다. 김소월의 〈진달래꽃〉처럼 서럽고, 오영수 소설에서처럼 인정스럽고 한 많은 우리 민족이다. 이 서러움·인정·한恨이 극단으로 치달을 경우 자주 집단 광기狂氣로 돌변하기도 한다. 거짓말, 가짜 뉴스를 진실이라 믿는 집단 광기와 저주에 역사의 수레바퀴는 헛돌고, '국가'라는 수레는 끝내 전복되고 말 것이다.

 거짓말 시리즈를 남발하는 국회 의원은 말할 것도 없고, 언론이 거짓말·가짜 뉴스를 양산하고, 거짓 선전·선동에 나서는 세상에는 소망이 없다. 한때 기괴한 선동가가 '뉴스 공장'이라는 유튜브 방송으로 세상을 혼란스럽게 했다. 공장이란 없던 것을 만들어내는 곳이니, 뉴스 공장도 없는 일을 만들어내는 곳임을 스스로 자백한 셈이다. 그는 '세월호 고의 침몰설'을 퍼뜨린 거짓말 장인匠人이다. 이런 사회악도 '유사 언론'이나 '표현의 자유'라는 헌법의 이름으로 보호받아야 하는가.

 자유민주 국가에서 언론은 입법부·사법부·행정부와 함께 4부로 불린다. 이같이 중요한 언론이 거짓을 걸러내는 여과 기능에 충실해야 세상이 건전해진다. 언론은 정치인 같은 막강한 권력자와 특권층의 성패는 물론 사활死活까지도 좌우한다.

 1950년대의 일이다. 한 국회 의원이 과도히 성가시게 구는 신문 기자들을 향해, "이 시끄러운 신문쟁이들아." 하고 버럭 소리를 질렀다. 그 이후 한 1등 신문이 그 국회 의원을 집요하게 공격했다. 이를 견디지 못한 그는 스스로 목숨을 끊었다.

 대다수의 언론인은 우리 지성계의 엘리트이고, 정의감이 충만한 이들이다. 이번에 거짓말 시리즈로 나라를 어지럽힌 K 대변인은 양심 형성 실조 상태에 있는 예외적 인물이다. 그 대변인은 명문대를 졸업한 지적 엘리트다. 그런 인사가 양심 실조 상태에 빠진 것은 비극적이다. 세칭 SKY대학 출신이면 성공한 사람인가. 먼저 사람다운 사람이 되어야 한다.

 1948년 대한민국 건국 이후 '경제적 압축 성장'을 하는 과정에서 우리는 '사람 되게 하는 교육'을 하는 데 실패했다. 우주 문명 시대가 열린다는 이 시대에도 우리는 AI 교육 등 테크놀로지 교육에만 열을 올리고 있다. 이래서는 안 된다.

거짓말은 무서운 죄악이다. 일찍이 도산 안창호 선생은 "죽을지언정 거짓말하지 말라."고 했다. 도산 선생은 이 말씀을 실천하다가 목숨을 잃었다. 도산 선생이 상하이 임시 정부에서 독립 운동을 할 때 한 소년과 약속한 바를 지키려고 현장에 갔다가 일본 경찰에 체포되었다. 국내로 압송되어 옥고를 치르던 중 병보석으로 진료받다가 운명했다.

다수의 국회 의원들이 이 모양인 것은 그들의 특권 때문이다.

국회 의원이 누리는 특권은 180여 가지라 한다. 연봉 1억 5천만 원에 4분기별 100% 보너스, 설과 추석 명절 50% 보너스, 정근 수당 200%, 체력 단련비 250%, 45평대 사무실 운영비, 차량 유지비, 우편 요금 특혜, 국유 철도 · 선박 · 헬스장 무료, 65세 이후 월 120만 원씩의 연금 수령 등이다.

이런 특전은 국회 의원이 국민을 대표하는 헌법 기관이기에 부여된다. 그래도 이런 특전은 지나치다. 대폭 축소해야 옳다. 국회 의원도 일반 공무원에 준하는 '국민 전체의 봉사자'여야 한다(공무원법 제1조). 국회 의원이 지켜야 할 책임과 직무는 막중하다. 국회 의원은 법률이 정한 직을 겸할 수 없다(헌법 제43조). 또한 국회 의원은 청렴 의무, 국가 이익을 우선하여 양심에 따라 직무 수행을 할 의무를 지며, 지위를 이용하여 공공 단체나 기업체와의 계약이나 그 처분에 의한 재산상 이익 취득과 타인을 위한 취득의 알선 행위를 해서는 안 된다(헌법 제46조).

국회 의원의 불체포 특권과 면책 특권에 대한 국민들의 비판이 비등하는 것은 당연하다.

헌법 제44조(의원의 불체포 특권) : ①국회 의원은 현행범인 경우를 제외하고는 회기 중 국회의 동의 없이 체포 또는 구금되지 아니한다. ②국회 의원이 회기 전에 체포 또는 구금된 때에는 현행범이 아닌 한 국회의 요구가 있으면 회기 중 석방된다.

헌법 제45조(의원의 발언·표결의 면책 특권) : 국회 의원은 국회에서 직무상 행한 발언과 표결에 관하여 국회 외에서 책임을 지지 아니한다.

엄청난 특권이다. 이 두 가지 특권은 권위주의 정부가 자행하였던 국회 의원에 대한 부당한 회유나 협박 행위에 대응하기 위하여 입법화한 것이다. 대명천지 이 자유 사회에서는 이 규정은 폐지되는 것이 옳다. 이 예외 규정을 악용하여 거짓말을 밥 먹듯이 하는 국회 의원의 자질과 인성은 도덕적으로뿐 아니라 법률로도 책임을 지도록 하는 것이 상식이다. **뻔뻔한 철면피** 인사들이 세상을 활보케 하는 것은 인류 문명사적 수치다. 저런 거짓말 선동꾼들과 같은 하늘을 이고 산다는 것이 한없이 부끄럽다.

정직한 국민, 정직한 정치인의 나라. 우리가 살 길이다.

저 이상한 사람들의 나라

한반도 이 땅에는 이상한 사람들이 많다. 북한 지배층과 남한의 비상식적인 사람들이 7천6백만 겨레를 불행하게 한다. 북한 지배층은 불치병 환자들이니 논외로 치더라도, 남한의 비상식적인 사람들은 어찌해야 좋은가?

북한 바라기

북한은 지상 낙원이 아닌 최악의 디스토피아다. 노동자와 농민의 나라도 아닌 조선 왕조의 아류인 세습 군주 집단 체제로 유지되는 것이 북한이다. 김일성과 김정일의 동상이 350개나 되고, 세계적인 명산인 금강산 기암절벽에 김씨 부자를 찬양하는 우상화 글귀들이 수없이 새겨져 있다. 깊이가 1.5m다. 아무도 침략하지 않을 반쪽짜리 땅덩이를 지키느라 청년들이 황금기 10년을 군대 생활에 압류당하는 '청춘들의 지옥'이 북한이다.

밤이면 평양시를 제외한 전 지역이 암흑 천지가 되는 북한. 평양 시민을 제외한 전 '인민'이 하루 끼니를 걱정하며 영양실조에 시달리거나 굶주려 죽는 서러운 땅의 군주 김정은이 원자탄 실험과 미사일 발사에 열을 올리며 만면에 웃음을 흘리는 죽음의 땅 북한. 허기져 국경을 넘은 인민들은 중국 인신매매범에게 팔리는데, 외제 고급 의상으로 치장한 11세짜리 어린 딸을 전쟁놀이의 새 주인공으로 깜짝 등장시키는 코미디. 북한은 결코 해피엔딩으로 마무리될 수 없는 비극의 무대다. 이 비극을 위장하는 희극의 무대가 평양이다. 북한 인민은 최상위층 평양 시민과 기타 주민들 계급으로 분리되어 있다. 최상위층의 정점에 김씨 일가가 군림하고, 나머지 고위층은 김씨 일가의 처분만 기다리는 '충직한' 신하들이다.

저런 북한을 찬양하는 '북한 바라기들'이 남한에도 적잖이 살고 있다. 북한의 실상에 대한 저런 상식을 부정하는 자유 대한민국 사람들. 지극히 비상식적인 인사들이다. 이들은 왜 이렇게 되었을까? 왜곡된 역사관과 피해의식 때문이다.

그들의 생각은 이렇다. ①지난 역사는 유산자(부르주아지)가 무산자(프롤레타리아트)를 억압, 착취해 온 모순 투성이였다. 북한은 '위대한 수령 김일성 동지(위수김동)'가 사악한 미 제국주의를 물리치고, 계급 혁명 투쟁으로 건설한 노동자와 농민의 낙원이다. ②남한은 악질 친일파와 친미 사대 부르주아지가 결탁하여 이룩한 미 제국주의자의 식민지다.

"그렇다면 북한으로 가 살지, 왜 여기서 나라를 시끄럽게 하느냐?" 국민들은 묻고 싶어 한다. 그런 사람들의 대답은 생뚱맞다.

"북녘은 혁명이 완수되어 있다. 나는 남쪽을 혁명하기 위하여 여기에 있다."

그들은 1980년대에 생겨난 북한식 혁명 전사들이다.

1980년대에는 자생적으로 또는 북한과 내통하며 사회주의 내지 공산주의 국가로 통일하자는 대학생과 지식인 그룹이 맹활약했다. 민중 민주주의의 PD(People's Democracy) 그룹과 민족 해방 혁명의 NL(National Liberation) 그룹이었다. 이는 본디 민족해방민중민주주의혁명론(National Liberation People's Democratic Revolution) 그룹이 분화된 것이다. 1985년을 기점으로, 사회 체제의 근본적 변혁을 통한 계급 해방을 목표로 하는 민중민주주의와, 민족 해방과 완전한 독립 달성을 목표로 하는 반제국주의의 민족 해방파로 분화했다. 이 중 민족 해방파NL의 투쟁이 극렬했다. 1987년의 민주화는 이들이 주도하고, 많은 자유 민주 시민들이 합세한, 복잡한 정치 변혁 현상이었다. 지금도 변화하지 않고 있는 쪽은 대체로 NL 세력이다.

지금 5천1백7십5만여 대한민국 국민 중에 우리가 미 제국주의자들의 압제를 받았다고 생각하는 사람은 과연 얼마나 될까? 미국이 마냥 천사는 아니나, 대한민국을 자유민주주의의 부국으로 만들어 준 '은인들'이 미국 사람이라는 것은 진실이다. '제국주의자로부터 민족을 해방시키자.'는 것은 북한의 심각한 역사 왜곡에 세뇌된 병증이다.

북한이 소련의 무력을 빌려 6.25전쟁을 일으켜서 수백 만의 민족을 살상하고, 1천만 이산가족이 울부짖게 한 죄악은 어떻게 설명할 것인가? 그걸 '민족해방전쟁'이라고 우기는 북한의 견강부회를 앵무새처럼 되뇌는 이상한 사람들. 소련을 붙좇은 북한과 미국의 도움으로 번영한 대한민국의 국력 차이는 국민 총생산 54 대 1의 엄청난 격차를 보이지 않는가? 주민의 기본권, 특히 자유 지수는 비교 대상조차 되지 않는다.

북한은 왜 지금도 저 모양인가? 중국식 개방을 못 했기 때문이다. 북한이 개방하지 못하는 까닭은 여럿이다. ①조작된 김일성 신화가 급속도로 붕괴할 것이기 때문이다. 북한 주민들에게, "김일성은 일제와 싸워 연전연승한 불세출의 영웅이다. 나뭇잎을 타고, 솔방울로 수류탄을 만들어 싸운 신화의 주인공이다. ②김정일은 백두산 정일봉 아래서 태어났다. ③독립 투사 김일성은 남한의 이승만이 단독 정부를 세우자 부득이 조선민주주의인민공화국을 세웠다. ④남조선(대한민국)은 제국주의 미국의 식민지이며, 주민들은 깡통을 차고 다니며 미군에게 구걸한다. ⑤남조선 괴뢰 패당은 호시탐탐 북한을 침략하려 한다."는 거짓말이 탄로나는 날 북한 민심은 엄청나게 동요할 것이다. 가령, 김일성의 '빛나는 승전' 사건으로 과대 선전하는 보천보 전투는 한갓 일본 경찰 주재소를 습격한 사건이며, 김일성은 그 현장에 없었다. 그때 사건을 목격한 재미 동포의 증언이다. 김정일은 러시아에서 태어났으며, 이름은 유라였다.

개방 경제가 두려운 김정은은 장마당마저 통제한다.

이런 북한을 떠받드는 것은 난치병, 편집증paranoia이다. 기술 혁명 가속화의 21세기 대명천지, 우리나라에서 일어나는 변고다.

거짓말과 선전·선동

거짓말 선전·선동의 선구자는 괴벨스다. 히틀러 나치 정권의 대중계몽선전부 장관 파울 요제프 괴벨스는 수단·방법을 가리지 않고 나치당과 히틀러의 정당성을 선전하는 데 신명을 걸었다. 하이델베르크대에서 독어 독문학을 공부하고 예술과 종교 분야에도 식견이 출중하였던 그는 현란한 수사와 미사여구로 선전·선동에 광분하였다. 그는 작은 사실에 큰 거짓말을 섞어 선전·선동하면, 대중은 거짓에 세뇌brain wash된다고 믿었다 (괴벨스, 《대중 선동의 심리학》). 이는 목적을 이루기 위한 일에 수단·방법의 정당성은 중요한 것이 아니라고 한 진화론 좌파 레닌의 가르침에 접맥되는 주장으로, 사악한 역사관이며 인생론이다. 이 고약한 혁명가 레닌은 53세에 병으로 죽고, 괴벨스는 47세에 베를린 지하 벙커에서 가족과 함께 자결했다. 잘못 산 사람들이다.

괴벨스만이 아니다. 우리나라에도 괴벨스의 후계자들이 준동한다.

① 광우병 광풍

2008년 광우병 선동 시위가 나라를 뒤집었다. 한미자유무역협정FTA에 따라 미국 산 쇠고기를 수입하게 된 데 따른 반대 시위였다. 이 협정은 노무현 정부 때인 2006년 6월 5일 워싱턴에서 협상을 시작했고, 이명박 정부 때인 2010년 12월 3일 추가 협상이 타결되었다. 이듬해 11월 23일 우리 국회 의결을 거쳐 2012년 3월 15일에 발효되었다.

광화문 광장에 촛불을 든 시위 군중은 노도와 같이 절규했다.

"뇌 송송, 구멍 탁." 이라는 기괴, 절묘한 구호를 외치며 미국산 쇠고기를 먹으면, 뇌에 구멍이 송송 나서 죽는다는 반미 구호였다. 수의학과 교수까지 광우병 이론까지 제공하며 이 시위에 불을 붙였다. 생리대까지 위험하다는 소문에 어린 여학생들까지 촛불을 들고 나섰다. 조미료, 탈지분유, 알약의 캡슐, 라면, 마시멜로, 초코파이, 화장품, 패드 등이 모두 위험하다고 시위꾼 선봉대는 공포심을 자극했다.

광우병으로 죽은 소를 매장한 땅에서 자란 미국산 채소도 위험하고, 키스 등 신체 접촉이나 호흡을 통해서도 광우병이 전염된다고 했다. 치매 환자는 대개 광우병 걸린 쇠고기를 먹은 사람들로 발병률은 38%이며, 한국인은 99%가 발병하여 사망한다고 겁박했다. 미국에서는 치매 환자가 9,000% 증가했으며, 그중 13%는 광우병 환자라는 얼토당토않은 수치를 조작, 선전했다.

미국인들은 호주나 뉴질랜드산 쇠고기를 주로 먹으며, 미국인이 먹는 쇠고기와 한국에 수출하는 쇠고기는 다르다는 거짓말을 했다. 광우병 초기에는 치매, 우울증, 조울증, 정신 분열 증세를 보이는 등 격렬한 이상 증세를 보이다가, 뇌의 공격 본능이 활성화하여 좀비가 된다는 그럴싸한 진단까지 조작했다. 특히 찌개 식문화가 발달한 한국에서 그 파급력이 상상을 초월할 것이라고 공포를 조성했다. 광우병 시위꾼은 다리병이 나서 주저앉은 소를 광우병에 걸린 소의 사례로 제시할 정도로 후안무치했다.

미국에 광우병에 걸린 3인이 있었는데, 그들은 영국이나 사우디아라비아 등지에서 오래 체류하다 온 사람들이었다. 미국서 광우병에 감염되었다는 아무런 인과성이 없는 일이었다. 이 몇 건의 광우병 때문에 소의 식용을 금해야겠는가? 만일 그럴 요량이면, 개를 기르지 말자는, 우스꽝스러운 촛불 시위를 해야 옳다. 광견병이 무서운 까닭이다. 광견병은 기원전 2천 년경부터 발병 보고가 있었다. 우리나라에서는 1907년에 첫 발병 보고가 있었고, 그 후 매년 200~800마리가 감염되었다. 강력한 방역 정책으로, 1984년에 1마리가 발병한 이후에는 잠잠하다. 지금 우리나라에서 반려견을 기르는 인구가 1,500만 명이다.

광우병 거짓말을 조작하여 퍼뜨리며 '거룩한 촛불 시위'로 국정을 마비시키다시피 한 세력의 속마음은 3가지다. ①보수 정부가 집권하는 것은 죽기보다 싫고, 분노가 끓어오르는 일대 변고다. ②6.25전쟁 때 김일성이 한반도의 90%를 점령하고 공산화 통일을 목전에 두었을 즈음에, 미군과 유엔군이 반격하여 뜻을 이루지 못하게 하였으니 어찌 철천지원수인 미국과 자유무역협정을 하겠는가. ③재벌 회사인 현대 그룹을 발판으로 하여 입신출세한 이명박이 서울특별시장이 되어, 불가능해 보였던 청계천 정화 사업에 성공하여 대통령이 되다니, 도저히 용납할 수 없는 일이다.

광우병에 관한 과학자들의 해명은 명료했다. MM형 유전자는 광우병 감염과 거리가 멀고, MV형과 VV형 유전자의 경우 감염 우려가 없지 않은데, 그마저도 발병률이 2,000만 명에 1명꼴이다.

저 이상한 선동꾼들은 이런 과학적 논거에도 아랑곳없이 막무가내다. 선동의 목적은 이명박 대통령을 퇴위시키는 것이었다. 이 목적은 후일 박근혜 대통령을 탄핵함으로써 성취되었다.

어불성설인 거짓 선동은 일부 성공했다. 이 선동으로 이명박 대통령은 무엇인가 국민에게 해를 끼치는 수상쩍은 사람으로 표상화했고, 결국 감옥살이까지 했다. 인기가 지금도 바닥이다. 이상하기 짝이 없는 세상 인심이다.

② 사드 설치 반대 시위

박근혜 대통령 때인 2016년 7월 경북 성주에 미국의 고고도미사일방위체계, 사드THAAD(Terminal High Altitude Area Defense)가 배치되었다. 그해에 북한이 4차 핵실험을 하자 주한 미군이 이에 대응하여 설치한 방어 장치다. 북한과 중국이 격한 반대 성명을 내었고, 국내에서는 더불어민주당과 이상한 사회단체가 격렬한 반대 시위를 했다.

중국 주석 시진핑은 우리 정부에 전화로 위협했고, 중국 공산당원들을 중심으로 한 그쪽 국민들은 사드 부지를 제공한 롯데에 보복을 가했다. 중국에서 철수한 롯데는 막대한 타격을 입었다.

영자 신문으로 이 뉴스를 읽은 어느 외국인 인사는 한국 야당은 어느 나라 정당인지 모르겠노라 했다. 원자탄으로 생명을 위협하는 북한과 남의 나라 국방 정책까지 간섭하는 중국에는 한마디 비판도 하지 않으면서 자기 나라 정부를 되레 비방하느냐는 것이었다.

성주 사드에 대한 괴담도 광우병의 경우처럼 목불인견, 눈 뜨고 차마 볼 수도 들을 수도 없는 사특한 거짓말이었다.

외로운 밤이면 밤마다 사드의 전자파는 싫어
강력한 전자파 밑에서 내 몸이 튀겨질 것 같아 싫어

이것은 2016년 8월 3일 경북 성주에서 열린 '사드 반대 촛불 집회'에서, 더불어민주당 국회 의원들이 형형색색의 가발을 쓰고 춤추며 열창했던 노랫말이다. 이들의 이름은 역사에 남겨야 한다. 박○민, 소○훈, 김○정, 손○원, 표○원, 김○권 의원의 퍼포먼스였다(당시 일간지 보도 내용).

- 사드 전자파는 인체에 치명적인 영향을 주는 것. (이○명 성남 시장, 2017)
- 사드 배치 반경 3.5km 이내에 강력한 전자파 발생. (추○애 전 민주당 대표)
- 사드에서 나오는 극초단파는 위험한 전자파. (김○대 전 정의당 의원)

이들의 우려는 이제 사실이 아닌 것으로 판명되었다. 전문 과학자들이 측정한 바 결론이다.

시위가 한창일 때 사드 전자파에 참외가 오염된다는 시위대의 선동에 놀란 농업인은 멀쩡한 참외밭을 갈아엎기도 했다. 하지만 시위 초기에 잠시 주춤했던 성주 참외 판매고는 점차 높아져, 이제는 물량이 달릴 정도로 수요가 폭발적인 증가세를 보이며, 해외 수출량도 늘어나고 있다.

  2016년 6월 22일과 2023년 2월 24일 국방부와 환경부에서는 성주 사드 기지 환경 영향 평가를 발표했다. 대기질, 토양 상태, 소음, 진동, 전파, 경관 등의 평가 지표는 상상 이상으로 양호했다. 특정 사드 전자파의 측정 최대치는 인체 보호 기준인 1㎡당 10와트의 530분의 1, 즉 0.018870와트였다. 사드 전자파가 암을 일으키고 농작물 생장에 악영향을 끼친다는 시위대의 주장은 사실무근인 거짓말이었다. 비과학적인 주술적 선동이었다. 그들은 6년간 아무런 법적 제재도 받지 않고 정치적 이득을 알차게 수확했다. 어찌 이런 나라가 있을 수 있는가.
  깜짝 놀랄 일은 더불어민주당 L 대표의 반응이었다.

  기자들: "사드가 환경에 끼치는 영향이 휴대폰 기지국 전자파의 6.19%일 뿐이라는 평가 결과가 발표되었습니다. 이에 대한 대표님의 생각은 어떻습니까?"
  L 대표: "안전하다고 나왔으니 다행입니다."

  참으로 심드렁하고 무책임한 응답이었다.
  사드 배치 시설 입구를 막은 시위대의 난동으로, 그곳 군인들은 운용 장비와 생활 용품 들을 헬리콥터로 실어 나르는 등 정신적 물질적 피해가 막심했다. 온 국민을 주술적 불안·공포 상황으로 몰아넣은 행패는 석고대죄할 중죄였다.
  그걸 남의 말 하듯이, '유체이탈 화법'으로 스쳐버리는 제1당 대표의 '애국심'이란 어떤 것인가, 다그치지 않을 수 없다.

③ 지율 스님의 단식과 천성산 터널

경남 양산을 동·서로 연결하는 천성산 터널 공사는 환경 단체의 반대로 무산될 뻔하였다. 특히 내원사 비구니 지율 스님이 무려 100일 단식 농성을 하며 법원에 공사 중지 가처분 신청을 하는 바람에 터널 공사는 2년 8개월간 중단되었다. 이로 인해 2조 5천억 원의 손실이 났다. 2000년대 초반의 일이다. 공사로 인해 그곳에 서식하는 도롱뇽이 멸종하리라는 것이었다. 불교의 생명 절대 사상, 대중생對衆生 일체무차별관一切無差別觀을 사수하려는 스님의 분투였다.

법원의 판결로 공사는 완료되었고, 도롱뇽은 안녕을 누린다.

비판받을 것은 환경론자들의 환경 근본주의다. 개발에 저항적일 수는 있으나, 과장된 생태지상주의는 시위꾼들의 거짓 선동에 버금가는 폐풍이다.

④ 강정 마을 항만 건설 저지 시위

이명박 정부 시절의 사태다. 정부가 태평양 지역 안보를 위해 제주 강정 마을에 해군 기지 건설 계획을 발표하자, 환경 단체가 득달같이 달려가 반대 시위에 돌입했다. 해안에 자생하는 사철푸른넓은잎나무(구럼비나무)와, 용암이 굳어 생긴 검은색 구럼비바위가 훼손되리라는 것이 주요 이슈였다. 이로써 반대 시위를 주도하는 데 앞장선 이는 환경 단체 사람들과 함께한 가톨릭 성직자·수도자 들이었다.

우여곡절 끝에 국방부는 자연 생태계 보전에 최대한 유의하며 공사를 진행했고, 마침내 민·관 복합 항만을 건설하게 되었다. 이때에도 환경 단체의 과장된 선동과 이에 대한 일부 언론의 부화뇌동에는 큰 문제가 있었다.

⑤ 설악산 오색약수터 케이블카 설치 반대

"산양 서식지에 악영향을 줄 것이다."

설악산 오색약수터에 케이블카를 설치하면 안 된다는 환경 단체의 반대 이유였다. 오랜 논란 끝에, 2023년 2월 27일 환경부는 오색약수터와 1,480m 끝청 구간의 케이블카 설치를 허가했다. 2026년까지 1,833억 원이 소요될 공사다. 41년간 이어져 온 찬반 논란이 가까스로 수습된 것이다. 환경 단체가 조용하여 사뭇 불안한 상황이다.

이에 대한 일부 언론의 선동식 반대 기사들에는 반성할 점이 없지 않다.

⑥ 후쿠시마 폐발전소 오염 처리수 해양 방류 반대 시위

2023년 더불어민주당 L 대표를 비롯한 지도부는 일본 후쿠시마福島 원자력 발전소가 오염 처리수treated water를 동해로 방류하는 것을 격렬히 반대했다. 이 오염수가 곧장 우리 남해와 동해 바다를 오염시켜 우리 수산물은 먹을 수 없게 되리라는 것이 그들의 주장이었다. 그들은 253개 지역위원회에 '오염수' 방류 반대 현수막을 내걸었고, 전국적으로 반대 서명 운동을 벌였다. 김용민, 양이원영, 유정주, 안민석, 이용빈, 윤미향 의원 등은 '촛불행동참여국회의원단'을 결성하여 6월 17일 광화문에서 있은 전국집중 촛불 집회에 참석했다. L 대표는 '후쿠시마 오염수 방사능 테러'라는 플래카드를 내걸고 선동 시위를 이끌었다.

일반 대중은 더불어민주당의 방류 반대 운동에 즉각 반응했다. 2023년 6월 18일자로 서명자는 100명을 상회했다.

정부는 일본의 처리수에 대한 대책을 신속히 발표했다. ①한국 정부는 과학적·국제적 기준에 맞지 않는 방류에 반대한다. ②후쿠시마산 수산물은 일절 수입하지 않는다. ③해양 방사능 조사 지점을 현재 92개에서 200개로 늘린다. ④세슘·삼중수소 농도 분석 주기는 핵종별 1~3개월에서 격주로 단축한다. ⑤수산물 위판 물량의 80% 이상을 처리하는 대형 위판장 43개 유통망에 국내산 모든 어종 검사 체계를 구축한다. ⑥거짓 뉴스나 괴담은 실시간 모니터링해 매일 사실 관계를 바로잡는다. ⑦포털 사이트와 협업해, 검색어 입력 시 수산물 해양 방사능의 안전 정보를 실시간 제공한다.

정부의 이런 구체적 대응책 발표에도 불구하고, 더불어민주당의 반대 시위는 사윌 줄을 몰랐다.

일찍이 이 방면의 전문 과학자인 국제기구 대표가 우리나라까지 와서 후쿠시마 오염 처리수 방류의 안전성을 보증한다 하였으나, 더불어민주당은 오불관언이었다.

전문가들은 말했다. 후쿠시마 오염 처리수는 남태평양 바다에서 올라온 해류에 섞여 희석되어서 동태평양 캐나다와 미국 캘리포니아 해역에 도달할 때에 이미 영향력을 잃게 되며, 멕시코 해안을 지나 남태평양 해류를 타고 우리 남해에 도달하는 데 짧게는 2년 반, 길게는 10년이 소요된다는 것이다. 우리 남해·동해·서해 해산물의 안전성은 보장되지 않는가.

더불어민주당의 기대와는 사뭇 달리, 우리 국민들은 그들의 거짓 선동에 속지 않았다. 이제는 생선회를 비롯한 우리 수산물 판매 실적은 호황이다. 광우병과 사드 전자파 소동 때와는 달리, 이제 국민들은 이상 더 속지 않는다.

구세주를 참칭하는 사람들

 형사 피의자인 운동권 정치인들이 갑자기 구세주를 참칭하여 상식적인 시민들을 아연실색하게 한다.
 가시 면류관을 쓰고 채찍을 맞아 가며 십자가를 메고 가시밭길을 걷는 것과 같다.
 야당 H 국회 의원의 말이다. 그는 문재인 정부 청와대 울산 시장 선거 개입으로 징역 3년을 선고받은 피의자다. '의에 주리고 목마른 탓'에 십자가를 졌는가. 턱도 없는 궤변이다.

 나를 대신해서 단식하는 모습을 보니, 기독교 신자들이 이해가 된다.

 얼마 전에 야당 대표 L 의원이 자기에 대한 검찰의 기소가 천만부당하다며 단식할 때 한 동료 의원이 한 말이다. 다른 한 의원은 예수님 십자가 처형이 기록된 신약 성서의 장면을 읽어 주기도 했다.

 이에 바라바는 저희에게 놓아 주고 예수는 채찍하고 십자가에 못 박히게 넘겨 주니라 (중략) 가시 면류관을 엮어 그 머리에 씌우고 갈대를 그 오른손에 들리고 그 앞에서 무릎을 꿇고 희롱하여 가로되 (중략) 도로 그의 옷을 입혀 십자가에 못 박히려고 끌고 가니라《마태복음》, 27:26~31)

L 대표와 예수 그리스도가 어디에 닮은 점이 있는가.

자녀 입시 비리 문제로 징역 2년형(1심)을 선고 받은 J 전 법무부 장관 어머니는 당신을 성모 마리아에 비유했다. 얼마 전 J 전 장관을 위한 전시회에 '우리 시대의 예수'라는 설명이 붙은 '촛불 십자가' 그림이 있었다.

가톨릭 정의구현사제단의 H 신부는 문재인 정부 때 C 법무부 장관을 '추 다르크'라고 했다. 도저히 성직자의 발언이라고 할 수 없는 망발이다.

잔 다르크는 프랑스의 성녀, 위대한 순교자다.

잔 다르크는 영국과 100년 전쟁(1337~1453) 때에 천사의 계시를 받아 프랑스를 위기에서 구한 영웅적인 소녀의 이름이다. 그 소녀 덕에 왕위에 올랐던 샤를 7세는 그녀의 치솟는 인기를 질투하였다. 영국과의 전투에서 포로가 된 그녀를 방치했고, 프랑스와 영국 주도로 이루어진 재판 결과 마녀, 이교도, 우상 숭배자의 죄목으로 화형당했다. 꽃다운 나이 19세 때였다.

C 전 장관이 어찌 잔 다르크일 수 있는가.

H 의원은 또 자기 당 초선 의원 극단과 20여 명을 순교자로 지칭했다.

이들은 정상적인 사람이 할 수 없는 어처구니없는 언행으로 사람들의 평상심을 갈가리 찢어 놓기를 상습적으로 자행하는 인사들이다. 그들이 무슨 의로운 일을 하다 불의한 권력에 핍박받았는가. 기가 찰 노릇이다.

난세다. 하늘이 시퍼렇게 내려다보고 있다. 이 이상스러운 사람들의 나라를.

독수리는 썩은 시체 외에는 아무 냄새도 맡지 못하며, 북아메리카 큰 자라는 알을 깨고 나오기 전에 물고, 죽은 뒤에도 물어뜯는다. 마찬가지로 어떤 사람은 남의 결점을 찾아다니며 살아간다. 비방하는 것보다 칭찬하는 것이 훨씬 현명하다.

19세기 영국 은행가 · 정치가 · 과학자였던 에이브버리(본명은 존 윌리엄 러복 경)의 명저 《인생의 선용 The Use of Life》에 실린 글이다.

몹쓸 정치인들에게 마음의 양식이 될 에피그램이다.

비판을 받지 아니하려거든 비판하지 말라. 너희가 비판하는 그 비판으로 너희가 비판을 받을 것이요 너희가 헤아리는 그 헤아림으로 너희가 헤아림을 받을 것이라. (7:1~2)

어찌하여 형제의 눈 속에 있는 티는 보고 네 눈 속에 있는 들보는 깨닫지 못하느냐. (7:3)

신약 성서 《마태복음》 산상 수훈의 일부다. 깊이 읽고 묵상할지라.

죽음과 결별치 못하게 하는 정치 세력

조선 시대 우리나라 방방곡곡에는 곡소리가 잘 날이 없었다. 모두들 죽음 의례에 몰입해서 살았던 것이다. 조상이 별세하면 3년상을 치르고, 무덤을 지키는 시묘살이까지 했다. 4대 조상까지 제사 지내느라 재물이 축나고, 자손은 심신이 기력을 잃었다. 청승맞게 잘 우는 곡비哭婢까지 채용하며 허세를 부렸다. 왕의 장례에 대비가 상복을 입는 기간이 1년이냐 3년이냐를 두고 서인과 남인이 붕당 싸움을 하며 죽이고 죽는 희비극을 연출한 예송禮訟 논쟁이야말로 혀를 내두르게 한다. 형식을 지나치게 강요하는 번문욕례는 행위와 실질 간의 괴리로 인한 위선을 일상화하기 쉽다. 다소 과장하면, 조선 왕조는 제사 지내며 울다가 망했다.

우주 문명 시대가 열리는 21세기 이 대명천지에서도 죽음을 이용하는 정치 세력이 나라를 온통 뒤집어 놓는다. 세월호 참사 후에 일어난 이상한 사람들의 행태는 이해할 수 없다.

세월호 사건은 2014년 4월 16일 인천에서 제주로 가던 여객선 세월호가 전남 진도 해역 맹골 수로에서 침몰한 해난 사고다. 안산 단원고 학생 수학여행단을 비롯한 탑승자 476명이 조난당하여 299명이 사망하고, 5명이 실종되었다. 생존자는 172명이었다. 희생자 대부분이 청소년 학생들이어서 온 국민이 비통해 하였다.

이를 기화로 이상한 정치인들 주도로 세월호참사특별조사위원회가 구성되고, 공개 청문회가 2015년 12월 14일부터 16일까지 열렸다. 거액을 들여 수년에 걸친 현장 조사를 한 결과는 극히 상식적인 것이었다. ①배 밑창에 채워야 할 평형수 부족, ②맨 상층에 실은 무거운 화물들을 고정시켜야 하는 묶음새가 엉성했던 것, ③물살이 거센 맹골 수로에서 급속하게 방향을 트는 비상 변침을 함으로써 배가 갑자기 과도하게 기운 것 등이었다.

처음부터 이 사건을 정치에 이용하려 한, 이상한 정치 세력은 허무맹랑한 주장을 거둬들이지 않았다. 세월호가 미국 잠수함과 충돌했거나, 암초에 부딪혔거나, 아무튼 외부 충격으로 기울어졌다고 고집했다. 후일 목포항에 인양된 세월호 선체 어디에도 외부 물체와 충돌한 흔적이 없었다. 수년간 엄청난 세금을 투입한 조사 결과는 허망했다.

이런 명백한 조사 결과가 나왔어도, 그 이상한 사람들은 광화문 정부 청사 앞 광장에 갑자기 세월호 추모 천막을 세우고 수년간 장기 농성을 했다. 이를 중심으로 한 시위 또한 끊이지 않았다. 이로 인해 박근혜 정부는 시정 동력에 치명상을 입었고, 끝내 탄핵 사태로 막을 내렸다.

필자는 그때에 희생된 아이들 생각에, 한동안 자다가도 벌떡 일어나기도 했다. 우리 국민들의 심정이 거의 다 그러했으리라. 그 절통한 죽음도 무심한 역사의 물결에 떠나보낼 수밖에 없는 것이 인생사 아닌가. 한 많은 단원고 학부모 유족들도 그 아픈 세월을 뼈저리게 삭이며 살고 있다. 모든 국민이 한마음으로 유족들을 따뜻이 감싸 안고, 다시는 그런 비극이 없도록 하는 일에 뜻을 모아야 한다.

죽음은 애통한 일이다. 하지만 죽음 의식儀式이 삶과 역사를 부정적으로 지배하는 것은 엄청난 폐해다. 우리는 죽음 앞에서 크게 한 번 울고 새 삶의 지평을 열며 새 역사 창조에 맥진하는 진취적인 국민이어야 한다. 그래야 우리는 역사의 창조적 지평의 끝자락에 파동 치는 환호의 깃발을 올릴 수 있을 것이다.

이상한 정치꾼들이 이런 참사가 날 때마다 득달같이 달려들어 유족들의 아픈 가슴을 후벼파며 '한풀이'를 끊임없이 부추긴다. 몹쓸 인사들이다. 이는 우리 고대의 샤머니즘적 광기狂氣와 조선 시대의 제례 의식을 부정적으로 계승한 망국적 표출, 재현이다. 하루빨리 청산되어야 할 사회악이다. 목적을 위해 수단을 가리지 않는 몹쓸 정치꾼politician들의 행패다.

21세기 디지털 문명의 이 시대에 이 같은 주술적 광기를 일소하는 것이야말로 전 국민적 과제다.

통계 조작과 선전·선동

전체주의 체제를 지탱해 가는 기둥은 일곱이다. ①지도자의 우상화, ②업적의 과대 포장과 선전 선동, ③통계 조작, ④무시무시한 언론 통제, ⑤집회·결사의 금지, ⑥개성과 개인적 욕망의 말살, ⑦잔혹한 형벌이다. 전체주의가 크게 발호하게 된 것은 1930년대 후반부터이며, 독일 히틀러의 나치즘·이탈리아 무솔리니의 파시즘·일본 도조 히데키 등의 군국주의 등이 그 선편을 잡았다. 제2차 세계 대전 이후에는 러시아 스탈린 체제를 중심으로 한 동유럽 공산주의 체제가 이를 대표한다. 이를 답습한 중국 마오쩌둥과 북한 김일성 체제도 전체주의의 분파다.

전체주의란 집단주의의 전형으로서, 개인의 이익보다 집단 전체의 이익을 강조한다. 개인을 세포에 비유한다면, 집단은 유기체다. 세포들은 유기체의 생존을 위해서만 존재 의의가 있다. 전체주의 체제에서의 집권자의 정치 권력은 국민의 정치, 경제, 사회, 문화 생활 전반에 실질적인 통제력을 행사한다. 최고 권력자 한 사람이나 한 당파에 권력이 집중되는 독재 정치가 정당화된다.

전체주의 독재 체제에서 시행되는 정책 가운데 심각한 것은 ①매스컴을 독점한 여론 조작, ②저항 세력의 기동 자체를 불가능케 하는 무기의 독점, ③사회·국가, 정당을 통제하는 비밀 경찰 운영 등이다. 북한의 경우 소련의 지지를 받은 러시아 대위 출신 김일성은 다른 정파를 철저히 숙청한 피밭에 조선민주주의인민공화국 주석이 되었다. 광복 직후인 1945년

9월 19일 원산을 통해 평양에 입성한 33세의 김일성은 대중 연설로 '인민'의 대중적 관심을 자신에게 집중시키는 데 성공했다. 그는 중국 연안에서 의용군 활동을 했던 김두봉·무정 등의 연안파와 러시아 허가이 등의 소련파, 박헌영·이강국 등의 남로당계 인사들을 숙청하고 절대 권력을 장악했다. 김일성의 본명은 김성주였으나, 자기 우상화를 위하여, 만주 독립운동계의 전설적인 인물 김일성의 이름을 차용했다.

소비에트연방공화국 수상(서기장) 이오시프 스탈린이 죽고, 뒤를 이은 니키타 흐루쇼프가 주석(제1서기)이 되어 스탈린을 비판하며 강제 수용소 수형자 수백만 명을 풀어 주었고, 솔제니친의 공산주의 비판 작품 〈이반 데니소비치의 하루〉의 출판을 허가했다. 그는 동유럽 공산주의 붕괴의 씨앗을 뿌린 모순투성이의 공산주의 지도자였다.

흐루쇼프의 스탈린 비판에 화들짝 놀란 김일성은 수령을 비판하는 소련 정세가 북한에 유입되는 불상사가 일어나는 것을 원천적으로 차단하려 했다. 김일성의 주체사상이 정립된 배경이다. 주체사상을 체계화했던 김일성대학 교수 황장엽이 김정일 때 탈북하여 한국으로 온 것이야말로 역사의 아이러니다.

김일성에 이어 아들 김정일과 손자 김정은에게로 계승된 3대 세습 정권은 세계 사회주의 체제에서 유례가 없는 기이한 현상이다. 북한의 전체주의는 공산주의를 표방하면서 실은 조선 왕조의 군주제를 변용, 계승한 기형적 체제라 할 수 있다. 체제 명칭을 '조선'이라고 한 것도 우연이 아니다. 북한 주민들은 조선 왕조를 거쳐 일제 식민 시대를 살다가 곧바로 김일성 체제로 바뀐 통치 체제 아래서 살아왔다. 자유민주주의에 대한 체험적 개념 정립이 불가능한 일생을 살아왔다. '조선민주주의인민공화국'의 '민주주의'가 속임수라는 것을 모르고 산 것이다.

공산주의 독재 체제를 지탱하는 데 동원되는 주요 수단인 통계 조작은 '인민'을 속이는 중대 범죄다. 수단·방법의 정당성에 관심이 없는 공산주의자들이 통계를 조작하는 것은 식은 죽 먹기다. 공산주의란 표방된 미사여구와 달리 사람의 양심이나 도덕적 정당성과는 담을 쌓은 위선자들의 이데올로기다. 1848년 2월 마르크스와 엥겔스가 〈공산당선언〉을 발표할 때는 '인류적 양심'이 작동했다. 마르크스주의는 우리 인류사에 두 가지 공헌을 했다. 마르크스의 묘비명에 있듯이, ①종래의 역사가는 역사 서술에 그쳤음에 반하여, 마르크스는 역사의 모순에 대한 변혁을 말했다. ②인류의 역사 전개에서 경제적 분배의 중요성을 클로즈업시킨 최초의 인물이다. 하지만 공산주의 계급 투쟁 과정이나 정권 수립 후 일련의 통치 과정에서 사뭇 변질된 이 무서운 이데올로기는 인간의 양심 문제는 소실하고 숙청과 공개 처형 등의 잔인성을 노출하게 되었다. 형이상학과 고등 종교 일체를 부인하고, 오직 유물론에 편향되었던 공산주의자들의 행로에는 '보이지 않는 손invisible hands'이나 '보이지 않는 눈invisible eyes'에 대한 경외감이 없었다. 인간의 정의定義에서 탄소의 화합물 고깃덩이인 육신만 인정할 뿐 초월적 영성靈性, spirituality 같은 것은 원천적으로 배제되었다. 양심과 영성이 고갈된 공산주의자에게 진실이나 양심은 아랑곳없었다. "물리적 힘이 정의다(Power is justice).", 이것이 그들이 '신앙'이었다. 그런 그들에게 '인민'을 속이는 통계 조작 같은 것이야 상습적이었다.

공산주의자의 유명한 통계 조작은 중국 마오쩌둥의 '대약진운동' 시기(1958~1968)에 일어났다. 1950년대 말 어느 날 마오쩌둥은 참새를 해로운 새로 지정했다. 참새가 곡식의 낟알을 먹어 인민들에게서 노동의 결실을 도둑질한다는 뜻이었다. 이에 마오쩌둥은 참새, 모기, 파리, 들쥐 등 네 가지 동물을 없애는 '제사해除四害 운동'을 독려했다. 이 지시에 따라 전 인민이 동원되어 참새 쫓기, 참새 알 깨기, 참새 둥지 없애기 운동을 펼친 결과

전 중국 참새가 박멸되다시피 했다. 천적인 참새가 멸종되자 전국 논에 메뚜기떼가 구름같이 창궐했다. 생태계를 파괴한 재앙이었다. 이로 인해 3년간 대기근이 들어 4천5백만 내지 5천만 명이 굶어 죽었다(폴 카프만, 《공자·모택동·그리스도》 참조). 대참사였다.

 이 참상을 부채질한 것은 관료들의 통계 조작이었다. 1인 독재의 큰 문제점은 부하들의 충성 경쟁이다. 이 북새통에도, 식량 증산을 독려하는 마오쩌둥의 지시에 부응하여 전국의 관리들은 충성 경쟁을 위해 식량 생산 수치를 조작했다. 지방 각지에서 올린 식량 생산 통계를 취합한 결과는 농사가 풍년이며, 식량은 남아돌아가는 것이었다. 그런데 엄청난 인민이 굶어 죽다니. 어처구니없는 일이었다.

 폴란드 공산당의 통계 왜곡도 세계 경제학자와 역사학자 들에게 널리 회자된다. 1990년 폴란드에 민주 정부가 들어섰을 때 경제 상황은 참담했다. IMF에 420억 달러 구제 금융을 받아야 했고, 물가는 700%나 치솟았다. 이때 구원 투수로 등장한 인물이 부총리이자 재무부 장관 레세크 발체로비츠였다. 시장 경제를 도입한 그의 경제 개혁 정책에 대한 국민들의 원성은 하늘을 찔렀다. 게으른 사회주의 경제에 길들여져 있었던 국민들은 43세의 젊은 경제학자 발체로비츠의 정책에 불안해 했다.

 그가 개혁 정책을 이끈 후에 여러 지표는 긍정적인 신호를 보냈다. 실무자들이 자랑스럽게 이를 보고했을 때, 발체로비츠는 역정을 내며 말했다. "이제는 통계를 조작하거나 거짓말을 할 필요가 없으니 사실대로 보고하라."고 다그친 것이다. 자세히 뜯어보니, 보고된 통계 지표는 사실과 부합했다. 그의 경제 개혁 정책은 경이롭게 성공했다. 1989년부터 2018년까지 폴란드 경제는 826.96% 성장하여 아일랜드를 제치고 유럽 최고의 성장률을 기록했다. '비스와 강의 기적'이다.

공산주의자도 아닌, 더불어민주당 정부 청와대 사람들이 그들이 시행한 소득주도성장, 고용, 부동산, 에너지 정책을 시행하면서 통계 조작으로 국민을 속였다는 소식이 톱뉴스 거리가 된 것은 일대 변고다. 소득주도성장 정책의 성과가 나빴으면서도 지표가 나아진 것으로, 청와대에 일자리 상황판을 만들고 대통령 지시로 기업들에게 고용을 독려하고, 공기업의 비정규직 직원들을 대폭 정규직으로 강제 전환한 정책이 실패했으면서도 호전된 것으로 조작했다. 부동산 문제만은 자신이 있다고 호언장담한 대통령의 뜻을 받들어, 국토교통부 K 장관은 스물일곱 차례나 부동산 가격 안정화 대책을 발표했다. 언론 보도에 따르면, 대통령실의 압력에 따른 부동산원의 조작된 통계 지표를 준거로 하여 부동산 가격 상승률은 12%에 불과하다고 발표했다. 국민은행에서 발표한 136% 상승률에는 턱없이 낮은 수치를 제시하는 장관의 발표에 국민은 분노했다. 문재인 정부 5년간에 천문학적으로 오른 집값과 전세 가격으로 인해 파산한 가구가 속출하고, 이로 인해 스스로 목숨을 끊는 일이 잇달았다. 통계 왜곡이 저지른 무서운 죄악이다.

그 정부의 소득주도성장론은 폴란드의 케인즈파 경제학파 미하우 칼레츠키의 임금주도성장론에 오버랩된다. 통계 자료 수집 방식을 왜곡해 가며 긍정적인 지표를 도출해 낸 당시 정부의 조작은 심각한 위선이다. 소득주도성장을 터무니없는 발상이라 한 하버드대 로버트 배로 교수를 소환해야 할 장면이다.

왜곡된 에너지 정책에 따른 통계 조작의 폐해는 국가적 재앙 수준에 이르렀다. 문 대통령은 본디 원자력발전소에 대해 심한 트라우마가 있었던 듯하다. 원자로가 폭발하는 재난 영화 〈판도라〉를 보고 원자력발전소 폐쇄 결심을 하였다는 소문이 있다. 이 시대 영화 중에 시청률이 높은 부류에 드는 것은 과장된 공포나 잔인한 살인, 파괴를 모티프로 한 것이 많다.

'허구적 진실fictitious truth' 같은 예술 작품의 기본 요소를 도외시하는 기괴한 오락물이 판을 친다. 우리 문 대통령도 그런 허황된 공상에 빠진 작품을 현실로 인식한 듯하다.

그 대통령의 채근에 따라 탈원전 정책 추진은 가속화했다. 취임 초기인 2017년 6월 19일 문 대통령은 '고리 1호기 영구 정지 선포식'에 참석해 "원전 중심의 발전 정책을 폐기하고, 탈핵 시대로 가겠다."는 선언을 했다. 백운규 산업부 장관은 '탈원전 60년 로드맵'을 설명하며 신재생 에너지 가격이 기하급수적으로 내려오고 있으니, 그 경쟁력은 5년 후에 더욱 강해질 것이라고 했다. 따라서 전기 요금은 오르지 않으리라고 단언했다. 하지만 탈원전 이후에 한국전력의 에너지 구입비가 최대 9조 원 가까이 폭등하여 전기 요금 인상을 피할 수 없게 되었다. 이에 따라 정부는 원자력 발전 비중을 늘려 에너지 구입비를 낮추었다. 탈원전 정책은 실패한 것이다.

그 정부는 신한울 1·2호기를 제외한 대부분의 원자력 발전소 설립과 설립 계획을 중단, 폐기했다. 하지만 시민 참여단 중 13.3%만이 탈원전 정책을 지지했다. 그럼에도 한국수력원자력 이사회는 월성 1호기 조기 폐쇄를 의결했고, 지금 영구 중지 상태에 있다.

문재인 정부는 탈원전의 대안으로 급격히 태양광, 풍력 발전 정책을 밀어붙였다. 온 국토를 무리하게 훼손해 가며 급격하게 태양광 발전 시설을 조성하면서 환경 파괴로 인한 폐해도 급증했다.

가장 큰 문제가 된 것은 통계 조작이었다. 백 장관의 강요로 부하 공무원들이 사무실에 몰래 잠입하여 탈원전 정책 추진에 유리하도록 수치를 조작한 사건이다. 이들은 모두 형사법의 심판대에 올라 있다.

실무자들이 작성해 놓은 부정적 수치를 긍정적인 것으로 조작해가며 밀어붙인 탈원전 정책의 후폭풍은 엄청나다. 2023년 9분기 한국 전력의 누적 적자는 47조 원이다. 견실히 흑자 기조를 유지해 왔던 한국전력 재정을 천문학적인 수준의 적자 수렁에 빠지게 한 문재인 정부 인사들 어느 누구도 반성문을 쓰는 사람이 없다. 건국 이래 600조 원이던 국가 부채를, 불과 5년 동안에 1,000조로 늘려 놓은 문재인 정부가 더 존속되었더라면, 이 나라 살림은 과연 어떤 지경에 처했을까. 등에 식은땀이 솟는다.

한국전력이 발행한 채권이 금융 시장을 흔들고, 산업계도 연쇄적으로 타격을 받고 있다. 반도체 클러스터 조성 같은 글로벌 경제·안보 전쟁에 대비한 거국적 프로젝트 구축에도 타격이 되고 있다.

독일서도 심각한 현상이 일어나고 있다. 유럽 제일의 경제 대국이던 독일이 이제 '유럽의 병자' 신세로 추락 중이다. 빌리 브란트 총리 이후 사회민주당의 독일은 탈원전 정책을 추진했고, 러시아에서 수입한 가스에 목을 매었다. 러시아의 우크라이나 침공 이후 러시아가 가스관을 통제하는 바람에 독일은 심각한 에너지난을 겪게 되었고, 독일의 경제 성장 전망치는 -0.6%로 후퇴했다.

그 정부는 탈원전 정책에 대체된 태양광·풍력 발전 시설 구축에 정부와 민간 자금 45조 원을 투입했다. 천문학적인 거액이다.

끝으로, 역사학자 임지현 교수의 의미 깊은 진단의 글을 눈여겨보려 한다.

현실 사회주의의 역사를 공부하다 보면, 그토록 거짓말을 많이 한 정권이 그토록 오래 집권했다는 데 놀랄 때가 많다. 사실과 통계보다 선전과 선동을 중시한 공산당 정권은 거짓말을 달고 살았다. 노동자들의 불만은 제국주의자들의 사주 때문이고, 계획 경제의 실패는 미국이 컴퓨터를 수출 금지 품목으로 묶은 탓이라 강변하면서, 군중 대회 등의 이벤트로 현실을 호도했다.

공산당 정부도 아닌 문재인 정부가 실패한 주요인은 비현실적인 정책 추진과 국민에 '보여 주기' 위한 이벤트 정치를 한 데 있다고 보는 것이 옳을 것이다. '잘하는 척하는 장면'으로 국민 앞에 자기 자랑을 하는 '어린아이 신드롬'에 사로잡혔기 때문이다. 6.25 전사자 유해 봉환도 그 자체의 의미보다 온갖 시청각 매체를 동원한 이벤트에 초점을 맞추어 행사를 꾸몄다. 어른이 되어서도 '보여 주기'의 어린이 같은 칭찬과 환심 사기에 몰입하다 보면 미성숙한 위선적 퍼포먼스, 엔터테인먼트에 목을 매게 된다.

나랏일을 연예인이나 행사 기획가의 '보여 주기 놀음'에 맡기는 것은 위험하다. 그것은 과장이거나 조작이기 때문이다. "망국으로 가는 길은 거짓말로 포장되어 있다."는 임지현 교수의 경고가 폐부를 찌른다.

정직한 통계청장까지 갈아치우며 조작한 통계는 정권과 나라를 망치는 악행이다.

진실·정직이 힘이다.

이 글은 사적으로 누군가의 명예를 훼손하거나 모욕하려고 쓴 것이 아니다. 지나갔거나 현존하는 이 나라의 병폐를 직시하며 징비懲毖하자는 데 뜻이 있을 뿐이다. 또한 원자력 발전의 위험성을 무시하고, 그를 무작정 찬양하려는 것은 더욱 아니다.

아, '한 번도 경험해 보지 못한 나라', '내 삶을 국가가 책임지는 나라', 섬뜩하다. 전체주의 유령이 우리 앞에 있다.

저 거대한 거짓의 감옥

북한은 주민을 속이며 시작해서 속이는 관성의 법칙으로 지탱해 나가는 불법 범죄 집단의 통제 체제다. 김일성의 본래 이름은 김성주이고, 만주에서 빨치산 활동을 한 것은 진실이다. 일본군과 싸운 적은 있으나, 우리 쪽 김좌진 장군의 청산리 대첩같이 빛나는 승리의 업적은 없다. 그가 북한 주민들에게 보천보 전투를 지휘하여 크게 이겼다고 요란히 선전한 것도 거짓이다. 보천보 전투래야, 일본 쪽 경찰을 습격하여 주재소를 불사르고 소장 딸을 사살한 정도의 미미한 충돌이었다. 그때 그 자리에 김성주는 없었다. 그곳에서 실상을 목격했던 재미 북한 동포의 증언이다.

김성주는 자신을 신격화하기 위해 그 시기에 항일 독립군 지도자로 신화적 명성을 떨친 김일성의 이름을 빌려 썼다. 지금 김정일이 출생했다는 백두산 유적지도 조작된 가짜다. 일제가 만주를 침공하고 푸이를 내세워 괴뢰 정부를 세운 후인 1930년대 후반기 그곳에는 우리 독립군은 없었다. 러시아의 연해주나 치타 등으로 흩어져 갔기 때문이다. 김일성도 러시아로 갔고, 그곳에서 러시아군 대위가 되었다. 김정일은 러시아에서 출생했으며, 아명은 유라였다.

1945년 8월 15일 해방된 후 9월 19일에 김일성은 러시아에서 배를 타고 원산으로 입항했다. 이어 평양 공설 운동장에 모인 군중 앞에서 '역사적인' 연설을 했다. 33세 새파란 애송이가 신화적 항일 영웅 김일성의 이름으로 연단에 섰을 때에 평양 시민들은 적잖이 동요했다.

김일성은 러시아(소비에트연방)를 등에 업고, 중국 연안파 공산주의 조선의용군 계열(김두봉·무정 등)과 소련파 거두 허가이(모스크바대 출신) 계열, 고려공산당 계열 인사들을 제거하고, 남조선노동당의 박헌영·이강국 등을 숙청하면서 조선민주주의인민공화국의 실권을 장악하였다. 해방 후인 1946년 2월 16일 사실상의 국가 체제인 북조선임시인민위원회를 대표하며 북한을 통치하기 시작했다. 그해 9월 9일 조선민주주의인민공화국을 세워 주석이 되었고, 1972년 12월 27일 주체사상을 선포했다. 주체사상은 소련 수상 이오시프 스탈린이 죽고 니키타 흐루쇼프가 수상에 올라 스탈린 비판에 나서자, 위기감에 사로잡힌 김일성이 김일성대학 교수(총장·모스크바대 철학 박사) 황장엽을 시켜 정립한 통치 이념이다. 이미 말한 바다.

종족적 민족주의ethnic nationalism와 결부된 이 주체사상은 김일성의 폐쇄적 통치 체제의 기본 이념으로 공고화한다. 이는 시대착오적인 반제국주의, 반미주의의 탈을 쓰고 북한을 보편적인 인류사에서 철저히 고립시키는 외곬으로 치닫게 만들었다. 주체사상 근본주의에 맹종하는 '인민'만을 '사육하는' 조선민주주의인민공화국은 이로써 거대한 감옥, 생지옥으로 전락하게 되었다. 남한 종북 세력과 함께 '우리 민족끼리'를 읊조리는 위선을 어쩌면 좋은가.

2023년 7월 27일 북한에서는 '전승절' 70주년 열병식이 열렸다. 거짓 전쟁놀음이다. 북한 김일성은 소련 스탈린의 무기 지원을 받아 1950년 6월 25일 새벽 4시에 북위 38도선 전역에서 남침했다. 6.25전쟁이었다. 남쪽 3·8 경비대원 거의 절반이 농촌 일손 돕기 구실로 휴가를 갔고, 서울 동대문운동장에서는 야구 경기가 열리고 있었다. 북한군은 3일 만인 28일에 서울을 점령했다. 북한 인민군 전차가 한강을 건넌 날은 7월 3일이었고, 파죽지세로 진격 작전을 펼친 북한군은 낙동강을 목전에 두게 되었다.

국군 1, 6사단이 경북 함창에서 후퇴한 날은 7월 31일이었고, 전투는 북한군 일방적 승리였다. 정신줄을 놓다시피 하며 패퇴를 거듭한 국군이었으니, 전투는 원사이드드 게임의 양상이었다. 혼비백산한 국군이 유엔군과 함께 낙동강 방어선을 구축한 날이 8월 1일이었다. 날씨는 흐렸다 개었다. 9월 15일까지 낙동강은 피로 물들었다. 북한군이 3.8선을 돌파하여 낙동강에 도달하기까지 불과 38일밖에 걸리지 않은 싱거운 전투였다. 대구·부산·거제도·제주도를 제외한 90%의 국토가 북한군의 군홧발 아래에 놓여, 김일성과 박헌영이 꿈꾸던 적화 통일은 목전에 있었다.

대한민국 절체절명의 위기에 유엔 안전보장이사회가 열렸다. 상임 이사국 미국·영국·중화민국(지금의 타이완)·프랑스 대표가 모여 유엔의 6.25전쟁 참여 방침을 결의했다. 한 나라만 반대해도 의제가 부결되는 이 중요한 회의에 소련 대표만 불참했다. 왜 그랬을까? 소련의 속셈이 작용했다. 소련이 동유럽을 공산화하는 동안 미국을 한반도 문제에 묶어 두기 위한 정략이었다. 소련의 속셈은 맞아떨어져, 미국은 6.25전쟁의 수렁에 빠져 고전했다.

유엔군 극동 사령관 맥아더 원수는 건곤일척의 승부수인 9월 15일 인천 상륙작전에 성공하였고, 9월 28일에는 대한민국 수도 서울을 수복했다. 10월 1일 국군과 유엔군은 38선을 넘어 북진했다. 국군의 날을 10월 1일로 정한 연유다. 국군과 유엔군은 10월 10일 평양에 입성했고, 11월 30일에는 압록강 부근 초산과 압록강변의 혜산진, 함경북도 청진에 이르는 전선에서 통일을 목전에 두고 있었다.

이 시기 중화인민공화국 마오쩌둥은 30만 대군을 한반도에 투입하여 인해 전술로 북한을 도왔다. 국군과 유엔군은 후퇴할 수밖에 없었고, 1951년 1월 4일 다시 38선을 넘어 남쪽으로 밀렸다(1.4 후퇴). 다시 대한민국은 풍전등화의 위기에 몰렸다. 후퇴를 거듭하던 아군은 1월 7일에 수원, 8일에 오산을 잃고 37도선까지 밀렸다. 국군과 유엔군이 3월 14일에 서울을 다시 찾았다. 양측의 전투 여력은 거의 소진된 상태였다.

1951년 7월 10일부터 765차례에 걸쳐 열렸던 정전 회담은 1953년 7월 27일 오전 10시 미국·중공·북한 대표가 협정에 서명했고, 12시간 후에야 전쟁이 멈추어 오늘에 이르렀다. 이승만 대통령은 조국 통일이 안 된 채 맺는 정전 협정을 끝내 거부했다.

전쟁광 김일성이 동족을 향하여 총부리를 겨눈 남침 전쟁으로 전 국토가 초토화焦土化했고, 수많은 동포와 유엔군이 생명을 잃었다. 남한 사망자 51만 4천629명, 실종자 33만 4천755명, 부상자 68만 7천127명에 8천746명이 포로가 되었다. 북한은 18만 3천 명이 죽고, 38만 3천500명이 다치고, 25만 6천 명이 포로가 되거나 실종되었다. 미군도 3만 6천574명이 죽고, 10만 3천284명이 다치고, 1천 명이 실종되었으며, 7천245명이 포로가 되었다. 다른 유엔군 희생자는 또 어쩔 건가.

6.25 남침 중에 인민군과 지역 좌익들이 학살한 양민만도 12만 8,936명에 이르니, 공산주의 낙원을 표방한 인민공화국은 지옥 천지였다. 전쟁으로 고아가 된 10만 명의 아이들이 울부짖던 3천리 조국 산하의 피밭을 김일성과 그 자손들은 무슨 미사여구로 설명할 것인가. 6.25전쟁으로 이산가족이 된 1천만 명이 이제 대부분 회한에 몸부림치다가 유명을 달리했다.

우리 민족과 인류에게 저지른 김일성의 죄는 이같이 하늘에 사무친다.

하늘이 내려다보고 있는 6.25전쟁의 실상이 이렇거늘, 무슨 '조국해방전쟁'이며 '승전기념일' 행사인가. 날조된, 새빨간 거짓말이다.

노동자·농민의 낙원을 건설하겠다는 감언이설은 어디서 헛된 꿈에 잠겨 있는가. 1990년대 조선민주주의인민공화국 주민은 최대 3백 만이 굶어 죽었고, 지금도 수많은 '인민들'이 영양실조에 걸려 있으며, 굶어 죽는 사람이 속출하고 있다.

2021년 기준으로 대한민국 1인당 명목 국민 총소득GNI은 4,048만 원, 북한은 142만으로 약 28.5배 차이가 난다. 자동차는 한국은 2천4백91만 1천 대, 북한은 23만 3천 대로 100배 차이다. 이동 통신 가입자 수는 한국 7천51만4천 명, 북한 6백만 명이다. 무역액은 한국 1조4천1백49억 달러, 북한 15억9천만 달러로 890배 차이다. 한국의 수출은 6천835억8천만 달러로 세계 6위이고, 북한은 1억6천만 달러로 비교 대상이 아니다. 한국의 주요 수출품은 반도체·석유 제품·자동차이고, 북한은 광물·견직물·가발·조화 등 경공업 제품이다(김정기 교수의 통계 참조).

북한이 2022년에 쏜 탄도미사일 71발의 비용은 6천890억 원이고, 연간 식량 부족분 80만 톤 구매 비용은 3천647억 원이다.

조선 사람들은 이 땅에 태어난 걸 후회해야 한다.

이것은 지난 2월 양강도 혜산에서 굶주리다가 손자와 함께 목숨을 끊은 70대 할머니의 유서 내용이다.

2천5백만 주민을 공포와 빈곤의 성에 가두어 놓은 가두리양식장 북한은 강아지도 마다할 터이거늘, 누가 침략할 것이라고 원자탄을 만들고 미사일을 쏘아 대는가.

극초음속 병기, 화성포 17형과 18형, 전략 무기, 대륙간 탄도 미사일, 핵 전투 미사일

북한 열병식에 등장한 무기들이다.

만고의 영웅 김정은 동지 만세
절세의 애국자께 드리는 희대의 충언을 받으시라

조선조 〈용비어천가〉를 비웃을 만한 '지도자 우상화'의 극치다.

시대착오적인 거짓의 제국, 조선민주주의인민공화국. 아무도 욕심낼 사람이 없다. 그럼에도 무력을 과시하는 김정은. 내부 단속용이다.

1945년 이래 쌓아 온 거짓말이 들통나는 날, 저 거대한 감옥은 일시에 무너질 것이다. 하늘은 결코 무심치 않은 법이다.

대한민국은 민주공화국이다. 헌법 제4조에 규정된 자유민주적 기본 질서를 수호하는 나라다. 헌법 제19조는 양심의 자유를, 제21조는 언론·출판·집회·결사의 자유를 보장한다. '양심선언'과 표현의 자유가 있다. 사상의 선택권이 있는 우리 국민에게 '준법 서약' 제도와 간첩 불고지죄(국가보안법 제10조)는 헌법 제19조에 원칙상 위배된다. 제7조의 북한 찬양·고무죄도 위헌이다.

그럼에도 우리가 국가보안법을 폐기하지 못하는 것은 남북 분단 상황 때문이다. 저 시커먼 생지옥 전쟁광들이 남한 적화 통일 전략·전술로 위협하기 때문이다.

그 대통령은 왜 그랬을까

약속

그 대통령의 첫 인상은 참 선해 보였다. 그의 선한 미소에 팬덤이 생길 정도였다. 그가 대통령이 되었을 때 기대가 컸다. 탁월한 선정善政은 아니라도 악정惡政은 펼치지 않을 줄 알았다. 주변에 천방지축인 악머구리들이 걱정거리였으나, 선한 대통령이 잘 다독이리라 믿었다. 그의 취임사는 감명 깊었다. 주요 부분만 발췌한다.

① 오늘부터 저는 국민 모두의 대통령이 되겠습니다. 저를 지지하지 않는 국민 한 분 한 분도 저의 국민입니다.
② 저는 감히 약속드립니다. 2017년 5월 10일, 이날은 진정한 국민 통합이 시작되는 날로 역사에 기록될 것입니다.
③ 준비를 마치는 대로 지금의 청와대에서 나와 광화문 대통령 시대를 열겠습니다. (중략) 주요 사안은 대통령이 직접 언론에 브리핑하겠습니다.
④ 때로는 광화문 광장에서 대토론회를 열겠습니다.
⑤ 안보 위기도 서둘러 해결하겠습니다. 한반도 평화를 위해 동분서주하겠습니다. 필요하면 곧바로 워싱턴으로 날아가겠습니다. 베이징과 도쿄에도 가고, 여건이 조성되면 평양에도 가겠습니다.
⑥ 한미 동맹은 더욱 강화하겠습니다. 한편으로 사드 문제 해결을 위해 미국 및 중국과 진지하게 협상하겠습니다.

⑦ 튼튼한 안보는 막강한 국방력에서 비롯됩니다. 자주 국방력 강화를 위해 노력하겠습니다.
⑧ 분열과 갈등의 정치도 바꾸겠습니다. 보수와 진보의 갈등은 끝나야 합니다. 대통령이 나서서 직접 대화하겠습니다. 야당은 국정 운영의 동반자입니다. 대화를 정례화하고 수시로 만나겠습니다.
⑨ 전국적으로 인재를 등용하겠습니다. (중략) 저에 대한 지지 여부와 상관없이 유능한 인재를 삼고초려해 일을 맡기겠습니다.
⑩ 무엇보다도 먼저 일자리를 챙기겠습니다. 동시에 재벌 개혁에도 앞장서겠습니다.
⑪ 지역과 계층과 세대 간 갈등을 해소하고, 비정규직 문제도 해결의 길을 모색하겠습니다. 차별없는 세상을 만들겠습니다.
⑫ 문재인과 더불어민주당 정부에서 기회는 평등할 것입니다. 과정은 공정할 것입니다. 결과는 정의로울 것입니다.

취임사가 명연설은 아니어도 실질적이고 유효성이 기대되는 알찬 내용이었기에 내심에 갈채를 보내었다. 다만 대통령 음성의 톤tone이 어두운 것이 께름칙하고 불길하다는 사람들도 있었다. 그럼에도 대통령 연설 내용이 '좌로도 우로도 치우치지 않은' 통합적 메시지를 담고 있어 마음이 놓였다. 어떻게 하는 것이 옳은가를, 연설문을 작성한 스피치 라이터는 정확히 알고 있었고, 대통령도 이에 동의하였던 것이리라.

굴욕 외교

그런데 임기를 마친 그 대통령의 성적표는 초라했다. 대통령이 지키려고 발 벗고 나선 것은 ⑤, ⑩, ⑪ 뿐이었고, 그것도 국민의 절반만 동의하는 정책이었다. 워싱턴, 베이징, 평양과 백두산과 판문점을 오가며 그 대통령은 동분서주하였다.

남과 북이 군사 분계선 최전방 초소 10개씩을 철거하고, 우리 공군의 항공 정찰 활동을 금지했다. 북의 김여정이 명령하듯 요구한 지 4일 만에 우리 국회는 북으로 전단 살포를 못 하게 법으로 못 박았다. 베이징으로 간 그 대통령은 역사에 길이 남을 부끄러운 발언을 했다. '중국 같은 큰 나라는 큰 산봉우리이고, 우리나라는 작은 봉우리'라는 말을 시진핑 앞에서 했다. 조선 건국 당시의 '사대교린주의'보다 더한 저자세 외교적 발언이었다. 북한은 지금 미사일로 위협하며 철거된 최전방 초소들을 모두 복구하며 이를 간다.

  대한민국은 그렇게 허술한 나라가 아니다. 경제력 10위, 3050 7대 강국, 군사력 6위에 드는 당당한 나라다. 이런 우리나라 대통령이 왜 그 같은 저자세 외교를 해야 했던가? 2017년 10월 중국의 요구로 ①사드 추가 배치, ②미국 미사일 방어 체계 참여, ③한·미·일 군사 동맹을 맺는 일 등을 하지 않으며, ④사드가 중국을 겨냥하지 않도록 하겠다는 다짐을 했다. 굴종 외교다. 그런 약속을 하려면, ⑤서해 연안에 배치되어 있는 수많은 중국 미사일은 왜 한국을 향해 있는가부터 따져야 했다. 더욱이 성주에 있는 미군 사드는 북한의 미사일 공격에 대한 방어용이 아닌가? ⑥북한에 막강한 영향력을 행사할 수 있는 중국이 유엔 결의안을 정면으로 위반하며 핵실험과 미사일 발사를 하는 북한의 도발을 왜 방관하는가를 되물었어야 했다.

  변명은 있다. 중국은 미국에 이은 G2 국가이고, 우리의 경제 의존도가 높은 나라인 걸 도외시할 수 없는 사정이 문제다. 반도체 재료가 되는 희토류 등 우리 산업에 막중한 영향력을 행사할 수 있는 나라가 중국인 것은 맞다. 하지만 외교의 역학은 그렇지 않다. 약자임을 자처하는 상대는 여지없이 유린하고, 적대적 강자로 부상할 조짐이 보이는 상대(가령 투키디데스의 함정)는 초장에 제압하거나 말살하려는 것이 강대국 외교 전략, 전술이다. 강소국인 우리나라 외교는 이 양극단의 중립 지대에서 밀고 당기는 균형추를 적절히 활용해야 한다. 외교의 상식이다. 이 상식을 어긴 것이 그 정부의 대중국 외교였다. 어떤 지성인은 중국과의 이념적 동질성 때문이라고도 하나, 필자는 그렇게 믿고 싶지 않다. 적어도 우리나라 어느 정부든지 중국 공산당 정부의 정치 · 경제 · 사회 · 문화 정책에 동조해서는 안 된다.

또 대북한 미사일 방어 체계인 성주 사드 배치에 대한 환경 영향 평가에 따른 후속 조치를 하지 않은 우리 정부의 존재 이유가 의심스러웠다. 사드를 임시 운용하게 된 부대원들은 열악한 임시 시설에서 근무해야 했다. 사드 설치 반대 시위대가 출입구를 막는 바람에, 부대원들은 물자를 헬리콥터로 실어 날라야 했다. 이러고도 한미 동맹을 강화하겠다는 공약을 지켰다고 할 수 있는가.

비정규직의 정규직화의 형평성 문제

공약 사항 ⑩은 실천하려 했다. 정규직과 비정규직의 차별 철폐는 인천공항공사 비정규직을 정규직화하면서 전격적으로 시행되었다. 하지만 곧장 부작용이 드러났다. 치열한 채용 시험에 합격했던 정규직과의 형평성 문제가 불거졌다. 승진 서열을 정하는 데도 문제가 생겼다.

일자리 늘리기 공약도 뜻 같지 못했다. 잡초 뽑기, 담배 꽁초 줍기, 빈 강의실 전등 끄기, 지하철 승객 살피기 등 임시직일 수밖에 없었다. 그럼에도 이는 득표에 유리한 정책이었다. 용돈을 벌게 한 대통령은 찬사를 받고, 더불어민주당은 우군을 대거 확보한 셈이다.

내로남불과 아집

자신은 절대 옳은 정의의 사도인 듯 군중에게 발언하여 갈채를 한몸에 모으고, SNS에 정의로운 말만 기록했던 지도자급 인사들이 저지른 위선에 국민의 절반은 경악했고, 절반은 그들을 감쌀 뿐 아니라 영웅시했다.

오죽해야 미국 신문이 우리 속어 '내로남불naeronambul'을 기사화했겠는가. 사람이란 본디 죄성罪性 충만한 존재여서 잘못을 저지를 수 있다. 잘못이 세상에 공표되었을 때 부끄러워하며 자숙하는 것이 상식이다. 그럼에도 기상천외의 사람들은 머리를 꼿꼿이 쳐들고 자기를 합리화하기에 여념이 없었다.

오랫동안 SNS 등에 공정과 정의를 습관처럼 피력해 온 J 법무부 장관의 표리부동은 내로남불의 전형이었다. 그런 인사가 온갖 부정한 방법으로 스펙을 위조하여 자기 자녀를 부정 입학시켜 유죄 판결을 받았다. 부인 J 교수까지 이에 가담하여 실형을 살고, 자녀는 대학, 대학원의 입학이 취소되었다. 이 땅의 탁월한 인재인 두 J 교수와 그 자녀의 불행을 생각하면 마음이 아리다. 앞으로 정치 마을 같은 곳은 기웃거리지 말고, 참회하는 마음으로 봉사하는 여생을 살기 바란다.

두 J 교수는 대통령이 공약한 기회의 평등, 과정의 공정성, 결과의 정의를 무너뜨린 장본인이다.

북한 주민 인권 외면 · 김정은 미화

그 대통령은 취임 초기인 2017년 7월 '신베를린선언'에서 '북한 주민의 열악한 인권 상황에 대해 국제 사회와 함께 목소리를 낼 것'이라고 했다. 또 2018년 12월 10일 인권의 날 기념사에서 "냉전의 잔재를 해체하고 항구적 평화를 정착시키는 것은 우리 민족의 인권과 사람다운 삶을 위한 것."이라고 했다. 그 후 우리 정부가 '평화와 남북한 관계 개선'을 전제 조건으로 삼자, 인권 문제는 잊힌 일이 되었다.

큰 문제는 따로 있었다. 그 대통령이 북한 김정은 국무위원장을 '눈부시게 미화한' 대목이다. **"위원장님의 생명 존중 의지에 경의를 표한다. 북한이 얼마나 평화를 갈망하는지 절실하게 확인했다."** 던 대통령. 이게 진심인가, 아니면 김정은을 다독이기 위한 립서비스인가? 대통령은 답할 의무가 있다.

김정은은 끔찍하게 잔인한 인물이다. 우선 고모부 장성택을 고사총으로 분쇄한 뒤 그 시신 토막을 전시했고, 이복형 김정남을 백주에 독살했다. 세계에 알려진 사실이다. 아버지 김정일이 뇌졸중으로 쓰러져 있던 2009년 김정은은 장롱 속에 감추인 돈을 끌어낸다며 화폐 개혁을 단행했다. 현금을 100 대 1로 교환해 주며 가구당 소지 한도를 15만 원으로 묶었다. 결과는 참담했다. 전국 장마당이 마비되고, 기업과 국가 기관 운영이 중단되었다. 전체주의자의 단순 무지가 빚은 재앙이었다. 이럴 때 전체주의자의 속성은 대리 희생양을 내세운다. 김정은은 노동당 재정계획부장 박남기에게 책임을 전가하여 처형했다. 이유는 박남기가 "지주의 외손자 출신으로 자본주의를 이식하려는 간첩이었다."는 것이었다.

김정은의 잔인성은 유전되었다. 집권 과정에서 수많은 정적(독립 운동가)들을 숙청한 것은 물론 6.25전쟁을 일으켜 수많은 동족을 죽게 하고, 3천리 금수강산을 초토화한 할아버지 김일성이 원조 원흉이다. 그 아버지 김정일도 잔인하기는 마찬가지였다. 그는 1990년대 중·후반 '고난의 행군' 시기에 100~300만 명의 아사자가 생기자, 느닷없이 노동당 농업 비서 서관희를 처형했다. 서관희가 미제 간첩이라는 이유였다. 나아가 6.25전쟁 때 간첩 행위를 했다며 노동당 간부 등 2천 명을 처형했다.

북한은 주민을 모아 놓고 공개 처형하는 것이 관례다. 공포심을 심어 감히 반발할 생각조차 못 하게 하는 수법이다.

이같이 21세기 대명천지에 유례가 없이 잔혹한 반생명적 공포 통치를 하는 폭압적 독재자가 김정은이다. 그의 '생명 존중 의지에 경의를' 표하다니. 아무리 립서비스를 한 것으로 보아도, 이는 어불성설이다.

조국 평화 통일의 전제 조건은 북한이 중국처럼 개혁·개방의 길을 걷는 것이다. 그리고 그곳 주민들의 인권이 보장되게 하는 일이다. 남한과 북한의 경제력이 적어도 6 대 4 정도는 되어야 통일이 가능하다. 그러기 위하여 북한이 개방되어야 한다. 인권도 개방과 경제 발전이 있어야 보장될 수 있다.

이 점에서 그 정부와 민주당이 '대북전단금지법'을 전광석화같이 제정, 공표한 것은 난센스다. 북한 동포들의 눈과 귀가 띄어야 개혁·개방이 이루어질 수 있다. 대북전단금지법은 즉시 폐기되어야 한다. 북한을 거대한 감옥으로 만든 김씨 일가의 거짓말이 그곳을 생지옥으로 만들지 않았는가. 북한의 거짓 신화가 혁파되어야 북한 동포들이 인권을 찾고, 조국은 평화 통일의 기틀을 마련할 것이다.

녹지 않는 '얼음 갑옷'으로 무장한 북한 지도부가 햇볕 정책으로 순화되리라고 하는 것은 어리석거나 속임수를 쓰는 허망한 위선이다. 북한과 정전 협정을 맺자는 것도 마찬가지다. 미군을 철수시키고, 공산·주체사상의 전체주의자 김정은 주도로 통일하자는 말을 에둘러 미화하는 속임수다.

윤이상·신영복·김원봉 찬양

월북 작곡가 윤이상은 유럽 무대에서도 찬사받은 탁월한 음악가다. 오페라 〈심청〉을 유럽 무대에 올려 커튼콜을 받았던 유명 인사다. 아울러, 1967년 7월 8일에 발각된 독일 동베를린 간첩단(북한 공작단) 사건에 화가 이응로 등과 연루된 사람이다. 그는 우리 대법원에서 10년 징역형을 선고받았고, 범민련 등 좌익 단체에서 활동한 이력이 있다. 김일성 생일 때 찬양곡을 지어 바쳤고, '역사상 최대의 영도자'라며 김일성을 치켜세웠다. 그가 사망한 후 북한을 방문한 그의 아내는 "수령님을 끝없이 흠모합니다."는 방명록을 남겼다. 그 대통령 내외는 취임 초에 윤이상을 각별히 대접했다.

1968년 경제학자 신영복은 좌익 계열 통일 혁명당 사건으로 20년간 복역했고, 성공회대학 교수를 지낸 인사다. '신영복체'를 만든 서예가이며,

그 대통령은 청와대 비서관들에게 '춘풍추상'의 신영복체 액자를 선물로 주었다. 또 2021년 국가정보원의, "우리는 음지에서 일하고 양지를 지향한다."는 원훈석을 교체하여, '국가와 국민을 위한 한없는 충성과 헌신'을 신영복체로 새겼다. 윤석열 정부 들어, 김일성 주체사상 신봉자의 글씨를 원훈석에 새긴 것을 용납할 수 없다며 본디의 것으로 다시 교체했다.

김원봉은 일제 강점기의 현저한 독립 운동 지도자다. 1919년 12월에 '의열단'을 조직하여 국내의 일제 수탈 기관 파괴, 주요 적대 인사 암살 등 무장 투쟁을 이끌었다. 중국 국민당 동의를 얻어 '조선의용군대'를 조직했고, 1942년 광복군 부사령관이 되었다. 1944년 대한민국임시정부 국무위원 및 군무부장을 지내다 8.15 광복과 함께 귀국하였고, 1948년 김일성이 주최한 남북 대표자 연석회의 때 김구·김규식 선생 등과 평양에 갔다가 그곳에 남았다. 북한에서 요직을 거쳤고, 1957년 9월 최고인민회의 상임위원회 위원장이 되었으나, 1958년 11월 김일성의 독단적 통치를 비판한 연안파 공산주의자 제거 작업 때 숙청되었다.

문제는 그가 6.25전쟁 때 남침을 지휘한 인물이라는 데 있다. 그 전쟁에 공을 세워 김일성에게 훈장까지 받은 인사가 김원봉이다. 그럼에도 그 대통령은 현충일 기념사에서 그런 김원봉을 대한민국 '국군의 뿌리'라고 했다. 가슴이 떨릴 일이다. 북한 간첩 거두로 무기 징역형을 선고 받았던 신영복을 '가장 존경하는 인물'이라 하였던 그 대통령의 망언이었다. 간첩과 6.25전쟁 침략자를 존경하는 대통령이 5년이나 통치한 나라. 정상이 아니다.

이상한 대법원장 임명

이상한 대법원장이 취임하여, 법관들의 이념 성향에 따라 재판에 임하는 사태가 일어나고, 법원 조직에 평균적 정의에 따른 평등관을 섣부르게 도입하여, 개별 법관들의 성취 욕구를 고사시켰다. 법원장을 투표로 뽑는 괴이한 제도를 만들어 '법의 지배rule of law'를 인기 투표에 맡기는 엔터테인먼트화했다.

그 결과, 재판은 지지부진하여, 선거법을 위반한 피의자들이 국회 의원 임기를 거의 마칠 때까지 결심이 이루어지지 않는 나라가 되었다. "지체된 정의는 정의가 아니다."는 법언法諺이 무색하게 되었다. 심지어 국회에 법원이 예속된 듯한 발언으로 퇴임 후에 사법 처리 대상이 될 처지에 있다.

적폐 청산의 끝판

묵은 부조리는 청산하는 것이 옳다. 하지만 그것은 공명정대하고 상식적인 수준에 머물러야 한다. 전직 대통령 두 분에게 경악할 수준의 형량을 부과하고, 대법원장까지 옥살이를 시킨 무서운 역량을 과시했다. 200명이 검찰 조사를 받는 혁명 수준이었다. 현역 육군 대장이 사병 앞에서 갖은 모욕을 당하고, 기무 사령관인 육군 소장이 치욕을 견디지 못하여 자결했다. 재판 결과 무죄였다. 적폐 청산은 많은 부분 복수극이었다. 최근에 양승태 대법원장의 47가지 혐의 모두 무죄 판결이 났다. 무슨 말로 변명할 것인가?

소득 주도 성장과 최저 임금 제도

선의에서 시행된 '소득 주도 성장' 정책으로 경제계가 활력을 잃게 한 것도 문제다. 이는 후기 케인지파 경제학자들의 임금 주도 성장wage-led growth 이론에서 유래했다.

저임금 노동자와 가계의 임금 소득을 올려 소비가 늘어나면, 기업의 투자와 생산이 확대되고, 국민 소득도 증가하는 선순환 구조가 형성된다는 경제 이론이다. 자유주의 경제학자들은 이를 '마차가 말을 끄는' 현상에 비유하며 격하게 비판했다.

최저 임금 제도도 파장을 불렀다. 국가가 최저 임금 수준을 정하고, 사용자에게 일정 수준 이상의 임금을 주도록 강제하여 저임금 근로자를 보호하는 제도다. 이를 위반하는 사용자는 3년 이하의 징역 또는 1천만 원 이하의 벌금에 처하도록 입법화했다.

최저 임금 가이드라인을 정부가 제시하는 것은 필요하다. 하지만 이것을 입법으로 강제하는 것은 다른 문제다. 세금 감면 등 인센티브로써 유도하는 것이 자유민주 정부의 올바른 기능이다. 정부는 강자 편에만 서서도 안 되지만, 약자 편에만 치우쳐서도 안 된다. 이를 일률적으로 강행한 결과 부작용이 속출했다. 특히 인건비 감당이 안 되는 영세 업체의 타격이 컸다. 가령, 편의점이나 식당의 경우 인력을 대폭 줄이고 온 가족이 동원되어 영업에 매달리는 과로 현상이 빚어지고, 일자리가 급감하여 영세 근로자들의 생계가 막막해졌다. 대학생 아르바이트 자리도 줄었다.

정책 입안자가 좌파적 관점으로 '큰 정부' 신봉자가 되면, 사회 현상을 흑백 논리로 보거나 아군과 적군, 가진 자the haver와 못 가진 자the unhaver, 억압자와 피억압자 등으로 단순화한다. 고등수학의 복잡계 이론으로 풀어야 할 사회 현상을 단순 흑백 논리에 따라 재단하는 난센스다. 상황과 근면도, 능력 등의 차이에 따라 배분적이어야 할 정의正義, justice가 평균적 정의로 고착된 불상사다.

재정 건전성 훼손

그 대통령은 국가 채무가 40% 이하라야 재정 건전성을 유지할 수 있다는 공무원을 엄히 타박했다. 그 근거가 무엇이냐고 입을 막았다.

1960년대 이래 600조 원대에 머물러 있던 국가 채무가 그 대통령 정부에 와서 1,000조 원을 넘어섰다. 그 대통령 정부 3년차인 2019년 723조 2,000억이던 국가 채무가 말기인 2022년에는 1,067조 4,000억 원으로 불어났다. 선거 때 표를 얻기 위해 무분별하게 국가 재정을 낭비한 결과다. "참정치인statesman은 다음 세대를 생각하나, 정치꾼politician은 다음

선거만 생각한다."고 한, 영국 경제학자 콜린 클라크의 씁쓸한 명언을 소환하는 상황이다.

생각해 보라. '소득 주도 성장'이란 "마차가 말을 끈다."는 어리석은 역리逆理가 아닌가.

우리 경제학자 김태윤 교수는 충고한다.

재정 건전성은 세수와 세출을 맞추고 국가 채무를 줄이는 것이다. 그 목적은 공공 부문을 슬림하게 유지해 유연성과 지속 가능성을 확보하기 위함이다. 사회 각 분야에 건전성을 파급시키는 것이다.

건전성은 위기의 순간에도 버틸 수 있게 해 준다. 금융 위기가 닥쳐도 원화의 가치로 어려운 형편에 있는 서민들의 삶을 지킬 수 있다. 자원 위기가 와도 꼭 필요한 자원을 사 와서 경제의 근간을 보존할 수 있다. 군사적 위기가 와도 필요한 무기를 확보해서 대적할 수 있다. 또 진정한 의미의 사회 안전망도 적극 펼칠 수 있다. 그래야 국민들이 용기를 내어 도전하고, 또 재도전할 수 있지 않겠는가. (〈재정 건전성이 자유의 근본이다〉)

김 교수는 재정 건전성 확보의 방책 넷을 제시한다. ①예비 타당성 조사를 정직하게 해야 한다. ②성과 평가를 강화해야 한다. ③부처 및 공공 부문 내 연대 책임 개념을 적극적으로 도입해야 한다. ④속칭 지역 숙원 사업들을 팔아서 주민들의 표를 사려는 정치인들을 다시는 여의도나 시청, 도청에 뽑아 보내서는 안 된다. 그 사업들은 근처 업자들의 배를 채우는 것이지, 유권자 대부분의 삶과는 아무 상관이 없다.

원자력 발전 체계 해체

그 대통령은 왜 수명이 남은 멀쩡한 원자력 발전소를 폐쇄하고, 발전소 증설을 중지시켜 원자력 60년간 구축해 온 세계 최고 수준의 원자력 생태계를 붕괴하게 만들었는가.

이론상으로, 현존하는 탄소 배출형 발전 시스템을 재생 에너지로 완전히 대체하는 RE100정책은 가장 이상적인 것이다. 그런데 우리나라같이 바람 세기가 들쭉날쭉한 상황에 풍력 발전은 극히 제한적일 수밖에 없다. 산지가 68%인 국토를 무참히 훼손해 가며 태양광 발전 시설을 늘리다가는 산림 훼손과 산사태를 유발하는 환경 파괴의 역설에 처할 수 있다.

중국과 프랑스 등은 원자력 발전 시설 증대에 열심이다. 이는 원자력 발전소의 위험성에 대한 경각심을 버리자는 말과는 다른 차원의 이야기다.

잊히지 못하는 사람

그 대통령은 퇴임한 후에 잊혀진 사람이 되고 싶노라 했다. 그런데 지금 사는 방식은 그 반대다. 이율배반의 생생한 본보기다. 책방을 연 것은 탁월한 선택인데, 그곳이 정치인들의 접객소 구실을 하는 것이 문제다. 현실 정치에 대한 발언도 마지않는다. 정치적 노이즈 마케팅noise marketing이 아닌가.

갈무리

그 정부의 중국과 북한에 대한 저자세 외교로, 그쪽은 우리를 노골적으로 무시하고, 한미 관계는 위태롭게 삐걱거렸다.

그 대통령 정부는 취임 때의 공약 ①에 역행하였다. 국민을 '아군'과 '적군'으로 편 가르기를 하여, 대한민국 정부가 선 후 유례가 없는 분열 현상을 빚었다. 따라서 ②의 진정한 국민 통합은 공염불이 되었다. ③청와대에서 나와 광화문 대통령이 되겠다는 약속은 지켜지지 않았고, 언론 브리핑도 손꼽을 정도였다. ④광화문 광장에서의 대토론회는 한 번도 열지 않았다. ⑧보수와 진보의 갈등은 나라가 선 후에 가장 치열해지고, 언어도 폭력적이고 천박한 수준으로 추락했다. 상대방 발목 잡기, 누명 덮어씌우기, 상대방 허물은 침소봉대하고 자기 허물에는 눈 감거나 거짓말하기, 상대방을 증오·저주하기 등 대한민국 역사상 유례없는 반윤리적 작태가 우리 정치의 '문법'이 되었다. 그중에 노골적인 위선이 제일 큰 문제였다. 남의 나라 신문에 '내로남불naeronambul'이 게재될 정도의 국가적 수치를 당하였다.

　또한 ⑨삼고초려해 가며 인재를 고루 등용하겠다는 공약도 허공에 날렸다. 어느 법무부 장관은 국민이 시퍼렇게 눈을 뜨고 있는 앞에서 탁자를 치며 고성을 질렀다. "내 명을 거역하고……." 운운이었다. 자유 민주 국가의 각료로서는 있을 수 없는, 오만방자한 행태였다. 그런 경우에 대통령은 즉각 해임해야 했다. 한 국토교통부 장관은 집값과 전셋값이 다락같이 폭등하는데도 거의 같은 주택 정책을 26회나 내어놓았다. 90% 넘게 오른 집값을 12% 올랐다고 했다. 삼고초려하여 얻은 인재치고는 함량 미달이었다. 섣부른 경제 정책, 전제가 잘못된 소득 주도 성장론과 얼치기 주택 정책은 소득 양극화 현상을 극한적으로 악화시켰다. 그 정부의 청와대 수석이 자신의 저서에서 쓴 말은 심각한 의혹을 불러일으켰다. 서민들이 집을 사게 되면 중산층이 되어 보수주의자로 변한다는 대목이었다. 역으로 집값이 폭등하여 무주택자로 머물면 자기네 편으로 남게 된다는 해석이 가능했기에, 일부 언론에 파문이 일었다.

　그 대통령 취임 연설의 백미白眉는 공약 ⑫였다. 기회는 평등하고, 과정은 공정하며, 결과는 정의로운 사회, 그것은 유토피아가 아닌가. 그 정부는 이를 철저히 배반했다. 온갖 부당한 방법이 판을 치는 디스토피아였다.

　그 정부의 실패는 단지 정권이 교체되었기에 일어난 정책 실패라기보다, 자유민주 대한민국의 정체성을 훼손하는 역사적 패착에 갈음되는 변고였다. 현명한 우리 국민들이 이런 위선과 이율배반에 다시금 속아서는 안 될 것이다. 때늦은 각성의 징비록이다.

　문재인 대통령과 그 정부 이야기다.

쉬어 가기 3

러시아와 우크라이나, 이스라엘과 하마스 전쟁이 세계인을 떨게 한다. 사람은 어떤 존재이며, 역사란 무엇인가?

모든 사람의 마음속엔 짐승이 숨어 있다. 분노의 짐승, 고문받는 사람의 비명을 듣고자 하는 짐승, 마구 날뛰는 무법의 짐승이 마음속에 숨어 있다.

(도스토옙스키, 〈카라마조프네 형제들〉)

사람의 본성 탐구와 고발에 생애를 바친 러시아 작가 도스토옙스키의 준엄한 경고다. 지금 우리 정치인들에게 비수처럼 던지는 아픈 메시지이기도 하다.

모든 시대를 통하여 역사는 행동과 고통의 얘기이며 권력과 자랑, 죄와 죽음의 얘기로 가득 차 있다. 역사의 세속적 외면으로 볼 때, 그것은 고통스러운 실패의 계속되는 반복이며, 한니발에서 나폴레옹, 그리고 오늘날의 지도자에 이르기까지 평범한 실패로 끝나고 마는 비싼 업적의 반복에 지나지 않는다.

(카를 뢰비트, 《역사의 의미》)

히틀러의 탄압으로 17개국으로 피해 다녔던 독일 역사 철학자 카를 뢰비트Karl Löwith가 세속사의 정치꾼politician들과 무지막지, 막무가내의 위선적 권력 지향자에게 던지는 인문학적 경고다.

세속적 권력 지상至上주의자들은 구속사救贖史의 보이지 않는 진리와 그 질서에 마음을 여는 선한 증인이 되기 바란다. 짐승스러운 수성獸性,brutality의 인류인 아인亞人의 바닥에서 떨쳐 일어나, 영성靈性,spirituality 충만한 영인으로 구원되기 바란다.

 욕심이 잉태한즉 죄를 낳고, 죄가 장성한즉 사망을 낳느니라.
《야고보서》, 1:15)

온갖 미사여구를 동원하여 진실 · 정의 · 자유 · 평등을 부르짖던 자칭 민주화 투사들의 속내가 오직 자신의 권력과 부를 쟁취하기 위한 수단에 지나지 않았음이 이제 만천하에 드러났다.

모두들 회개할지라. 죄의식이 없는 그들의, 모든 유형 무형의 소유물들은 오직 위선의 징표일 뿐이다. 우리 역사의 최대 약점은 참회록이 없다는 것이다.

 백두산 찬 바람은 불어 거칠고
 압록강 얼음 위에 은월銀月이 밝아
 고국에서 불어 오던 피비린 바람
 갚고야 말 것이다 골수에 맺힌 한을

김좌진 장군이 지휘하여 일본군에 대승하였던 '청산리 싸움' 때의 군가 제2절이다. 그리운 고국 산천과 고향의 부모 형제를 애타게 그리며, 백두산 찬 바람에 부대끼면서 절규하듯 이 노래를 부르던 우리 독립군들의 비장한 의기義氣를 되살려 본 것이다.

파란만장했던 우리 조국 대한민국 역사. 이제는 세계사의 진운進運을 선도先道하는 G8 국가 국민으로서 희망찬 미래사를 노래하게 된 우리들이다.

배를 저어 가자 험한 바다 물결 건너 저편 언덕에
산천 경개 좋고 바람 시원한 곳 희망의 나라로

〈후렴〉 돛을 달아라 부는 바람 맞아
　　　 물결 넘어 앞에 나가자
　　　 자유 평등 평화 행복 가득 찬 곳
　　　 희망의 나라로

밤은 지나가고 환한 새벽 온다 종을 크게 울려라
멀리 보이나니 푸른 들이로다 희망의 나라로

일제 강점기인 1931년 현제명이 작사·작곡한 우리 근대 가곡이다. 악상은 '경쾌하게leggiero'다. 숨 막히는 일제 암흑기에도 희망의 기개를 잃지 않으려 한 우리 선대들의 뜻이 이제 국민의 기상으로 용솟음치게 되었다.
우리 모두 더 큰 희망의 나라를 향해 거보巨步를 내딛자.

에필로그

　지금까지 필자는 파란만장한 한국 현대사를 인문학적 관점에서 진단했다. 우리 국민은 1945년 광복 후 이념의 소용돌이를 헤치며 1948년 나라 세우기에 성공하였고, 6.25전쟁기 국가 존망의 위기를 이겨내고 나라의 기틀을 다졌다. 1960년 4.19혁명과 1961년 5.16군사 정변의 격한 풍랑을 헤치며 조국 근대화, 압축 성장으로 세계가 부러워하는 '한강의 기적'을 성취했다. 근면한 국민과 탁월한 지도자와 산업 역군들이 이룩한 빛나는 우리 역사다. 마침내 대한민국은 자유민주주의와 시장 경제를 축으로 하는 G8 반열에 오른 대국이 되었다. 이제 우리나라는 인류 보편적 가치로써 역사를 선도하는 세계 국가로 부상한 것이다.

　이 압축 성장의 과정에서 크고 작은 부작용이 뒤따랐다. 그 결정적인 것이 근대화 세력과 민주화 세력 간에 첨예히 대립된 거대 담론의 충돌과 그로 인한 희생과 부작용, 극한 대결의 파장은 아직도 사윌 줄을 모른다. 아프디아픈 유산이다. 압축적 경제 성장을 위해서는 한동안 권위주의 통치가 불가피하다는 근대화 세력과 오직 정치적 민주화만이 정의正義라는 민주화 세력 간에는 한 치의 양보도 없는 전투 상황을 빚으며 역사의 물결은 사납게 요동쳤다.

　세계가 주목하는 대한민국의 빛나는 성취와 갈등의 역사적 주체는 우리 한국인이다. 이 대목에서 우리는 누구인가, 우리의 정체성을 확인하는 것은 중요하다. 세계 국가 한국은 동서양 문명 교류의 종착지이며, 따라서 우리는 우리의 고유성과 세계성을 융화하여 새로운 보편 문화를 창출함으로써 새 세기 동아시아사 내지 세계사를 선도할 리더로 부상할 수 있을 것이다.

　영성靈性spirituality 풍부한 우리 한국인은 진화론적 실증주의實證主義에 매몰되지 않는, 새로운 영인靈人의 길, 인류 구원의 신천지를 열 수 있을 것이다. 자주 극단으로 치닫는 우리의 샤머니즘적 집단 무의식, 그 부정적 속성인 집단 광기狂氣와 극한 대결은 온 나라를 파국으로 몰아넣는 치명적 약점이다. 이를 극복하고 그 긍정적 속성인 창조적 응집력을 발휘할 수 있는 정신사적 혁신 운동이 교육과 정치 영역에서부터 크게 일어나야 할 것이다. 전부 아니면 전무all or nothing라는 흑백 논리, 부분적 결함을 전부의 결함으로 확대 인식·공박하는 일반화의 오류, 사물과 사람, 사회 현상, 역사적 사실 등의 다양한 양상이나 특성을 고려하지 않고, 어느 한 가지 양상이나 특성을 전체의 것으로 고착시키는 일면적 단순성은 하루빨리 떨쳐 내어야 할 우리의 심각한 취약점이다. 우리의 정체성identity을 바로 알고 대처하는 것의 중요성을 깨치게 되는 대목이다. 이를 정확히 간파함으로써 우리는 국가 대사를 그르치는 일이 없어야 할 것이다.

　우리 운동권을 비롯한 민주화 운동가들은 기업가들을 혐오한다. 이는 국가가 주도했던 산업화 초기의 압축 성장의 부작용이었던 정경 유착(정권과 경제인이 밀착된 부조리) 관계에 대한 분노에서 비롯되었다. 그것은 민족 자본이 형성되어 있지 않았던 당시의 급격한 산업화 과정에서 생긴, 인간 본연적 약점이 권력과 결탁한 '악'이었다. 민주화 운동가들은 그 유착의 부조리를 빌미로 대기업가 모두를 혐오하고, 산업화 자체를 흘겨보는 편집증paranoia, 트라우마에 사로잡히게 되었다. 자기네가 주축이 되어 집필한 교과서에 경제가 크게 발전했다는 내용을 서술하면서도, 그 주체가 누구였느냐에 대한 언급을, 그들이 극도로 자제하는 이유다. 정경 유착이라는 일부 부정적 요소로써 '한강의 기적'으로 불리는 비약적 산업 개발의 주역 전체를 부정하는 일반화의 오류다. 운동권 정치인들이 주요 기업인들을 불러 호통 치고 모욕 주는 일에 열을 올리곤 하는 것은 우연이 아니다.

그들은 대학 다닐 때 "경제 성장은 민주화의 필요조건이다. 굶주리는 민주주의란 허상이다."고 하는 필자의 가르침을 허공에 띄우던 제자와 그 동료들이다.

이 책에서 필자가 기업가 정신을 살리기 위한 이론적 근거를, 막스 베버의 《프로테스탄티즘의 윤리와 자본주의 정신》(1904~1905)과 새뮤얼 헌팅턴의 《문화가 중요하다》(2000)에서 찾은 것은 유익했다. 개발 지향적 문화를 섬기는 기독교 문화는 나라를 부유하게 했고, 개발 저항적 문화에 기운 가톨릭과 공산주의 문화는 나라를 가난하거나 무기력하게 했다는 주장이다. 우리 산업화 세력과 민주화 세력, 환경 단체, 가톨릭 단체의 대립상에 대입되는 이론이다. 가톨릭과 사회주의가 뒤섞인 남미 여러 나라들이 경제 파탄으로 혼란에 빠진 것이 그 증거다. 우리에게는 반면교사다.

돌이키면, 대한민국 76년은 기적의 역정歷程이었다. 1945년 8월 15일에 광복은 '도적같이' 왔고, 1948년 5월 10일 직접·비밀·보통·평등의 총선거로 국회 의원 198명이 뽑혔다. 북한 몫 100석은 남겨진 채였다. 이들의 제헌 국회는 7월 17일 헌법을 제정했고, 8월 15일 대한민국 정부가 섰다. 7월 20일 헌법 규정에 따라 국회의 표결로 이승만이 대통령에 선출되었다. 이승만 180표, 김구 13표 등으로 압도적 다수표가 이승만을 지지했다. 부통령에는 133표를 얻은 이시영이 뽑혔다. 김구는 62표였다. 국회의장에 신익희, 부의장에 김약수가 선출되었고, 대법원장에는 김병로가 임명되었다. 내각은 독립 운동가와 애국자로 구성했다. 북한이 친일파를 다수 기용한 것과 대비된다.

이로써 이승만 대통령이 주도한 '나라 세우기' 과업은 성취되었다. 대한민국 헌법 전문은 대한민국이 3.1운동의 정신과 상하이 임시 정부의 법통을 이어받았음을 명시했다. 광복 후 3년간의 미국 군정기를 거친 이 땅에는 대한민국 세우기에 정면 도전한 제주4.3사건 등 좌파들의 반대와 테러가 극심했다. 대한민국호는 수많은 애국 지사들의 희생을 바탕으로, 조선 공산당·조선노동당·북한이 연계된 공산주의자들의 격렬한 방해 책동 속에서 첫 고동을 울린 것이다. 정부 수립 초기인 1948년 10월 19일 여수에 주둔 중이던 국방경비대 제14연대 공산주의자들이 일으킨 여수·순천 반란 사건은 나라의 기틀을 흔들었다. 대한민국호의 출범은 이같이 불안했다.

나라 세우기에 온 힘을 쏟아야 했던 이승만 정부가 '나라 지키기'의 묵중한 짐을 진 터에, 1950년 6월 25일 김일성의 불법 남침으로 대한민국은 절체절명의 위기를 맞았다. 1년 전인 1949년 6월 30일에 미군은 철수했고, 1950년 1월 12일 미 국방 장관 애치슨이 소위 '애치슨 라인'을 선포하며 한반도를 미국 극동 방어선에서 제외한 것이 결정적 패착이었다.

이승만 초대 대통령의 나라 세우기, 나라 지키기, 부국강병책이 중요하다. 나라 세우기와 나라 지키기에서 이승만 리더십은 빛났다. ①유라시아 대륙 동쪽 거대한 땅이 공산주의 세력에 점거된 상황에서 극동의 작은 한반도, 호랑이 꼬리만 한 이 땅에 자유민주주의 국가를 세운 것은 누구가 뭐래도 위업偉業이다. 6.25전쟁이 터지자 미국군을 중심으로 한 유엔군이 신속히 참전케 한 외교력과 한미상호방위조약을 맺어 공산 침략을 막음으로써 국가 안보를 반석 위에 올려 놓은 것은 신의 한수였다. ②이 대통령이 농지 개혁을 완수한 것은 6.25전쟁 2개월 전이었다. 지주들의 땅을 정부가 사들여 소작인들에게 유상 분배했다. 유상 몰수에 유상 분배였다. 이로써 지주도 농지를 9,150평 이하만 소유하게 한 것이다. 지주는 몰락했다. 《구약 성서》〈레위기〉 25장 말씀에 부합되는 정책이었다. 남로당 당수 박헌영이 장담한 바와는 달리, 6.25전쟁 때에 남쪽 농민들이 봉기하지 않은 까닭이다. ③교육을 국방의 주요 축으로 생각했다. 초등 교육을 의무로 하고, 미국 원조를 받아 각급 학교 증설과 교육에 혼신의 힘을 쏟았다.

그 결과 광복 당시에 문맹률이 86%였던 것이 1959년에는 학령 인구 96%가 취학했다. 1953년부터 1956년까지 정부 주관 유학생 선발 시험 합격자가 7,390명에 이르렀다.

　이승만 정부는 ④4월 5일을 식목일로 정하고 산림 녹화에 힘썼다. ⑤제헌 헌법에 따라 여성이 투표권을 행사케 한 것은 획기적인 것이었다. 미국이 1920년, 스위스가 1971년에 여성에게 투표권을 부여한 것을 감안하면, 이는 선구적인 여권 신장책이었다.

　이승만 대통령은 남북 분단의 원흉인가? 이것은 자기 허물을 남에게 뒤집어씌우기 잘하는 북한과 남한 좌파 세력의 거짓 선전이다. 1946년 6월 3일 이승만 박사는 정읍에서 남한에 위원회 같은 임시 통치 기구가 설치될 필요가 있다는 발언을 했다. 하지만 소련의 지령을 받은 김일성은 이에 앞선 2월 6일에 이미 북조선임시인민위원회를 설치하여 북한을 실질적으로 통치하고 있었다. 소련과 북한쪽에서 한반도 전체가 아니면 북한만의 단독 정부를 세우려는 의도가 있었음은 소련 붕괴 이후 공개된 비밀 문서에 의해 입증되었다. 남북 분단의 결정적 원흉은 소련과 김일성이다.

　이승만 대통령의 부정적 리더십은 이렇다. ①대통령직을 네 번 연임하기 위하여 두 번이나 억지 개헌을 하여 정치 불신의 씨를 뿌렸다. ②악성 친일파까지 척결하지 못함으로써 민족 정기正氣를 바로잡는 데 실패했다. 변명의 여지는 있다. 일제 강점기 행정 관료, 경찰, 법조인 등을 제거한 자리에 국가를 운영할 전문 관료, 테크노크라트가 턱없이 부족했다. 아무리 그렇더라도 독립 운동가 고문 경찰의 상징인 노덕술 등 일부 악성 친일파는 엄히 단죄해야 마땅했다. ③1960년 3.15부정 선거로 4.19혁명이 일어나고, 꽃다운 청춘 186명이 목숨을 잃었다. 이 역시 변명할 여지는 있다. 야당 대통령 후보 조병옥이 선거 직전에 병사하여 이승만은 당선이 확정적이었다. 다만, 러닝메이트 부통령 후보 이기붕을 당선시켜 권력을 유지하려는 자유당 수뇌부가 획책한 것이 3.15부정 선거인 것은 맞다. 그럼에도 그 최고 책임자는 이승만 대통령임을 부인할 수 없다.

그 책임을 통감한 이승만 대통령은 4.19혁명 때 부상 학생들을 방문한 병실에서, "내가 맞아야 할 총알을 우리 아이(학생)들이 대신 맞았다."며 울었다. "불의를 보고 일어날 줄 아는 젊은이들이 있으니, 우리나라의 앞날은 밝다."고도 했다. 그리고 대통령직에서 스스로 물러났다.

뭉치면 살고 흩어지면 죽습니다

수많은 정당·사회 단체가 우후죽순같이 생겨나 목청을 높이고, 좌우익 싸움이 극심한 상황에서 나라 세우기, 나라 지키기 최전선에 선 이승만 대통령의 절박한 구호였다.

6.25전쟁이 터진 직후 이승만 대통령의 처사에 대한 비난이 물 끓듯 했다. 국군이 이기고 있으니, 서울 시민은 안심하라는 라디오 방송을 틀어 놓고 홀로 도망갔다는 비난이 있다. 오해다. 맥아더 원수가 우리를 도우기로 했으니, 국민이 지나치게 동요하지 말기를 바라는 추상적인 방송만 했다. 한강 인도교와 철교를 조기 폭파한 것은 육군 참모 총장 채병덕의 성급한 판단과 명령에 따른 불상사였다. 군인들이 민간을 통제하고 부교를 만들어 시민들의 도강을 도왔고, 다리 폭파로 경찰 76명이 사망했을 뿐 민간인 희생자는 없었다. 다만, 미처 피란하지 못한 아까운 시민들이 수없이 납북되는 비극이 있었던 것은 땅을 칠 일이다.

북한군이 일방적 우세 속에서 물밀듯이 쳐들어오던 혼란기였으니, 대통령, 국방부 장관, 육군 참모 총장도 정확한 판단을 내리기에는 역부족이었을 것이다.

이승만 대통령이 국민을 방치하고 홀로 도망친 비겁자라거나 독립 운동가가 아닌 하와이 깡패gangster요 여색만 밝힌 방탕자라거나 하는 것은 북한 김일성 정권과 그에 민족사적 정당성을 부여하려는 종북·좌익 세력의 얼토당토않은 모함이다. 또 이 대통령을 '미국 앞잡이'라 매도하는 것도 저들이 조작한 거짓말이다. 호락호락하지 않은 이승만을 제거하려는 미국의 시도는 여러 차례 있었다.

하지만 6.25전쟁을 치르면서 미국은 이승만 대통령이 아시아 반공 전선의 가장 위대한 투사이며, 대한민국 동아시아 자유민주 전선의 최고 용장이라는 것을 절감하게 되었다.

이승만 대통령은 과학·기술 발전의 중요성을 절감했고, 산업 발전 계획 수립에도 고심했다. 하와이 동포들의 성금을 모아 인천에 인하공과대학을 세워 '한국의 MIT'가 되게 하겠다는 포부도 밝혔다. 이 대통령이 세웠던 경제개발5개년계획은 민주당 장면 정부를 거쳐 박정희 대통령에 이르러 결실을 보게 되었다. 또 1958년 서울대학교에 원자력공학과를 개설하는 등 원자력 공학 발전의 초석을 놓았다.

대학생으로서 4.19혁명 대열 최전방에서 경찰의 총탄 세례를 받고도 살아남은 필자의, 이승만 대통령에 대한 객관적인 평가다.

아쉬움은 있다.

이승만 대통령은 6.25전쟁 발발로 나라 세우기 과업에 미완성인 채로 물러날 위기에 처하여, 무리하게 개헌하여 집권기를 연장하려다가 파탄을 맞았다. 대한민국 제헌 헌법은 자유민주주의 체제의 '꿈'이었으나, 현실은 그렇지 못했다. 86%의 국민이 문맹인 나라에서 국민에게 자유와 함께 '책임'을 지는 성숙한 국민 수준을 기대하기 어려웠다. 민주주의 수련 경험이 없는 국회 의원들도 백가쟁명의 공리공론가이기 십상이었다. 미국의 우리 독립 운동가들은 이를 예견하여 대책을 마련한 바 있었다. '건국 종지宗旨'였다.

이는 1919년 미국 필라델피아에 독립 운동가들이 모여 만든 건국 설계였다. 그 건국 종지의 요지인즉, 국민의 기초 교육 수준이 향상되기까지 건국 초기 10년간은 중앙 집권적 통제 정치를 하는 것이 불가피하다는 것이었다.

박정희 리더십이야말로 우리 현대사의 묵중한 과제다.

4.19혁명 덕에 어부지리로 정권을 잡은 제2공화국 국회는 민의원과 참의원의 양원제였고, 정부는 내각 책임제였다. 국무총리는 신파의 장면, 대통령은 구파의 윤보선이었다. '못살겠다 갈아보자'고 포효하며 자유당과 투쟁했던 민주당은 민생은 팽개친 채 구파와 신파, 주류와 비주류로 분열되어 권력 다툼을 하느라 해 지는 줄을 몰랐다. '갈아봐야 별수 없다'고 받아치던 자유당보다 나을 것이 없었다. 민생은 도탄에 빠져, 걸인과 폭력배가 길거리를 메우고, 초등학생부터 일반인까지 시위대의 절규가 시가지에 메아리치자, 시위 그만하자는 시위까지 있었다.

드디어 1961년 5월 16일 군사 정변이 터졌다. 장면 총리는 봉쇄 여자 수도원에 몸을 숨겼고, 정변 세력은 방송국을 장악하고 6개항의 소위 '혁명 공약'을 발표했다. 중요한 것은 '지금까지 형식적이고 구호에만 그친 반공 태세를 재정비·강화하며', '기아선상에 허덕이는 민생고를 시급히 해결하는' 것이었고, 이후 이 공약은 성공리에 이행되었다.

정변의 주역은 제2군 부사령관 박정희 소장과 김종필 중령을 필두로 한 육군사관학교 8기생이었다. 이들은 비상 기구인 국가재건최고회의를 설치하고, 박정희 장군이 의장이 되어 국가 쇄신 작업에 박차를 가하였다. 이어 대통령이 되어 18년간 장기 집권하며 '조국 근대화(산업화)' 과업에 신명을 걸었다.

박정희 대통령의 긍정적 리더십은 불멸의 업적들을 남겼다.

첫째, 경이로운 정신사적 업적이다. 조선 후기 이래로 과거 지향적 비관주의와 자기 비하, 비탄에 찬 국민 정신에 일대 충격을 가하였다. '하면 된다는 정신can-do-spirit'으로 국민들을 분기奮起케 했다. 국민들의 부정적 자아 개념negative self-concept을 긍정적 자아 개념positive self-concept로 전환시키기에 성공했다. 그런 정신으로 우리는 압축적 성장 가도를 질주함으로써, 조기에 산업 선진국이 되는 '한강의 기적'을 일구었다.

1970년 4월 22일부터 전개된 새마을운동Saemaeul Drive이 그 정점에 있었다. '근면·자조·협동'의 표어가 말해 주듯이, 새마을운동은 누구에 의지하거나 남을 원망하지 않고 마을 공동체가 스스로 협동하여 잘사는 마을을 만들자는 진취적, 미래 지향적인 국민 자기 계발 운동이었다.

지금 우리 국민 중의 누구나 남에게 무엇을 바라고, 그를 원망하거나 자기 자신을 스스로 얕잡아보는 일이 없이 '자신 있고 자기 결단력 있는 사람들'이 된 것은 박정희 대통령의 긍정적 자아 개념 구축과 그 실천 운동 덕이다.

둘째, 박정희 대통령은 우리 지도를 백두산 쪽에서 아래로 내려다본 탁월한 우리 국가 지도자다. '사대교린주의'를 국시國是로 했던 조선 지배층은 세계의 중심을 중국 대륙 명나라에 두고 한반도의 남쪽 바닷길을 막았다. 사농공상의 신분 질서에 따라 공업과 상업을 천대할 뿐 아니라, 어업인은 아예 불가촉천민으로 멸시했다. 가야·신라·백제·고구려·발해·고려로 계승된 우리 민족의 바닷길을 조선 왕조는 아예 막아버렸다.

그런 바닷길을, '수출입국輸出入國'의 기치 아래 활짝 열어젖힌 지도자가 박정희 대통령이었다. 박 대통령이 가속도를 걸었던 수출 정책 덕에 대한민국은 지금 GDP 3만 3천~5천 달러, 세계 10위의 경제 대국 반열에 오르게 되었다. 세계인들이 놀라는 일이다.

셋째, 수출 주도형 중화학공업 육성으로 막대한 국부國富를 쌓았다. 박정희 대통령의 산업 정책을 격하게 비판하며 대중경제론을 내세운 이는 유진오, 김대중이었다. 내수 중심의 농공 병진 정책을 추구하는 그들의 주장은 수요가 좁은 내수 시장에 국한되는 답답한 이론이었다. 박정희의 중화학공업 육성과 수출 주도형 경제 정책이 이긴 셈이다.

넷째, '교육 입국' 정신과 과학·기술 육성 정책을 폄으로써 국민 역량을 강화, 확대, 다변화했다. 명문 '국민교육헌장'을 제정하고 교육자와 학생들을 독려하여 국민의 지식, 기술, 교양의 심화와 확대에 힘썼다. 공업고등학교를 대폭 증설하여 많은 기술자와 기능인을 양성했다. 세계 기능 경진 대회에서 우리가 늘 최상위 성적을 거둘 만큼 큰 성과를 올린 교육 정책이었다.

다섯째, 국가 산업 동맥인 경부고속도로를 건설하여 물류의 혁신을 이루었다. 1968년 2월 1일에 착공하여 1970년 7월 7일 완공한 이 고속도로는 하고한 서사敍事의 곡절을 품고 있다. 야당 지도자 김대중은 "박정희가 부산 가서 기생 놀음하려고 경부고속도로를 건설하려 한다."며 작업 중인 불도저 앞에 드러눕기도 했다. 또 건설 과정에서 상당수의 근로자들이 사고로 목숨을 잃었다. 만난을 무릅쓴 이 고속 도로 건설은 박정희 대통령의 독려와 후원, 현대건설 정주영 같은 산업계의 거인이 있었기에 가능했다.

훗날 김대중 대통령이 박정희 대통령의 업적을 인정하고 기념관 건립을 건의한 것은 잘한 일이다.

여섯째, 자주 국방의 초석을 놓았다. 미국 측에서 미군 철수 위협을 하는 것을 계기로, 박정희 대통령은 군사 장비 국산화, 예비군 훈련 강화 정책을 썼다. 1971년 12월 27일 국방과학연구소에 1975년까지 사거리 200km의 지대지 미사일 개발을 지시했고, 기어이 개발에 성공했다.

박 대통령의 자주 국방 정책은 오늘날 우리에게도 시사하는 바가 크다. 연계주의connectionism에서 고립주의isolationism, 자국 우선주의America First를 주장하는 트럼프가 미국 대통령이 될 경우에 우리는 자체 보유 핵무기 개발 직전까지의 기술적 대비가 요청된다.

일곱째, 박정희 대통령은 세계가 부러워하는 산림 녹화 사업에 크게 성공했다. 이승만 대통령 때 시작한 녹화 사업은 땔나무와 목재용으로 베어

내는 나무가 심는 나무보다 많아 성과가 미미했다. 박 대통령 때에는 연탄 채굴로 땔감 문제를 해결했기에, 민둥산 천지였던 산지를 울창한 삼림 지대로 만들 수 있었다.

이승만·박정희 두 대통령에게는 공통점이 있다. 과거를 묻지 않고 국가 건설에 동참하도록 독려한 통합 정신이다.

박정희 대통령의 부정적 리더십도 있다. 빛과 그늘 문제다.
강압적으로 헌법을 개정해 가며 거듭 대통령 직을 유지하며 산업화 정책을 실현해 나가는 과정에서 많은 대학생과 지식인, 민주화 운동가 들이 다치고, 구금당하며, 심지어 목숨을 잃기도 했다. 국가보안법을 남용하다 보니, 역설적으로 국민들의 반공 의식을 약화하는 역작용을 낳았다.
이 시기에 한 많은 사람들이 양산되어, 이 땅은 반체제 세력이 이들과 합세하여 우리 사회는 이념, 지역, 계층적 극한 대결 현상이 심화했다. 더욱이 1980년 5.18 광주 항쟁을 기폭제로 하여 1980년대 제5공화국 시기에는 반대한민국 세력인 민중민주주의파PD, people's democracy, 민족해방파NL, national liberation가 정부와 전투적 저항을 격화했다. 대학가와 대도시는 최루탄 연기로 가득 찼던 비분悲憤의 투쟁사가 전개되었다. 1987년 6월 10일 이들 두 집단이 내밀히 추진한 소위 '민주화 투쟁'은 넥타이 부대까지 합세한 기세 덕분에 전두환 제5공화국의 철권 통치는 차기 통치자 노태우의 6.29선언으로 종막을 고했다.
하지만 어쩌랴. 철저한 종북 세력 NL계는 PD계를 당국에 고발하여 일망타진하고, 마침내 이 땅의 종북 통일 운동을 독점하는 반대한민국 세력으로 부상했다. 1987년 이후의 일이다.
이석기의 통합진보당의 예에서 보듯이, NL계 반체제·반국가 세력은 폭력 혁명적 통일 운동 계획을 세운다. "남한 안에서 미 문화원에 불 지르고 미 대사관을 점거하는 등의 단독 행위로 통일 전쟁에 이길 수 없다. 북한 군대가 남한을 공격하는 것에 호응하여, NL파는 경찰서 등의 관공서와 전화국 등의 통신 시설을 파괴함으로써 최단 시간에 통일 과업을 완수한다."는 쪽으로 전략·전술을 바꾸었다.

무서운 일이다.

오는 4월 10일 국회 의원 선거와 3년 후의 대통령 선거는 대한민국의 흥망을 좌우할 결정적 사건이 될 것이다. 투표가 중요하다.

교육은 투표와 함께 나라의 진운進運을 판가름한다. 지금까지 권력자들이 착각한 것이 '일개 선생 따위가 무엇을 할 수 있겠는가?' 하는 오만이었다. 지금 우리 젊은이들, 특히 40대와 50대가 어찌하여 '위수김동(위대한 수령 김일성 동지)'을 우상화하고, 대한민국을 세우고 지키며, 부자로 만든 이승만·박정희 대통령을 증오하게 되었겠는가. '일개 선생 따위'들이 그렇게 만든 것임을 권력자들은 통감해야 한다. 사무치게 깨달아야 한다는 뜻이다.

군대와 학교는 국방의 2대 보루다. 이걸 권력자와 정치인은 모른다. 땅을 칠 일이다.

지금 우리 교육은 할 일이 산더미다. ①국가 정체성 교육, ②정직성 교육이 시급한 과제다. 이를 바탕으로 ③창의성 교육, ④소프트웨어와 컴퓨터식 사고력 교육, ⑤산학 연계 교육과 학문 교육, ⑥독서·토론·논술과 논리 교육, ⑦문화 전통의 계승과 문화 창조 교육, ⑧평화 교육 또는 전쟁 예방 교육, ⑨생태·환경 교육, ⑩우주 문명사 대비 교육, ⑪권력자·부자 되기에 앞서 봉사자가 되게 하는 교육, ⑫보건·체육 교육, ⑬디지털·인공 지능 시대의 교육, ⑭고전적 인문학 교육 등이다.

한국 교육은 권력자의 보조적 통치 수단으로 전락한 지 오래다. 본질적인 관점에서 교육은 방치되어 온 것이다. 학교와 교사가 문제 학생과 문제

학부모의 분풀이 대상이 되고, 소송에 시달리느라 여념이 없는 학교 현장을 권력자들은 방치해 왔다. 거시적 국가관과 세계관은커녕 교육이 무엇인지도 모르는 아무나를 교육부 장관(사회 부총리)으로 앉힌 대통령들은 민족사의 죄인으로, 피땀 흘려 이 땅 교육의 기틀을 세우고 떠난 선대 교육자들의 영혼 앞에 석고대죄해야 할 것이다.

학교 교사가 폭력의 대상으로 몰려 희생당하고, 학원 인기 강사가 오히려 공경받는 교육 현실을 이대로 두어야 하는가. 교원 정기 연수가 있듯이 학부모 연수가 반드시 필요하다. 교육학자들은 교사론을 제시한다. 마찬가지로 학부모론도 제기해야 한다.

최우수 학생의 의과 대학 블랙홀. 자유 사회에서 그걸 강제로 저지할 방도가 없다면, 기초 과학에 대한 과감한 인센티브가 주어져야 한다. 의사 수를 대폭 늘려 치열하게 경쟁시켜야 옳다. 변호사 수가 대폭 늘어나면서 변호사 희소도도 대폭 완화하지 않았는가.

마지막 제8장은 운동권 정치인, 권력자 들의 2중성, 위선을 실례를 들어가며 질타한 내용이다. '민주화'에 목숨을 걸고 투쟁한 줄 알았던 그들이 실인즉 권력 쟁취의 화신이며, 우리 역사상 유례를 찾기 어려울 정도의 노골적 위선자임이 확인되었다.

이를 어찌할 것인가? 정치아카데미 설립과 운영이 한 방도다. 목적을 이루기 위해서는 어떤 수단·방법도 가리지 않는다는 레닌식 혁명 전략, 작은 사실에 엄청난 거짓말도 거듭 선전·선동하면 민중은 믿게 된다는 히틀러·괴벨스식 거짓 정치, 이제는 끝내어야 대한민국이 산다. "코리아 디스카운트, 문제는 정치다."(전광우)

민족의 정체성도 부정하고 대한민국을 적대국, 교전국으로 지목하며 막말을 쏟아 낸 김정은의 포악성에 휘둘려서는 안 된다. 그의 선대 김일성과 김정일이 적화 통일의 속내를 숨기고 위장 평화 통일 쇼를 벌였던 그 본심을(두 번째 속내를) 김정은이 드러내었을 뿐이다. 우리는 민족 동질성 회복의 꿈을 포기해서 안 된다. 우리 "대한민국의 영토는 한반도와 그 부속 도서로서 한다."는 헌법 제3조와, '자유민주적 기본 질서에 입각한 평화 통일'을 규정한 헌법 제4조의 원칙을 굳게 지키고, 이를 실현하려는 항심恒心을 잃지 않아야 할 것이다.

이 책은 황혼녘에 든 필자가 후대를 위해 유언처럼 쓴 이 시대의 작은 **징비록**懲毖錄이다. 이 진심이 바로 읽히기를 바란다.

쉬어 가기 4 : 역사적 증언

이 책의 마지막 교정을 보는 중에 2024년 4월 10일 국회 의원 총선거 결과가 발표되었다. 다음은 그에 대한 논평들이다.

4·10 총선에서 경기 수원 정에 출마한 민주당 김준혁 후보가 당선됐다. 김 당선자는 '이대생 미군 성 상납', '박정희가 위안부와 성관계', '퇴계는 성관계 지존' 등 천박한 언사와 막말로 물의를 일으켰지만 당선됐다. 천안함 46용사 유족들이 '망언 5적'으로 지목한 민주당 후보들도 대부분 당선됐다. "천안함이 폭침이라고 쓰는 언론은 다 가짜."라고 한 노종면 후보, 전 천안함장을 향해 "무슨 낯짝으로 얘기하나, 부하 다 죽이고."라고 한 권칠승 후보 등 '5적' 중 4명이 당선됐다. 국민의힘에선 유세 때 "문재인 죽여야 돼."라고 해 논란이 된 윤영석 후보가 경남 양산 갑에서 승리했다.

경기 안산 갑 민주당 양문석 후보는 주택담보대출이 금지됐던 2020년 서울 잠원동 아파트를 사기 위해 대학생 딸을 사업자로 꾸며 새마을금고에서 11억원을 대출받았다. 재산 신고 때 이 아파트를 낮은 가격에 신고해 선관위로부터 고발도 당했다. 문제가 되자 "집을 팔아 대출금을 갚겠다."고 했는데, 중개업소에 내놓은 가격이 역대 최고 실거래가보다 3억원 이상 비쌌다. 그런 그도 당선됐다.

조국혁신당은 비례 대표 당선자 12명 중 최소 5명이 전과자 또는 피의자·피고인이다. 자녀 입시 비리 등으로 1·2심에서 징역 2년을 받은 조국 대표, 청와대 울산시장 선거 개입 사건으로 1심에서 징역 3년을 받은 황운하 원내 대표가 대표적이다. 비례 1번 박은정 전 부장 검사는 검사장 출신 남편이 다단계 사기 피의자를 변호하며 거액의 수임료를 받아 전관 예우 논란이 일었다. 한미 동맹을 비하한 김준형 당선자는 자녀 3명과 아내가 미국 국적자로 확인됐다. 당선되진 않았지만, 전당 대회 돈 봉투 살포 혐의로 구속된 송영길 전 민주당 대표는 감옥에 있으면서 17%를 득표했다.

과거 같으면 논란이 불거진 즉시 그만두는 게 마땅했을 사람들이 대부분 선거에서 이겼다. 지지자들은 "버티라."며 응원했다고 한다. 이들은 김건희 여사와 형평성을 얘기한다고 한다. 그렇다고 이런 사람들이 정당성을 갖는 것은 아니다. 유권자의 선택은 존중돼야 하지만, 정말 이래도 되느냐는 의문이 들지 않을 수 없다.

(일간지 사설, 2024. 4. 12.)

각종 '사법 리스크'로 조사와 재판을 받는 당대표가 이끄는 당이 가볍게 의회 과반을 휩쓴 이번 총선을 목도하며 우리 사회가 공유하는 가치는 온전한지, 그리고 상식은 건강한지 되묻지 않을 수 없다. 날조된 사실에도 "그게 뭐 어때서?"라고 치부하고, 혐오성 막말에도 "그게 어디가 어떤데?"라고 반응하며, 법을 좀 어겨도 "그게 뭐 대수야?"라고 하는 사회는 아닌지 말이다.

적어도 드러난 여러 상황에 따르면 우리 사회는 범법자에 대해 한없이 관대한 것 같다. 그런 곳이라면 법을 쉽게 어기고, 처벌도 우습게 알 것이다. 소고기를 먹고 삽겹살을 먹었다는 정치인의 거짓말도 대수롭게 여기지 않는다. 그런 곳에서는 거짓말이 아무렇지도 않게 횡행할 것이다. 범죄를 저질렀어도 처벌이 과하다며 무한 온정주의를 발휘한다. 사실무근인

말을 떠드는 후보도 쉽게 용서하는 사회. 산 자건 죽은 자건 아무 말이나 붙여 망신 주는 사람에게 환호하는 사회. 정치적 이득을 위해서라면 모교도 죽이고, 이모도 창녀로 만들고, 자기편이라면 무슨 짓을 해도 감싸는 사회. 무엇이 옳고 그른지, 무엇이 선이고 악인지에 대한 가치 기준이 흔들리는 사회에서 우리가 살고 있는 것이다.

정책 논쟁을 하려면 순서가 있다. 먼저 사실 관계를 규명하고 동의한 후, 그 사실의 가치에 대해 합의하고, 그다음에 더 나은 미래를 놓고 경합하는 것이 정책 논쟁이다. 불행히도 우리는 아직 그 정도 차원의 논쟁을 할 준비가 안 되어 있다.

(박성희,〈22대 총선에서 정책 선거가 실종된 이유〉)

윤평중 한신대 명예교수는 "이번 총선에서 드러난 도덕성의 붕괴는 매우 위태로운 시그널."이라고 말했다. "이재명 민주당 대표와 조국 조국혁신당 대표를 포함해 각종 위선과 막말이 드러난 사람들이 면죄부를 받은 것처럼 돼 버린 것은 개탄할 일."이라고 했다. 보통 사람의 통상적 상식의 수준보다도 못한 사람들이 대거 국회에 들어가는 상황은 한국 사회를 아노미(무규범 상태)로 볼 수 있는 근거가 된다."고 했다.

(일간지, 2024. 4. 12.)

보수층 유권자들이 오해하고 있는 사실은 선거에서 보수 정당이 이기는 게 정상이고 진보 정당이 이기는 건 이변이라는 것이다. 지금 민주당 지지는 '호남표+40~50대+박탈감을 느끼는 계층'의 연합으로 이루어져 있다. 전국 선거에서 투표율이 높으면 이들이 승리할 가능성이 높다. 특히 40~50대는 전체 유권자의 37.5%에 달해 연령별 최대다. 60대 이상 유권자보다 6% 포인트 이상 많다. 이들이 거의 일방적으로 민주당을 지지하고 있다. 이들은 나이가 들어 60세가 넘어도 바뀌지 않을 것이라고 한다. 인구 수십만에서 100만 안팎의 서울 주변 도시들은 민주당의 아성이 됐다. 이제 민주당이 이기는 게 정상이고 국민의힘이 이기는 게 이변이다. 지난 대선에서 윤석열 대통령은 이재명 대표에게 크게 이겨 마땅했지만 0.7% 승리에 그쳤다. 그 바탕에 이런 유권자 구조가 있다. 대선 승리의 여세를 몰아 지방 선거도 이겼지만 거기까지였다.

이런 상황이라면 국민의 힘은 모을 수 있는 표를 다 긁어모아야 이길까 말까다. 그런데 윤 대통령은 대선 승리를 가져다줬던 나름의 선거 연합을 해체해버렸다. 만약 윤 대통령이 취임 뒤 이준석, 유승민, 안철수, 나경원 등을 우대해 강력한 우군으로 만들었다면, 김건희 여사 디올 백 사건 때 즉시 사과하고 도이치모터스 사건 특검을 총선 후에 실시하겠다고 약속했다면, 이종섭 전 국방장관을 호주 대사에 임명하는 무리수를 두지 않았다면 어제 신문들 1면 제목은 '국민의힘 제1당, 이재명 조국 위기'일 수도 있었다. 어려운 일도 아니었다. 결국 모든 문제는 윤 대통령, 더 정확히는 윤 대통령 부부에게 있다.

(양상훈 칼럼)

국민이 대통령의 변화를 체감할 수 있는 가장 직접적인 조치는 '인사'다. 그동안 윤 정부는 인재 풀이 좁다는 평가를 받아왔다. 검찰 출신이 요직 곳곳에 진출하면서 '검찰 공화국'이란 비판을 들었고, 서울대 출신 50대 남성들이 중용되며 '서오남' 인사라는 지적도 받았다. 근래 대통령실 등 정부 고위급 인사는 국민이 고개를 끄덕일 만한 인선이 별로 없었다는 평가가 많다. 대한민국 공무원과 전문가 중에 인재가 없을 리 없다. 사람이 없는 것이 아니라 '내 편, 우리 편'만 찾은 것은 아닌가. 이번에도 총선 낙선자나 공천 탈락자를 기용한다면 누구도 '인적 쇄신'이라고 하지 않을 것이다.

　지금 정부 여당은 거대 야당의 협조가 없으면 한 발짝도 나아갈 수 없다. 그동안 추진해온 노동·교육·연금·의료 등 개혁도 국회 입법 과정에서 좌초할 수밖에 없다. 행정 권력의 핵심인 인사·예산권도 국회 동의가 필요한 경우엔 흔들릴 수 있다. 당장 새 총리를 임명하려고 해도 야당이 장악한 국회의 동의를 받아야 한다. 윤 대통령은 취임 후 이재명 민주당 대표와 한 차례도 회담하지 않았다. 제1 야당 대표와의 단독 만남을 권위주의 잔재라고 해왔다. 그러나 남은 임기 3년간 야당 협조가 없으면 정상적인 국정 운영이 어려운 것이 현실이다. 이날 대통령실은 '윤 대통령이 야당과 긴밀한 협조와 소통에 나설 것'이라고 했다. 정치를 복원하라는 것이 총선에서 드러난 '국민의 뜻'이기도 하다.

(일간지. 2024.04.12.)

　김영수 영남대 교수는 "한국의 현대 정치사를 만들어 온 두 가지는 1948년의 정부 수립과 1987년의 민주화였는데, 이번 선거에서 '48년 체제'와 '87년 체제'의 중요한 이념이 다 무너진 것으로 생각된다". '48년 체제'는 보수가 국가를 이끄는 세력이 됐고 '87년 체제'는 산업화·민주화 세력이 타협하되 공산주의 세력을 배제했던 것인데, 이번 선거로 "종북 세력이 비례 대표로 들어오게 돼 이것이 무너졌다."는 얘기다.

　김 교수는 "진보 진영은 이번 선거에서 압승함으로써 사실상 행정 권력을 무력화할 것이고, 사법부도 기능 부전 상태로 만들어 한국의 주류 세력으로 깊이 뿌리내릴 수 있게 됐다."며 "이것이 진행되면 체제 교체로 나아가게 될 것인데, 결국 국가·사회 최상의 게임룰인 헌법 개정까지 닿게 될 것."이라고 우려했다. 그는 "범보수 진영이 결집해 앞으로 3년 동안 나라를 안정적으로 이끌어가고, 그다음 어떻게 할 것인지 대비하지 않으면 보수 정당의 축소는 필연적."이라고 했다.

(유석재 · 채민기 기자)

국민들은 집권층의 오만과 일방 독주, 무사안일주의를 혐오한다. 집권층은 야당의 치명적인 부도덕성조차 외면한 듯한 국민들을 원망하지 말라. 우리 사회의 도덕성 아노미 사태와 자유민주주의의 국가 정체성마저 치명적으로 훼손되게 만든 책임을 통감하고 거듭나야 한다. 대통령과 국민의힘 대표는 국가 정체성 수호의 막중한 책임을 실감하고 대오각성하기 바란다.

국가 안보의 양대 보루는 군대와 학교다. 오래전에 학교의 이념 교육은 좌편향에 기울었다. 군대와 학교의 국가 정체성 교육 복원이야말로 시급한 과제다. 또한 법치와 정직성을 준거로 한 대통령의 분골쇄신 정책에도 왜 국민들은 이처럼 분노하는가? 대통령과 각료들은 국민들을 향하여 거듭거듭 설득, 호소해야 한다.

아무리 옳은 정책이라도 일방독주하는 듯한 인상으로 국민들을 소외시켜서는 안 된다.

옳은 것보다 멋있어 보이는 것에 열광하는 지금은 포스트모더니즘 문화 시대다. 그것이 경박하고 천하며 찰나적이라고 흘겨보지만 말라. 이런 시대에 적합한, 천박하지는 않은 홍보 방략을 마련하고 실행할지라.

다만 패륜아가 국민의 대표가 되는 배리背理는 언론과 교육을 통해 반드시 고쳐야겠다.

인생 황혼녘에 선 한 선배의 간곡한 당부다.

"기사님, 제가 어느 편인 줄 알고 이런 말씀 하세요?" 하니까 "답답해서 그럽니다. 온 국민이 이십오만 원 받아서 형편이 나아질 것 같습니까? 이거 국민을 상대로 한 뇌물이에요. 눈앞의 이익에 급급한 민심도 실망스러워요. 극단적으로 말하면 **우직한 소통 불능과 입만 열면 거짓말 중에서 거짓말이 이긴 겁니다.**"

  부정부패가 완전히 사라져 그 단어조차 존재하지 않는 나라, 권력을 가진 사람부터 솔선수범하는 나라, 부끄러운 짓을 하고도 시침 떼지 않고 잘못을 인정할 줄 아는 사람들의 나라. 내로남불 하지 않는 사람들의 나라. 국회의원이라는 직업이 권력과 명예와 대접받음의 상징이 아니며, 국민의 혈세로 주는 비싼 월급보다 자발적인 애국심으로 일하는 꿈같은 나라, 그런 곳이야말로 진정 진보되고 진화된 아름다운 우리나라일 것이다.
                                                        (황주리 〈오늘은 맞고 내일은 틀리다〉)

  그 말들은 단죄의 언어이자, 조롱의 언어이자, 막말의 언어이자, 폭로의 언어이자, 원한의 언어이자, 보복의 언어이자, 응징의 언어이자, 아집의 언어이자, 예언의 언어이자, 광기의 언어였다. 그 말들은 요란을 떠는 언어이자, 점보트론(대형 전광판)의 언어이자, 선동만을 위한 언어이자, 책임을 최소화하는 언어이자, 번들거리는 언어이자, 석고대죄하는 척하는 언어이자, 호통치는 언어이자, 팬덤을 결집하는 언어이자, 선무당의 언어였다. 그 말들은 양심을 내세운 몰양심의 언어이자, 반성했다는 자격증을 얻기 위한 언어이자, 생각의 정지를 선언하는 언어이자, 작은 것은 무시하는 언어이자, 남 허물에 돋보기를 갖다 대는 언어이자, 남 상처에 꼬챙이를 집어넣는 언어이자, 사실과 추측을 한 그릇에 넣고 비비는 언어였다. 그 말들은, 그 순간에만 절박한 호소의 언어이자, 이번에만 매출을 올리기 위한 선전의 언어이자, 사태를 직면하는 듯하되 결국 회피하는 언어이자, 무작정 동원하기 위한 언어이자, 유권자를 포획해야 할 대상으로 보는 언어이자, 찬성의 알고리즘을 주입하려는 언어였다. 그 말들은 단시간에 남의 환심을 사기 위한 언어이자, 마치 상대의 전모를 속속들이 아는 척하는 언어이자, 도저히 지키려야 지킬 수 없는 공약의 언어이자, 억지로 이분법을 강요하는 언어이자, 너무 추상적이어서 와 닿지 않는 선언의 언어이자, 기어이 상대를 감옥에 보내버리겠다는 다짐의 언어이자, 디톡스가 필요한 언어였다. 이렇게 거대한 언어의 폐허를 만들어 놓고, 그것을 선거 운동이라고 부른다.

(김영민, 〈축제가 끝난 거리, 타락한 언어들이 뒹군다〉)

윤 대통령은 어찌할 것인가? 다음 글에 답이 있다.

윤 대통령은 마음을 비우고 몸을 낮춰야 한다. 정상회담의 화려한 의전과 환호에 가려졌던 서민의 고단한 일상이 보이기 시작할 것이다. 마지막 남은 한 사람의 중생을 구제하기 전까지는 지옥을 떠나지 않겠다는 지장보살의 연민이 발심發心할 것이다. 남루한 범부凡夫의 아픔을 당장 치유하지는 못하겠지만, 군중의 조롱을 받으며 십자가에 몸을 맡기는 예수의 심정으로 이들의 눈물을 닦아줄 수 있을 것이다.

(이하경, 〈윤석열 대통령이 진정으로 강해지는 길〉)

윤석열 대통령은 정직하다. 표리부동하지 않고 투명하다. 그러기에 그는 이번 투표 결과에 대하여 억울하고 섭섭할 것이다. 국정 기조와 방향성은 옳기 때문이다. 국민들은 대통령의 과도한 자신감과 법치주의 일변도의 정책 수행 태도와 과정에 반감이 크다. 서울대 출신 전문가만 제일로 여기는 듯한 인물 기용, 그 엘리트주의에 질린 것이다. 사람을 다양하게 기용하고, 윤 대통령 특유의 친화력을 발휘하며 국민께 다가가면, 다정다감한 우리 국민들은 다시 마음을 열 것이다. IQ에 편향되지 않는 EQ의 활성화를 국민은 바란다는 사실을 깨닫고 이를 실천해야 나라가 산다.

대한민국의 정체성이 위기에 처하였다. 이 나라가 거짓의 성주에게 함락되게 해서는 안 된다. 윤석열 대통령은 지금 국가 정체성을 사수해야 할 절대적 좌표 위에 서 있다.

하지만 제일 중요한 것은 민생, 경제다.

윤 대통령과 국민의 힘은 클린턴 전 미국 대통령의 선거 수호를 상기하기 바란다.

"바보야, 문제는 경제야(It's the economy, stupid)."

경제, 만만찮은 과제다. 최선을 다하며 국민께 협조를 구하면 된다. 대한민국, 이것이 피크인가. 수성守成이야말로 우리들 절체절명의 명제다.

윤석열 대통령께 심각히 건의할 말이 있다. 중대 정책 과제를 느닷없이 불쑥 꺼내지 말고, 국민들이 숙지하도록 상세히 설득하는 과정이 앞서야 한다. 여론이 미심쩍으면 몇 번이고 절절히 호소하여 국민이 납득할 수 있게 해야 한다.

우리 현대사 전개 과정에서 정치 지도자에게 제일 결여되어 있었던 것은 설득하는 노력이었다. 특히 입법·사법·행정의 최고 지도자들은 중대한 정책을 수립, 시행할 때 왜 그것의 실행이 불가피한지를 조목조목 구체적으로 밝히며 먼저 국민이 공감하도록 설득하는 노력을 기울여야 한다. 일방적 독선에, 우격다짐으로 시행한 정책은 국민 다수의 공감을 얻지 못하고, 반대파의 막무가내식 반발과 격렬한 공격에 대응하느라 국력을 심각하게 소모한다.

자유민주주의의 기술은 숙의熟議, 설득, 호소, 타협, 감동, 공감, 표결,

실현이다. 이런 과정을 성가시어하거나 적대시하는 지도자는 민주적 리더가 될 자격이 없다. 속전속결주의에 도취하여 대뜸 표결로 밀어붙이는 다수결 지상주의는 반민주적 독재로 치닫기 쉽다. 내란이나 외침으로 국가 존망의 위기에 처한 경우에도, 최고 지도자는 최소한 설득의 과정을 생략해서는 안 된다.

지도자가 경청해야 할 명언이 있다.

명군인 이유는 겸청兼聽이며 암군인 이유는 편신偏信입니다.

당나라 태종 때의 명장 위징이 임금께 한 직언이다. 겸청은 여러 사람의 말을 두루 잘 듣는 것이고, 편신은 한쪽 사람 말만 믿는 것이다. 위징 같은 올곧은 신하와 태종같은 명군이 있었기에 당대의 치세가 '정관지치'로 칭송된다. ≪정관정요貞觀政要≫에 전하는 이 명언은 오늘날의 지도자에게도 경종이 될 것이다.

이제 우리는 슬픔의 무덤을 파헤치며 이를 가는 분노의 자식들이 아니라, 광대한 역사의 지평 너머에서 피어오르는 통일 대한민국의 꿈과 '세계국가'의 내일에 대하여 이야기하는 소망의 선도자로 나서야 한다. 입술 부정한 사람들이 유령처럼 출몰하는 이 나라에서, 모국어 정화의 길에도 우리 모두 앞장서야 한다. 모국어는 우리들 '존재의 집'이 아닌가. 저주의 언어는 분열과 멸망을 부르고, 소망의 메시지는 우리 모두를 기쁨의 광장에 모이게 한다.

(김봉군, ≪이 역사를 어찌할 것인가≫, 2020.)

이번 선거는 아무리 나쁜 짓을 해도 국회 의원이 될 수 있다는 도덕성 붕괴의 신호탄이었다. 아이들에게 선하게, 정의롭게 살아야 한다는 교육은 이제 할 수 없게 되었다.

크게 보아, 이번 선거는 윤석열 대통령의 엘리트주의가 평균인 등의 대중주의에 크게 패배하는 포스트모더니즘적 집단 편향성이 예각적으로 표출된 결과를 낳았다. 이성과 합리에 따른 로고스가 파토스적 감성 분출의 에너지에 압도당한 것이다. "옳다, 그르다."보다 "좋다,싫다."에 따라 투표한 국민들을 어찌해야 하는가. 대통령 내외분이 무조건 싫다는 것이 다수의 민심이다. 탄식할 노릇이다.

전국민에게 1인당 25만 원씩 지원하겠다는 더불어민주당 이재명 대표의 공약이 득표에 결정적 도움이 된 것도 주목할 점이다. 멀쩡한 중산층마저 25만 원에 현혹되었다는 소문이 사실로 드러났다. 포퓰리즘이 우리 정치 지형을 흔들게 된 심각한 현상이다.

큰 문제는 우리 국민의 첨예한 분열 의식과 윤리적 무정부 현상이다. 일찍이 유치환 시인이 목청을 높였듯이, '선이 사기하는 거리, 윤리가 폭행하는 거리, 도둑이 도둑맞는 저자'에서 양심의 '복음'은 '팔리지' 않는다. 그러기에 시인은 '칼 가시오! 칼 가시오! 사나이는 헛되이 외치고 간다."고 탄식했다. 지금은 무엇이 다른가.

소위 보수층은 이번 선거에서 소위 진보층이 5% 이상 더 득표한 것을 체제 전복, 대한민국 붕괴의 전조 현상으로 본다. 반면에 소위 진보층은 이를 장기 집권과 혁명적 체제 전환의 모멘텀으로 본다. 45% 이상의 국민이 스스로를 하층민으로 보는 국민들의 자아 개념. 심각한 문제다.

윤석열 대통령을 대한민국 체제 수호의 상징으로 보는 국민과, 그를 타도해야 할 '적'으로 보는 국민 간의 위험한 갈등상. 두 세력이 접점을 찾지 못할 때, 우리 역사는 6.25전쟁기를 능가하는 파탄에 이를는지도 모른다.

먼저 보수 쪽 국민의힘이 자기 혁신의 길에 나서야 한다. 민주당 이재명 대표가 전국민에게 25만 원을 뿌리겠다고 하였을 때, 국민의힘의 대응은 대한민국 미래의 청사진을 제시하며 민생에 부응하는 구체적 소망을 제시했어야 마땅하다. '이재명·조국 심판'이라는 네거티브 전략만으로는 국민 개개인의 구체적 삶에 직핍해들 수 없었다. 여당의 도덕주의가 설득력을 잃을 만큼 피폐해진 민심을 읽기에, 가령 한동훈 위원장의 순수한 정의론은 미치지 못했다. 경악할 '사변'이다.

보수 쪽 국민의힘은 혁명적으로 변해야 한다. '부업형 웰빙 정당'임에 안주하다가는 보수의 궤멸에 그치지 않고, 속수무책으로 자유 대한민국 붕괴에 직면할 것이다. 생업형 민주당 의원들의 '악착'을 보라.

대통령은 동네북이 아니다. 대통령 탓은 그만하자. 윤석열 대통령은 ① 무너진 국가 정체성을 단기간에 회복했다. ② 혼란에 빠진 사법 체제를 정상화하기에 힘을 쏟았다. ③ 잘못된 에너지 정책을 바로잡았다. ④ 왜곡된 부동산 정책과 과도한 세법을 고쳤다. ⑤ 산업 활성화에 앞장섰다. ⑥ 외교의 지평을 확대하고, 주체성 있는 당당한 외교 관계를 정립했다. ⑦ 한·미, 한·미·일 안보 동맹을 강화했다. 특히 윤 대통령의 외교적 업적은 현저하다. 국가 경영상 비정상화를 정상화하는 데 성공했다. 대북 관계, 대중국, 대러시아 관계의 정상화 문제가 남아 있다. 부산 엑스포 유치 실패는 큰 문제가 아니다. 이전에 성공했던 각종 국제 대회도 두 번, 세 번 시도하여 유치했음에랴.

아직도 이 나라에는 애국자가 많다. 이번 선거에서 여당은 야당에 5.4% 뒤졌다. 2.8%만 이기면 보수에게 기회가 온다. 꿈같은 이야기다.

야당인 민주당은 지금 승리에 도취하여 목청이 높다. 국민은 오만과 불통에 관대하지 않다. 윤석열 대통령은 많은 장점에도 불구하고 소통에 실패하여 허물을 통째로 뒤집어쓰지 않았는가.

이재명 더불어민주당 대표가 심기일전한 듯한 행보를 보이는 것은 천만다행이다. 대통령과의 첫 만남에서 건의할 것을 당당히 말하고, 의과 대학 증원에 합의한 것은 참으로 잘한 일이다. 앞으로도 그래야 한다.

여·야는 오직 대한민국 번영을 위해서만 일하라. 시대의 소명이다.
대통령은 국민 앞에 노출되는 빈도를 낮추고, 말수도 줄여야 한다.

말을 잘하는 사람이란 남의 말을 정성껏 경청하는 사람이다
(Good speaker means good listener).

외국 책《말을 잘하려면(Better Speech)》에 있는 명언이다.
 사회 양극화 해소에 명을 거는 정부가 되도록 대통령과 여당은 총력을 기울여야 한다. 그러려면 인재를 고루 등용하는 것이 급선무다. 서울대학교 출신만 인재가 아니다. 탕평책이 필요하다.
 끝으로 제22대 국회 의원 당선자들과 윤동주 시인의 〈서시〉를 읽기로 한다.

   죽는 날까지 하늘을 우러러
   한 점 부끄럼이 없기를
   잎새에 이는 바람에도
   나는 괴로워했다
   별을 노래하는 마음으로
   모든 죽어 가는 것을 사랑해야지
   그리고 나에게 주어진 길을
   걸어가야겠다

   오늘 밤에도 별이 바람에 스치운다

   우리 모두를 숙연케 하는 시다.
   대한민국이여, 영원하리.

저자 **김봉군**

   김봉군 교수는 경남 남해에서 출생했다. 서부 경남의 명문 진주고등학교에서 남명 조식 선생의 지사혼을 배웠고, 서울대학교와 대학원에서 고전적 인문학·교육학·법학을 공부한 융합 인문학자다. 문학박사·문학평론가·시조시인·시인이며, 가톨릭대학교 명예교수다.

   서울대·서울신학대·한국은행 연수원 등의 강사, 미국 University of Southern California, 캐나다 Trinity Western University 객원교수, 성심여대·가톨릭대 교수, 인문과학대학 학장을 역임했다. 교육부 교육과정·교과서 제정·집필·심사위원장, 흥사단 민족통일운동본부 교육문화위원장, (재)초원장학회 고문을 지냈다.

   한국문학비평가협회·한국크리스천문학가협회·한국독서학회 회장, 동리목월문학상·김만중문학상 심사위원이었고, 한국문인협회 자문위원·국제PEN한국본부 권익위원·(사)서울문학광장 이사다. 현재 세계전통시인협회 회장으로서 세계 각국 시인들과 교류하며, 시조의 세계화 운동을 주도하고 있다.

   저서에 《이 역사를 어찌할 것인가》, 《문장기술론》, 《문학 이론과 문예 창작론》, 《현대 문학의 쟁점 과제와 문학 교육》, 《독서와 가치관 읽기》, 《기독교 문학 이야기》, 《한국 현대 소설의 기독교 의식 연구》, 《세계 국가 시대의 시조 이야기》, 고등학교 교과서 《문학》·《독서》·《작문》 등 20여 권이 있음.

이 시대의 징비록

이 나라를 어찌할 것인가

초판 인쇄	2024년 5월 16일
초판 발행	2024년 5월 22일
지은이	김봉군
발행인	임수홍
디자인	맹신형
발행처	한국문학신문
주　소	서울 강동구 양재대로 114길 322층
전　화	02-476-2757~8 FAX 02-475-2759
카　페	http://cafe.daum.net/lsh19577
E-mail	kbmh11@hanmail.net
값	25,000 원
ISBN	979-11-90703-83-3

· 저자와의 협약에 의해 인지는 생략합니다.
· 이 책의 글은 저작권법에 따라 보호를 받는 저작물이므로 저자와 출판사의 동의 없이는 무단 전재 및 무단 복제를 금합니다.

· 잘못된 책은 바꾸어드립니다.